고구려부흥운동 연구

고구려부흥운동 연구

2022년 7월 30일 초판 1쇄 발행

지은이   김강훈
펴낸이   권혁재
편 집   조혜진

인 쇄   성광인쇄
펴낸곳   학연문화사
등 록   1988년 2월 26일 제2-501호
주 소   서울시 금천구 가산디지털1로 16 가산2차SK V 1AP타워 1415호

전 화   02-6223-2301
팩 스   02-6223-2303
E-mail   hak7891@chol.com

ISBN   978-89-5508-458-0 93910

고구려부흥운동 연구

김강훈

학연문화사

　국민학교와 중학교 시절 학교에서 받은 사회과부도를 참 열심히 봤다. 우리나라와 세계 각 지역의 지도를 보며 낯선 나라와 도시를 새롭게 알게 되는 즐거움이 컸다. 그리고 지도 다음에 실려 있는 자연지리와 인문지리에 관한 주제도, 도표, 그래프 등을 읽으면서 각 지역에서 살아가는 사람들의 삶을 상상하는 것은 또 다른 재미였다. 자연스레 사회과부도 뒤편에 실려 있는 역사지도에도 관심을 가지게 되었다. 영토를 맞댄 나라가 각축전을 벌이는 상황을 상상하기도 하고, 과거의 지도와 현재의 지도를 번갈아 보면서 특정 지역의 변화상을 머릿속으로 그려보기도 하였다.

　역사에 대한 관심은 때로는 옅어지기도 하고 짙어지기도 하였는데, 진로의 방향을 역사로 정한 시기는 고등학교 2학년 무렵으로 기억한다. 당시에는 역사학자와 역사교사를 두고 고민을 하였다. 지금은 역사연구자와 역사교사가 본질적으로 다르지 않다고 생각하지만, 당시에는 꽤 진지하게 고민하였다. 처음에 마음이 기울었던 것은 역사학자였지만, 선택은 역사교사의 길이었다. 역사에 대한 흥미를 넘어 역사연구자로서의 삶이 어떠한지 가늠하기 어려웠을뿐더러 외환위기의 영향으로 어려워진 가정 형편 속에서 혼자서만 욕심을 부려 꿈을 좇을 수는 없다고 생각하였다. 같은 고민은 대학 시절에도 이어졌는데 역시 선택은 역사교사였다.

　교사가 되어 수업시간에 학생들과 역사를 이야기하고 수업을 준비하는 과정에서 역사를 더 알아가는 것은 참으로 즐거운 시간이었다. 그러나 오랫동안 마음 한편에 존재했던 역사연구자를 향한 꿈을 계속 묻어둘 수는 없어 야간에 수업이 진행되는 교육대학원에 진학하였다. 하지만 교육대학원은 교사의 재교육을 목적으로 설립된 곳이기에 연구와 거리가 조금 있었다. 오히려 이문기 선생님을 지도교수로 모신 대학원생들의 한국고대사 세미나 활동이 평소 그려왔던

대학원 생활이었다. 부족함을 뼈저리게 느끼는 동시에 학문의 진정한 즐거움을 알아가는 시간이었다.

처음부터 고구려사를 공부하고 싶었기에 관련 연구를 읽어가던 중 고구려가 멸망한 이후 유민의 행적을 다룬 연구가 부족하다는 느낌을 받았다. 백제부흥운동을 주제로 한 연구서가 여러 권 출간되었고 왜로 건너간 백제 유민에 대한 연구가 일찍부터 있었던 것과 비교하면 더욱 그러하였다. 그러던 차에 발해의 건국 과정을 다룬 김종복 선생님의 글을 접하였다. 당으로 끌려갔던 보장왕이 고구려 옛 땅으로 돌아와 고구려 부흥을 도모하다가 발각되는데, 훗날 발해를 건국하는 대조영이 이 사건에 연루되어 당 내지로 강제 이주되는 과정에서 영주에 정착했을 가능성을 제시한 부분에 눈길이 갔다. 고구려 유민의 삶이 고구려 멸망과 발해 건국 사이의 30여 년이라는 시간적 간극을 이어주는 고리가 될 수 있겠다는 생각을 품었다. 이를 계기로 고구려부흥운동을 주제로 연구를 시작하게 되었다.

대다수의 한국고대사 연구자들이 겪는 애로점인 사료의 부족은 고구려부흥운동 연구에서 더욱 두드러졌다. 연구를 지속할 수 있을지에 대한 고민이 깊어지는 가운데, 『당회요』와 당 관인이었던 양현기의 묘지명에서 연구의 실마리를 찾은 날의 기쁨은 아직도 생생하다. 검모잠과 안승에 집중된 고구려부흥운동 연구에서 벗어나 고구려 각 지역에서 부흥운동이 전개되었을 가능성을 찾았기 때문이다. 이러한 시각에서 연구를 진행한 결과, 2018년 6월 『고구려부흥운동 연구』라는 제목의 박사학위논문을 제출하였다.

이 책은 이를 수정·보완한 것이다. 학위논문 제출 이후 '고구려 유민사'로 연구 주제를 확대하여, 680~90년대 고구려 고지에서 유민의 동향, 신라·당·일본·돌궐로 옮겨간 고구려 유민에 관한 연구 등을 계속 진행하고자 하였다. 하지만 공부를 계속할수록 연구자로서 자질을 갖추고 있는지 자문하게 될 뿐만 아니라 계획한 연구들이 일생의 과업으로 삼아도 매듭짓기 쉽지 않다는 사실을 절감하게 되었다. 그리하여 지금까지 공부한 바를 정리하여 새로운 마음가짐으로 나아가기 위한 디딤돌로 삼을 필요가 있음을 느껴 출간을 결심하였다.

여러모로 부족한 면이 있는 이 책이 세상에 나오기까지 많은 분들의 도움이 있었다. 저자가 연구자로서 모습을 갖춘 것은 온전히 이문기 선생님의 가르침 덕분이다. 모자란 점이 많은 제자에게 격려와 칭찬으로 힘을 북돋아 주시면서 나아갈 바를 세심하게 알려주셨다. 학문 연구의 엄정함을 몸소 보여주실 뿐 아니라 정년퇴임 이후에도 부단히 열정적으로 연구하는 선생님을 뵐 때마다 마음가짐을 가다듬게 된다. 선생님과 몇몇 제자들이 함께 하는 세미나 모임이 코로나-19로 잠시 멈추었다가 최근 재개되었다. 선생님을 뵙고 함께 역사와 삶에 대해 이야기를 나누는 것이 큰 공부이자 즐거움이다. 늘 건강하셔서 선생님과의 만남이 계속 이어지기를 소망한다.

아침 이른 시간부터 밤늦게까지 켜진 연구실의 불빛을 통해 연구자가 갖추어야 할 성실함을 몸소 보여주신 장동익 선생님, 대학원 수업을 위해 먼 거리에서 오는 제자의 안전을 늘 염려해 주신 우인수 선생님, 문화, 여성, 종교 등 다양한 시선으로 역사를 바라보는 안목을 길러주신 김진웅 선생님과 김중락 선생님, 동아시아의 시각에서 한국고대사를 바라볼 수 있게 일깨워 주신 임대희 선생님과 홍성구 선생님의 가르침은 저자가 연구자로 성장하는데 밑거름이 되었다. 또한 석사과정 수업에서 보장왕의 고구려부흥운동을 주제로 첫 발표를 하였을 때, 충분히 한 편의 글이 될 수 있겠다는 평을 해 주신 남인국 선생님께도 감사드린다. 선생님의 격려 덕분에 고구려부흥운동 연구의 첫걸음을 뗄 수 있었다.

박사학위논문 심사를 맡아주신 이영호 선생님, 김종복 선생님, 윤재운 선생님의 지도가 없었다면 이 책은 세상에 나오기 어려웠을 것이다. 학위논문의 전체적인 구성부터 세부적인 내용까지 꼼꼼하게 살펴주시고 부족한 부분을 고칠 수 있도록 조언을 아끼지 않으셨다. 학문에 정진하는 모습을 보여드려 보답하겠다. 10년이 넘는 기간 동안 학문의 동반자로서 함께 한 한국고대사 세미나 팀원에게도 고마운 마음이 크다. 특히 저자의 글을 하나하나 읽고 피가 되고 살이 되는 충고를 해 주었을 뿐만 아니라 학문 외적으로도 이끌어주신 남정호 선생님과 이상훈 선생님의 배려는 잊을 수 없다. 그리고 학교 현장에서 동료 선생님과 학생들에게 받은 도움과 응원은 연구를 지속하는데 큰 힘이 되었다. 아울러 녹록하지 않은 여건 속에서 흔쾌히 출판을 승낙해 주신 학연문화사 권혁재 사장님을 비롯하여 출간에 이르기까지 애써주신 출판사 관계자 여러분에게 감사의 말씀을 전하고 싶다.

저자가 이 세상에 태어나 제 몫을 감당하는 사람으로 자랄 수 있었던 것은 부모님의 사랑과 헌신 덕분이었다. 시대와 환경의 제약으로 배움의 꿈을 펼치지 못한 아버지의 어린 시절 이야기를 가끔씩 떠올린다. 자식을 위해서라면 어떤 희생도 감내하신 부모님이 계시기에 저자가 풍족한 여건에서 공부할 수 있었다. 이 책이 부모님께 조그마한 기쁨이 되기를 소망한다. 장인어른과 장모님은 처음 뵈었을 때부터 저자를 아들 같이 생각하고 믿어주셨다. 또한 손자를 애지중지 길러주신 덕분에 학업과 직장을 병행할 수 있었다. 이 자리를 빌려 감사의 인사를 올린다. 사랑하는 아내 박양선을 만나 반려자로 인연을 맺은 것은 인생의 가장 큰 행복이다. 가시밭길을 걷고 있을 때 그녀가 늘 옆에서 손을 잡아주었기에 힘을 낼 수 있었다. 변함없는 모습으로 함께 살아가고 싶다. 세계 나라, 공룡, 우주에 이어 역사에 푹 빠져 있는 아들 의진을 보면 어린 시절의 자신을 보는 것 같아 흐뭇한 미소가 절로 피어난다. 몸과 마음이 건강히 자라기를 기도한다.

2022년 6월 김강훈

목 차

머리말

1. 연구 목적과 의의

국가의 흥망은 동서고금을 막론하고 역사학의 주요한 관심 대상이었다. 멸망에 초점을 맞춘다면 멸망기의 양상 및 멸망 과정과 원인 등이 주요 검토 주제였다. 이는 고구려사에서도 마찬가지였다. 고구려를 멸망으로 이끈 대내외적 요인, 이러한 요인을 배태하게 된 고구려 후기 정치·사회적 변화 양상, 멸망에 이르게 되는 과정을 밝힌 실증적인 연구 등이 충실히 이루어져 왔다고 평가받고 있다.[1]

그러나 멸망 이후 고구려 유민(遺民)의 동향은 상대적으로 이목을 끌지 못하였다. 관련 자료의 부족과 당·돌궐·일본 등으로 건너간 유민의 존재를 추적하기 힘들다는 점, 그리고 이들을 한국사의 한 부분으로 볼 수 있는가에 대한 회의 때문에 구체적인 검토가 활발히 이루어지지 못하였다.[2] 그러나 국가의 멸망은 정치적인 측면에서 바라본 것일 뿐, 국가의 멸망만으로 국가구성원과 그들이 꾸려왔던 사회·경제·문화가 곧바로 소멸되는 것은 아니다.[3] 따라서 고구려 멸망 이후 고구려 고지(故地)와 유민의 변화상을 검토하는 것은 고

---

1) 李文基, 「高句麗 滅亡期 政治運營의 變化와 滅亡의 內因」, 『韓國古代史研究』50, 2008, 54쪽.

2) 金賢淑, 「中國 所在 高句麗 遺民의 동향」, 『韓國古代史研究』23, 2001, 65쪽.

3) 李文基, 「新羅의 大加耶 故地 支配에 대하여」, 『歷史敎育論集』45, 2010, 209쪽; 『신라 하대 정치와 사회 연구』, 학연문화사, 2015, 520쪽.

구려사의 실상에 접근하는 중요한 통로가 될 것이다.

이 책에서는 고구려 멸망 이후 유민의 동향 중에서 부흥운동(復興運動)으로 범위를 좁혀 살펴보고자 한다. 일반적으로 학계에서 부흥운동은 멸망한 왕조를 되살리기 위한 움직임을 표현할 때 사용된다. 그런데 부흥운동이라는 용어의 타당성에 대해 의문을 제기하는 입장도 있다. '부흥(復興)'이란 멸망 내지 단절이 아닌 쇠퇴해졌던 것이 다시 흥기하는 개념으로 '진흥(振興)' 내지 '중흥(中興)'과 유사한 용어이기 때문에, 멸망한 국가를 재건하려는 움직임을 표현하기에 적절하지 않다는 것이다.[4] 사전적으로 '부흥'이란 '쇠퇴하였던 것이 다시 일어남 또는 그렇게 되게 함'으로 정의되는 것에 근거한 견해이다.

그러나 '부흥'은 쇠퇴한 것이 다시 일어난다는 의미뿐만 아니라 이미 멸망한 국가가 되살아난다는 의미로도 사용되었다. 예컨대『삼국사기』고구려본기 태조왕 70년조 기록이 참고가 된다. 고구려가 마한, 예맥과 함께 요동을 침입하였다는 기사[5]에 대해『삼국사기』찬자는 "마한은 백제 온조왕 27년에 멸망하였다. 지금 고구려왕과 함께 군사를 보낸 것은 아마도 멸망했다가 부흥(復興)한 것인가?[馬韓以百濟溫祚王二十七年滅 今與麗王行兵者 盖滅而復興者歟]"라는 분주(分註)를 달아 의문을 표하고 있다. 여기서 '부흥(復興)'은 멸망한 국가가 다시 일어났다는 의미로 사용되었다. 검모잠(劍牟岑)이 안승(安勝)을 국왕으로 옹립하면서[6] 그 목적을 '흥복국가(興復國家)'라고 한 것도 지나칠 수 없

---

4) 李道學, 「'百濟復興運動'에 관한 몇 가지 檢討」, 『東國史學』38, 2002, 25~26쪽. 이러한 입장에 따라 복국운동(復國運動)이라는 용어를 사용하는 연구도 있다(이민수, 「李他仁의 唐 投降과 扶餘城의 高句麗 復國運動 鎭壓에 대한 分析」, 『역사와 경계』106, 2018).
5) 『삼국사기』권15, 고구려본기3, 태조왕 70년 "王與馬韓穢貊侵遼東 扶餘王遣兵救破之".
6) 검모잠(劍牟岑)과 안승(安勝)은 중국 측 기록에서 겸모잠(鉗牟岑), 안순(安舜) 등으로 기록되어 있다. 사료를 직접 인용하는 부분을 제외하고는『삼국사기』의 기록을 존중하여 검모잠(劍牟岑)과 안승(安勝)으로 통일하여 지칭하겠다.

다.[7] 검모잠은 고구려 멸망 이후 반당항쟁을 전개한 대표적인 인물로 중국 측 사서에 기록되어 있는 인물이다. 따라서 그가 국가를 '흥복(興復)'하고자 했다는 것은 멸망한 고구려를 다시 일으키고자 했다는 의미로 읽을 수 있다.

요컨대 '부흥'은 전근대 시기에 멸망하여 왕통이 단절된 국가를 재건한다는 의미로 사용되었다. 동의어로 '흥복(興復)'도 널리 활용되었는데, 현재는 '부흥'이 보편적으로 사용되고 있으므로 이 책에서는 '부흥'이라고 지칭하고자 한다.[8]

한편 '운동(運動)'은 '어떤 목적을 이루려고 힘쓰는 일 또는 그런 활동'이라는 의미가 있다. 부흥운동의 방점이 대당전쟁(對唐戰爭)에 있었기에 '부흥전쟁'이라는 용어도 사용할 수 있으나[9], 국가를 회복하기 위한 제반 활동을 모두 수렴할 수 있는 용어로 '운동'이 적절하다는 선행 연구의 지적은 온당하다고 생각된다.[10]

그렇다면 고구려부흥운동이란 멸망한 고구려를 다시 일으키기 위한 활동이라는 의미가 된다. 관련 사료가 비교적 풍부하게 남아 있는 안승의 사례를 검토해 보면, 당대인들이 인식했던 고구려 멸망은 왕위의 단절과 그로 인한 종묘·사직과 같은 국가제사의 중단이라는 의미가 강하게 배어 있었다. 따라서 고구려의 재건을 위해서는 공위(空位)가 된 국왕의 자리를 정통성을 지닌 인물이 계승하여 국가제사를 재개하는 것이 첫걸음이었다.[11]

하지만 이를 기준으로 고구려부흥운동을 규정하기에는 무리가 있다. 고구

---

7) 『삼국사기』 권22, 고구려본기10, 함형 원년 4월 "劒车岑欲興復國家 叛唐 立王外孫安舜爲主".
8) 이러한 지적은 백제 및 발해부흥운동이라는 용어의 타당성을 검토하는 과정에서 제기되었다. 노중국, 『백제부흥운동사』, 일조각, 2003, 20~21쪽; 金榮官, 『百濟復興運動研究』, 서경, 2005, 11쪽; 이효형, 『발해 유민사 연구』, 혜안, 2007, 151~152쪽 참조.
9) 방용철, 「고구려 부흥전쟁의 발발과 그 성격」, 『大丘史學』133, 2018.
10) 노중국, 위의 책, 21쪽.
11) 이는 검모잠이 안승을 옹립한 후 신라에 보낸 외교문서와 이에 대한 신라의 책봉문에 잘 드러나 있다. 구체적인 분석은 이 책 제2장 2절 「평양성·한성 권역 안승의 '부흥고구려국' 수립」 참조.

려가 멸망한 후 그 고지에서 고구려 유민이 어떠한 목표를 설정하고 활동하였는지 분명히 드러나는 경우는 드물며 기술된 단편적인 내용만으로 판단하기 쉽지 않은 경우가 많기 때문이다. 또한 고구려 유민 스스로가 남긴 기록이 매우 소략하고 주로 당과 신라의 시각에서 작성된 자료를 기반으로 연구가 진행될 수밖에 없는 상황이므로 부흥운동 여부의 판단을 엄격히 적용하기는 힘들다.

고구려 고지에 안동도호부(安東都護府) 설치를 시도하면서 고구려 고지를 영유하려고 했던 주체는 당이었다. 만약 고구려 유민이 고구려의 부흥을 시도하였다면 고구려 고지에서 당 세력을 축출하는 것을 선결 과제로 삼았을 것이다.[12] 고구려 멸망 직후라면 그러할 가능성은 더 높다. 따라서 고구려 유민이 당군과 충돌하거나 당의 지배에서 벗어나려는 움직임이 보인다면 그것은 고구려부흥운동으로 판단할 수 있는 것이다. 이와 같이 명시적으로 고구려 부흥을 시도했음이 드러나지 않더라도 방증을 통해 개연성을 획득한다면 고구려부흥운동으로 판단하겠다.

지금까지 축적된 연구 성과를 통해 고구려부흥운동에 대한 개략적인 이해가 가능해졌다. 그럼에도 불구하고 안승과 검모잠을 중심으로 한반도 서북부 일대에서 일어난 부흥운동에 관심이 집중된 편이었고, 신라·당 간의 대립을 중심으로 한 국제관계 속에서 부흥운동이 부수적으로 다루어졌던 경향도 있었다. 따라서 다음 두 측면에 주목하고자 한다.

우선 고구려부흥운동의 공간적 범위이다. 7세기 고구려의 영역은 크게 다섯

---

12) 검모잠은 고구려를 부흥하고자 '반당(叛唐)'하고 '안승을 왕으로 세웠다'(『삼국사기』 권22, 고구려본기10, 함형 원년 4월 "劍牟岑欲興復國家 叛唐 立王外孫安舜爲主"). 여기서 '반당(叛唐)', 즉 고구려 고지에서 당 세력을 축출하는 것이 고구려 부흥의 선결 조건이었음을 알 수 있다.

지역으로 구분된다. 한반도 서북부지역, 요동지역, 압록강 중류지역, 두만강 하류 일대, 북류 송화강 유역 일대가 바로 그것이다.[13] 지금까지 사료에서 확인된 바로는 한반도 서북부지역과 요동지역에서 고구려부흥운동이 전개되었다. 고구려 전체 영역 중 부흥운동이 발생한 지역이 제한적이었다고 평가될 수도 있다. 그러나 문헌자료를 새로운 측면에서 검토하거나 새롭게 출토된 자료를 활용한다면 고구려부흥운동의 지역적 범위가 확장될 가능성이 충분하다고 본다.

다음으로 고구려 유민의 시각에서 관련 자료를 검토할 필요성이다. 고구려부흥운동은 신라와의 협력을 통해 진행된 측면이 있었으며 나당전쟁과 시공간적으로 중첩되는 부분이 있다. 더구나 신라와 당이 남긴 기록을 통해 고구려부흥운동의 실상에 접근할 수밖에 없는 형편이다. 또한 당시 동아시아 국제관계를 강조하는 입장에서 고구려부흥운동을 당과 주변 국가 간의 관계에 종속된 존재로 보는 시각도 존재한다. 이러한 점을 간과할 수는 없지만, 신라인과 당인이 아닌 고구려 유민의 입장에서 관련 자료를 해석하고 검토해 본다면 새로운 시각에서 고구려부흥운동에 접근할 수 있을 것이다.

2. 연구 동향 검토

고구려가 멸망한 후 그 고지에는 당에 의해 안동도호부가 설치되었다. 일찍이 쓰다 소키치(津田左右吉)와 히노 카이자부로(日野開三郎)는 안동도호부의 치폐와 이동, 관할 부주(府州)의 위치를 검토하였다.[14] 중국학계에서는 당대 기

---

13) 盧泰敦, 「渤海 建國의 背景」, 『大丘史學』19, 1981, 2~11쪽.
14) 津田左右吉, 「安東都護府考」, 『滿鮮地理歷史硏究報告』1, 東京帝國大學文學部, 1915;『津田左

미부주(羈縻府州)와 동북지역사를 개관하면서 안동도호부를 간략히 언급한 연구가 있으며[15] 최근 안동도호부를 전론(專論)으로 한 박사학위논문이 제출되기도 하였다.[16] 이를 통해 안동도호부 자체에 대한 이해의 기반이 마련되었는데, 안동도호부 존속 시기 전체를 검토 대상으로 삼았기 때문에 고구려부흥운동 자체에 대한 언급은 소략하다.

한편 기미지배(羈縻支配)의 측면에서 당이 고구려 고지에 적용하려 했던 지배정책을 살펴본 연구가 있다. 이는 부흥운동의 발생 배경과 관련하여 주목되는 경향이다. 노태돈은 당 관리가 기미지배에 참여한다는 측면에서 여타 기미주에 비해 당의 지배질서가 직접적으로 강요되었으며, 이는 고구려 유민의 저항을 촉발했다고 보았다. 결국 당은 보장왕을 요동으로 파견하는 등 보다 완화된 전형적인 기미주 체제를 취할 수밖에 없었다고 하였다.[17] 당이 고창(高昌)과 백제에 도입했던 지배정책과 비교하여 기미지배라는 점은 인정할 수 있지만 내지화(內地化)의 경향이 강했다고 보는 견해도 있는데, 당이 고구려 지방제도를 인정하지 않았다는 점과 당 관리가 통치에 참여했다는 점을 근거로 들었다.[18]

김종복은 이러한 주장을 바탕으로 당의 고구려 지배는 영역화를 전제로 한 것이었고 특히 기미지배에 참여하여 지배기반을 유지하고자 했던 현지유

右吉全集』12, 岩波書店, 1964, 57~84쪽: 쓰다 소키치(정병준 옮김), 「安東都護府考」, 『高句麗渤海研究』42, 2012; 日野開三郎, 「唐の高句麗討滅と安東都護府」, 『史淵』63, 1954: 『小高句麗國の研究』, 三一書房, 1984, 21~55쪽.

15) 劉統, 『唐代羈縻府州研究』, 西北大學出版社, 1998, 92~100쪽, 166~174쪽: 劉統(정병준·채지혜 역), 「당대 기미부주 연구(3)」, 『新羅史學報』25, 2012, 557~573쪽; 김육불(동북아역사재단 옮김), 『김육불의 東北通史』下, 동북아역사재단, 2007, 512~542쪽.

16) 辛時代, 『唐代安東都護府研究』, 東北師範大學 博士學位論文, 2013.

17) 盧泰敦, 「高句麗 遺民史 研究 - 遼東·唐內地 및 突厥方面의 集團을 중심으로 -」, 『韓㳂劤博士停年紀念史學論叢』, 1981, 82~83쪽: 『고구려 발해사 연구』, 지식산업사, 2020, 105쪽.

18) 粟原益男, 「七·八世紀の東アジア世界」, 『隋唐帝國と東アジア世界』, 汲古書院, 1979, 144~148쪽.

력자들은 장사(長史)·사마(司馬)에 임명된 당 관리가 실질적 통치를 담당하게 되자 반당투쟁에 나서게 되었다고 하였다. 이는 나당전쟁과 결부되면서 결국 당은 영역화를 전제로 한 기미지배를 철회하고 본래 의미의 기미지배로 전환하였다고 보았다.[19] 이와 유사하게 고구려 유민 출신 기미부주 장관은 안동도호부와 부주(府州) 속료로 파견된 당 관인의 이중적인 통제와 감시를 받았고, 권한과 세력기반의 축소 위기 속에서 당에 저항하게 되었다고 보기도 한다.[20]

이에 비해 당이 고구려 고지에 계획한 9도독부·42주·100현은 고구려 지방제도를 기반으로 하였으며 타지역과 마찬가지로 기미지배의 일반적인 원칙이 적용되었다고 보는 견해가 최근 제기되었다. 이 연구에서는 고구려 후기 지방통치체제에서 지방관이 군정과 민정을 총괄하는 권한을 지녔던 데 비해, 당의 기미정책 아래에서 기미부주 장관의 권한이 제한적이었던 점이 반당항쟁을 촉발하는 원인으로 작동했다고 보았다.[21]

당대 기미지배의 일반 원칙이 존재했던 것은 사실이다. 그러나 운영 과정에서 다양한 변용이 일어났고 상황에 따라 탄력적으로 적용되었다는 점을 감안할 필요가 있다.[22] 따라서 당이 고구려 고지를 지배하고자 시도하는 과정에서 기미지배의 일반적인 원칙을 적용한 부분과 다른 기미부주와 달리 시행한 정책을 구분할 필요가 있다. 이를 위해서는 당의 고구려 고지 지배 시도의 구

---

19) 김종복, 「高句麗 멸망 이후 唐의 지배 정책 - 安東都護府를 중심으로 -」, 『史林』19, 2003; 『발해정치외교사』, 일지사, 2009, 20~43쪽; 김종복, 「백제와 고구려 고지에 대한 당의 지배 양상」, 『역사와 현실』78, 2010.

20) 여호규·拜根興, 「遺民墓誌銘을 통해본 唐의 東方政策과 高句麗 遺民의 동향」, 『東洋學』69, 2017, 75~80쪽.

21) 장병진, 「당의 고구려 고지(故地) 지배 방식과 유민(遺民)의 대응」, 『역사와 현실』101, 2016.

22) 鄭炳俊, 「唐代 異民族 管理方式의 다양성 및 그 변용-羈縻府州 제도를 중심으로-」, 『東洋史學研究』143, 2018.

체적인 양상에 대한 검토가 선행되어야 할 것이다.

이상의 연구는 당의 지배정책과 부흥운동의 발생과 추이를 연관하여 바라보았다는 점에서 의미가 있다. 또한 부흥운동의 주체로 당의 지배에 참여했던 기미부주 장관을 설정하고 있다는 점도 특징이다. 이들은 고구려에서 재지유력자 내지 지방관으로 일정 세력을 보유하고 있었기 때문에 부흥운동을 일으킬 수 있는 기반을 소유하고 있었다는 점에서 충분히 타당한 지적이다. 다만 부흥운동을 일으킨 세력은 다양한 배경을 가지고 거병했을 터인데 일괄적으로 당의 기미지배에 따른 세력기반 축소를 언급한다는 점은 아쉽다. 고구려 멸망 직후부터 부흥운동이 일어났음을 추정할 수 있는 정황이 포착되기 때문에 더욱 그러하다.

『삼국사기』지리지에는 당이 고구려 고지를 안동도호부로 개편하는 과정에서 작성된 이적(李勣)의 주청문과 당 고종의 조칙 일부가 기재되어 있다. 그리고 뒤이어 압록수(鴨淥水) 이북(以北)의 성을 미항성(未降城)·이항성(已降城)·도성(逃城)·타득성(打得城)으로 분류하고 구체적인 성의 이름을 나열하고 있다. 이 중 후자의 작성 시기에 대한 의견이 엇갈리고 있다. 고구려 멸망 이전으로 보는 견해와 멸망 이후의 사정을 전하는 것으로 파악하는 견해가 그것이다. 전자는 이케우치 히로시(池內宏)가 주장한[23] 이래 노태돈이 각 성의 위치 및 분포 범위, 자료의 전승과정, 고구려 말기 지방제도와의 연관성 등을 치밀하게 검토하면서[24] 많은 지지를 받고 있다. 후자의 입장에 선 연구도 있지만 압록수 이북에서 당의 지배를 이탈한 성이 다수 존재했다는 식으로 간략히 기술할 뿐, 작성 주체·목

---

23) 池內宏,「高句麗討滅の役に於ける唐軍の行動」,『滿鮮地理歷史研究報告』16, 東京帝國大學文學部, 1941, 153~155쪽;『滿鮮史研究』上世二册, 吉川弘文館, 1960, 335~337쪽.

24) 盧泰敦,「5~7세기 고구려의 지방제도」,『韓國古代史論叢』8, 1996, 198~214쪽;「지방제도의 형성과 그 변천」,『고구려사 연구』, 사계절, 1999, 222~242쪽.

적 등에 대한 검토가 충실히 이루어지지 못하였다. 근래 『삼국사기』 잡지(雜志)의 전거자료를 검토하는 과정에서 고구려 고지에 대한 안동도호부 관련 자료를 전거로 하여 작성되었다는 주장이 나와 새로운 각도에서 압록수 이북 현황 자료를 검토할 수 있는 계기가 마련되었다.[25] 또한 새롭게 알려진 묘지명 자료 등을 통해 압록수 이북 내지 요동지역의 주요 성이 당의 지배에 이반했을 가능성이 제기되기도 하였다.[26]

검모잠과 안승이 이끈 부흥운동에 대한 논고는 꾸준히 발표되고 있다. 관련 연구는 일본학자들에 의해 시작되었다. 이케우치 히로시(池內宏)는 반란이라는 관점에서 670~673년에 걸쳐 황해도 일대에서 전개된 고구려 유민의 동향을 고찰하였다.[27] 무라카미 요시오(村上四男)는 안승이 이끈 부흥세력을 소고구려국(小高句麗國)이라 지칭하면서 한성(漢城)과 금마저(金馬渚)를 중심으로 전개된 유민들의 활동을 살펴보았다.[28]

검모잠의 거병 시기와 배경, 부흥운동의 존속 시기에 대한 견해는 엇갈리고 있다. 거병 시기는 대체로 중국 측 기록을 따라 670년 4월로 인식하고 있다. 하지만 『자치통감』의 669년 5월 사민 기사에서 사민의 배경으로 지목되는 이반자(離叛者) 중 하나로 검모잠의 거병을 포함시키는가 하면,[29] 대규모 사민

25) 李文基, 「『三國史記』 雜志의 構成과 典據資料의 性格」, 『韓國古代史研究』43, 2006, 218~225쪽.

26) 金康勳, 「679~681년 寶藏王의 高句麗 復興運動」, 『歷史教育論集』50, 2013, 313~316쪽; 장병진, 앞의 논문, 116~120쪽.

27) 池內宏, 「高句麗滅亡後の遺民の叛亂及び唐と新羅との關係」, 『滿鮮地理歷史研究報告』12, 東京帝國大學文學部, 1930: 앞의 책, 419~448쪽: 이케우치 히로시(정병준 역), 「고구려 멸망 후 유민의 반란 및 당과 신라의 관계」, 『高句麗渤海研究』48, 2014.

28) 村上四男, 「新羅と小高句麗國」, 『朝鮮學報』37・38, 1966: 「新羅國と報德王安勝の小高句麗國」, 『朝鮮古代史研究』, 開明書院, 1978.

29) 李丙燾, 「高句麗의 一部遺民에 대한 唐의 抽戶政策」, 『震檀學報』25・26・27, 1964, 9~11쪽:

이 거병의 배경으로 작용했다고 보아 거병시기를 669년 5월~670년 3월로 설정하거나[30] 669년 중후반으로 보기도 한다.[31] 또는 670년 4월은 당 행군(行軍)이 파견된 시점을 의미하므로 거병 시점을 670년 초로 설정하기도 한다.[32]

한편 거병 배경을 670년 4월 안동도호 설인귀의 토번 전선 투입과 연관하여 해석하기도 한다. 한반도보다 서역(西域)을 중시하는 정책으로 전환하고 대규모 병력이 토번(吐蕃) 전선에 투입되는 등 당의 정책 변화와 국제정세의 변동이 거병의 배경으로 작용했다는 것이다.[33]

부흥운동의 존속 기간은 상당히 짧았다고 인식되고 있다. 즉 검모잠이 안승을 국왕으로 옹립하고 얼마 지나지 않아 안승이 검모잠을 죽이고 신라로 내투(來投)하였다고 보는 것이다. 그런데 임기환의 연구는 한반도 서북부 일대에서 전개된 고구려부흥운동을 새롭게 고찰할 수 있는 토대가 되었다. 안승의 신라 내투 시점을 672년 말~673년 초로 파악하였으며 670~673년 한반도 서북부에서 부흥운동을 지휘한 인물로 안승과 검모잠을 주목한 것이다.[34] 이후 오골성 전투를 주도한 고연무(高延武)가 한성을 기반으로 부흥군을 조직하

『韓國古代史研究』, 博英社, 1976, 458~462쪽; 전준현, 「670년에 재건된 '高句麗國'에 대한 연구」, 『력사과학』82-2, 1982, 37쪽.

30) 이정빈, 「고연무의 고구려 부흥군과 부흥운동의 전개」, 『역사와 현실』72, 2009, 139, 146쪽.

31) 정원주, 「唐의 고구려 지배정책과 安勝의 行步」, 『한국고대사탐구』29, 2018, 90쪽.

32) 金壽泰, 「統一期 新羅의 高句麗遺民支配」, 『李基白先生古稀紀念 韓國史學論叢』上, 一潮閣, 1994, 344쪽; 盧泰敦, 「對唐戰爭期(669-676) 新羅의 對外關係와 軍事活動」, 『軍史』34, 1997, 5쪽: 『한국고대사의 이론과 쟁점』, 집문당, 2009, 226쪽. 방용철은 대규모 사민이 무장봉기를 촉발하였으며, 670년 4월 당 고종이 검모잠 세력을 토벌하기 위해 행군총관을 임명하였다는 점을 들어 검모잠의 거병 시기를 670년 초로 이해하였다(방용철, 앞의 논문, 130~136쪽).

33) 서영교, 『羅唐戰爭史 研究』, 아세아문화사, 2006, 8쪽; 菅沼愛語, 「7世紀後半の東部ユーラシア諸國の自立への動き」, 『7世紀後半から8世紀の東部ユーラシアの國際情勢とその推移』, 溪水社, 2013, 36쪽.

34) 임기환, 「報德國考」, 『강좌 한국고대사』10, 2003: 「고구려 유민의 활동과 보덕국」, 『고구려 정치사 연구』, 한나래, 2004.

였고 673년 말~674년 초까지 부흥운동을 주도해 나갔다고 본 견해가 제출되기도 하였고,[35] 대당전쟁과 대일외교를 주도하며 부흥운동을 마지막까지 지휘한 인물로 국왕 안승을 주목한 시각도 제기되었다.[36] 하지만 안승의 신라 내투 시기를 670년으로 보는 입장도 꾸준히 이어지고 있다.[37]

검모잠과 안승의 행보에 관해 견해 차이가 발생하는 이유는 검모잠의 거병, 안승 옹립, 당 행군 파견, 안승의 검모잠 살해와 신라 내투 등 일련의 사건이 중국 측 사서는 당 고종 함형(咸亨) 원년(670) 4월조, 『삼국사기』는 문무왕 10년(670) 6월조에 기재되어 있기 때문이다. 그러나 이는 관련 사안을 일괄 기재한 것이기에,[38] 각 사건이 발생한 시기를 면밀히 검토할 필요가 있다.

한편 검모잠이 거병한 지역은 막연히 평양 인근으로 보아왔는데, 최근 다각도로 이를 비판하면서 요동지역의 개모성으로 비정하는 연구가 제출되었다.[39] 사료적 근거를 보완할 필요가 있지만 검모잠의 거병지를 한반도 내로 국한하여 비정한 기존 연구에 대한 비판은 타당해 보인다.

나당전쟁이 전개되는 과정에서 일부 고구려 유민은 신라와 연합하여 부흥운동을 전개하는 길을 선택하였다. 따라서 나당전쟁이라는 큰 틀과 신라와

---

35) 이정빈, 앞의 논문.
36) 최재도, 「漢城의 高句麗國 再檢討」, 『東北亞歷史論叢』47, 2015. 최호원도 안승의 신라 내투 시점을 673년 윤5월 무렵으로 설정하고 있다. 다만 안승은 검모잠과 달리 고구려의 부흥보다는 고구려 유민의 존속에 주안점을 두었다고 이해한다는 점에서 차이가 있다(최호원, 「고구려 검모잠·안승 세력과 대신라관계 인식」, 『新羅史學報』49, 2020, 192~198쪽).
37) 이미경, 「新羅의 報德國 지배정책」, 『大丘史學』120, 2015, 9쪽; 井上直樹, 「高句麗遺民と新羅 -七世紀後半の東アジア情勢-」, 『東洋史硏究』75-1, 2016, 113쪽; 정원주, 「안승(安勝)의 향방(向方)과 고구려 부흥운동」, 『軍史』110, 2019, 45~46쪽; 김수진, 「670년 평양 일대 고구려 유민의 남하와 부흥운동의 전개」, 『역사와 실학』72, 2020, 25~26쪽.
38) 전준현, 앞의 논문, 37쪽.
39) 이상훈, 「검모잠의 최초 거병지 검토」, 『한국 고대사 연구의 자료와 해석(노태돈교수정년기념논총2)』, 사계절, 2014.

의 관계를 통해 고구려 유민의 동향을 바라보는 시각은 당연하다.[40] 하지만 동아시아 정세와 신라의 입장을 지나치게 강조하여 해석하려는 경향[41]에는 신중한 접근이 필요하다고 생각한다. 외부적 요인에만 치중할 경우 자칫 부흥운동 내부에 존재했던 고구려 유민의 동태에 소홀해질 수 있기 때문이다.

근래 알려진 당대 묘지명을 통해 부흥운동이 부여 및 책성 일대에서 발생했음에 주목한 연구가 있다. 먼저 「이타인묘지명」에서 묘주 이타인(李他仁)이 "조서를 받들어 부여(扶餘)로 나아가 토벌하여 우두머리를 거듭 베었다."는 기록에 주목하여 부여지역에서 반당항쟁이 발생했던 사실을 유추할 수 있다.[42] 한걸음 나아가 묘지명에서 고구려 유민의 활동을 촉한(蜀漢)의 강유(姜維)에 비유한 것을 바탕으로 부여지역에서 고구려 부흥이 시도되었다고 해석하였다.[43]

「양현기묘지명」에는 묘주 양현기(陽玄基)가 총장(總章) 원년(668) 검교동책주도독부장사(檢校東柵州都督府長史)에 임명된 후 반수령(反首領) 고정문(高定問) 등을 주살하였다는 기록이 등장한다. 동책주(東柵州)는 두만강 유역 일대를 관장했던 책성(柵城)에 두어진 기미부로 추정되는데, 반수령 고정문의 존재는

---

40) 梁炳龍, 「羅唐戰爭 進行過程에 보이는 高句麗遺民의 對唐戰爭」, 『史叢』46, 1997; 徐仁漢, 『羅唐戰爭史』, 國防軍史研究所, 1999, 128~149쪽; 임기환, 앞의 책, 316~326쪽; 권창혁, 「670~673년 신라의 고구려 부흥운동 지원 전략에 대한 검토」, 『新羅史學報』51, 2021.

41) 井上直樹, 앞의 논문.

42) 김종복, 「高句麗 멸망 전후의 靺鞨 동향」, 『北方史論叢』5, 2005, 182쪽; 拜根興, 「唐 李他仁 墓誌에 대한 몇 가지 고찰」, 『忠北史學』24, 2010, 226쪽: 「李他仁墓誌涉及的幾個問題」, 『唐代高麗百濟移民研究』, 中國社會科學出版社, 2012, 249쪽; 안정준, 「「李他仁墓誌銘」에 나타난 李他仁의 生涯와 族原」, 『목간과 문자』11, 2013, 217쪽; 이민수, 앞의 논문, 27~28쪽.

43) 孫鐵山, 「唐李他仁墓誌考釋」, 『遠望集』下, 陝西人民美術出版社, 1998, 739쪽; 최진열, 「唐人들이 인정한 고구려인의 正體性」, 『東北亞歷史論叢』24, 2009, 241쪽; 余昊奎 · 李明, 「高句麗遺民 〈李他仁墓誌銘〉의 재판독 및 주요 쟁점 검토」, 『韓國古代史研究』85, 2017, 406쪽; 여호규 · 拜根興, 앞의 논문, 82~83쪽.

두만강 유역 일대에서 부흥운동이 일어났음을 시사한다.[44]

최근 여호규·바이건싱(拜根興)은 문헌자료와 묘지명 등을 활용하여 부흥운동이 고구려 고지 거의 전역에서 광범위하게 전개되었다고 보았다.[45] 이는 이 책의 이해 방향과 일치한다는 점에서 주목할 만한 연구 성과이다. 다만 각 지역에서 발생한 부흥운동을 개괄적으로 설명하고 있을 뿐이어서 심화된 연구가 필요하다.

마지막으로 고구려부흥운동의 관련 연구 주제로 보장왕이 요동으로 귀환한 후 추진했던 부흥운동이 있다. 발해를 건국하는 대조영이 681년 보장왕의 모반에 연루되어 강제 이주되는 과정에서 영주(營州)에 거주하게 되었음을 밝히거나[46] 7세기 후반 북방민족의 흥기와 반당적인 분위기 속에서 보장왕의 활동을 살펴본 연구[47]가 있다. 또한 웅진도독부(熊津都督府)의 요동 이치(移置)와 폐치(廢置) 문제를 보장왕의 요동 귀환 및 모반사건과 연결하여 이해하기도 하였다.[48] 이는 발해사와 백제사의 입장에서 보장왕이 시도한 부흥운동의 일면을 바라보았다는 점에서 일정 부분 한계를 지니고 있다. 최근에는 보장왕의 고구려 부흥 시도를 전론으로 한 연구가 발표되었다.[49] 보장왕이 당시 동북아 정세를 활용하여 고구려 멸망 전후 영주 지역으로 옮겨진 말갈 세력과 결탁

44) 呂九卿, 「試探武周陽玄基墓誌中的若干問題」, 『武則天與神都洛陽』, 中國文史出版社, 2008; 장병진, 앞의 논문, 120쪽; 이규호, 「당의 고구려 유민 정책과 유민들의 동향」, 『역사와 현실』 101, 2016, 149쪽; 余昊奎·李明, 앞의 논문, 404~406쪽; 金秀鎭, 『唐京 高句麗 遺民 硏究』, 서울대학교 박사학위논문, 2017, 19쪽.
45) 여호규·拜根興, 앞의 논문, 81~83쪽.
46) 김종복, 「渤海의 건국과정에 대한 재고찰」, 『韓國古代史硏究』34, 2004, 301~305쪽: 앞의 책, 53~60쪽.
47) 권은주, 「7세기 후반 북방민족의 反唐활동과 발해건국」, 『白山學報』86, 2010, 153~163쪽.
48) 김수미, 「웅진도독부의 요동 移置와 廢置」, 『歷史學硏究』45, 2012, 42~59쪽.
49) 임금표, 「보장왕의 고구려 부흥운동과 '營州鞬鞨'」, 『高句麗渤海硏究』72, 2022.

하여 부흥을 도모했다는 주장인데, 고구려부흥운동과 발해 건국의 연관성을 보다 심층적으로 이해하는 발판이 될 수 있다는 점에서 주목된다.

3. 연구 방법 및 내용 구성

이 책에서는 고구려 멸망 이후 각 지역에서 전개된 부흥운동의 구체적인 실상에 접근해 보고자 한다. 이를 위해 먼저 기존에 알려져 있는 사료들을 새로운 각도에서 재검토해 보는 방법으로 연구를 진행하고자 한다. 작성 시기에 대해 논란이 있는『삼국사기』지리지의 압록수 이북 현황 자료, 중국 측 사료에 기재된 검모잠 관련 기사, 669년 당 고종의 순행 추진 관련 기록, 안동도호부 이전 관련 기사 등이 해당된다. 이는 고구려부흥운동과 관련하여 기존 연구에서 언급되었으나, 매우 간략히 취급받거나 동일한 사안을 전하는 다른 기록과의 동이(同異)에 대한 고찰이 이루어지지 못하였다. 따라서 이들 자료를 적극적으로 활용하고,『자치통감고이(資治通鑑考異)』에 인용된『실록(實錄)』,『옥해(玉海)』,『당회요(唐會要)』,『책부원구(册府元龜)』,『대당신어(大唐新語)』,『당어림(唐語林)』,『홍찬법화전(弘贊法華傳)』등에 기록된 관련 사료와 비교 분석을 통해 부흥운동을 복원해 보겠다.

고구려부흥운동 연구에 활용할 수 있는 또 다른 자료는 근래 소개된 고구려 유민 및 고구려 관련 활동을 한 당 관인의 묘지명, 신도비(神道碑) 등 석각 자료이다. 부흥운동과 거의 동시대에 작성되었다는 점에서 사료적 가치가 높으며 문헌자료의 공백을 메꿀 수 있다. 물론 관련 내용이 매우 단편적이고 타자의 입장에서 서술되었다는 한계점도 분명하지만 문헌자료와 교차검토를 통해 극복 가능하리라 판단된다.

고구려 후기 지방통치체제 및 군사제도와 연관하여 부흥운동을 검토해 보 겠다. 부흥운동의 주도 세력으로 재지유력자 내지 지방관이 주목받고 있는 데, 이들이 지녔던 민정(民政)과 군정(軍政)에 대한 권한이 부흥운동의 기반으 로 작용했다고 파악된다. 7세기 최고위 지방관인 욕살(褥薩)이 주재하는 '대성 (大城)'이 거점성이 되어 그 하위의 처려근지(處閭近支)와 누초(婁肖) 등이 주재 하는 '제성(諸城)'과 '제소성(諸小城)'이 하나의 지방통치단위를 이루면서 동시에 군사방어체계 또는 군관구(軍管區)를 구성하고 있었다.[50] 부여성, 신성, 국내 성, 한성, 비열홀, 책성 등 다수의 사례에서 이것이 확인된다.[51] 욕살이 파견된 '대성'을 중심으로 하는 지방통치단위이자 군관구(軍管區)를 무엇이라 지칭했 는지 불확실한데, 이 책에서는 '대성'의 명칭을 취하여 '○○성 권역(圈域)'이라 고 하겠다. 권역 최고위 거점성의 향배가 권역 소재 성의 진로에 결정적인 영 향을 미쳤다는 점에서, 부흥운동에 대해 권역 내 여러 성은 동일한 입장을

---

50) 金賢淑,「高句麗 中·後期 中央集權的 地方統治體制의 發展過程」,『韓國古代史硏究』11, 1997, 50~65쪽;『고구려의 영역지배방식 연구』, 모시는사람들, 2005, 354~378쪽; 이문기,「7 세기 高句麗의 軍事編制와 運用」『高句麗硏究』27, 2007, 175~178쪽. 노태돈은 욕살과 처려 근지가 기본적으로 병렬적인 존재인데, 고구려-당 전쟁이 전개되면서 주요 성을 중심으로 광역의 군사구역이 형성되어 중심 성의 통제력이 강화되어 갔다고 보았다(노태돈, 앞의 책, 1999, 246~257쪽).

51)『구당서』권83, 열전33, 설인귀 "遂拔扶餘城 扶餘川四十餘城 乘風震懾 一時送款";『신당서』 권220, 열전145, 동이 고려 "明年正月 勣引道次新城 … 城人縛成酋出降 勣進拔城十有六"; 「천남생묘지명」"公率國內等六城十餘万戶書籍轅門"(朴漢濟 역주,「泉男生 墓誌銘」,『譯註 韓 國古代金石文』I (고구려·백제·낙랑 편), 駕洛國史蹟開發硏究院, 1992, 494쪽);『삼국사 기』권6, 신라본기6, 문무왕 8년 6월 22일 "府城劉仁願 遣貴干未肹 告高句麗大谷□漢城等二 郡十二城歸服 王遣一吉湌眞功稱賀";『삼국사기』권6, 신라본기6, 문무왕 6년 12월 "高句麗貴 臣淵淨土 以城十二戶七百六十三口三千五百四十三來投 淨土及從官二十四人 給衣物糧料家 舍 安置王都及州府 其八城完 並遣士卒鎭守";「이타인묘지명」"于時授公柵州都督兼摠兵馬 管 一十二州高麗 統卅七部靺鞨"(余昊奎·李明, 앞의 논문, 374쪽).

지녔다고 보아야할 것이다.

이 책에서 다음의 순서로 논지를 전개하고자 한다. 제1장에서는 멸망 직후 고구려 고지를 둘러싼 당·고구려 유민·신라의 동향을 살펴보겠다. 우선 당이 고구려 고지를 안동도호부로 재편하는 과정을 기미부주에 파견된 당 관리, 안동도호부, 요동도안무대사(遼東道按撫大使)라는 세 축을 중심으로 살펴보겠다. 이어서 압록수 이북 현황 자료가 반영하고 있는 시기를 재검토하고, 이를 바탕으로 작성 주체, 목적을 살펴보겠다. 이러한 작업은 부흥운동이 일어나게 된 배경과 멸망 직후 고구려 유민이 당의 기미지배 시도에 어떻게 대응했는지를 살펴볼 수 있는 바탕이 될 것이다. 고구려부흥운동이 신라와 밀접히 관련되어 있다는 점에서 신라의 동향을 파악하는 것도 필요하다. 고구려 고지와 유민에 대한 신라의 인식이 어떻게 변화하였는지 중점적으로 검토해 보겠다.

제2장에서는 요동지역 및 평양성·한성 권역에서 전개된 부흥운동의 흐름을 새롭게 살펴보겠다. 먼저 중국 측 사서의 검모잠 관련 기사를 『삼국사기』와 비교 검토하여 관련 사안의 발생순서와 시기를 추정하고 당이 행군을 파견한 이유를 새롭게 살펴보겠다. 그다음 검모잠의 거병 배경과 사회적·군사적 기반이 무엇이었는지 탐색해 보겠다. 그리고 검모잠이 요동지역에서 거병했음을 밝히고 당시 요서 지역의 고구려 유민들과의 연관성에 대해 서술하겠다.

이어서 평양성·한성 권역의 '부흥고구려국(復興高句麗國)'을 검토할 것이다. 이를 본격적으로 살펴보기 앞서 검모잠이 안승을 옹립하는 과정에서 등장하는 지명, 『삼국사기』고구려본기에 전하는 669년 2월 안승의 신라 투항 기사, 안승의 출자(出自) 및 나이를 검토해 보겠다. 이는 검모잠의 남하 및 검모잠이 안승과 결합하는 과정, 왕위에 오르기 이전 안승의 행적에 대한 이해를 높여줄 수 있을 것으로 예상된다. 또한 안승이 국왕으로서 정통성을 지녔는지, 부흥운동을 주도적인 위치에서 이끌어나갔는지를 파악하는 단서가 된다. 이를 바탕으로 '부흥고구려국'의 수립 과정과 그 직후 발생한 정치 세력 간의 대립을 살펴보겠다. 더불어 대왜(對倭) 관계 기사를 통해 검모잠이 피살된 시기를 추정하고 안승이 정국 운영을 주도하게 되었음을 확인하겠다. 다음으로 '부흥고구려국'이 당군과 격돌하는 양상을 구체적으로 검토하겠다. 고구려 유민과 신라군의 연합이 구체적으로 어떻게 실행되었는지, 어떤 전략으로 당군의 공격을 막아내려 했는지 파악해 보겠다. 그리고 673년 '부흥고구려국'이 신라 내로 옮겨간 후의 모습을 살펴보면서 '부흥고구려국'의 소멸 과정을 서술하고자 한다.

제3장에서는 고구려 멸망 이후 부여성 권역과 책성 권역에서 부흥운동이 일어났음을 밝히겠다. 부여성 권역의 동향을 파악하기 위해 669년 당 고종이 순행을 추진하자 신하들이 고구려 고지의 상황을 언급하며 만류하는 모습을 전하는 사료를 재검토해 보겠다. 기존 연구는 당시 상황을 전하는 문헌자료 중 『자치통감』을 활용하여 고구려 고지의 동향을 이해하였다. 그러나 원전자료에 더 가깝다고 생각되는 『당회요』, 『책부원구』, 『대당신어』에 실려 있는 해당 사료를 검토하여 부여성 권역에서 부흥운동이 발생했음을 논증하겠다. 그리고 「이타인묘지명」을 중심으로 부여성 권역 고구려부흥운동의 주도세력, 지속 시기, 그리고 당군의 대응 등을 살펴보겠다.

이어서 고구려 멸망 전후 책성 권역의 동향에 주목해 보고자 한다. 먼저 「이타인묘지명」을 중심으로 책성 권역이 당군의 지배하에 들어가게 되는 과정을 검토하고, 이어서 「양현기묘지명」을 통해 책성 권역에 대한 당의 지배체제 구축의 일면을 살펴보겠다. 그리고 책성 권역에서 고정문이 중심이 되어 고구려부흥운동이 발생하였음을 확인하겠다.

제4장은 보장왕이 시도한 부흥운동을 추적해 보겠다. 보장왕의 부흥운동

이 실패로 돌아간 이후 고구려 부흥의 움직임은 사료에서 나타나지 않는다. 따라서 보장왕이 부흥운동을 시도한 679~681년은 부흥운동의 종말기로 부를 수 있다. 보장왕이 677년 고구려 고지로 돌아오는 배경을 부흥운동과 연관하여 해석하고, 보장왕이 부흥운동을 추진하는 과정을 살펴보겠다. 그리고 이전 연구에서 주목하지 못했던 부흥운동의 지지 기반에 대해서 검토하고자 한다. 신라의 동향에 주목하여 요동지역의 정세를 파악하고 반보장왕 세력이 누구였으며 이들이 왜 부흥운동을 좌절시켰는지를 추정해 보겠다.

마지막으로 맺음말에서는 본론의 내용을 정리하고 고구려부흥운동의 역사적 성격과 의미에 대해 서술하고자 한다. 이를 통해 고구려부흥운동이 지닌 특성과 영향을 파악할 수 있을 것이다.

이 책에서 다루지 못한 부분도 있다. 먼저 국내성을 중심으로 한 압록강 중류 유역의 동향을 고찰하지 못하였다. 국내성이 연남생의 근거지였으며 669년 초 작성된 압록수 이북 현황 자료에는 국내주가 이항성으로 기재되어 있기 때문에 부흥운동이 발생했을 가능성은 낮아 보인다. 하지만 당에 투항했던 지역이 당의 지배를 이탈한 경우가 다수 존재하기 때문에 국내성에서 부흥운동이 발생하지 않았다고 단정할 수는 없다.

또한 보장왕의 부흥운동이 실패로 돌아간 후 발해 건국 이전까지 요동지역의 정세가 검토되지 못하였다. 696년 이진충의 난으로 시작된 요서·요동 일대의 혼란한 상황이 당에 대한 고구려 유민의 저항으로 이어졌다는 점에서[52] 680~690년대 요동지역 고구려 유민의 동향도 충분히 검토의 대상이 된다. 하지만 부흥운동의 존재를 확언해 줄 수 있는 자료가 부족하기 때문에 이 책에서 구체적으로 다루지 못하였다.

---

52) 여호규 · 拜根興, 앞의 논문, 91~97쪽.

제1장 부흥운동의 발생 배경

1. 당의 고구려 고지 지배 시도

668년 9월 나당연합군의 공격을 받아 평양성이 무너지면서 고구려는 멸망하였다.[1] 고구려 고지(故地)를 지배하려는 당의 시도는 668월 12월부터 본격화되었다. 12월 7일 당 고종은 고구려 원정과 관련한 인물에게 상벌을 내리고, 이어서 고구려 고지에 대한 지배정책을 결정하였다.

A-①. 고구려는 지난날 5부로 나뉘어져 176성, 69만 7천호가 있었다. 이에 그 땅을 나누어 9도독부·42주·100현을 두고 또 안동도호부를 두어 다스리게 하였다. 추거(酋渠) 중 공(功)이 있는 자를 뽑아 도독(都督)·자사(刺史)·현령(縣令)을 제수하고 화인(華人)과 함께 백성(百姓)을 다스리는 데 참여하게 하였다. 이어서 좌무위장군 설인귀(薛仁貴)를 보내어 군사를 통괄하고 진무하게 하였다. 그 후 흩어져 도망가는 자가 상당히 있었다.[2](『구당서』 권199, 열전149, 동이 고려).

A-②. 총장 원년(668) 9월 14일 요동도행군총관 사공(司空) 이적(李勣)이

---

1) 『삼국사기』 권22, 고구려본기10, 보장왕 27년 9월.
2) "高麗國舊分爲五部 有城百七十六 戶六十九萬七千 乃分其地置都督府九州四十二縣一百 又置安東都護府以統之 擢其酋渠有功者授都督刺史及縣令 與華人參理百姓 乃遣左武衛將軍薛仁貴總兵鎭之 其後頗有逃散".

요동을 평정하였다. 고구려는 본래 5부, 176성, 69만 7천호가 있었다. 12월 7일에 이르러 고구려 땅을 나누어 9도독부·42주·100현을 만들고 안동도호부를 평양성에 두어 이를 다스리게 하였다. 추거를 뽑아 도독·자사·현령으로 삼고 화인과 함께 다스리는 데 참여하게 하였다. 우무위장군 설인귀를 검교안동도호(檢校安東都護)로 삼아 총 2만 명의 군사로 진수하게 하였다[3](『당회요』 권73, 안동도호부).

당이 고구려 고지에서 실현하고자 했던 지배정책은 다음과 같다. 5부 176성으로 이루어진 고구려 영역을 9도독부·42주·100현으로 재편하고 상급통치기관으로 안동도호부(安東都護府)를 평양성에 설치하였다. 그 책임자로 설인귀(薛仁貴)를 검교안동도호(檢校安東都護)에 임명하고 병력 2만 명으로 진수하게 하였다. 한편 고구려 지배층 가운데 공(功)이 있는 자를 부·주·현의 장관인 도독·자사·현령으로 임명하여 자치에 맡기는 한편, 당 관리가 통치에 함께 참여하게 하였다[4].

당은 귀부한 이민족 부락이나 정복지에 당의 지방제도를 적용하면서 동시에 토착 수령에 의한 통치라는 지배방식을 취하였는데, 이를 기미지배(羈縻支配)라고 일컫는다[5]. 기미(羈縻)란 굴레와 고삐를 가지고 말과 소를 제어한다는 뜻인데, 이민족을 간접적으로 지배·통어하는 방식이라는 의미로 쓰이게 되

---

3) "總章元年九月十四日 遼東道行軍總管司空李勣平遼東 其高麗舊有五部 一百七十六城 六十九萬七千戶 至十二月七日 分高麗地爲九都督府四十二州百縣 置安東都護府於平壤城以統之 擢其酋渠爲都督及刺史縣令 與華人參理 以右武衛將軍薛仁貴 檢校安東都護 總兵二萬以鎭之".

4) 日野開三郎, 「唐の高句麗討滅と安東都護府」, 『小高句麗國の研究』, 三一書房, 1984, 26쪽; 김종복, 「고구려 멸망 이후 唐의 지배 정책-安東都護府를 중심으로」, 『史林』19, 2003, 4쪽: 『발해정치외교사』, 일지사, 2009, 20쪽.

5) 金浩東, 「唐의 羈縻支配와 北方遊牧民族의 對應」, 『歷史學報』137, 1993, 141쪽.

었다.[6] 기미지배는 토착 수령이 기미부주 장관에 임명되고 그 직을 세습할 수 있었으며 공부(貢賦)와 판적(版籍)을 호부(戶部)에 올리지 않는다는 점에서[7] 자치적인 성격을 지녔다. 당이 고구려 고지에 적용한 부·주·현은 고구려 지방 제도를 이은 것으로 파악되는데,[8] 기존 지배질서가 온존된 듯한 인상을 주는 것도 기미지배의 일반적인 원칙이 적용되었기 때문이다. 다음은 고구려 유력자를 기미부주의 장관에 임명한 사례이다.

B-①. 공의 휘(諱)는 흠덕(欽德)이고 자(字)는 응휴(應休)이며 발해인이다. 증조 원(瑗)은 건안주도독(建安州都督)이었고 조부 회(懷)는 건안주도독을 습작(襲爵)하였다. 부(父) 천(千)은 당 좌옥검위중랑(左玉鈐衛中郞)이며 공은 바로 선군(先君)의 둘째 아들이다[9]('고흠덕묘지명').

B-②. 군의 휘(諱)는 원망(遠望)이고 자(字)는 유민(幼敏)이며 선조는 은나라 사람이다. … 증조 회(懷)는 당 운마장군(雲摩將軍) 건안주도독이었고 조부 천(千)은 당 좌옥검위중랑이었고 건안주도독을 습작하였다. 부(父) 흠덕(欽德)은 건주도독(建州都督)을 세습하고 당 우무위장군(右武衛將軍)

6) 金翰奎,「漢代의 天下思想과〈羈縻之義〉」,『中國의 天下思想』, 民音社, 1988, 80~86쪽 및 호리 도시카즈(정병준·이원석·채지혜 옮김),『중국과 고대 동아시아 세계』, 동국대학교출판부, 2012, 109쪽 참조.

7) 『신당서』권43하, 지33하, 지리7하, 기미주 "唐興 初未暇於四夷 自太宗平突厥 西北諸蕃及蠻夷稍稍內屬 即其部落列置州縣 其大者爲都督府 以其首領爲都督刺史 皆得世襲 雖貢賦版籍 多不上戶部 然聲教所曁 皆邊州都督 都護所領 著于令式". 이에 대한 해석은 정병준,『『신당서』권43하, '羈縻州' 역주」,『역사와 교육』14, 2012, 202~204쪽 참조.

8) 盧泰敦,「5~7세기 고구려의 지방제도」,『韓國古代史論叢』8, 1996, 215~216쪽:「지방제도의 형성과 그 변천」,『고구려사 연구』, 사계절, 1999, 244~245쪽.

9) "公諱欽德 字應休 渤海人也 曾祖瑗 建安州都督 祖懷 襲爵建安州都督 父千 唐左玉鈐衛中郞 公即先君仲子也"(周紹良·趙超 編,『唐代墓誌彙編』, 上海古籍出版社, 1992, 1416쪽).

유주부절도(幽州副節度) 지평로군사(知平虜軍事)였다[10](「고원망묘지명」).

　　B-③. 고(故) 요양군왕(饒陽郡王)의 휘(諱)는 단덕(單德)이고 자(字)도 단덕
(單德)이다. … 이로 인해 요동 자제(子弟)를 나누어 예속하고 군현에 흩어
져 살게 하였다. 공의 가문은 자제 중에서 으뜸이므로 안동(安東)에 두어
살게 하였다. 조부 적(狄)은 당 마미주도독(磨米州都督)이었고, 부(父) 우(于)
는 당 귀주자사(歸州刺史)였다[11](「남단덕묘지명」).

　　B-①·②는 부자지간인 고흠덕(高欽德)과 고원망(高遠望)의 묘지명이다. 여기
에 기록된 가문의 역임 관직을 살펴보면 고원(高瑗)-고회(高懷)-고천(高千)-고흠
덕 4대에 걸쳐 건안주도독(建安州都督)을 승습한 사실을 확인할 수 있다. 고흠
덕이 677년 태어난 것을 고려하면, 고원은 6세기 말~7세기 초에 출생했을 가
능성이 높고 그가 건안주도독으로 활동했던 시기는 고구려가 멸망하기 전임
이 분명하다.[12] 입당을 주도한 인물이 고회인지 고천인지 불분명하지만, 둘 다
건안주도독을 습작했다고 하므로 고구려 멸망 이후 고회 또는 고천이 안동
도호부 예하의 건안주도독이었음을 알 수 있다. 즉 고구려 멸망을 전후하여

---

10) "君諱遠望 字幼敏 先殷人也 … 曾祖懷 唐雲摩將軍 建安州都督 祖千 唐左玉鈐衛中郎 襲爵建
安州都督 父欽德 襲建州都督 皇右武衛將軍 幽州副節度知平虜軍事"(吳鋼 主編, 『全唐文補
遺』8, 三秦出版社, 2005, 47쪽).

11) "故饒陽郡王諱單德 字單德 … 因此 分隷遼東子弟 郡縣散居 公之家 子弟首也 配住安東 祖狄
皇磨米州都督 父于 皇歸州刺史"(王菁·王其禕, 「平壤城南氏:入唐高句麗移民新史料-西安碑
林新藏唐大曆十一年《南單德墓志》-」, 『北方文物』2015-1, 2015, 81쪽; 장병진, 「새로 소개된
고구려 유민 '南單德' 묘지에 대한 검토」, 『高句麗渤海硏究』52, 2015, 281쪽).

12) 바이건싱, 「고구려·발해 유민 관련 유적·유물」, 『중국학계의 북방민족·국가 연구』, 동북
아역사재단, 2008, 216~217쪽; 拜根興, 「入唐高麗移民遺物·遺迹的現像及其分布」, 『唐代高
麗百濟移民硏究』, 中國社會科學出版社, 2012, 168~169쪽; 권은주, 「고구려유민 高欽德, 高遠
望 부자 묘지명 검토」, 『大丘史學』116, 2014, 21~22쪽.

고흠덕 가문은 고구려 지방관인 건안성욕살과 기미부주 장관인 건안주도독을 승습했던 것이다.[13] 이는 고구려 유력자를 기미부주 장관에 임명하고 그 직을 세습시킨 대표적인 사례에 해당한다.[14]

B-③은 최근 알려진 「남단덕묘지명」의 일부이다. 이에 따르면 남단덕 가문은 '요동 자제(子弟)' 중 으뜸이므로 군현으로 산거(散居)된 자들과 달리 안동(安東)에 배치되었다고 한다. 요동은 고구려를 의미하고, 자제(子弟)는 왕실이나 귀족 가문 출신의 청장년을 지칭[15]하므로 남단덕 가문은 고구려 유력자라고 할 수 있다. '안동'은 당대 사료에서 여러 의미로 사용되었는데,[16] 여기서는 군

─────

13) 고흠덕 가문이 습작한 '건안주도독'은 실직이 아니라 상징적인 명예 호칭으로 사후에 수여된 것으로 추정하는 견해가 있다(李基天, 「唐代 高句麗·百濟系 蕃將의 존재양태」, 『韓國古代史研究』75, 2014, 244~245쪽). 고회와 고천이 습작한 건안주도독이 실직이 아니라는 점은 동의하기 어려우나, 고흠덕의 경우는 공감되는 바가 있다. 따라서 고흠덕이 습작한 건주도독(建州都督)이 실직인지 여부는 면밀한 검토가 요구된다고 생각한다. 최근 고흠덕이 증조, 조부와 달리 차근차근 관력을 쌓았으며 사망 시기에서 그리 멀지 않은 시기에 공을 세워 단기간에 특진하였다고 본 연구가 제출되었다는 점도 참고가 된다(이천우, 「『고흠덕 묘지명』을 통해 본 고구려 유민의 唐 내 관직 제수와 特進 배경」, 『이화사학연구』57, 2018). 다만 고흠덕은 676년 출생하여 주로 7세기 말~8세기 전반에 활동하였으므로, 고흠덕의 건안주도독 승습 여부는 고구려 멸망 직후 당의 지배정책을 살펴보려는 이 책과는 직접 관련은 없다.

14) 장병진, 「당의 고구려 고지(故地) 지배 방식과 유민(遺民)의 대응」, 『역사와 현실』101, 2016, 128~131쪽; 이규호, 「당의 고구려 유민 정책과 유민들의 동향」, 『역사와 현실』101, 2016, 147~148쪽; 여호규·拜根興, 「遺民墓誌銘을 통해본 唐의 東方政策과 高句麗 遺民의 동향」, 『東洋學』69, 2017, 78쪽.

15) 王連龍, 「戰爭與命運: 總章元年(668年)後高麗人生存狀態的個案考察-以唐代高麗人南單德墓誌爲線索」, 『奎章閣』49, 2016, 359쪽; 여호규·拜根興, 위의 논문, 76쪽. 자제(子弟)가 이민족 출신 번병(蕃兵)을 의미하므로 요동 자제는 고구려 출신 번병을 가리킨다 보는 입장도 있다. 이에 따라 남단덕 가문은 번병으로 구성된 군인집단의 우두머리로서 안동도호부에 살게 되었다고 해석한다(김영관, 「高句麗 遺民 南單德 墓誌銘에 대한 연구」, 『百濟文化』57, 2017, 210~212쪽).

16) 주로 안동도호부 관할 영역 전체를 가리키거나 안동도호부 치소 또는 관사의 의미로 사용되었다(日野開三郎, 앞의 책, 50~53쪽).

현과 대비되는 존재로서 안동도호부 관할 지역 전체, 즉 고구려 고지를 가리킨다고 이해된다. 그렇다면 남단덕의 조부가 기미부주 중 하나인 마미주(磨米州)의 도독을 역임한 사실은 유력자를 기미부주 장관에 임명하는 기미지배의 한 사례라 말할 수 있겠다.[17]

위 사례에서 알 수 있듯이 자치가 부여되는 기미지배의 일반적인 원칙이 고구려 고지에 적용되었다. 하지만 당대 기미부주는 원칙적으로 당 황제의 통치대상지역으로 인식되었다.[18] 따라서 당의 입장에서 부당한 방법으로 부족 내부 권력을 장악한 인물에 대해 장관 책립을 거부하고 군사적으로 개입하여 후계자를 선정하기도 하였다.[19] 그리고 조세 납부가 실질적으로 이루어졌던 사례가 여러 기록에서 확인되며,[20] 이것은 백제 및 고구려 고지에서도 마찬가지였다.[21] 비록 기미지배가 자치적인 성격을 띠기는 하였지만 상위에 도호부를 두어 관리와 군대를 파견하여 감독하였고, 도호부를 통해 당 조정의 명령이

---

17) 장병진, 앞의 논문, 2015, 283쪽; 이규호, 앞의 논문, 149쪽; 여호규 · 拜根興, 앞의 논문, 76쪽.

18) 박한제, 『대당제국과 그 유산』, 세창출판사, 2015, 158~164쪽. 영토 문제는 명분이 아닌 실질적 통제력을 근거로 삼아야 한다고 하면서 도호부 관하 기미부주의 상당수는 당의 영역으로 보아야 한다는 주장도 참고가 된다(鄭炳俊,「唐代 異民族 管理方式의 다양성 및 그 변용-羈縻府州 제도를 중심으로-」,『東洋史學研究』143, 2018, 38~39쪽).

19) 金浩東, 앞의 논문, 163쪽;『구당서』권195, 열전145, 회흘 정관 22년.『당회요』권73, 잡록(雜錄) "開元四年三月四日勅 諸都護府史 並令於管內依式簡補 申所司勘責 然後給告身"을 도호부의 장사가 기미부주의 도독과 자사를 인선하여 조정에 보고하면 이를 심사한 후 고신을 발급하여 관직을 수여한다고 해석하기도 한다. 이에 대해서는 劉統(정병준 · 채지혜 역),「당대 기미부주 연구(2)」,『新羅史學報』24, 2012, 411쪽 참조.

20) 일부 지역을 제외하고 대다수 기미부가 변주도독(邊州都督)과 도호부에 조세를 납부하고 요역을 부담하였다고 한다. 조세 징수의 실례에 대해서는 劉統, 위의 논문, 447~453쪽 참조.

21) 최근 당이 백제 유민의 호구를 등록하여 가호의 자산에 따라 9등급으로 나누고, 이를 근거로 가호마다 차등을 두어 부세를 부과했다고 본 연구가 있다(전덕재,「7세기 백제 · 신라 지배체제와 수취제도의 변동」,『新羅史學報』42, 2018, 90~94쪽). 고구려 고지의 경우는 다음 기록에서 확인할 수 있다.『신당서』권110, 열전35, 제이번장(諸夷蕃將) 천남생 "儀鳳二年 詔安撫遼東 并置州縣 招流冗 平斂賦 罷力役 民悅其寬".

직접 도독·자사 등에게 전달되는 구조였다.[22]

　이와 관련하여『구당서』고려열전에서 고구려 유공자(有功者) 중 기미부주 장관에 임명된 자와 화인(華人)이 다스리는 대상으로 지목한 '백성(百姓)'에 주목할 필요가 있다(A-①). 백제 유민을 '백제 백성'으로 표현한 사례를 통해 볼 때,[23] 여기서 '백성'은 고구려 유민을 의미할 가능성이 있다. 그러나 다음과 같은 이유로 A-①의 '백성'은 당 황제의 지배를 받는 '백성'을 가리킬 가능성이 더 높다고 생각한다. 첫째, 당이 기미부주의 민을 '백성'으로 인식한 사례가 존재한다. 당이 서역에 둔 기미부주의 민을 '백성'이라 지칭했던 사실이 서역 출토 관문서를 통해 확인되고 있는데, 이는 율령에 기초한 제국적 지배 논리를 주변 세계까지 확장하여 기미부주의 이민족을 당의 '백성'으로 편입시키려는 했던 시도로 이해되고 있다.[24] 둘째, A-①에 따르면 '백성'을 다스리는 자들은 기미부주의 장관과 그들을 보좌하는 당 관리였는데, 이들을 임명하는 주체는 당 황제였다. 따라서 '백성'은 당 황제의 지배를 받는 존재로 이해하는 것이 자연스럽다. 셋째, 이러한 이해를 뒷받침하는 사례로서, 668년 4월 당의 군신들이 혜성의 등장을 고구려 멸망의 징조로 해석하자 고종이 답변하는 과정에서 "고구려의 백성이 곧 짐의 백성이다."라고 한 발언이 있다.[25] 당이 고구려를 침략하면서 고구려가

---

22) 호리 도시카즈, 앞의 책, 266쪽.

23) 『책부원구』권136, 제왕부136, 위로(慰勞) "龍朔元年 遼東道行軍摠管蘇定方拔百濟之貞都城 其王義慈來降 遣左衛郎將王文度齎璽書 慰勞定方已下將士及百濟百姓 各令安堵如舊 有才者 節級錄用". 여기서 '백제백성'을 「유인원기공비(劉仁願紀功碑)」의 "合境遺黎 安堵如舊 設官 分職 各有司存"과 연관하여 해석한다면, '백성'은 '유려(遺黎)' 즉 백제 유민을 의미한다고 이해할 수 있을 것이다.

24) 荒川正晴, 「唐帝國とソグド人の交易活動」, 『東洋史研究』56-3, 1997, 624~625쪽; 鄭炳俊, 앞 논문, 2018, 34~35쪽.

25) 『구당서』권5, 본기5, 고종 총장 원년 4월 "丙辰 有彗星見於畢昴之間 乙丑 上避正殿 減膳 詔 內外群官各上封事 極言過失 … 群臣復進曰 星孛于東北 此高麗將滅之徵 帝曰 高麗百姓 卽朕

본래 중원왕조의 영역이었다는 명분을 내세웠다. 또한 668년 4월 시점에 당 조정은 대체로 고구려 멸망을 예견하고 있었다. 이러한 점이 복합적으로 작용하면서 위의 발언이 등장했다고 여겨진다. 비록 고구려 멸망 전이지만 당 황제가 고구려를 바라보는 시각의 일단을 확인할 수 있는 것이다. 즉 A-①에서 당이 고구려 유민을 '백성'으로 인식했음을 확인할 수 있으며, 여기서 '백성'은 당 황제의 '백성'을 의미한다고 이해해도 무방할 듯하다.

당대 '백성'은 율령제적 인민편성의 주된 구성원으로서 조세 수취의 기본 대상이 되는 피지배신분이었다.[26] 또한 '백성'은 어떠한 사적인 지배·피지배 관계가 인정되지 않고 오직 황제의 직접적인 지배를 받는 신분으로, 황제를 정점으로 하는 일원적인 지배체제를 수립하려는 의도에 따라 설정된 법적 신분이었다고 한다.[27] 이러한 이해를 적용한다면, 당은 고구려 유민을 '백성'으로 파악하여 율령체제 내로 편입시켜 황제의 지배를 받는 존재로 변환시키는 동시에 황제 지배 공간의 외연을 확장하려 했다고 볼 수 있다.

기미지배는 기존 질서를 용인하고 자치를 허용해 주는 외피를 두르고 있었지만 이념적·실제적으로 당의 지배질서가 구현되는 통로였다. 당은 여러 방향에서 고구려 고지를 당의 질서 내로 재편하고자 시도하였다. 그중 하나가 부·주·현 단위에 당 관리를 속료로 파견하는 것이었다. 이를 사료에서 '화인

之百姓也 旣爲萬國之主 豈可推過於小蕃 竟不從所請 乙亥 彗星滅".

26) 全永燮, 「唐代 良人의 身分秩序 構造와 기능-律令에 보이는 用例를 중심으로-」, 『法史學研究』17, 1996;『中國中世 身分制 研究』, 신서원, 2001, 303쪽; 全永燮, 「唐代 庶人·百姓의 用例와 身分的 性格」, 『釜大史學』27, 2003, 90~94쪽. 당대 백성은 공(公)·사천인(私賤人) 및 양인 중 관리·승도·황실 자손을 제외한 존재로서 국가의 법적 수탈 대상이었다고 한다(山根清之, 「唐の「百姓」身分について」, 『社會經濟史學』47-6, 1982, 632~635쪽).

27) 全永燮, 위의 책, 310쪽; 全永燮, 위의 논문, 2003, 111~113쪽.

참리(華人參理)' 내지 '화관참치(華官參治)'로 표현하고 있다.[28] 호한참치제(胡漢參治制) 혹은 호화참치제(胡華參治制)로 부르는 것이 옳다는 견해도 있는데, 중국 관리와 이민족 수장의 공동통치라는 점을 잘 드러내기 때문이라는 것이다.[29] 그러나 실상은 기미부주의 실무를 담당하던 관직에 당 관리를 임명하여 토착 수령을 견제하고 해당 기미부주에 대한 당 조정의 통제력을 유지하려는 의도에서 이루어진 것이었다.[30]

다음은 고구려 고지에 설치된 기미부주에 당 관리가 파견된 사례이다.

C-①. 총장 원년(668) 녹릉부장상절충(鹿陵府長上折衝)에, 곧이어 검교 동책주도독부장사(檢校東柵州都督府長史)에 제수되었다. 반수령(反首領) 고정문(高定問) 등을 주살하고 정양군공(定陽郡公)과 식읍 2천 호에 봉해졌다.[31](「양현기묘지명」).

C-②. 용삭 원년(661)에 이르러 황제가 칙을 내려 의군(義軍)을 징발하여 요좌(遼左)의 죄를 물으니, 공이 병사를 이끌고 맞서 싸우다가 마침내 사로잡혔다. 황제는 맞서 싸운 허물을 개의하지 않고 귀항(歸降)의 예를

---

28) 사료 A-① · ②와 『자치통감』 권201, 당기17, 고종 총장 원년 12월조에서는 '화인참리(華人參理)'로, 『신당서』 권220, 열전145, 동이 고려전에서는 '화인참치(華官參治)'라고 하였다.

29) 박한제, 앞의 책, 165쪽.

30) 曹在佑, 「唐 前期 邊境 節度使 體制의 성립과정」, 『東洋史學硏究』132, 2015, 8쪽. 고구려는 정주국가(定住國家)로 중앙집권체제가 장기간 이어져 왔기 때문에 유목국가에 적용된 기미지배체제를 그대로 적용하기 어려웠다는 점과 고구려가 오랫동안 중원 왕조를 위협하였다는 점을 고려하여, 당은 재지 유력자와 당 관리가 함께 고구려 고지를 통치하는 제도를 시행했다고 이해하는 견해가 참고가 된다(정원주, 「唐의 고구려 지배정책과 安勝의 行步」, 『한국고대사탐구』29, 2018, 85~87쪽).

31) "總章元年 授鹿陵府長上折衝 仍檢校東柵州都督府長史 誅反首領高定問等 封定陽郡公 食邑二千戶"(吳鋼 主編, 『全唐文補遺』8, 三秦出版社, 2005, 330쪽).

허락하였다. 2년(662) 우위남전부절충장상(右衛藍田府折衝長上)에 제수되었다. 총장 원년(668)에 이르러 고구려에서 정치가 어지러워지자 동쪽 땅은 서쪽 조정으로 귀순하였다. 칙을 내려 공이 나라를 받들고 충성을 다하니 검교본토동주장사(檢校本土東州長史)로 임명하였다[32](「고을덕묘지명」).

C-①은 당 관인 양현기(陽玄基)의 묘지명 중 일부인데, 두만강 유역 일대를 관장하였던 책성(柵城)에 기미부주인 동책주도독부(東柵州都督府)가 설치되었던 사실을 확인시켜준다. 동시에 668년 당 관인이 도독부장사에 임명되었음을 보여준다.[33]

C-②에 따르면 고구려 유민인 고을덕(高乙德)은 검교본토동주장사(檢校本土東州長史)에 임명되었다. 이 관직에 대해 동주도행군총관부(東州道行軍總管府)의 장사로 보는 견해[34]와 기미주의 속료인 장사로 보는 입장[35]으로 나뉘고 있다. 668년 고구려 멸망 직후 임명된 점, C-①에서 양현기가 668년 검교직을 제수받은 점, '본토(本土)'를 명시하고 있다는 점 등을 고려할 때, 동주(東州)는 당이 설치한 기미주인 요동주(遼東州)를 가리킨다고 해석하는 것이 타당하다.[36] 이

---

32) "曁乎大唐龍朔元年 天皇大帝勅發義軍 問罪遼左 公率兵敵戰 遂被生擒 聖上捨其拒抗之愆 許以歸降之禮 二年 蒙授右衛藍田府折衝長上 至總章元年 高麗失政 東土歸命西朝 勅以公奉國盡忠 令檢校本土東州長史"(李成制, 「어느 고구려 무장의 가계와 일대기 - 새로 발견된 〈高乙德墓誌〉에 대한 譯註와 분석 -」, 『中國古中世史硏究』38, 2015, 201~206쪽).

33) 당의 책성 권역 지배 양상에 대해서는 김강훈, 「책성 권역의 고구려부흥운동과 高定問」, 『歷史敎育論集』65, 2017, 252~258쪽 참조.

34) 李成制, 위의 논문, 206쪽; 여호규 · 拜根興, 앞의 논문, 84쪽.

35) 葛繼勇(이유표 외 번역), 「신출토 入唐 고구려인 〈高乙德墓誌〉와 고구려 말기의 내정 및 외교」, 『韓國古代史硏究』79, 2015, 325쪽; 정동준, 「高乙德 墓誌銘」, 『목간과 문자』17, 2016, 269쪽.

36) 장병진, 앞의 논문, 2016, 114~115쪽. 동주(東州)는 요동주(遼東州)의 준말로 추측된다(김종복, 앞의 책, 29쪽).

를 기미부주의 주요 속료직에 고구려인이 임명되었다고 해석[37]할 수도 있지만, 고을덕이 전투 과정에서 붙잡혀 포로가 된 후 당에 귀부하여 662년 우위남전부절충장상(右衛藍田府折衝都尉長上)에 제수되었다는 점을 고려한다면, 당 관인의 자격으로 요동주장사(遼東州長史)에 임명되었던 것이다.

두 사례를 통해 당 관리가 평양성에만 배치되었을 것으로 추정거나,[38] 참군(參軍)·좌사(佐史)와 같은 하급 속료가 파견되었다는 견해[39]가 성립되기 어려움을 확인할 수 있다. 또한 양현기는 반수령(反首領) 고정문(高定問)이 주도한 부흥운동을 좌절시키는데, 기미부주에 파견된 당 관리가 통치의 주도권을 쥐고 있었던 사실을 확인시켜준다.[40] 이는 기미부주의 차관급에 해당하는 장사·사마에 당 관리가 임명되었고, 이들이 실질적으로 지방을 통치했다고 추정한 견해[41]가 설득력이 있음을 뒷받침하여 준다.

당은 고구려 고지에 실질적인 지배력을 발휘하기 위해 기미부·주·현을 총괄하면서 고구려 고지 전체를 통합하는 기구로 안동도호부를 설치하였다. 안동도호부의 관리는 기본적으로 당 관인으로 충당했는데, 이는 안동도호부에 파견된 당 관리를 통해 기미부주를 강력히 통제했음을 시사한다.[42] 당대 도호는 관할지역의 이민족 위무, 외적 방어, 정탐 및 반란 정벌을 관장하였다.[43] 위

---

37) 葛繼勇, 앞의 논문, 325쪽; 이규호, 앞의 논문, 150쪽.

38) 津田左右吉, 「安東都護府考」, 『滿鮮地理歷史硏究報告』1, 東京帝國大學文學部, 1915, 61~62쪽: 『津田左右吉全集』12, 岩波書店, 1964, 57쪽: 쓰다 소키치(정병준 옮김), 「安東都護府考」, 『高句麗渤海硏究』42, 2012, 280쪽.

39) 劉統, 앞의 논문, 412쪽.

40) 김강훈, 앞의 논문, 2017, 259~271쪽.

41) 김종복, 앞의 책, 32~33쪽.

42) 여호규·拜根興, 앞의 논문, 79~80쪽.

43) 『당육전』권30, 삼부독호주현관리(三府督護州縣官吏), 대도호부 "都護副都護之職 掌撫慰諸蕃 輯寧外寇 覘候姦謠 征討攜離".

무로 표현되는 행정적 통제와 방어·정탐·정토로 표현되는 군사적 통제가 도
호의 역할이었던 것이다. 검교안동도호 설인귀가 신성(新城)으로 옮겨가서 고
아와 노인을 돌보고 도적을 억제하며 재주에 따라 관직에 임명하고 절의를 높
이 기렸다고 하는데,[44] 이는 도호의 업무 중 행정적인 측면으로 이해할 수 있
다. 그러나 당의 지배력은 실질적으로 군사력을 통해 발현되는 것이었기에, 도
호의 실제 역할은 후자에 방점이 찍혀 있었다.[45]

한편 당은 고구려 원정에 나선 당군 중 2만 명을 남겨 안동도호부 주둔군
으로 재배치하였다. 당대 행군은 전쟁을 위해 임시로 편성된 군대로서 전쟁
이 끝나면 행군을 해산하는 것이 원칙이었으나, 일부는 현지에 그대로 남아
점령지 주둔군이 되었다.[46] 그런데 안동도호부에 두어진 2만 명은 안서도호부
1,000명,[47] 안남도호부 4,200명,[48] 백제 고지 10,000명[49]과 비교하면 상당히 많은
병력이다. 또한 안동도호부가 요서로 옮겨지고 평로절도사(平盧節度使)가 안동

---

44) 『신당서』 권111, 열전36, 설인귀 "移治新城 撫孤存老 檢制盜賊 隨才任職 褒崇節義 高麗士衆
　　皆欣然忘亡".

45) 리다룽(조재우 옮김), 「唐代 都護府 중심 邊疆藩屬 관리체제의 형성」, 『高句麗渤海硏究』53,
　　2015에서 제시된 연연도호부(燕然都護府)와 안남도호부(安南都護府)의 사례를 통해서도 확
　　인된다.

46) 菊池英夫(김선민 옮김), 「부병제도의 전개」, 『세미나 수당오대史』, 서경, 2005, 244~245쪽.

47) 『신당서』 권221, 열전146, 서역 고창 "改西昌州曰西州 更置安西都護府 歲調千兵 謫罪人以
　　戍". 『구당서』 권40, 지20, 지리3에는 안서도호부 산하 구자도독부와 비사도독부에 각각 승
　　병(勝兵) 수천 명, 소륵도독부에 승병 2천 명이 있었다고 한다. 안서도호부의 주둔군은 설치
　　초기에는 소규모였는데, 서돌궐과 토번의 침입에 대처하기 위해 병력이 점차 증가하여 무측
　　천 시기 3만 명으로 최대 규모에 이르고 현종대 약간 축소되어 약 2만 4천 명이 되었다고 한
　　다(李眞善, 「唐 前期 安西四鎭의 設置와 變化樣相」, 『東洋史學硏究』141, 2017, 120~121쪽).

48) 『구당서』 권41, 지21, 지리4, 영남도 "安南都督府 隋交趾郡 武德五年 改爲交州總管府 … 調
　　露元年八月 改交州都督府爲安南都護府 … 至德二年九月 改爲鎭南都護府 後爲安南府 刺史
　　充都護 兵四千二百 舊領縣八 戶一萬七千五百二十三 口八萬八千七百八十八".

49) 『삼국사기』 권5, 신라본기5, 무열왕 7년 9월 3일 "郞將劉仁願 以兵一萬人 留鎭泗沘城 王子仁
　　泰與沙湌日原級湌吉那 以兵七千副之".

도호를 겸임할 때 8,500명의 병력을 보유했던 것과도 비교가 된다.[50] 안동도호부가 고구려 고지뿐만 아니라 웅진도독부와 계림주도독부까지 관할하였기 때문이기도 하지만, 고구려 고지 재편 작업이 원활히 수행되기 어려웠던 저간의 사정 때문은 아닐까 추측된다. 즉 설인귀가 검교안동도호에 임명될 무렵 고구려 유민의 반당적 움직임에 따른 대응책일 가능성이 있다.

비록 타 도호부에 비해 많은 군사가 배치된 것은 사실이지만, 안동도호부 병력만으로 고구려 유민의 움직임에 대처하기는 무리가 있었다. 기본적으로 도호부는 소극적 관할과 반란 방지에 필요한 최소한의 군대를 거느리고 있었을 뿐이며 유사시 중앙에서 대규모의 병력을 조직하여 파견하는 방식으로 대처하였다고 한다.[51] 더욱이 2만 명의 군사가 모두 평양성에 주둔하기보다는 주요 지역에 분산 배치되었다고 추정되기[52] 때문에 설인귀가 직접 통솔하는 병력은 2만 명보다 적었을 것이다. 또한 설인귀가 출정할 경우 발생할 수 있는 평양성 일대의 군사적 공백 또한 당이 고려해야 할 요소였다.

고구려 고지를 안정적으로 당의 지배체제로 전환하기 위해 당은 기미부주와 안동도호부 외에 또 다른 방안을 시도할 수밖에 없는 상황이었다. 이를 설인귀와 함께 평양에서 진수하였던 유인궤(劉仁軌)[53]를 통해 탐색해 보자. 유인

---

50) 『통전』 권172, 주군2 "平盧節度使 理柳城郡 管兵三萬七千五百人 馬五千五百疋 衣糧數失 鎭撫室韋靺鞨 統平盧軍 柳城郡城內 開元初置 管兵萬六千人 馬四千二百疋 盧龍軍 北平郡城內 管兵萬人 馬五百疋 東去理所七百里 渝關守捉 柳城郡西四百八十里 管兵三千人 馬百疋 去理所二百二十里 安東都護府 西去柳城郡二百七十里 管兵八千五百人 馬七百疋".

51) 김정희, 「당 전기의 화이관과 변경정책」, 『中國古中世史硏究』15, 2006, 261쪽.

52) 김종복, 앞의 책, 34쪽. 안서도호부 관할 각 도독부에 진(鎭)이 설치되었다고 보는 견해가 참고가 된다(陳國燦, 「唐安西四鎭中"鎭"的變化」, 『西域硏究』2008-4, 2008).

53) 『구당서』 권83, 열전33, 설인귀 "高麗旣降 詔仁貴率兵二萬人與劉仁軌於平壤留守 仍授右威衛大將軍 封平陽郡公 兼檢校安東都護"; 『신당서』 권111, 열전36, 설인귀 "有詔仁貴率兵二萬與劉仁軌鎭平壤 拜本衛大將軍 封平陽郡公 檢校安東都護".

궤가 어떤 목적으로 평양에 남게 되었는지, 맡은 역할은 무엇이었는지를 알기 위해 668년 그의 관직을 사료에서 검출하면 다음과 같다.

〈표 1〉 668년 유인궤 역임 관직

	관련 사료	전거
D-①	건봉 3년(668) 봄 정월 임자 우상(右相) 유인궤를 요동도부대총관(遼東道副大總管)으로 삼았다.	『구당서』본기
D-②	건봉 3년 웅진도안무대사(熊津道安撫大使) 겸 패강도총관(浿江道總管)이 되어 사공(司空) 이적의 부장(副將)으로 고구려를 평정하였다.	『구당서』열전, 유인궤
D-③	총장 원년(668) 정월 임자 유인궤를 요동도부대총관(遼東道副大總管) 겸 안무대사(安撫大使), 패강도행군총관(浿江道行軍總管)으로 삼았다.	『신당서』본기
D-④	총장 원년 정월 임자 유인궤를 요동도행군부총관(遼東道行軍副總管) 겸 안무대사(安撫大使), 패강도행군총관(浿江道行軍總管)으로 삼았다.	『신당서』표, 재상
D-⑤	총장 원년 웅진도안무대사(熊津道安撫大使) 겸 패강도총관(浿江道總管)이 되어 이적의 부장(副將)으로 고구려를 평정하였다.	『신당서』열전, 유인궤
D-⑥	총장 원년 봄 정월 임자 우상(右相) 유인궤를 요동도부대총관(遼東道副大總管)으로 삼았다.	『자치통감』
D-⑦	통감(通鑑)[실록(實錄)] 등의 책을 아우른다 … 총장 원년 유인궤를 요동도안무대사(遼東道安撫大使)로 삼았다.	『옥해』관제, 사(使), 당 안무사 안무대사
D-⑧	보장왕 27년(668) 봄 정월 우상(右相) 유인궤를 요동도부대총관(遼東道副大總管)으로 삼고 학처준(郝處俊)과 김인문(金仁問)을 부장(副將)으로 삼았다.	『삼국사기』고구려본기
D-⑨	문무왕 8년(668) 6월 12일 요동도안무부대사(遼東道安撫副大使) 요동행군부대총관(遼東行軍副大摠管) 겸 웅진도안무대사(熊津道安撫大使) 행군총관(行軍摠管) 우상(右相) 검교태자좌중호(檢校太子左中護) 상주국(上柱國) 낙성현개국남(樂城縣開國男) 유인궤가 황제의 칙명을 받들고 숙위 사찬 김삼광과 함께 당항진에 도착하였다. 왕이 각간 김인문에게 성대한 예식으로 맞이하게 했다. 이날 유인궤는 약속을 마치고 천강(泉岡)으로 향하였다.	『삼국사기』신라본기

당 고종은 666년 12월 이적을 요동도행군대총관(遼東道行軍大總管) 겸 안무대사(安撫大使)로 임명하여 총사령관으로 삼아 고구려와 전쟁을 치르게 하였다.[54] 유인궤는 668년 1월 요동도부대총관(遼東道副大總管)에 임명되어(D-①·③·⑥) 이적의 부장(副將)으로 고구려 원정에 참여하게 되었다(D-②·⑤). 여기서 부장은 고구려원정군의 부사령관을 의미한다.[55] 요동 방면을 공략하고 북쪽에서 평양성으로 접근하는 당군의 지휘관이 이적이었고, 웅진도독부 휘하 당군과 신라군을 이끌고 남쪽에서 평양성 공략에 나선 책임자가 유인궤였던 것이다.[56] 웅진도안무대사(熊津道安撫大使)와 패강도총관(浿江道總管)은 이와 관련된 직함이었다(D-②·⑤). D-③·④에는 그가 요동도행군부총관(遼東道行軍副總管) 겸 안무대사(安撫大使)였다고 하여 요동도안무대사(遼東道安撫大使)였던 것처럼 인식될 수 있으나, 안무대사는 웅진도안무대사를 의미한다. 이런 관점에서 보면 신라인이 기록한 유인궤의 관직이 가장 정확하다는 것을 알 수 있다(D-⑨). 다만 D-⑨에서 행군총관(行軍摠管)은 패강도행군총관(浿江道行軍總管)을 의미할 것이다. 결국 유인궤는 요동도행군부대총관(遼東道行軍副大總管) 겸 요동도안무부대사(遼東道安撫副大使)로 고구려원정군의 부사령관이면서, 웅진

---

54) 『신당서』권220, 열전145, 동이 고려 "又以李勣爲遼東道行軍大總管兼安撫大使 與契苾何力 龐同善幷力 詔獨孤卿雲由鴨淥道 郭待封積利道 劉仁願畢列道 金待問海谷道 並爲行軍總管 受勣節度"; 『책부원구』권986, 외신부31, 정토5, "[乾封元年]十二月 命司空英國公李勣爲遼東道行軍大總管 兼遼東安撫大使 左金吾衛將軍龐同善左驍衛 大將軍契苾何力 並依舊 爲遼東道安撫大使".

55) 다음 기록에서도 확인할 수 있다. 『구당서』권67, 열전17, 이적 "勣又引兵圍平壤 遼東道副大總管劉仁軌郝處俊將軍薛仁貴並會於平壤 犄角圍之 經月餘 克其城"; 『삼국유사』권3, 흥법, 보장봉로보덕이암(寶藏奉老普德移庵) "高宗總章元年戊辰 右相劉仁軌大將軍李勣新羅金仁問等 攻破國滅 擒王歸唐".

56) 사료 D-⑨와 문무왕이 설인귀에게 보낸 서신에서 확인된다. 『삼국사기』권7, 신라본기7, 문무왕 11년 7월 「답설인귀서(答薛仁貴書)」 "至乾封三年 遣大監金寶嘉入海 取英公進止 奉處分 新羅兵馬 赴集平壤 至五月 劉右相來 發新羅兵馬 同赴平壤 某亦往漢城州 檢校兵馬".

도안무대사(熊津道安撫大使) 겸 패강도행군총관(浿江道行軍總管)으로 웅진도독부 휘하 당군과 신라군을 지휘했다고 정리할 수 있다.

그렇다면 D-⑦에서 총장 원년(668) 요동도안무대사(遼東道安撫大使) 임명은 어떻게 해석할 수 있을까. 먼저 요동도안무부대사(遼東道安撫副大使)의 오기일 가능성을 검토해 보자. 해당 기록이 있는『옥해(玉海)』권132는 한대부터 남송 초까지 사직(使職)을 분류하고 임명 사례를 집성하였는데, 그중 당 안무사, 안무대사는『자치통감(資治通鑑)』과『실록(實錄)』등을 전거로 하여 작성되었다. 그런데『자치통감』에는 유인궤가 요동도안무대사에 임명되었다는 기록이 없으므로『실록』을 원전으로 채록했을 가능성이 높다. 단순히 요동도안무부대사의 오기로 보기 어려운 셈이다. 따라서 유인궤가 668년 실제 요동도안무대사에 임명되었다고 보는 것이 합리적이다.

668년 12월 당 고종이 고구려 멸망과 관련한 인물에게 상벌을 내린 후 남교(南郊)에서 고구려 평정을 고하는 제사를 지내고 태묘(太廟)를 배알하면서 고구려 원정은 공식적으로 마무리되었다.[57] 이때 이적이 요동도행군대총관 겸 안무대사에서 물러나면서 유인궤가 이적의 뒤를 이어 요동도안무대사에 임명되었다고 추정된다. 고구려원정군 중 이적이 이끌고 회군한 병력과 안동도호부 예하로 편성된 2만 명을 제외하고 평양성에 남아 있었던 군대를 지휘하게 된 것이다. 설인귀와 유인궤가 함께 평양을 지켰다고 하니 설인귀가 검교안동도호에 임명됨과 동시에 유인궤는 요동도안무대사에 임명되었을 것이다.

당 조정이 유인궤에게 기대했던 1차적인 역할은 당대 안무사가 수행했던

---

57) 『자치통감』권201, 당기17, 고종 총장 원년 12월 "丁巳 上受俘于含元殿 以高藏政非己出 赦以爲司平太常伯員外同正 以泉男產爲司宰少卿 僧信誠爲銀靑光祿大夫 泉男生爲右衛大將軍 李勣以下 封賞有差 泉男建流黔中 扶餘豐流嶺南 … 丁卯 上祀南郊 告平高麗 以李勣爲亞獻 己巳 謁太廟".

일을 통해 추정할 수 있다. 당에서 안무사는 단독 또는 행군총관의 겸직으로 일정 군대를 지휘하였는데, 행군총관이 군사정벌을 전담한 데 비해 안무사는 초위(招慰)와 정벌을 함께 수행하였다.[58] 그런데 안무사가 실행하는 초위는 군사력을 수반한 강제적 초위이며 이를 거부하면 언제든지 군사정벌로 전환되는 임무를 지니고 파견되었다.[59] 결국 요동도안무대사 유인궤는 군사력을 바탕으로 고구려 유민의 이탈을 방지하고 고구려 고지를 당의 지배질서 속에 온존시키는 것을 목표로 하였고, 이것이 불가능할 경우 무력을 발동하여 실현하고자 했던 것이다.[60]

당은 고구려 고지를 안동도호부로 재편하는 과정에서 기미부주에 파견된 당 관리, 안동도호부, 요동도안무대사라는 세 축을 통해 고구려 유민을 통제하고 당의 지배질서가 안정적으로 정착되도록 추진하였다. 특히 도호와 안무

---

58) 孫繼民, 『唐代行軍制度研究』, 文津出版社, 1995, 148~153쪽.

59) 廉景伊, 『唐 前半期 使臣 外交 研究』, 전북대학교 박사학위논문, 2011, 126~129쪽.

60) 마보□(馬寶□)의 묘지명에 따르면, 그는 삼한, 진한, 현토, 구종(九種)으로 지칭되는 세력을 정벌하는 데 참여하여 공을 세우고 총장 3년(670) 2월 12일 상기도위(上騎都衛)에 제수되었다. 즉 고구려원정에 참여하였다가 고구려 멸망 후 고지에 계속 남아 고구려 유민을 통제하던 역할을 수행하고, 669년 후반 유인궤가 귀환할 때 함께 당으로 돌아와 670년 초 관직을 제수 받았던 것이다. 반면 그가 해상에서 군수품을 운송하던 중 사망했다고 보는 견해가 있는데(拜根興, 「石刻墓誌銘 사료에 반영되어 있는 7세기 중엽의 唐과 百濟-신발견 唐 군인[軍將] 묘지명을 중심으로-」, 『百濟學報』19, 2017, 40쪽), 묘지명에 따르면 군수품을 수송했던 것은 사실이지만 그가 탑승한 배를 전함으로 표현하고 있어 실제 전투에 참여했다고 추정되며 당으로 귀환한 후 함형 원년(671) 4월 21일 사저(私第)에서 사망하였다. 「馬寶□墓誌銘」 "君諱寶□ 字孝先 洛陽人也 … 泊以三韓肆虐 恃玄菟以蜂飛 九種挺妖 阻黃龍而蝟聚 聖上愍玆萌庶 方申吊伐 君情懷義勇 思運宏謀 □掩金湯 威申玉帳 負吳戈而掃祲 荷越棘以清塵 故得暢洪伐於生前 播芳名於歿後 □總章三年二月十二日詔授上騎都尉 詔曰 或長驅戰巆 振戎捷於玄夷 或遠泛征艫 濟軍儲於碧海 豈謂錦綾東逝 竟移沉石之波 壁彩西遷 終謝流金之影 以咸亨二年四月廿一日遘疾 卒於私第"(周紹良·趙超 編, 『唐代墓誌彙編』, 上海古籍出版社, 1992, 541쪽; 곽승훈 역주, 「馬寶△墓誌」, 『중국 소재 한국 고대 금석문』, 한국학중앙연구원출판부, 2015, 165쪽).

대사를 동시에 임명하고 도호부 주둔군과 고구려원정군을 함께 운영했던 것은 고구려 멸망 직후 고지의 정세가 당의 시각에서 불안정한 상태였음을 반증한다.[61] 즉 당의 지배 시도에 순응하지 않고 있던 고구려 유민의 움직임이 668년 12월 시점에 존재하고 있었음을 시사한다. 그리고 설인귀가 군사 2만 명으로 안동도호부를 진무하게 되자 흩어져 도망가는 사람이 상당히 발생하였다고 하는데(사료 A-①), 본격적으로 당의 지배가 추진되자 이에 반발하였던 고구려 유민의 모습이 반영되어 있다.

2. 압록수 이북 현황 자료로 본 유민의 동향

고구려 멸망 이후 당군의 주둔과 안동도호부 체제의 도입 시도에 대한 고구려 유민의 대응을 보여주는 자료로 다음을 주목할 수 있다.

E-①. 총장 2년(669) 2월 전사공(前司空) 겸 태자태사(太子太師) 영국공(英國公) 이적(李勣) 등이 아뢰기를 "고구려의 여러 성에 도독부 및 주군(州郡)을 설치하는 일은 마땅히 남생(男生)과 함께 헤아려 견주어 보아야 한다는 칙명을 받들어 그 안건의 상황을 앞과 같이 아룁니다."라고 하였다. 칙서에

---

61) 당은 669년 1월 승려 법안을 신라에 파견하여 자석을 요구하였다(『삼국사기』권6, 신라본기 6, 문무왕 9년 정월 "唐僧法安來 傳天子命 求磁石"). 자석은 전장에서 칼, 창 등 쇠붙이에 의해 생긴 상처의 치료에 사용되었다(이현숙, 「7세기 신라 통일전쟁과 전염병」, 『역사와 현실』 47, 2003, 140~142쪽). 법안이 자석을 요구한 후 안동도호부에 머물렀다는 점에서 자석은 당군이 고구려 고지에서 소비해야 할 약품으로 볼 수 있다. 즉 669년 1월경 고구려 유민과 당군 간 전투가 상당한 규모로 일어나고 있었을 가능성을 엿볼 수 있다(김강훈, 「요동지역의 고구려부흥운동과 劒车岑」, 『軍史』99, 2016, 4~5쪽).

"주청한 바대로 그 주군은 모름지기 예속시켜야 하므로, 마땅히 요동도안 무사 겸 우상 유인궤에게 맡겨라."라고 하였다. 그리하여 적당히 분할하여 모두 안동도호부에 예속하게 하였다[62](『삼국사기』 권37, 잡지6, 지리4).

사료 E-①은 고구려가 멸망한 이듬해인 669년 이적과 연남생이 고구려 고지에 도독부와 주현의 설치안을 상주하자, 당 고종은 이를 받아들이고 그 집행을 유인궤에게 맡기도록 하였음을 전하고 있다. 이적이 안을 상주한 시기가 2월이고 그것을 변동 사항 없이 그대로 시행하라는 조칙이 내려졌으므로, 당 고종이 최종 승인한 시기를 2월로 보아도 무리가 없다.[63]

여기서 유의하고자 하는 바는 기미부·주·현의 설치와 안동도호부로의 예속을 안동도호 설인귀가 아니라 유인궤가 담당했다는 점이다. 도호부 업무를 총괄하는 도호가 행정구역 설치 사안에서 배제되었다고 보기 쉽지 않다.[64] 유인궤와 설인귀가 각각 현지 사정에 밝은 평양지역·웅진도독부와 요동지역에 대한 기미주 편제를 실행했다고 볼 수도 있지만,[65] 사료상 유인궤가 전담했기 때문에 선뜻 따르기 어렵다.

---

62) "總章二年二月 前司空兼太子大師英國公李勣等 奏稱 奉勅高麗諸城 堪置都督府及州郡者 宜共男生商量准擬 奏聞伴狀如前 勅 依奏 其州郡應須隸屬 宜委遼東道安撫使兼右相劉仁軌 遂便穩分割 仍摠隸安東都護府".

63) 당대 공문서 형식과 맞지 않는다는 점과 이적이 사망할 때까지 사공(司空)에서 물러나지 않았는데 이적의 관직이 전사공(前司空)으로 기록되어 있는 점을 근거로 김부식이 위조한 것이라고 보는 견해가 있다(姜維公,「≪三國史記≫ 李勣奏報의 眞僞問題」,『長春師範學院學報』21-1, 2002). 이에 대해 비록 전문(全文)은 아니지만 당대 공문서의 흔적이 남아있으며 '전(前)'은 연자(衍字)일 뿐이라는 반론이 있다(辛時代,「"李勣奏報"考辯」,『唐代安東都護府研究』, 東北師範大學 博士學位論文, 2013).

64) 강경구,「唐朝 遼東 經營 硏究(1)」,『신라의 북방 영토와 김유신』, 학연문화사, 2007, 381쪽.

65) 김종복, 앞의 책, 25쪽; 장병진, 앞의 논문, 2016, 121쪽.

설인귀는 검교안동도호에 제수된 후 나사도행군대총관에 임명되는 670년 4월 이전 어느 시기에 신성으로 옮겨 통치하였다.[66] 이를 사료 E-①과 연결하면, 설인귀는 669년 2월 이전 모종의 임무를 수행하기 위해 신성으로 이동하였고, 안동도호가 평양성에 부재하는 상황에서 유인궤가 업무를 담당하게 되었다고 여겨진다. 설인귀가 신성으로 이동한 배경에 대해 여러 견해가 제기되었다. 고구려 유민의 저항과 이탈로 평양성에 안동도호부를 유지하기 힘들었다는 견해,[67] 669년 5월 실시된 대규모 사민을 수행하기 위해서라는 견해,[68] 669년 9월 발생한 토번의 공격에 대한 대응조치로 보는 견해[69] 등이 그것이다. 유인궤가 고구려원정군을 지휘하면서 평양성에 남아 있었기 때문에 첫 번째 견해는 성립하기 어려우며, 669년 2월 이전 설인귀가 평양성을 떠났다고 추정되므로 두 번째, 세 번째 견해도 따르기 힘들다.

여기서 설인귀가 안동도호 부임 이후 669년 2월 안승의 신라 투항을 목격하고 곧바로 신성으로 이동하여 고구려 유민의 강제 이주와 기미주 편제 실행을 했다고 보는 주장이 주목된다.[70] 설인귀의 '신성 이치(移治)'를 고구려 유민

---

66) 『신당서』 권111, 열전36, 설인귀 "有詔仁貴率兵二萬與劉仁軌鎭平壤 拜本衛大將軍 封平陽郡公 檢校安東都護 移治新城 撫孤存老 檢制盜賊 隨才任職 褒崇節義 高麗士衆皆欣然忘亡 咸亨元年 吐蕃入寇 命爲邏娑道行軍大總管 率將軍阿史那道眞郭待封擊之 以援吐谷渾"; 『구당서』 권5, 본기5, 고종 함형 원년 4월 "吐蕃寇陷白州等一十八州 又與于闐合衆襲龜茲撥換城 陷之 罷安西四鎭 辛亥 以右威衛大將軍薛仁貴爲邏娑道行軍大總管 右衛員外大將軍阿史那道眞左衛將軍郭待封爲副 領兵五萬以擊吐蕃".

67) 梁炳龍, 「羅唐戰爭 進行過程에 보이는 高句麗遺民의 對唐戰爭」, 『史叢』46, 1997, 48~49쪽.

68) 盧泰敦, 「對唐戰爭期(669-676) 新羅의 對外關係와 軍事活動」, 『軍史』34, 1997, 4~5쪽; 『한국고대사의 이론과 쟁점』, 집문당, 2009a, 224~225쪽.

69) 徐榮敎, 「羅唐戰爭의 開始와 그 背景-國際情勢 변화와 관련하여-」, 『歷史學報』173, 2002, 20쪽; 『羅唐戰爭史硏究』, 아세아문화사, 2006, 92쪽.

70) 김종복, 앞의 책, 25쪽. 한편 日野開三郎, 앞의 책, 29쪽에서 설인귀의 신성 이치(移治)는 신라와 고구려 유민의 반당항쟁으로 압록강 이남 지역 통치가 어려워지자, 요동지역만이라도

의 부흥운동과 연관하여 보았기 때문이다. 당은 669년 4월 고구려 유민에 대한 대규모 사민을 계획하고 5월 실행하였는데, 그 배경은 이반자(離叛者)가 많기 때문이었다.[71] 그런데 당은 28,200호에 이르는 유민을 강회(江淮) 남쪽과 산남(山南) 및 장안 서쪽의 척박한 땅으로 강제 이동시키면서, 평양성 방면의 고구려 유민은 내주(萊州), 요동지역의 고구려 유민은 영주(營州)를 경유하게 하였다.[72] 여기서 평양성과 요동지역에 이반자가 다수 존재했음을 추정할 수 있다. 다시 말하자면 설인귀는 검교안동도호로 부임한 직후 요동지역에서 대규모의 이반자가 발생하는 상황에 직면하게 되었고, 이에 대처하기 위해 평양성을 떠나 신성으로 옮겨가게 되었던 것이었다. 그런데 669년 초 신성이 당의 지배에서 벗어난 정황을 보여주는 자료가 있어 주목된다.

E-②. 압록수 이북의 아직 항복하지 않은[미항(未降)] 11성(城)

북부여성주(北扶餘城州) 본래 조리비서(助利非西), 절성(節城) 본래 무자홀(蕪子忽), 풍부성(豐夫城) 본래 초파홀(肖巴忽), 신성주(新城州) 본래 구차홀(仇次忽)[혹은 돈성(敦城)이라고도 한다], 도성(桃城) 본래 파시홀(波尸忽), 대두산성(大豆山城) 본래 비달홀(非達忽), 요동성주(遼東城州) 본래 오열홀

확보하기 위한 선택이었다고 보았다. 이는 설인귀의 토번 전선 파견이 672년 4월이라고 오해한 데서 비롯된 것이기는 하지만, 고구려 유민의 동향과 설인귀의 이동을 연관시켜 보았다는 점에서는 경청할 만하다.

71) 『자치통감』 권201, 당기17, 고종 총장 2년 4월 "高麗之民多離叛者 敕徙高麗戶三萬八千二百於江淮之南及山南京西諸州空曠之地"; 『구당서』 권5, 본기5, 고종 총장 2년 5월 "移高麗戶二萬八千二百 車一千八十乘 牛三千三百頭 馬二千九百匹 駝六十頭 將入內地 萊營二州般次發遣 量配於江淮以南及山南幷涼以西諸州空閑處安置". 669년 4월 고종의 조칙이 내려지고 5월 사민이 실시되었다고 여겨진다(李丙燾, 「高句麗의 一部遺民에 대한 唐의 抽戶政策」, 『震檀學報』25·26·27, 1964, 8~9쪽; 『韓國古代史研究』, 博英社, 1976, 458쪽).

72) 日野開三郎, 앞의 책, 59~62쪽; 김종복, 앞의 책, 24쪽.

(烏列忽), 옥성주(屋城州), 백석성(白石城), 다벌악주(多伐嶽州), 안시성(安市城) 옛 안촌홀(安寸忽)[혹은 환도성(丸都城)이라고도 한다].

압록수 이북의 이미 항복한 성[이항성(已降城)] 11

양암성(椋嵒城), 목저성(木底城), 수구성(藪口城), 남소성(南蘇城), 감물주성(甘勿主城) 본래 감물이홀(甘勿伊忽), 능전곡성(夌田谷城), 심악성(心岳城) 본래 거시압(居尸押), 국내주(國內州)[한편 불내(不耐)라고도 하고 혹은 위나암성(尉那嵒城)이라고도 한다], 설부루성(屑夫婁城) 본래 초리파리홀(肖利巴利忽), 후악성(朽岳城) 본래 골시압(骨尸押), 자목성(樻木城).

압록 이북의 도망한 성[도성(逃城)] 7

연성(鈆城) 본래 내물홀(乃勿忽), 면악성(面岳城), 아악성(牙岳城) 본래 개시압홀(皆尸押忽), 취악성(鷲岳城) 본래 감미홀(甘弥忽), 적리성(積利城) 본래 적리홀(赤里忽), 목은성(木銀城) 본래 소시홀(召尸忽), 이산성(梨山城) 본래 가시달홀(加尸達忽).

압록 이북의 쳐서 얻은 성[타득성(打得城)] 3

혈성(穴城) 본래 갑홀(甲忽), 은성(銀城) 본래 절홀(折忽), 사성(似城) 본래 사홀(史忽)[73].

（『삼국사기』 권37, 잡지6, 지리4).

---

73) "鴨淥水以北 未降十一城 北扶餘城州 本助利非西 節城 本蕪子忽 豊夫城 本肖巴忽 新城州 本仇次忽[或云敦城] 桃城 本波尸忽 大豆山城 本非達忽 遼東城州 本烏列忽 屋城州 白石城 多伐嶽州 安市城 舊安寸忽[或云丸都城] 鴨淥水以北 已降城 十一 椋嵒城 木底城 藪口城 南蘇城 甘勿主城 本甘勿伊忽 夌田谷城 心岳城 本居尸押 國內州[一云不耐 或云尉那嵒城] 屑夫婁城 本肖利巴利忽 朽岳城 本骨尸押 樻木城 鴨淥以北 逃城七 鈆城 本乃勿忽 面岳城 牙岳城 本皆尸押忽 鷲岳城 本甘弥忽 積利城 本赤里忽 木銀城 本召尸忽 犁山城 本加尸達忽 鴨淥以北 打得城三 穴城 本甲忽 銀城 本折忽 似城 本史忽".

E-②는 압록수 이북의 성을 아직 항복하지 않은 성[미항성(未降城)]·이미 항복한 성[이항성(已降城)]·도망한 성[도성(逃城)]·쳐서 얻은 성[타득성(打得城)]으로 분류하고 구체적인 성명(城名)을 나열하고 있다. E-②가 자료 작성 당시 압록수 이북 지역에 존재하는 제성(諸城)의 존재 양상을 보여주고 있다는 점에서, 압록수 이북 현황 자료라고 지칭하고자 한다. 작성 시기와 관련하여 E-①과 E-②가 연속으로 기술되어 있고 E-①에서 669년 2월이라는 시기가 명확히 기록되어 있다는 점에서 E-② 역시 고구려 멸망 이후의 상황을 반영하고 있을 가능성이 있다.[74]

그런데 E-①·②를 분리하여 E-②의 작성 시점을 고구려 멸망 이전으로 보는 견해가 일찍이 제기되어 널리 받아들여지고 있기 때문에, E-②가 어느 시기 압록수 이북의 정세를 반영하는지 먼저 검토할 필요가 있다. E-②가 고구려 멸망 전에 작성되었다고 보는 근거는 간명하다. 미항성에 신성주가 기재되어 있는데 당군이 신성을 함락한 시기가 667년 9월이므로,[75] 그 이전에 작성되

---

74) 金康勳, 「679~681년 寶藏王의 高句麗 復興運動」, 『歷史敎育論集』50, 2013, 313~318쪽에서 이 문제를 간단히 다루었는데, 이하의 서술은 이를 대폭 수정·보완한 것이다. 한편 멸망 이후의 상황을 반영한다고 보는 연구는 李丙燾, 앞의 책, 456쪽; 李基白·李基東, 『韓國史講座』 I [古代篇], 一潮閣, 1982, 296~297쪽; 전준현, 「670년에 재건된 高句麗國에 대한 연구」, 『력사과학』82-2, 1982, 36쪽; 金甲周, 「高句麗의 滅亡과 復興運動」, 『統一期의 新羅社會硏究』, 東國大學校 新羅文化硏究所, 1987, 367쪽; 손영종, 『고구려사』2, 백산자료원, 1998, 250~251쪽; 김현숙, 「고구려 붕괴 후 그 유민의 거취 문제」, 『韓國古代史硏究』33, 2004, 79쪽; 김육불(동북아역사재단 옮김), 『김육불의 東北通史』下, 동북아역사재단, 2007, 515~517쪽; 劉統(정병준·채지혜 역), 「당대 기미부주 연구(3)」, 『新羅史學報』25, 2012, 561~564쪽; 辛時代, 앞의 논문, 2013; 장병진, 앞의 논문, 2016, 116~120쪽. 최근 방용철은 '압록수 이북 현황 자료'를 검토하면서 항목 설정, 각 항목의 배치, 표기 방식 등 작성 방식을 중심으로 분석하여, 669년 2월 이적과 연남생이 안동도호부 체제를 구성하면서 작성한 일차 현황 보고서로 이해하고 있다(방용철, 「고구려 부흥전쟁의 발발과 그 성격」, 『大丘史學』133, 2018, 119~128쪽). 이 책과는 다른 접근 방식을 통해 '압록수 이북 현황 자료'가 고구려 멸망 이후의 상황을 반영한다고 이해하는 입장인데, 주목할 만한 연구이다.

75) 『신당서』 권3, 본기3, 고종 건봉 2년 9월 "李勣及高麗戰于新城 敗之"; 『자치통감』 권201, 당기

었다는 것이다.[76] 이를 구체화하여 당군이 신성을 포위한 667년 2월[77]에서 신성을 함락하는 667년 9월 사이 작성한 일종의 전황표(戰況表)이며, 타득성이 3개에 불과하므로 개전 초기의 상황이 반영되었다고 보았다. 여기에 덧붙여 669년 이후 고구려 유민의 부흥운동이 치열하게 전개된 것은 사실이지만, 압록수 이북 지역 다수의 성이 당에 항복하지 않고 있었다고 상정하기 어렵다는 형세적인 면도 고려되었다.[78]

이 견해는 신성이 당군에게 함락된 후 고구려 멸망 이후까지 계속 당의 지배 아래에 있었다고 전제하고 있다. 그러나 미항성에 기재된 성 중에 당군에게 항복 내지 함락된 후 당의 지배를 이탈한 경우가 다수 존재한다. 북부여성주(北扶餘城州), 옥성주(屋城州), 안시성(安市城)이 그것이다.

북부여성주는 현재 중국 길림성 농안 일대로 비정되며[79] 668년 2월 설인귀가 이끄는 당군에게 함락된 부여성(扶餘城)[80]과 동일한 실체로 여겨진다. 그런데 669년 8월 당 고종이 양주(涼州)로 순행을 추진하자 관료들 사이에서 반대하는 목소리가 나왔는데, 반대의 첫째 이유가 부여(扶餘) 일대에서 존재하는 고구려 유민의 저항적인 움직임이었다.[81] 즉 669년 8월경 부여성 권역에서 상

17, 고종 건봉 2년 9월 "李勣拔高麗之新城 使契苾何力守之".

76) 池內宏, 「高句麗討滅の役に於ける唐軍の行動」, 『滿鮮地理歷史硏究報告』16, 東京帝國大學文學部, 1941, 153~155쪽; 『滿鮮史硏究』上世二冊, 吉川弘文館, 1960, 335~337쪽.

77) 이적이 이끄는 당군이 신성에 이른 시기에 대해서 667년 1월과 2월로 달리 기록되어 있다. 『구당서』권199, 열전149, 동이 고려 "[乾封]二年二月 勣度遼至新城"; 『신당서』권220, 열전145, 동이 고려 "明年正月 勣引道次新城".

78) 노태돈, 앞의 책, 1999, 223~225쪽.

79) 노태돈, 앞의 책, 1999, 232~233쪽.

80) 『신당서』권220, 열전145, 동이 고려 "[乾封]三年二月 勣率仁貴拔扶餘城 它城三十皆納款".

81) 『당회요』권27, 행행(行幸) "總章二年八月一日 詔以十月幸涼州 時隴右虛耗 議者咸云 車駕西巡不便 上聞之 召五品以上謂曰 帝王五載一巡狩 群后四朝 此蓋常禮 朕欲暫幸涼州 今聞在外咸謂非宜 何也 宰臣已下 莫有對者 詳刑大夫來公敏曰 陛下巡幸涼州 退宣王略 求之故實 未虧

당한 규모로 고구려 유민이 당의 지배에 반발하고 있었고, 이는 당 황제의 순행 시도를 좌절케 하는 한 요인으로 작용하였던 것이다.[82] 더불어 「이타인묘지명」을 통해서도 '부여(扶餘)'에서 고구려 유민의 저항이 존재했음을 확인할 수 있다.[83]

옥성주은 중국 봉성시 동남에 위치하며 둘레가 15km에 달하는 봉황산성(鳳凰山城)으로 추정되는 오골성(烏骨城)을 가리킨다. 670년 3·4월 고연무(高延武)가 이끄는 고구려부흥군과 설오유(薛烏儒)가 지휘하는 신라군이 합동으로 압록강 이북에서 전투를 치르는데,[84] 여기서 오골성이 당의 지배에서 이탈해 있음을 확인할 수 있다.[85]

고구려부흥운동을 진압하기 위해 파견된 고간(高侃)은 671년 7월 안시성에

令典 但隨時度事 臣下竊有所疑 旣是明制施行 所以不敢塵瀆 奉勅顧問 敢不盡言 近高麗雖平 扶餘尙梗 兼西道經略 兵猶未停 且隴右諸州 人戶尤少 供億鸞駕 備擬稍難 臣聞在外 實有竊議 上日 卿等旣有此言 我止度隴 存問父老 蒐狩卽還 竟下詔停西幸 無何 擢公敏爲黃門侍郎 賞能直言也".

82) 김강훈, 「고구려 멸망 이후 扶餘城 圈域의 부흥운동」, 『大丘史學』127, 2017, 4~21쪽.

83) 「이타인묘지명」 "從英公入朝 特蒙勞勉 蒙授右戎衛 將軍 旣而姜維構禍 復擾成都 穢穴挺妖 俄翻穢壤 公又奉詔進討扶餘 重翦渠魁 更承冠帶 凱還飮至 帝有嘉焉 遷授同正員右領軍將軍"(余昊奎·李明, 「高句麗 遺民 <李他仁墓誌銘>의 재판독 및 주요 쟁점 검토」, 『韓國古代史研究』85, 2017, 375쪽).

84) 『삼국사기』 권6, 신라본기6, 문무왕 10년 "三月 沙湌薛烏儒與高句麗太大兄高延武 各率精兵 一萬 度鴨淥江 至屋骨 □□□ 靺鞨兵 先至皆敦壤待之 夏四月四日 對戰 我兵大克之 斬獲不可勝計 唐兵繼至 我兵退保白城". 오골성 전투에 대해서는 노태돈, 앞의 책, 2009a, 222~228쪽; 이정빈, 「고연무의 고구려 부흥군과 부흥운동의 전개」, 『역사와 현실』72, 2009, 134~137쪽; 이상훈, 「羅唐戰爭의 開戰과 薛烏儒 部隊」, 『歷史敎育論集』45, 2010; 『나당전쟁 연구』, 주류성, 2012, 87~108쪽 참조.

85) 노태돈, 앞의 책, 1999, 235쪽에서 오골성 전투 후 고구려부흥군과 신라군이 물러나 지킨 백성(白城)을 미항성 중 하나인 백석성(白石城)으로 파악하였다. 그렇다면 미항성 중 당의 지배를 이탈한 성을 하나 더 추가하는 셈이다. 백성을 박작성(泊灼城)으로 보기도 한다(임기환, 「報德國考」, 『강좌 한국고대사』10, 2003, 287쪽; 「고구려 유민의 활동과 보덕국」, 『고구려 정치사 연구』, 한나래, 2004, 320쪽).

서 고구려 유민을 격파하였다. 당시 안시성에는 재이(災異)를 선전하는 승려가 있었는데, 고간은 승려의 처리 문제를 황제에게 상주하였다.[86] 재이의 구체적인 내용은 불명이지만, 고구려의 부흥과 당의 재앙이었을 것으로 추정되며 승려의 활동이 고구려 유민들에게 중대한 영향을 미쳤을 것으로 여겨진다.[87] 당고종은 승려에게 죄를 줄 수 없다고 하면서 풀어주도록 하였는데, 고구려 유민에게 미칠 영향을 고려한 듯하다. 안시성은 부흥운동의 군사적 거점이었을 뿐 아니라 유민사회를 심리적·정신적으로 뒷받침하는 공간이었던 것이다.[88]

결국 미항성으로 기록된 북부여성주, 옥성주, 안시성이 당의 지배로의 편입과 이탈을 반복했음을 사료에서 확인할 수 있기 때문에, 미항성이라고 해서 반드시 최초로 당의 지배 아래에 들어간 시점을 기준으로 작성 시기를 추정할 이유는 없다. 또한 고구려 멸망 이후 주요 지역에서 부흥운동이 발생했던 사실이 확인되므로[89] 압록수 이북에서 미항성이 다수 존재했을 가능성도 충분하다.

E-②가 고구려 멸망 이전에 작성되었다고 보기 어려운 또 다른 까닭은 당시 고구려-당 전쟁의 전황과 비교해 보면 더욱 선명히 드러난다. 이항성(已降城)에 기재된 양암성(椋喦城)[90]·목저성(木底城)·남소성(南蘇城)에 주목할 필요가

---

86) 『책부원구』 권43, 제왕부43, 도량(度量) "高宗咸亨二年七月 東州道總管高侃破高麗餘衆於安市城 侃奏稱 有高麗僧 言中外災異 誅之 帝謂郝處俊曰 朕聞爲君上者 以天下之目而視 以天下之耳而聽 蓋欲廣聞見也 且天降災異 所以警悟人君 其變苟實 言之者何罪 其事若虛 聞之者足以自戒 舜立謗木 良有以也 欲箝天下之口 其可得乎 此不足以加罪 特令赦之".

87) 방용철, 「7세기 고구려 불교정책의 한계와 國祖神」, 『韓國古代史研究』72, 2013, 210~211쪽.

88) 이 책 제2장 1절 「요동지역의 부흥운동과 검모잠」, 103~105쪽.

89) 최근 고구려 멸망 이후 부흥운동이 고구려 고지 거의 전역에서 광범위하게 전개되었다는 지적이 있었다(여호규·拜根興, 앞의 논문, 81~83쪽).

90) 양암성은 창암성(倉嚴城)과 동일한 실체로 여겨진다(池內宏, 앞의 책, 340쪽).

있다. 소자하(蘇子河) 유역에 위치한[91] 세 성은 666~667년 고구려-당 관계 속에서 여러 차례 사료에 등장한다.

먼저 666년 연남생은 국내성 등 6성과 10여만 호를 이끌고 당에 투항하였다.[92] 이때 해당 지역의 호적을 당에 넘겼는데, 연남생이 국내성 권역을 직접 지배하고 있었던 사실을 반영한다. 그리고 목저 등 3성이 당에 귀부하였는데, 연남생을 구원하기 위해 파견된 당군에게 항복한 것으로 추정된다.[93] 그런데 667년 9월 신성이 함락된 후 글필하력(契苾何力)과 설인귀가 이끄는 당군은 남소·목저·창암성을 차례로 점령하고 국내성의 연남생 군대와 만나게 된다.[94] 세 성은 666년과 667년 두 차례에 걸쳐 당군에게 투항하거나 점령되는데, 그 사이에 재차 고구려의 지배하에 들어갔음을 알 수 있다.[95] 당군과 국내성에 자리 잡은 연남생군의 연합을 차단하기 위해 연남건이 소자하 유역에 위치한 세 성을 탈환한 것으로 여겨진다.[96]

---

91) 구체적인 위치비정에 관한 여러 견해는 여호규, 「지방통치조직의 정비와 대민지배의 강화」, 『고구려 초기 정치사 연구』, 신서원, 2014, 486~490쪽 참조.

92) 「천남생묘지명」 "公率國內等六城十餘万戶書籍轅門 又有木底等三城希風共款 藂尒危矣 日窮月蹙"(朴漢濟 역주, 「泉男生 墓誌銘」, 『譯註 韓國古代金石文』I (고구려·백제·낙랑 편), 駕洛國史蹟開發研究院, 1992, 494쪽).

93) 『신당서』 권220, 열전145, 동이 고려 "[乾封元年]九月 同善破高麗兵 男生率師來會 詔拜男生 特進遼東大都督兼平壤道安撫大使 封玄菟郡公"; 『책부원구』 권986, 외신부31, 정토5 "乾封元年六月 詔左驍衛大將軍契苾何力爲遼東道安撫使 以應接高麗王 … 九月 麗同善大破高麗 男生率所親會同善之軍".

94) 『구당서』 권83, 열전33, 설인귀 "高麗乘勝而進 仁貴橫擊之 賊衆大敗 斬首五萬餘級 遂拔其南蘇木底蒼巖等三城 始與男生相會"; 『신당서』 권110, 열전35, 제이번장(諸夷蕃將) 글필하력 "勛已拔新城 留何力守 時高麗兵十五萬屯遼水 引靺鞨數萬衆據南蘇城 何力奮擊破之 斬首萬級 乘勝進拔八城".

95) 池內宏, 앞의 책, 339~341쪽; 노태돈, 앞의 책, 1999, 230~231쪽; 余昊奎, 「高句麗 後期의 軍事防禦體系와 軍事戰略」, 『韓國軍事史研究』3, 1999, 63쪽.

96) 김진한, 「高句麗 滅亡과 淵蓋蘇文의 아들들」, 『韓國古代史探究』22, 2016, 131쪽; 『고구려 후기 대외관계사 연구』, 한국학중앙연구원출판부, 2020, 372쪽.

압록수 이북의 현황을 기록한 E-②가 667년 2월~9월의 사실을 반영하고 있다면, 당시 고구려군이 배치되어 있던 신성과 남소·목저·창암성이 각각 미항성과 이항성으로 다르게 기술되어 있는 모순이 발생하게 된다.

당군이 667년 9월 신성을 함락하자, 이에 대응하여 연남건이 신성 탈환을 시도하며 세 성을 공격하여 귀복시켰다고 보기도 한다.[97] 즉 667년 9월까지 남소·목저·창암성이 당에 투항한 연남생의 영향 아래에 있었고, 따라서 당군은 세 성을 이항성으로 기재했다고 이해하는 것이다. 그러나 국내성에 근거한 연남생의 군대가 667년 2월~667년 9월 전개된 당군의 신성 공략전에 전혀 모습을 드러내지 못하는데, 남소·목저·창암성을 포함하여 신성~국내성에 이르는 경로에 위치한 여러 성이 667년 2월 이전 연남건 측의 지배에 들어갔기 때문으로 추정된다. 이는 다음 사료에서 확인된다.

F. 이적이 신성을 쳐서 빼앗고 글필하력을 남겨 지키게 하였다. 이때 고구려 군사 15만 명이 요수(遼水)에 주둔하고 말갈 수만 명을 불러 들여 남소성을 굳게 지켰다. 글필하력이 힘써 공격하여 깨트리니 만 명의 목을 베고 이긴 기세를 타고 나아가 8성을 쳐서 빼앗았다[98](『신당서』 권110, 열전 35, 제이번장(諸夷蕃將) 글필하력).

고구려는 당에 맞서 15만 명을 요수(遼水)에 배치하고 남소성에 말갈병 수만 명을 주둔시켰다. 이적의 신성 함락과 글필하력의 남소성 격파 사이에 해

---

97) 노태돈, 『삼국통일전쟁사』, 서울대학교출판부, 2009b, 215쪽.
98) "勣已拔新城 留何力守 時高麗兵十五萬屯遼水 引靺鞨數萬衆據南蘇城 何力奮擊 破之 斬首萬級 乘勝進拔八城".

당 기술이 나오기 때문에, 이를 667년 9월 이후의 사건으로 파악하고 요수를 혼하(渾河) 내지 소자하의 오기로 보기도 한다.[99] 하지만 15만 명에 이르는 대병력이 주둔하였고, 남소성이 혼하에서 소자하 연안으로 진입하는 적을 방어하기 유리한 위치에 자리 잡은 철배산성(鐵背山城) 또는 오룡산성(五龍山城)으로 비정된다는 점에서 요수는 요하(遼河)로 판단하는 것이 타당하다. 따라서 당군의 침공에 맞서 요하 연안에 15만 대군을 주둔시켜 당군의 도하를 저지하려는 시도였다고 보인다.[100] 실상은 당군이 신성에 이르기 전 상황을 기술한 것이다. 즉 남소성은 666년 후반 연남건의 공격으로 재차 고구려 중앙정부의 관할로 편입되고 말갈병이 대거 주둔하는 등 완연히 연남생 또는 당의 관할에서 벗어나 있었다. 이는 남소성에만 한정되지 않았다. 글필하력이 남소성 등 모두 8성을 함락시켰는데, 신성~국내성 경로에 위치한 상당수 성이 667년 고구려의 지배를 받고 있었던 것이다.

이상에서 이항성에 기재된 다수가 667년에 이항성으로 불리기 어려웠음을 확인하였다. 결국 압록수 이북 현황 자료가 667년의 상황을 반영하지 않을 수 있음을 의미한다.[101] 668년 이적이 이끄는 당군의 주력부대는 신성을 떠나 평양성으로 진공하는데, 이때 신성에서 압록강 하류에 이르기까지 요동성, 안시성, 오골성 등 여러 성을 공략했음이 분명한데 이에 대한 기록이 전혀 보이지 않는다. 연남건 집권 시기 고구려 군민의 항전 의지가 이전에 비해 크게

---

99) 池內宏, 앞의 책, 339쪽.
100) 余昊奎, 「高句麗 千里長城의 經路와 築城背景」, 『國史館論叢』91, 2000, 183~184쪽.
101) 최근 이항성에 해당되는 지역도 전황에 따라 달라질 수 있는 곳으로, 이항성은 당이 아직 확보하지 못한 곳이지만 그 가능성이 높은 지역이라는 의미라고 본 견해가 있다(정원주, 「男生의 失脚 배경과 그의 行步」, 『韓國古代史研究』75, 2014, 322~324쪽). 하지만 확보하지 못한 지역을 이항성으로 표기했을 가능성은 낮아 보인다.

약화되고 지배층의 이탈이 현저해졌다는 점을 상기한다면,[102] 대부분 성이 당군에 항복했기 때문으로 추정된다. 이는 압록수 이북에 이항성이 다수 존재하는 E-②와 배치된다.

결국 당시 전황을 통해 볼 때 압록수 이북 현황 자료는 667~668년의 상황을 반영하다고 볼 수 없으며, 고구려 멸망 이후 요동지역의 정세를 보아 멸망 이후의 상황을 반영할 가능성이 높다. 그렇다면 작성 주체와 목적으로 관심이 자연스레 옮겨진다. 고구려 멸망 이후 작성된 자료라면 작성 주체는 고구려 유민, 당(안동도호부), 신라로 압축된다.

먼저 고구려 유민 측에서 작성했을 가능성은 매우 낮다. '항(降)', '타득(打得)'이라는 표현을 고구려 유민이 사용하기 어려울뿐더러, 성명(城名) 뒤에 '본(本)○○'라고 하여 고구려어 명칭을 부기하고 있는데 고구려 유민이 제작한 문서라면 굳이 고유 명칭을 덧붙일 필요가 없을 것이다. 또한 사료 E와 동일한 전거자료를 인용했다고 여겨지는『삼국사기』지리지 기사[103]에서 평양에서 국내성까지 이르는 경로에 17역(驛)이 있다고 하였는데, 이 역시 고구려 유민에게 익숙한 정보였을 터인데 기록된 것으로 보아, 고구려 유민이 작성 주체가 아님이 분명하다.

다음으로 신라일 가능성을 검토해 보자.[104] 만약 신라가 작성한 문서에서 기

---

102) 李文基,「高句麗 滅亡期 政治運營의 變化와 滅亡의 內因」,『韓國古代史研究』50, 2008, 88~89쪽.

103) 李文基,「『三國史記』雜志의 構成과 典據資料의 性格」,『韓國古代史研究』43, 2006, 219~221쪽. 해당 기록은 다음과 같다.『삼국사기』권37, 잡지6, 지리4 "又總章二年 英國公李勣 奉勅 以高句麗諸城 置都督府及州縣 目錄云 鴨淥以北已降城十一 其一國內城 從平壤至此 十七驛".

104) 일찍이 津田左右吉는 E-① · ②를 분리하여 E-②가 신라인의 전문(傳聞)을 기재한 것은 아닐까 추정하였다(津田左右吉, 앞의 책, 81쪽).

원한 것이라면, 미항성은 신라군이 아직 점령하지 못한 지역, 이항성은 신라군에게 투항한 지역이라는 의미가 될 것이다. 비록 신라군이 압록강 이북에서 활동한 사실이 『삼국사기』에서 확인되지만, 전황을 살펴보면 E-②와 어긋나는 부분이 많다. 앞서 언급한 오골성 전투가 압록강 이북에서 활동한 신라군의 동향을 보여주는데, 670년 3·4월 오골성이 당의 지배에서 벗어나 신라·고구려 연합군의 영향권 내에 있었음이 확인된다. 그런데 이는 옥성주가 미항성에 기재된 것과 배치된다. 더 큰 문제는 국내성에서 신성으로 이르는 지역이 신라의 관할로 들어갔다고 볼 증거가 전혀 없으며, 압록수 이북의 광범위한 지역에 대해 신라가 관심을 기울였다고 보기도 힘들다.[105]

결국 E-②의 작성 주체는 당으로 보는 것이 합당하다. E-②의 앞뒤에 안동도호부 설치에 관한 제반 사정과 웅진도독부 관할 주현이 기재되어 있다는 점에서도 그러하다. 이와 관련하여 E-①·②가 별도의 자료에서 기원했다고 보는 입장을 비판하면서 당의 고구려 고지 지배에 대한 안동도호부 관련 자료를 전거로 하였다는 견해가 주목된다. 이에 따르면 서문으로 안동도호부가 설치되는 경위로서 이적의 역할을 서술하고, 이어서 안동도호부 관할 지역을 확보하는 과정을 서술하며, 마지막으로 안동도호부 관할 주현의 목록과 제반 사정을 기록한 자료가 존재하였는데, 『삼국사기』 찬자는 이 자료의 잔본을 확

---

105) 670년 4월 검모잠이 안승을 왕으로 옹립한 것에 대응하여 당이 행군을 파견하자, 고구려 유민이 신라에 구원을 요청하였고 신라가 이를 수용하면서 압록수 이북 현황 자료를 작성하였다고 보는 견해가 있다. 이에 따르면 미항성은 당군, 이항성은 고구려 유민이 각각 장악하고 있던 지역이고 도성은 당군이 방기했지만 고구려 유민이 장악하지 못한 지역, 타득성은 신라군이 점령한 지역이라는 것이다(姜維公, 「"李勣奏報"的史料價値」, 『長春師範學院學報』21-2, 2002). 그러나 여타 사료에서 670년 4월 이후 신라가 압록강 이북에서 군사활동을 펼쳤다는 기록이 존재하지 않으며, 또한 신라가 압록강 이남 지역과 백제 고지를 완점했다고 보고 있는데 이는 역사적 실상과 동떨어져 있다.

인하고 E-①·②를 서술했다는 것이다.[106]

이에 따르면 E-②는 안동도호부 관할 지역을 확보하는 과정을 담고 있다고 이해된다. 670년 1월 고구려 고지 전역에서 공식적으로 당의 지배체제가 출범하고[107] 설인귀가 신성에서 선정을 펼친 후 670년 4월 토번 전선으로 투입되는 것은 고구려 고지 재편이 일단락되었기에 가능했으므로,[108] 안동도호부가 압록수 이북 지역 확보를 시도했던 시기는 669년으로 추정하는 것이 자연스럽다.

도호의 임무는 E-②를 누가 작성했는지를 파악하는데 중요한 단서를 제공한다. 앞서 서술했듯이 도호는 군사적 역할이 강조되었고 반란 정벌이 주요 임무 중 하나였다. 당의 시각에서 안동도호부 내 미항성의 존재는 반란과 동일하게 인식되었을 것이고, 이들을 당의 지배질서 내로 편입시킬 책임자는 검교안동도호 설인귀였다. 이는 설인귀가 669년 초 평양성에 부재하는 상황과 연결된다.

---

106) 李文基, 앞의 논문, 2006, 219~223쪽.

107) 『구당서』 권5, 본기5, 고종 총장 3년 정월 "列遼東地爲州縣". 이 기사의 '요동지(遼東地)'를 요동지역으로 이해하여 당이 요동지역에만 주현을 설치하고 나머지 고구려 고지는 대규모 사민을 실시하여 무력화하는 방안을 채택했다고 보는 견해가 있다(정원주, 앞의 논문, 2018, 88~89쪽). 하지만 당 조정은 669년 8월 이후 이타인을 보내 부여성 권역의 고구려부흥운동을 진압하게 하였으며(김강훈, 앞의 논문, 2017, 24~25쪽), 당군이 670년 4월 이후 한반도 서북부 일대에서 군사활동을 활발히 전개한 것으로 보아 당이 요동지역 이외의 공간을 포기했다고 보기는 어렵다. 당이 사민 이후 빈약자(貧弱者)를 남겨 안동도호부를 지키게 했는데, 이는 기미지배에 위협이 되지 않는 자들만 남겨 기미지배가 효과적으로 추진되기를 기대했다는 의미로 이해하는 견해도 참고가 된다(李基天, 『唐 前期 境內 異民族 支配 硏究』, 서울대학교 박사학위논문, 2019, 171쪽). 따라서 위 기사의 '요동지(遼東地)'는 고구려 전지역을 가리킨다고 이해되며, 기미주 편제가 실행되어 기미지배가 시작되었음을 의미한다고 이해하는 편이 타당하다고 생각된다(김종복, 앞의 책, 26쪽). 여호규·拜根興, 앞의 논문, 75쪽에서도 668년 12월 안동도호부 설치 및 부주현 편제는 도상의 계획이고 670년 1월 주현 편제를 실행했다고 보았다.

108) 장병진, 앞의 논문, 2016, 121쪽.

이상의 추론을 정리하면, 고구려 멸망 이후 압록수 이북에서 당의 지배에 포섭되지 않은 지역이 다수 존재하였고, 669년 초 설인귀는 이 지역을 당의 지배권 안으로 편입시킬 목적으로 안동도호부 병력을 이끌고 압록수 이북으로 출정했던 것이다. 그렇다면 E-②의 작성 주체는 검교안동도호 설인귀이며, 작성 시기는 그가 평양성을 떠나는 669년 2월 이전으로 추정할 수 있다. 단 E-② 전체가 동시에 작성된 것 같지는 않다. 미항성과 이항성은 '압록수 이북', 도성과 타득성은 '압록 이북'으로 달리 표현되어 있는데, 이것이 작성 시기의 차이를 반영한다고 추정되기 때문이다. 그렇다면 이항성과 미항성 목록은 설인귀의 출정 이전, 도성과 타득성은 출정 이후 작성되었던 것이다. 타득성이라는 표현에서도 이러한 정황을 알 수 있다.

설인귀는 신성을 목표로 출정하였다. 신성이 미항성으로 기재되어 있던 배경은 당군의 공략 대상이었기 때문이다. 결국 미항성은 당의 지배력이 미치지 못하고 있던 곳이자 당군의 공략 목표였던 성을 기술한 것이 된다. 그중 신성이 제1목표가 되었던 것은 군사전략적 위상이 현저했기 때문이다. 신성은 요하 유역 군사방어체계의 핵심이자 요하 하류와 중상류 일대, 송화강 일대, 압록강 중류 유역을 유기적으로 연결하는 접점이었고, 말갈이 요동지역으로 진입하는 길목에 위치하고 있었다.[109] 따라서 신성이 이탈한다면 고구려 고지 전체에 대한 당의 지배력이 손상될 위기에 처할 가능성이 높았던 것이다. 설인귀는 신성을 재차 당군의 지배 아래에 두는 것을 최우선 과제로 삼았음이 분명하다.

평양성에서 신성으로 가기 위해서 먼저 압록강 하류를 건너 요동지역으로

---

109) 노태돈, 앞의 책, 1999, 233쪽; 余昊奎, 앞의 논문, 1999, 64~66쪽; 나동욱, 「6~7세기 고구려 지방군사운용체계-지방통치체제 검토를 바탕으로-」, 『史學研究』95, 2009, 28~29쪽.

진입한 후 봉성-본계-심양-무순으로 이어지는 교통로를 이용할 수 있다. 그러나 이 경로 상에는 미항성인 오골성이 위치하고 있으며, 안시성, 다벌악주(多伐嶽州),[110] 요동성 등은 교통로에 직접 맞닿아 있지는 않지만 당군의 진로를 방해하거나 배후에서 공격하는 역할을 충분히 수행할 정도의 거리에 위치하였다. 대안으로 고려할 수 있는 교통로가 평양을 출발하여 북으로 청천강 하류에 다다른 후 동북으로 강계 방면으로 나아가 국내성에 이른 뒤, 혼강 유역과 소자하 유역을 거쳐 신성으로 진군하는 것이다.

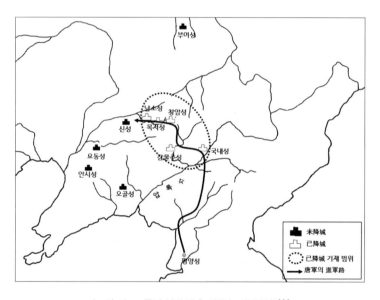

〈그림 1〉 고구려 멸망 직후 압록수 이북 현황[111]

---

110) 다벌악주는 수암 지역 대양하(大洋河) 유역에 위치한 낭랑산성(娘娘山城) 내지 '구토성'으로 비정하는 견해가 있다(노태돈, 앞의 책, 1999, 241쪽). 대양하 유역은 하곡평원이 발달하여 인구가 밀집할 수 있는 요건을 갖춘 지역인데, 낭랑산성은 대양하 유역에서 가장 규모가 큰 성으로 대양하 유역을 관장하는 욕살급 지방관이 주재했을 것으로 추정된다(임기환, 「요동반도 고구려성 현황과 지방지배의 구성」, 『韓國古代史硏究』77, 2015, 141쪽).
111) 노태돈, 앞의 책, 1999, 240쪽 지도를 활용하여 작성하였다.

이항성의 위치가 국내성에서 신성으로 통하는 교통로와 일치[112]한다는 점은 작성 목적을 추정하는데 도움이 된다. 신성 공략을 목표로 했던 설인귀는 당군의 진격로로 상정되는 교통로를 확보하는 것이 필수였고, 이항성으로 표현되는 당 관할 아래의 성을 징검다리 삼아 신성까지 안전을 담보하고자 했던 것이다. 이런 측면에서 E-②와 동일한 전거자료를 바탕으로 채록된 자료에서 평양과 국내성 간에 17역이 존재한다는 기록이 주목된다.[113] 설인귀가 평양-국내성 교통로에 관심을 가졌던 이유는 당군이 이 교통로를 이용했던 경험이 없었으므로[114] 상세한 정보 수집이 필요했기 때문이었다.

요컨대 압록수 이북 현황 자료는 검교안동도호 설인귀가 당의 지배를 벗어나 있던 압록수 이북 지역 성을 공략하기 위해 작성한 것으로서, 미항성은 공략 목표를, 이항성은 제1목표였던 신성을 공략하기 위한 당군의 진군로와 관련된 성을 언급한 것이었다. 미항성과 이항성은 출정 이전에 작성되었고, 도성과 타득성은 압록수 이북에서 군사 활동이 시작된 후 작성되었다고 추정된다.[115]

---

112) 신성이 위치한 무순을 출발하여 혼하와 소자하 유역을 거슬러 올라간 뒤, 영릉진이나 왕청문 부근에서 동남으로 산맥을 넘어 혼강 유역으로 나아가 환인을 거쳐 신개하 상류로 올라가 판차령을 넘어 집안으로 이르는 교통로이다(노태돈, 앞의 책, 1999, 231쪽).

113) 고구려 멸망 직후의 사정을 전하고 있기 때문에 당이 설치했다기보다는 고구려에서 운영되던 역로의 현황을 보여준다고 이해된다(趙炳魯, 『韓國驛制史』, 한국마사회 마사박물관, 2002, 62쪽). 평양-국내성 간 17개 역의 존재는 조선시대 동일 경로상의 역참 수와 일치한다는 점에서 해당 교통로는 조선시대까지 유지·계승되었다고 추정된다(조법종, 「高句麗의 郵驛制와 交通路-國內城시기를 중심으로-」, 『韓國古代史研究』63, 2011, 54~56쪽).

114) 667년 글필하력은 국내성에서 연남생군과 합친 후 압록강 하구로 이동하여 이적이 이끄는 당군과 합류하여 평양성으로 진군하였다(노태돈, 앞의 책, 1999, 237쪽). 『구당서』 권109, 열전59, 글필하력 "高麗有衆十五萬 屯於遼水 又引靺鞨數萬據南蘇城 何力奮擊 皆大破之 斬首萬餘級 乘勝而進 凡拔七城 乃迴軍會英國公李勣於鴨綠水 共攻辱夷大行二城 破之 勣頓軍於鴨綠柵 何力引蕃漢兵五十萬先臨平壤 勣仍繼至 共拔平壤城" 참조.

115) 『삼국사기』 찬자는 압록수 이북 현황 자료를 중국 측 자료에서 수집한 것이 아니라 신라를 거쳐 고려까지 전승되어 오던 자료에서 채록했다고 여겨진다(이문기, 앞의 논문, 2006, 225

압록수 이북 현황 자료는 고구려 멸망 직후 당의 지배를 이탈해 있던 지역이 광범위했던 사실을 보여준다. 미항성의 존재가 이를 알려준다. 특히 미항성중 주(州)로 명기된 북부여성주·신성주·요동성주·옥성주·다벌악주는 최고위지방관인 욕살(褥薩)이 주재하는 성이었는데,[116] 고정문(高定問)과 안승(安勝)이각각 책성 권역과 한성 권역에서 부흥운동을 일으킨 점을 감안한다면,[117] 고구려 고지 중 상당 지역에서 당의 지배력이 관철되지 않는 상황이었던 것이다.

도성과 타득성도 당의 지배를 벗어난 곳이었다. 도성은 당의 지배를 거부하고 스스로 성을 떠난 경우를 말한다. 당의 지배에 맞선 고구려 유민의 반발은 크게 두 형태로 분출되었는데, 적극적인 무력 저항과 다른 지역으로의 이주가 그것이었다.[118] 따라서 도성은 소극적이기 하나 저항의 한 형태로 이해할수 있다.[119] 타득성 역시 당의 공격을 받아 점령되었다는 점에서 부흥운동이발생한 곳이었다.

미항성으로 기재된 성 외에도 당의 지배를 벗어난 성이 다수 존재했다고추정된다. 미항성은 당군의 직접적인 공략 목표가 되는 거점성을 기재한 것일 뿐이었다. 고구려 후기 지방통치체제를 살펴보면 욕살이 주재하는 거점성

쪽). 그런데 고구려 멸망 이후 나당 관계를 고려할 때, 안동도호부가 압록수 이북 현황 자료를 신라로 전달했다고 보기는 어렵고 신라가 안동도호부에서 작성한 자료를 직접 획득했을 가능성도 낮아 보인다. 그렇다면 고구려 유민이 관련 자료를 수집한 후 신라로 넘겼을 가능성을 점칠 수 있다. 고구려 유민이 평양성을 회복하는 과정에서 안동도호부에 보관되어 있던 압록수 이북 현황 자료를 획득하였고, 검모잠 내지 안승이 신라와 군사정보를 공유하면서 이 자료를 신라에 넘겨준 것으로 이해할 수 있겠다.

116) 노태돈, 앞의 책, 1999, 242~243쪽.
117) 욕살이 파견되었다고 확인 및 추정되는 성으로 오골성, 요동성, 신성, 부여성, 다벌악주, 책성, 한성, 국내성, 건안성, 욕이성 등이 있다(노태돈, 앞의 책, 1999, 242~243쪽; 김현숙, 『고구려의 영역지배방식 연구』, 모시는 사람들, 2005, 367쪽).
118) 노태돈, 앞의 책, 2009b, 222쪽.
119) 김강훈, 앞의 논문, 2013, 317쪽.

을 중심으로 광역의 지방통치 단위 및 군관구(軍管區)를 구성하고 있었다.[120] 고구려-당 전쟁 과정에서 욕살 주재성의 향배가 권역 내 여러 성의 진로에 결정적으로 영향을 미쳤던 사례를 참고한다면, 미항성으로 기재된 욕살 주재성 단독으로 당의 지배를 이탈했다고 보기 어렵다. 행정 및 군사 권역을 구성하는 여러 성이 함께 이탈했다고 보아야 합리적이다. 실제 미항성은 E-②에 기록된 수효를 상당히 상회한다고 보아야 한다.

압록수 이북 현황 자료는 성을 단위로 기록되어 있다는 점이 특징이다. 성을 중심으로 지방지배와 군사방어체제가 운영된 고구려의 국가지배 방식이 부흥운동에서도 고스란히 드러난 것이다. 부흥운동의 주도세력은 각 성의 지방관 내지 유력자로 상정할 수 있다. 민정과 군정을 아울렀던 지방관은 토착 주민을 주력으로 하여 구성된 지방군을 지휘했던 고구려 후기 지방 및 군사체제[121]를 바탕으로 거병했다고 추정된다. 이는 중앙정부의 존재와 별개로 부흥운동이 광범위한 지역에서 발생할 수 있는 조건이 되었다.

그런데 이것은 부흥운동의 한계로 작용할 수도 있었다. 미항성이 성 단위로 기재되어 있을 뿐 이들 간에 서로 연계된 모습이 확인되지 않는다. 물론 자료 자체에서 기인한 현상일 수도 있다. 하지만 고구려 후기 지방통치체제가 중앙의 구심력이 약화되었을 때 지역별로 독자성이 강하게 표출되어 분리적인 경향이 드러난다[122]는 지적을 감안한다면, 성 단위로 일어난 부흥운동이 조

---

120) 김현숙, 앞의 책, 354~378쪽; 이문기, 「7세기 高句麗의 軍事編制와 運用」, 『高句麗研究』27, 2007, 175~178쪽. 노태돈은 6~7세기 지방제도에서 욕살과 처려근지는 영속 관계가 없는 병렬적 존재였는데, 당과 전쟁을 치르면서 욕살 주재 성을 중심으로 광역의 군사구역이 형성되었다고 본다(노태돈, 앞의 책, 2009, 246~257쪽).
121) 이문기, 위의 논문, 2007, 177쪽.
122) 김현숙, 앞의 책, 377~378쪽.

직화되지 못하고 분산적으로 이루어졌던 모습이 반영되었다고 보는 것이 더 타당하다. 물론 부흥운동의 구심점이 될 수 있는 인물 내지 세력이 등장할 경우 해소될 수 있는 문제였다.

고구려 멸망 직후 전개된 부흥운동은 비록 개별적·분산적이라는 한계가 있었지만 압록수 이북의 광범위한 지역에서 일어났고, 고구려 지배체제가 부흥운동의 기반이 되었다는 점에서 더욱 확산될 가능성을 가지고 있었다. 또한 고구려 유민들은 한계점을 극복하기 위한 방편으로 구심점 역할을 할 인물의 필요성도 자연스레 느끼게 되었을 것이다.

설인귀가 압록수 이북에서 실시한 군사 활동이 일정 정도 성과를 거두고[123] 669년 후반 평양성에 주재하고 있던 유인궤가 군대를 이끌고 당으로 돌아가면서,[124] 670년 1월 안동도호부가 공식 출범하고 당의 고구려 고지 지배는 현실화되었다. 하지만 당의 지배에 불복하는 고구려 유민의 움직임이 여전히 지속되었고 개별적·분산적으로 전개되는 부흥운동의 한계를 극복하기 위한 노력을 전개하면서 부흥운동은 새로운 국면으로 전환하게 된다.

---

123) 설인귀가 신성에서 선정을 베풀자 고구려 유민들이 기뻐하며 나라가 망한 것을 잊었다고 한다(『신당서』 권111, 열전36, 설인귀 "移治新城 撫孤存老 檢制盜賊 隨才任職 褒崇節義 高麗士衆皆欣然忘亡"). 구체적으로 살펴보면 고아와 홀로 남은 노인을 돌보아 주고, 도적을 억제하는 정책을 실시하며 사회의 안정을 꾀하였다. 그리고 재주에 따라 관직을 주었다고 하는데, 이는 당의 지배체제에 적극적으로 고구려 유민을 흡수하려는 의도로 실시된 것으로 파악된다. 또한 절의를 높이 기렸다고 하는데, 당의 지배를 이탈했던 고구려 유민을 처벌하기보다 포용하는 정책을 실시하였다고 해석할 수 있다. 물론 설인귀의 공적을 과장하는 측면이 있기는 하지만, 신성을 중심으로 요동지역에서 당의 지배가 안정되어 갔음을 시사한다.

124) 『구당서』 권84, 열전34, 유인궤 "總章二年 軍迴 以疾辭職 加金紫光祿大夫 聽致仕". 유인궤는 669년 회군한 후 병을 이유로 관직에서 물러나게 되는데, 사직 시기는 『신당서』 본기에 따르면 670년 1월이었다("咸亨元年正月丁丑 劉仁軌罷"). 따라서 669년 후반 회군했다고 여겨진다(김종복, 앞의 책, 25~26쪽).

3. 고구려 고지와 유민에 대한 신라의 인식

당이 고구려 고지에 대한 지배 시도를 본격화하고 있던 시점에 신라는 고구려 고지와 유민에 대해 어떤 입장을 취하고 있었는지 살펴보고자 한다. 671년 문무왕이 당 장수 설인귀에게 보낸 서신[「答薛仁貴書」]에는 고구려 멸망 직후 신라의 전공과 비열성(卑列城)을 둘러싼 신라와 당 간의 갈등이 잘 묘사되어 있다. 이를 중심으로 신라가 고구려 멸망전(滅亡戰)과 고구려 고지를 어떻게 인식하였는지를 파악할 수 있다.

먼저 고구려 멸망전의 전공에 대해 신라는 당과 현격한 입장 차이를 보였다. 「답설인귀서」에는 평양성 공격의 선봉에 섰던 신라 군사의 활약이 상세히 묘사되어 있으며 그들이 평양을 함락하는데 큰 공을 세웠다고 하였다. 이에 신라 병사들은 "반드시 신라는 [당 황제에게] 충성을 다한 것에 대한 은혜를 입을 것이며 인민은 힘쓴 공로에 대한 상을 받을 것이다."라고 하여, 고구려 평정에 기여한 바에 대한 보상을 기대하고 있었다.[125] 신라 병사들의 입을 빌려서 한 말이기는 하지만, 신라 조정의 생각도 별반 다르지 않았을 것이다.

그런데 당의 입장은 달랐다. 먼저 이적은 예전에 신라가 군기(軍期)를 어겼던 일을 언급하며 신라의 기여를 폄하하는 발언을 하였다고 한다.[126] 군기를 위반한 일은 660년 백제 도성 남쪽에서 신라군과 당군이 만나 사비성을 공격하기로 하였는데 신라군이 황산벌에서 시간을 지체하여 정해진 기일보다 하루 늦

---

125) 『삼국사기』 권7, 신라본기7, 문무왕 11년 7월 「답설인귀서」 "新羅兵馬 獨爲前鋒 先破大陣 平壤城中 挫鋒縮氣 於後 英公更取新羅驍騎五百人 先入城門 遂破平壤 克成大功 於此新羅 兵士並云 自征伐已經九年 人力殫盡 終始平兩國 累代長望 今日乃成 必當國蒙盡忠之恩 人 受效力之賞".
126) 「답설인귀서」 "英公漏云 新羅前失軍期 亦須計定".

게 도착한 것을 가리킨다고 생각된다.[127] 이는 백제 공격 과정에서 발생한 사안으로 고구려 멸망과는 관련이 없는 사건임에도 불구하고 굳이 언급한 것에는 어떤 의도가 내재되어 있었다고 추측된다. 한편 이적과 함께 당으로 들어간 신라 장군들은 "지금 신라는 모두 공이 없다."는 말을 듣게 되었다.[128] 발언의 시점이 '당의 수도에 도착한 후'라는 점에서 당 조정의 공식 입장으로 이해해도 무리가 없을 듯하다. 실제로 668년 12월 당 고종은 고구려 멸망에 기여한 인물에게 포상하는데, 이적, 글필하력, 설인귀 등 당 장수와 신성(信誠), 연남생 등 당으로 투항한 고구려인이 주 대상이었을 뿐, 신라인은 확인되지 않는다.[129]

이와 달리 문무왕은 고구려 멸망 후 유공자에 대한 포상을 시행하였다. 먼저 668년 10월 22일 고위 관직자는 관등을 높여주고 하위 군관은 공에 따라 관등을 수여하는 한편 조(租)·속(粟)을 내려주었다. 그리고 11월 18일 전쟁에서 죽은 자에 대한 포상이 시행되었다.[130] 이러한 포상은 병사의 사기를 높이는 한편 국가에 대한 충성심을 고양하려는 의도를 가지고 시행된 것이었다.[131] 그런데 포상을 시행한 이면에는 신라군의 활약이 고구려 멸망을 이끌었다는 인

---

127) 정구복·노중국·신동하·김태식·권덕영 주석, 『역주 삼국사기』주석편(상), 한국학중앙연구원출판부, 2012, 234쪽.

128) 「답설인귀서」 "又立功軍將 並錄入朝 已到京下 卽云 今新羅並無功".

129) 『신당서』 권220, 열전145, 동이 고려 "十二月 帝坐含元殿 引見勣等 數俘于廷 以藏素脅制 赦爲司平太常伯 男產司宰少卿 投男建黔州 百濟王扶餘隆嶺外 以獻誠爲司衛卿 信誠爲銀青光祿大夫 男生右衛大將軍 何力行左衛大將軍 勣兼太子太師 仁貴威衛大將軍"; 『책부원구』 권128, 제왕부, 명상(明賞)2, "高宗總章元年十二月 破高麗 以僧信誠爲銀青光祿大夫 賞先降也 特進東代都督玄菟郡公泉男生爲右衛大將軍 進卜國公 賞其鄕導有功也 左驍衛大將軍簡較右羽林軍兼簡較司文正卿邠國公契苾何力爲鎭軍左衛大將軍 徙封涼國公 司空英國公勣加授太子太師 仍加實封 通舊一千一百戶 其嫡孫敬業授朝散大夫 右武衛將軍薛仁貴爲威衛大將軍 封平陽郡公 右監門將軍五原郡公李謹行爲右武衛大將軍 賞平高麗之功也".

130) 『삼국사기』 권6, 신라본기6, 문무왕 8년 10월 22일 및 11월 18일.

131) 李文基, 「新羅 文武王代의 軍事政策에 대하여」, 『歷史敎育論集』32, 2004, 185~186쪽.

식이 깔려있었을 것이다. 특히 사천, 평양성내, 평양성대문, 평양군영, 평양성
북문, 평양남교, 평양소성 전투에서 공을 세운 자들이 포상의 전면에 내세워
졌다는 점에서 신라는 자신들이 고구려 멸망에 결정적 역할을 했다고 생각했
을 가능성이 높다. 이것은 문무왕이 왕경으로 돌아온 후 선조묘(先祖廟)에 나
아가 당과 함께 군사를 일으켜 백제와 고구려를 멸망시켰다고 한 데서도 잘
드러난다.[132] 즉 고구려를 평정한 주체가 신라와 당이라고 인식했던 것이다.

다음으로 고구려 고지에 대한 신라의 인식을 살펴보자. 당은 고구려 고지
에 대한 신라의 지분을 인정하지 않았고 신라도 당의 정책을 수용했다고 보
는 견해가 있다. 전자의 근거로 고구려 멸망 직후 당이 끌고 간 고구려인의
수가 신라에 비해 압도적으로 많았으며 당이 신라의 전과를 부인하였다는 점
을 들고 있으며,[133] 후자의 근거로 신라가 주둔군 없이 7천 명의 포로만 압송해
왔던 사실을 지적하고 있다.[134]

고구려 고지를 둘러싼 신라와 당의 갈등은 구체적으로 비열성을 두고 발생
하였다.[135] 비열성은 함경남도 안변 일대인 비열홀(比列忽)을 가리킨다. 667년 당
은 유인원과 김인태에게 비열도를 따라 평양으로 진군하게 하였고 668년 비
열홀 출신 세활이 평양 전투에서 전공을 세웠다는 점에서 고구려 멸망 직전

---

132) 『삼국사기』 권6, 신라본기6, 문무왕 8년 11월 6일 "率文武臣寮 朝謁先祖廟 告曰 祗承先志
　　與大唐同擧義兵 問罪於百濟高句麗 元凶伏罪 國步泰靜 敢玆控告 神之聽之". '당의 의군'과
　　함께 '선왕의 뜻'을 이어 '원흉의 제거'를 이루었다는 것이 핵심 내용인데, 특히 당과 함께 군
　　사를 일으켜 고구려, 백제를 평정했음을 분명히 밝히고 있다(張日圭, 「신라의 '一統' 인식과
　　그 영향」, 『新羅史學報』 32, 2014, 89쪽).

133) 김종복, 「백제와 고구려 고지에 대한 당의 지배 양상」, 『역사와 현실』 78, 2010, 83~84쪽.

134) 김종복, 「완충지대로서의 요동을 통해 본 신라 · 발해 · 당의 관계」, 『韓國古代史硏究』 88,
　　2017, 262쪽.

135) 「답설인귀서」 "又卑列之城 本是新羅 高麗打得三十餘年 新羅還得此城 移配百姓 置官守捉
　　又取此城 還與高麗".

비열홀은 신라의 영역으로 편제되었음이 확인된다.[136] 아마도 그 계기는 666년 연정토의 신라 귀부로 추정된다. 연정토가 이끈 12성의 위치가 강원도 북부와 함경남도 남부 지역으로 비정되기 때문이다.[137] 하지만 신라는 비열홀에 대한 영유권을 주장하는 근거로 고구려 평정 직전 이 지역을 차지했다는 것이 아니라 '본래 신라의 땅[本是新羅]'이었음을 강조하고 있다.

이를 반대로 생각한다면, 당이 비열홀을 안동도호부로 편제한 근거는 '본래 고구려의 땅'이었기 때문으로 추정할 수 있다.[138] 다만 본래 고구려 영역이라는 판단은 고구려인의 인식에서 기인했을 가능성이 높다. 당이 고구려 고지에 기미부주를 설치하는 과정에서 연남생이 주도적인 역할을 담당하였기 때문이다. 그렇다면 기미부주 설치가 추진된 지역은 멸망 전후 고구려인이 인식하고 있던 고구려 영역과 일치할 것이다.

「답설인귀서」로 한정하여 보면, 신라는 고구려 평정에 공헌을 했다고 인식하고 있었으며 그에 따라 '은(恩)'과 '상(賞)'을 기대하고 있었다. 그것은 구체적으로 본래 신라 영토였으나 고구려에게 상실한 지역을 회복하는 것이었다고 추정된다. 제한된 지역이기는 하지만 신라는 고구려 고지에 대한 영유권을 주장하고 있었던 것이다.

황해도 일대에 대한 신라의 인식을 분명히 보여주는 자료는 없다. 다만 위의 논리대로라면 신라가 황해도 지역의 영유권을 직접적으로 주장했을 가능성은 낮아 보인다. 6세기 중반 이후 신라와 고구려는 대체로 임진강을 경계

---

136) 이상훈, 「羅唐戰爭의 軍事的 原因과 新羅의 戰爭準備」, 『역사와 경계』79, 2011, 17~18쪽: 앞의 책, 75~76쪽.

137) 노태돈, 앞의 책, 1999, 249~251쪽.

138) 신라의 영역이 된지 얼마 되지 않았으며 연정토가 신라에 투항한 후 668년 당으로 건너가 계속 머물렀기 때문으로 이해한 바가 있다(노태돈, 앞의 책, 1999, 250쪽).

로 대치하였고[139] 칠중성(七重城)이 신라 북경(北境) 방어의 핵심을 담당하였다. 따라서 황해도 지역은 신라가 본래 자신의 영역이라고 주장할만한 연고가 없었다. 더구나 한성 권역은 667년 6월 평양성을 목표로 북상하고 있던 웅진도독부 소속 당군에게 항복하였고, 이에 대해 신라는 사절을 보내 축하를 하였을 뿐 특별한 반응을 나타내지 않았다.[140] 하지만 고구려 멸망 후 신라가 비열홀에 대한 영유권을 고수하려고 했던 배경으로 비열홀 지역이 평양과 한강 하류 일대를 견제할 수 있는 군사요충지이기 때문이었다는 지적[141]을 참고한다면, 신라·당 갈등이 점차 고조되고 있는 상황에서 신라가 황해도 지역에 완전히 무관심했다고 보기는 어렵다.

『삼국사기』 고구려본기에는 669년 2월 안승으로 대표되는 4천여 호의 고구려 유민 집단의 신라 투항 기사가 전하고 있다.[142] 국외이주는 주로 정치적 압박과 경제적 곤란을 피하기 위한 방편으로 이루어졌는데,[143] 안승의 신라 투항 기사도 두 측면에서 이해할 수 있다. 한성 권역 거주 고구려 유민들이[144] 신라로 대규모 투항을 시도했던 배경에는 1차적으로 당의 지배에 대한 반발이 자리 잡고 있었다. 평양성에 안동도호부가 설치되면서 한반도 서북부지역은 다른 지역에 비해 당의 통제력이 강한 편이었다. 더욱이 유인궤가 요동도안무대사로서 평양

---

139) 김종복, 「남북국의 경계와 상호 교섭에 대한 재검토」, 『역사와 현실』82, 2011, 30쪽; 전덕재, 「신라의 北進과 서북 경계의 변화」, 『韓國史硏究』173, 2016, 101~107쪽.
140) 『삼국사기』권6, 신라본기6, 문무왕 8년 6월 22일 "府城劉仁願 遣貴干未肹 告高句麗大谷口 漢城等二郡十二城歸服 王遣一吉湌眞功稱賀".
141) 이상훈, 앞의 책, 77쪽.
142) 『삼국사기』권22, 고구려본기10, 총장 2년 2월 "王之庶子安勝 率四千餘戶 投新羅".
143) 권덕영, 『재당 신라인사회 연구』, 일조각, 2005, 54~59쪽.
144) 669년 2월 신라로 투항을 시도한 4천여 호는 한성 권역을 중심으로 거주하고 있던 고구려 유민으로 여겨진다. 이에 대해서는 이 책 제2장 2절 「평양성·한성 권역 안승의 '부흥고구려국' 수립」, 135~136쪽 참조.

성을 진수하고 있었기 때문에 군사적 압력 또한 상당하였다. 여기에 669년 2월 당 고종이 이적과 연남생이 마련한 기미부주 설치안을 승인하면서[145] 기미부주로의 재편이 현실화되었다. 같은 시기에 안승의 신라 투항이 시도되었다는 것은 당의 지배라는 정치적 압박이 투항의 한 요인이었음으로 보여준다.

한편 669년 5월 신라는 천정·비열홀·각련에서 기근이 발생하자 진휼을 실시하였다.[146] 이 지역은 지금의 안변, 덕원, 회양인데,[147] 지리적으로 인접한 한반도 서북부지역도 기근이 들어 고구려 유민들은 심각한 경제적 곤궁에 처했을 것이다. 기근 현상은 진휼이 단행되는 5월에 나타났다고 보기 어렵다. 자연재해나 전쟁으로 인한 농업 생산의 감소가 누적되면서 기근이 나타났을 터이기 때문이다. 따라서 669년 2월 시점에 이미 기근이 만연했을 가능성이 높으며, 이것이 대규모 고구려 유민 집단이 신라로 이주를 선택하게 된 배경이 되었을 것이다.

그렇다면 신라는 이러한 고구려 유민의 동향에 어떻게 대응하였을까. 비록 당과의 갈등이 고조되기를 원치 않았던 신라의 입장으로 인해 안승의 신라 투항은 실현되지 않았지만,[148] 고구려 유민에 대한 신라의 입장 변화가 일부 나타난 것으로 여겨진다.

문무왕은 평양성 공략 과정에서 포로로 붙잡은 고구려인 7천 명을 이끌고 668년 11월 5일 왕경으로 돌아왔다.[149] 신라에서 전쟁포로는 포상으로 사여되기도 하였지만 기본적으로 국왕의 소유였고 공노비적 존재였다.[150] 따라서 7천

---

145) 『삼국사기』 권37, 잡지6, 지리4 "總章二年二月 前司空兼太子大師英國公李勣等 奏稱 奉勅高麗諸城 堪置都督府及州郡者 宜共男生商量准擬 奏聞伴狀如前 勅 依奏 其州郡應須隷屬 宜委遼東道安撫使兼右相劉仁軌 逐便穩分割 仍摠隷安東都護府".

146) 『삼국사기』 권6, 신라본기6, 문무왕 9년 5월 "泉井比列忽各連等三郡民饑 發倉賑恤".

147) 노태돈, 앞의 책, 1999, 250~251쪽.

148) 이 책 제2장 2절 「평양성·한성 권역 안승의 '부흥고구려국' 수립」, 134~135쪽.

149) 『삼국사기』 권6, 신라본기6, 문무왕 8년 11월 5일 "王以所虜高句麗人七千入京".

150) 趙法種, 「신라왕권과 노비제」, 『新羅文化』22, 2003, 168쪽.

명 대부분은 왕실 내지 국가 기구에 분산 배치되었을 것이다. 이때까지 신라는 고구려를 원흉(元凶)으로 인식하고 있었고,[151] 이는 포로 처리 과정에서 고스란히 반영되었을 것이다.

그런데 669년 2월 21일 대규모 사면이 단행되면서 고구려인 포로의 지위에 변동이 일어났다. 사면 하교에서 사면 대상으로 탈작자(奪爵者), 도적인(盜賊人), 채무자(債務者)가 언급되고 있으며 이들에 대한 복권과 부채 탕감이 구체적으로 지시되고 있다.[152] 전쟁포로의 처리 문제가 드러나지는 않지만 나당 간 군사적 충돌의 가능성이 높아져가는 가운데 새로운 병력자원의 확보가 필요했던 시기라는 점에서, 사면 대상으로 고구려인 포로가 포함되었을 가능성이 높다.[153] 여기에서 고구려 유민을 군사적으로 활용하려고 시도했던 신라인의 의도가 간취된다. 고구려를 원흉으로 인식했던 668년 11월과 비교하면 상당히 다른 모습이다.

669년 5월에 이르러서 신라는 고구려 유민을 적극 회유하려는 입장을 띠게 된다. 앞서 언급한 천정·비열홀·각련에서 시행된 진휼이 이를 잘 보여준다. 진휼의 배경이 되는 경제적 상황은 이전부터 지속되었는데, 신라가 5월이라는 시점에 진휼을 적극적 시행하게 된 것은 당시 요동치고 있던 고구려 고지의 정세 때문일 것이다. 고구려 유민 중 이반자가 다수 발생하자 당은 대규모의 사민을 단행하였는데, 그 시기가 바로 669년 5월이었다.[154]

---

151) 11월 6일 문무왕은 선조묘(先祖廟)에서 백제, 고구려 평정을 고하였는데, 양국을 원흉으로 지칭하고 있다. 『삼국사기』권6, 신라본기6, 문무왕 8년 11월 6일 "率文武臣寮 朝謁先祖廟 告曰 祗承先志 與大唐同擧義兵 問罪於百濟高句麗 元凶伏罪 國步泰靜 敢玆控告 神之聽之".

152) 尹善泰, 「新羅 中代의 律令-中國律令 受容의 新羅的 特質과 관련하여-」, 『강좌 한국고대사』 3, 2003.

153) 이상훈, 앞의 책, 82~83쪽.

154) 『구당서』권5, 본기5, 고종 총장 2년 5월 "移高麗戶二萬八千二百 車一千八十乘 牛三千三百頭 馬二千九百匹 駝六十頭 將入內地 萊營二州般次發遣 量配於江淮以南及山南幷涼以西諸州空閑處安置".

사민이 시행되자 이에 반발하는 고구려 유민의 움직임이 거세지는 상황 속에서, 신라는 의도적으로 고구려 고지였던 지역을 대상으로 진휼을 실시하였다고 추정된다. 고구려 유민을 당 내지로 강제 사민하려는 당과 고구려 고지에서 진휼을 펼치는 신라는 대조를 이루면서 고구려 유민에게 특별히 각인되었을 것이다. 이를 통해 신라는 고구려 유민에게 고구려 고지에서 당과 다른 정책을 추진할 것임을 보여주고자 했을 것이다.

고구려를 원흉으로 인식하고 고구려 유민을 포로로 끌고 온 지 불과 6개월여 만에 고구려 유민을 적극 포섭하려는 모습으로 전환한 데에는 나당 관계가 배경이 되었다. 669년 5월 신라는 김흠순과 김양도를 사죄사로 당에 파견하였는데, '사죄'의 내용은 백제 지역에 대한 신라의 공략으로 이해된다.[155] 즉 나당 갈등이 고조되어 가고 있던 상황에서 외교를 통해 문제 해결을 시도하였던 것이다. 하지만 외교적 노력이 실패로 돌아갈 경우를 대비할 필요가 있었다. 그중 하나가 고구려 유민에 대한 포섭 작업이었고 이것은 진휼 실시로 구체화 되었던 것이다.

비록 신라는 노골적으로 당과 대립하지 않았지만, 고구려 고지 일부에 대한 영역화와 고구려 유민 포섭을 실현하기 위해 당과 다른 정책을 취할 수밖에 없는 상황이었다.[156] 이것은 고구려 유민이 신라에 우호적으로 접근하는데 영향을 미쳤을 것이고, 반당적 노선을 걷고 있던 고구려 유민 일부와 신라의 협력으로 이어졌다.

---

155) 李昊榮, 『新羅三國統合과 麗·濟敗亡原因研究』, 書景文化社, 1997, 235쪽; 노태돈, 앞의 책, 2009, 239쪽.

156) 고구려 멸망 후 나당 간의 갈등이 고조되는 상황에서 신라는 황해도~원산만 일대를 서북-동북 방면의 축으로 삼아 당군의 공세를 저지할 방어선으로 구축하려 했기에(권창혁, 「670~673년 신라의 고구려 부흥운동 지원 전략에 대한 검토」, 『新羅史學報』51, 2021), 해당 지역 고구려 유민을 포섭하는 작업이 필요하였다.

제2장 요동지역 및 평양성·한성 권역의 부흥운동

1. 요동지역의 부흥운동과 검모잠

1) 중국 측 사서의 검모잠 관련 기사 재검토

고구려 유민 중 이반자(離叛者)가 다수 발생하자 이에 대한 대응으로 당은 669년 5월 고구려 유민에 대한 대규모 사민을 실시하였다.[1] 부흥운동을 일으킬 가능성이 있는 세력을 당 내지(內地)로 사민하여, 이를 미연에 방지하는 동시에 부흥운동의 사회경제적 기반을 약화시키기 위해서였다.

약 13만 명[2]에 이르는 고구려 유민이 당 내지로 사민 되었음에도 불구하고 당의 예상과 달리 부흥운동은 위축되지 않고 오히려 확산되는 경향을 보였다. 이러한 과정에서 검모잠(劍牟岑)이 거병(擧兵)했을 것으로 추정되는데, 거병 시기와 배경을 정확히 파악하기 위해서 중국 측 사서에 기록된 검모잠 관련 기사를 살펴볼 필요가 있다. 『자치통감(資治通鑑)』, 『당회요(唐會要)』, 『신당서

---

1) 『구당서』 권5, 본기5, 고종 총장 2년 5월 "移高麗戶二萬八千二百 車一千八十乘 牛三千三百頭 馬二千九百匹 駝六十頭 將入內地 萊營二州般次發遣 量配於江淮以南及山南幷涼以西諸州空閑處安置".

2) 연정토가 763호, 3,543명을 거느리고 신라에 항복하는 기록(『삼국사기』 권6, 신라본기6, 문무왕 6년 12월)에 따라 1호당 4.64명으로 환산하면, 약 13만 명이 당 내지로 사민 되었다고 볼 수 있다(李文基, 「墓誌로 본 在唐 高句麗 遺民의 祖先意識의 變化」, 『大丘史學』100, 2010, 61쪽).

(新唐書)』에는 검모잠에 관해 다음의 기록이 남아 있다.

A-①. 경오(庚午)에 … 고구려 추장(酋長) 검모잠이 반란을 일으켜 고장 (高藏)의 외손(外孫) 안순(安舜)을 세워 임금으로 삼았다. 좌감문대장군(左 監門大將軍) 고간(高侃)을 동주도행군총관(東州道行軍總管)으로 삼아 병사 를 보내 토벌하게 하였다. 안순이 검모잠을 죽이고 신라로 도망갔다[3](『자 치통감』 권201, 당기17, 고종 함형 원년 4월).

A-②. 고구려의 남은 무리 중 추장 검모잠(劍牟岑)이라는 자가 있어서 무리를 거느리고 반란을 일으켜 고장(高藏)의 외손 안순을 세워 임금으로 삼았다. 조칙을 내려 좌위대장군(左衛大將軍) 고간에게 토벌하여 평정하게 하였다[4](『당회요』 권73, 안동도호부 함형 원년 4월).

A-③. 경오(庚午)에 … 고구려 추장 겸모잠(鉗牟岑)이 반란을 일으켜 변 경을 침입하니, 좌감문위대장군 고간(高侃)을 동주도행군총관으로 삼고 우령군위대장군(右領軍衛大將軍) 이근행(李謹行)을 연산도행군총관(燕山道 行軍總管)으로 삼아 토벌하게 하였다[5](『신당서』 권3, 본기3, 고종 함형 원년 4 월).

사료 A-①·②의 기록을 종합해 보면 다음과 같다. 670년 4월 검모잠이 거 병하여 안승(安勝)을 국왕으로 세우자, 당은 고간(高侃)과 이근행(李謹行)을 행

---

3) "庚午 … 高麗酋長劍牟岑反 立高藏外孫安舜爲主 以左監門大將軍高侃爲東州道行軍總管 發兵 討之 安舜殺劍牟岑 奔新羅".
4) "高麗餘衆有酋長劍牟岑者 率衆叛 立高藏外孫安舜爲主 詔左衛大將軍高侃討平之".
5) "庚午 … 高麗酋長鉗牟岑叛 寇邊 左監門衛大將軍高侃爲東州道行軍總管 右領軍衛大將軍李 謹行爲燕山道行軍總管 以伐之".

군총관(行軍總管)으로 임명하여 반란 진압을 시도하였다. 그리고 안승이 검모 잠을 죽이고 신라로 도망가면서 검모잠의 거병은 실패로 돌아갔다. 이와 달 리 사료 A-③에서는 검모잠이 거병하고 '당의 변경을 침입[寇邊]'했다고 언급 하고 있을 뿐이며 안승에 대해서는 전혀 이야기하고 있지 않다. 그리고 A-① ·②·③ 모두 검모잠이 어떤 이유로 거병을 하였는지에 대해서 침묵하고 있 다. 그러므로 사건의 전말을 제대로 이해하기 위해서는 관련 기록을 재검토 할 필요가 있다. 더구나 A-①에서는 검모잠의 거병, 안승 즉위, 당 행군의 파 견, 검모잠 피살이 모두 670년 4월조에 기술되어 있는데, 이들 사건이 같은 달에 일어났다고 보기는 어렵다. 전후 1~2년의 사건을 일괄 기술한 것으로 추정되기 때문이다.[6] 그렇다면 먼저 670년 4월조에 기술된 각각의 사안들이 발생한 시기를 추정할 필요가 있다.

〈표 2〉 중국 측 기록의 검모잠 관련 사건 개요

출전	사건 개요						
자치통감(A-①)	검모잠 거병	→	안승 즉위	→	당 행군 파견	→	검모잠 피살
당회요(A-②)	검모잠 거병	→	안승 즉위	→	당 행군 파견		
신당서 본기(A-③)	검모잠 거병	→	변경 침입	→	당 행군 파견		

이를 위해 『삼국사기』 신라본기의 검모잠 관련 기사를 검토하고자 한다.[7] 이를 통해 안승의 즉위와 검모잠 피살 시기를 추정할 수 있기 때문이다.

---

6) 전준현, 「670년에 재건된 '高句麗國'에 대한 연구」, 『력사과학』82-2, 1982, 37쪽.
7) 존·씨·재미슨은 670년대 한반도에서 발생한 일련의 사건에 관해서 중국 측 사서는 불 완전하고 부정확한데 비해 『삼국사기』의 기록이 보다 자세하고 정확하다고 평가하였다 (존·씨·재미슨, 「羅唐同盟의 瓦解-韓中記事 取舍의 比較-」, 『歷史學報』44, 1969).

B-①. 고구려 수림성인(水臨城人) 모잠(牟岑) 대형(大兄)이 잔민(殘民)을 모아 궁모성(窮牟城)에서부터 패강 남쪽[浿江南]에 이르러 당 관인과 승려 법안(法安) 등을 죽이고 신라로 향했다. 서해(西海) 사야도(史冶島)에 이르러 고구려 대신(大臣) 연정토(淵淨土)의 아들 안승(安勝)을 만나 한성(漢城) 안으로 맞아들여 받들어 임금으로 삼았다. 소형(小兄) 다식(多式) 등을 보내 다음과 같이 슬피 고하였다. " … 지금 신 등이 나라의 귀족 안승을 맞아 받들어 임금으로 삼았습니다. … " 왕은 그들을 나라 서쪽 금마저(金馬渚)에 살게 하였다[8](『삼국사기』 권6, 신라본기6, 문무왕 10년 6월).

B-②. 대왕이 답서에서 말하였다. … 함형(咸亨) 원년(670) 6월에 이르러 고구려가 모반하여 한관(漢官)을 모두 죽였습니다[9](『삼국사기』 권7, 신라본기7, 문무왕 11년 7월).

사료 B-①은 검모잠이 소형(小兄) 다식(多式)을 신라에 파견하여 안승의 즉위를 알리고 신라에 원조를 요청하는 외교문서를 전달한 것을 중심으로 그 배경과 결과가 함께 서술된 것으로 여겨지는데,[10] 내용상 여러 사건들이 기술되어 있고 그 시점도 차이가 있다고 추정된다.[11] 먼저 670년 6월 신라로 보낸 외교문서에 이미 안승을 왕으로 삼았다는 내용이 들어가 있는 것으로 보아 안승의 즉위 시점 하한이 6월임을 알 수 있다.

---

8) "高句麗水臨城人牟岑大兄 收合殘民 自窮牟城 至浿江南 殺唐官人及僧法安等 向新羅行 至西海史冶島 見高句麗大臣淵淨土之子安勝 迎致漢城中 奉以爲君 遣小兄多式等 哀告曰 … 今臣等得國貴族安勝 奉以爲君 … 王處之國西金馬渚".
9) "大王報書云 … 至咸亨元年六月 高麗謀叛 摠殺漢官".
10) 이정빈, 「고연무의 고구려 부흥군과 부흥운동의 전개」, 『역사와 현실』 72, 2009, 146쪽.
11) 최재도, 「漢城의 高句麗國 再檢討」, 『東北亞歷史論叢』 47, 2015, 145쪽.

여기서 안승의 즉위 시점을 보다 정확히 파악하는데 유의할 사료가 B-②
인데, 671년 문무왕이 당의 총관 설인귀(薛仁貴)에게 보낸 서신 중 일부이다.
이는 신라가 당에 반역하였다는 내용을 담은 설인귀의 서신을 반박하기 위해
작성된 것으로서, 신라 측 입장이 강하게 반영되어 있기는 하지만 일종의 외
교문서로서 사실관계에서는 사료적 가치가 높다고 할 수 있다.[12] B-②를 보면
신라는 웅진도독부와의 갈등 양상을 설명하는 과정에서 고구려가 함형 원년
(670) 6월에 한관(漢官)을 모두 죽였다고 언급하고 있다. 이는 B-①에서 검모잠
이 패강 남쪽에 이르러 당 관인과 승려 법안(法安)을 죽였다는 것과 동일한
사건을 가리킨다.[13] 검모잠이 당 관리를 죽이고 안승을 임금으로 세웠으므로
안승 즉위 시기의 상한은 670년 6월이 된다. 결국 B-①에서 검모잠은 당 관
인과 승려 법안 살해, 안승 옹립, 신라로 다식 파견 순으로 활동을 전개하였
는데, 이 중 첫 번째, 세 번째가 모두 670년 6월에 일어났으므로 안승의 즉위
시기는 670년 6월로 확정할 수 있다.

다음으로 안승이 검모잠을 죽이는 시기는 언제일까. 안승이 검모잠을 죽
이고 곧바로 신라로 넘어갔다고 이해하며 그 시기는 670년 7월 말로 보는 견
해가 있다.[14] 하지만 두 사건이 연이어 일어났다고 볼 명확한 근거는 없으며 안

---

12) 「답설인귀서(答薛仁貴書)」의 사료적 가치에 대해서는 박현숙, 「「답설인귀서」, 나당전쟁기 신
　　라 외교의 표상」, 『내일을 여는 역사』10, 2002; 김진한, 「「답설인귀서」에 보이는 신라 · 당 밀
　　약 기사의 사료적 검토」, 『인문논총』71-1, 2014; 朱甫暾, 「羅唐同盟의 始末」, 『大丘史學』126,
　　2017, 4~8쪽 참조.

13) 梁炳龍, 「羅唐戰爭 進行過程에 보이는 高句麗遺民의 對唐戰爭」, 『史叢』46, 1997, 51쪽; 金壽
　　泰, 「統一期 新羅의 高句麗遺民 支配」, 『李基白先生古稀紀念 韓國史學論叢』上, 一潮閣, 1994,
　　340쪽; 최재도, 앞의 논문, 145~146쪽.

14) 池內宏, 「高句麗滅亡後의 遺民의 叛亂 及び唐과 新羅와의 關係」, 『滿鮮地理歷史硏究報告』12, 東
　　京帝國大學文學部, 1930, 64쪽: 『滿鮮史硏究』上世二冊, 吉川弘文館, 1960, 427쪽: 이케우치
　　히로시(정병준 역), 「고구려 멸망 후 유민의 반란 및 당과 신라의 관계」, 『高句麗渤海硏究』48,

승은 한반도 서북부 일대 고구려부흥세력과 운명을 함께 했다고 볼 수 있다.[15] 670년 검모잠·안승 측과 신라가 주고받은 외교문서에서 검모잠과 안승의 갈등 양상이 간취된다는 점, 정치세력 간의 대립으로 정국이 불안정할 경우 대외교섭이 시행되기 어렵다는 점을 감안한다면, 검모잠이 안승에게 피살된 시기는 670년 8월로 추정된다.[16]

다음으로 당 조정이 행군을 파견한 시점을 알아보기 위해 다음 사료에 주목하고자 한다.

B-③. 함형 원년 4월 그 추장 검모잠(鉗牟岑)이 반란을 일으켜 안순을 세워 왕으로 삼았다. 경오(庚午)에 조칙을 내려 고간을 동주도행군총관, 이근행을 연산도행군총관으로 삼아 토벌하게 하였다[17](『옥해(玉海)』 권191, 병첩(兵捷) 노포(露布)3).

위 사료는 송대의 대표적인 유서(類書)로 평가를 받는 『옥해(玉海)』[18]에서 당

2014, 259쪽.

15) 임기환, 「報德國考」, 『강좌 한국고대사』10, 2003, 300~301쪽: 「고구려 유민의 활동과 보덕국」, 『고구려 정치사 연구』, 한나래, 2004, 331~333쪽에서 안승의 신라 내투 시점을 672년 말~673년 초로 보았다. 이정빈과 최재도는 검모잠 피살과 안승의 신라 내투 시기를 분리하여 보았다. 각각 이정빈은 670년 9월~12월과 673년 말~674년 초, 최재도는 672년 8월 이후와 673년 윤5월로 추정하였다(이정빈, 앞의 논문, 2009, 151~153쪽; 최재도, 앞의 논문, 159~164쪽).

16) 이 책 제2장 2절 「평양성·한성 권역 안승의 '부흥고구려국' 수립」, 159~162쪽.

17) "咸亨元年四月 其酋鉗牟岑反 立安舜爲王 庚午詔高偘爲東州道 李謹行燕山道行軍摠管討之".

18) 『옥해』는 송대 대표적인 유서로서 왕응린이 천자의 조칙과 같은 공용의 문서를 작성하기 위해 필요한 제도전고(制度典故)를 수집, 정리하여 편찬한 것이다. 이전의 유서에 비해 서술이 체계적이며 각 항목의 서술에서 여러 문헌을 상호 비교하여 고증하였다는 특징이 있다. 그래서 고증이 학문의 형식을 갖춘 것이 왕응린부터라는 평가를 받기도 한다(卓用國, 『中國史

이 고구려를 멸망시키는 내용을 담은 자료를 취합·정리한 '당요동도행대대총
관이적부고려 헌부소릉 격고려 함원전수부(唐遼東道行臺大摠管李勣俘高麗 獻俘
昭陵 檄高麗 含元殿數俘)'조의 협주(夾註) 중 일부이다. 안동도호부 설치를 설명
하는 본문에 당의 지배에 맞선 고구려 유민의 활동을 협주로 덧붙이면서, 함
형 원년 4월 경오일에 내려진 조치가 당 행군 파견임을 분명히 하고 있다. 즉,
670년 4월의 시점에는 검모잠이 이끄는 고구려부흥세력을 진압하기 위해 당
조정이 행군 파견을 결정하였던 것이다.

이러한 이해가 옳다면 A-①·②에서 함형 원년(670) 4월조에 670년 6월 이
루어진 안승 즉위와 그 이후 발생한 검모잠 피살이 함께 기술된 것은 두찬(杜
撰)이며, 검모잠과 관련한 사건들이 시간의 흐름과 맞지 않게 뒤섞여 있다는
사실을 알 수 있다. 그렇다면 당이 행군을 파견하여 검모잠 세력에 대해 진압
에 나선 이유도 다르게 보아야 한다.

지금까지는 검모잠이 안승을 왕으로 세우고 고구려를 재건하는 데 성공하
자, 이에 대응하여 행군을 파견하였다고 보았다. 하지만 이러한 이해는 잘못된
것이다. 당이 행군 파견을 결정한 이후에 안승이 국왕으로 즉위하기 때문이
다. 그러므로 당이 행군을 파견한 이유는 『신당서』 본기(A-③)에 기록되어 있듯
이 '검모잠이 변경을 침입'했기 때문으로 이해해야 할 것이다.[19] 그렇다면 중국

學史大要』, 探求堂, 1986, 114~116쪽; 國史編纂委員會 編, 「叢書類 解題:『玉海』」, 『韓國古代
史料集成-中國篇-』5, 學研文化社, 2006, 23~25쪽).
19) 검모잠이 당의 변경을 침입했다는 기록은 『신당서』 본기 외에는 보이지 않는다. 『신당서』는
『구당서』가 편찬될 시 사회적 혼란에 따라 볼 수 없었던 자료가 새롭게 활용되었으며, 『구당
서』가 실록과 같은 공적 자료에 의거한데 비해 『신당서』는 소설과 같은 야사류도 전거 자료
로 활용하였다(高國抗(오상훈·이개석·조병한 옮김), 『중국사학사』下, 풀빛, 1998, 46~47
쪽; 卓用國, 앞의 책, 82~83쪽). 이러한 연유에서 검모잠의 당 변경 침입 기록이 새롭게 『신
당서』에 기록되었다고 조심스레 추정해 볼 수 있다. 또한 『구당서』 고려전에는 검모잠과 안

측 사서에 기록된 검모잠 관련 사건들은 다음의 순서로 재구성할 수 있다.

〈표 3〉 검모잠 관련 사건 개요

검모잠 거병	→	변경 침입	→	당 행군 파견 결정 (670년 4월)	→	안승 즉위 (670년 6월)	→	검모잠 피살 (670년 8월)

2) 검모잠의 거병 배경과 기반

앞에서 살펴본 바와 같이 검모잠 관련 사건을 재조정하게 된다면 최초로 거병한 시기는 언제로 추정할 수 있을까.[20] 당이 행군 파견을 결정한 시기가 670년 4월이라면 검모잠 세력이 당의 변경을 침입한 시기는 이보다 이르다고 해야 할 것이다. 먼저 고구려 고지에서 당의 수도 장안까지 거리와 당시 문서 전달 속도를 고려해야 한다. 당대 문서 전달 속도는 최대 1일 500리였지만 실

승에 관한 기록이 전혀 등장하지 않는데 비해,『신당서』고려전은 고구려부흥운동 관련 기록을 비교적 체계적으로 서술하고 있다는 점도 참고가 된다.

20) 검모잠의 거병 시기를 669년 초로 보는 견해가 있다. 당이 669년 5월 사민을 실시하면서 이유로 내세운 이반자 중 대표적인 존재로 검모잠 세력을 상정하는 것이다(李丙燾,「高句麗의 一部遺民에 대한 唐의 抽戶政策」,『震檀學報』25 · 26 · 27, 1964, 9~11쪽;『韓國古代史研究』, 博英社, 1976, 458~460쪽; 전준현, 앞의 논문, 37쪽; 손영종,『고구려사』2, 백산자료원, 1998, 253쪽). 그러나『신당서』고려전에 의하면 사민이 실시된 후에 검모잠의 거병이 있었던 것으로 기술하고 있기 때문에 따르기 어렵다(이정빈, 앞의 논문, 139쪽). 또는 안동도호 설인귀가 669년 평양에서 新城으로 이동하자 평양 일대에 군사적 공백이 발생하였고 이 틈을 이용하여 검모잠이 거병하였다고 보기도 한다(村上四男,「新羅と小高句麗國」,『朝鮮學報』37 · 38, 1966, 40쪽:「新羅國と報德王安勝の小高句麗國」,『朝鮮古代史研究』, 開明書院, 1978, 222쪽). 이는 검모잠의 거병 지역을 평양 일대로 보는 시각에 의한 것인데, 후술하듯이 검모잠은 요동지역에서 거병한 것으로 추정되므로 역시 따르기 어렵다.

제로는 1일 백수십 리 정도였다.[21] 요서지역의 영주에서 평주, 유주, 정주, 위주, 동도(낙양) 등을 거쳐 장안까지 이르는 노선이 3,745리였으므로 평균적인 문서 전달 속도로 계산하면 약 25일 정도 소요되었을 것으로 추정된다.[22] 그리고 당 조정에서 대응책을 논의하는 시간도 고려해야 할 요소이다. 그렇다면 검모잠 세력이 당의 변경을 침입한 시기는 670년 초로 비정할 수 있다.

검모잠이 거병한 시기와 당의 변경을 침입한 시기 간의 시간적 차이도 존재한다. 검모잠이 처음 거병하였을 때는 그 세력의 규모가 크지 않았고 당에 위협을 가할 정도가 아니었기 때문에 안동도호부 자체 병력을 활용하여 진압에 나섰을 것이다. 그런데 검모잠 세력이 변경을 침입하는 상황에 이르게 되자 당도 적극적으로 대처하는 방향으로 대응 전략을 수정했다고 생각된다. 그러므로 검모잠이 거병하고 변경을 침입하기까지 어느 정도 시간이 소요되었다고 추정하는 것이 자연스럽다. 이러한 점을 고려할 때 다음의 기록이 주목된다.

C. 총장 2년(669) 고구려민 3만 명을 강회(江淮)와 산남(山南)으로 옮겼다. 대장 검모잠(鉗牟岑)이 무리를 이끌고 반란을 일으켜 [괴]장의 외손 안순을 세워 왕으로 삼았다. 고간을 동주도행군총관, 이근행을 연산도행군총관으로 삼아 토벌하게 하였다. 사평태상백(司平太常伯) 양방(楊昉)을 보

21) 中村裕一,「王言の公布」『隋唐王言の研究』, 汲古書院, 2003, 202~220쪽.
22) 영주에서 장안까지 이르는 경로와 리수(里數)는 김성한,「唐 후기 각 州에서 東都를 거쳐 京師로 가는 교통노선」,『中國古中世史研究』21, 2009, 401~402쪽 참조. 670년 4월 토번이 백주(白州) 등 서역 18주와 구자의 발환성을 함락하자 당은 안서 4진을 폐지하였다(『구당서』권5, 본기5, 고종 함형 원년 4월). 劉安志는 18주·발환성과 장안 간의 거리를 고려하여 함락 소식이 전해지는데 빨라도 1달 정도가 걸린다고 보고, 토번이 그곳을 함락시킨 시기는 670년 2월 말 혹은 3월 초였으며, 4월에는 안서 4진 폐지를 결정했다고 보았다(劉安志,「從吐魯番出土文書看唐高宗咸亨年間的西域政局」,『魏晋南北朝隋唐史資料』18, 2001, 118쪽).

내어 도망가고 남은 무리를 불러들이게 하였다. 안순이 겸모잠(鉗牟岑)을 죽이고 신라로 도망갔다. 고간이 도호부의 치소를 요동주로 옮기고 반란병을 안시성에서 격파하였다. 또 천산(泉山)에서 쳐부수고 신라의 구원병 2천 명을 사로잡았다. 이근행이 발로하(發盧河)에서 격파하고 다시 싸워 포로와 목 벤 수가 만 명에 이르렀다. 이에 평양의 패잔병들이 다시 군열을 정비할 수 없게 되자, 함께 신라로 도망갔다. 그리하여 4년 만에 평정하였다[23](『신당서』권220, 열전145, 동이 고려).

위 사료는 안동도호부 설치 이후 고구려부흥운동의 발생과 당의 진압 과정이 기술되어 있다. 여기서 당이 4년 만에 고구려부흥운동을 평정했다고 표현한 것에 주목할 필요가 있다. 이근행이 호로하 서쪽에서 승리하면서 고구려부흥세력이 신라로 도망가는 시기는 673년 윤5월이었다.[24] 그러므로 당이 인식했던 고구려부흥운동의 시작은 이로부터 4년 전, 즉 669년 5월 실시된 사민이 된다. 여기서 4년 만에 '평정'했다는 의미는 고구려부흥운동 전반을 가리키지만, 평양의 패잔병[平壤痍殘]이라는 표현으로 보아 평정의 최종 목적은 겸모잠과 안승 세력 진압이라고 할 수 있다.[25] 결국 사료 C는 겸모잠의 거병과

23) "總章二年 徙高麗民三萬於江淮山南 大長鉗牟岑率衆反 立藏外孫安舜爲王 詔高偘東州道 李謹行燕山道 並爲行軍總管討之 遣司平太常伯楊昉綏納亡餘 舜殺鉗牟岑走新羅 偘徙都護府治遼東州 破叛兵於安市 又敗之泉山 俘新羅援兵二千 李謹行破之發盧河 再戰 俘馘萬計 於是 平壤痍殘不能軍 相率奔新羅 凡四年乃平".
24) 이근행이 승리한 장소를 『신당서』 고려열전은 발로하(發盧河), 『자치통감』은 호로하(瓠蘆河), 『삼국사기』 신라본기는 호로하(瓠瀘河)라고 하였는데, 모두 동일한 지명으로 지금의 임진강을 가리킨다. 『자치통감』권202, 당기18, 고종 함형 4년 윤5월 "燕山道總管右領軍大將軍李謹行大破高麗叛者於瓠蘆河之西 俘獲數千人 餘衆皆奔新羅"; 『삼국사기』권22, 고구려본기 10, 함형 4년 윤5월 "燕山道摠管 大將軍李謹行 破我人於瓠瀘河 俘獲數千人 餘衆皆奔新羅".
25) 이정빈, 앞의 논문, 2009, 149~150쪽.

남하 이후의 행적 그리고 검모잠 사후 안승이 주도한 부흥운동의 움직임을 기술한 것이라고 여겨진다. 그렇다면 검모잠의 거병에 앞서 기술되어 있는 669년 사민 기사는 검모잠이 거병하게 된 배경을 서술하는 부분이라 할 수 있다.

대규모의 사민은 고구려 유민 사회에 큰 파장을 불러 일으켰을 것이고, 그 준비 및 실행과정에서 상당한 저항이 촉발되었다고 여겨진다. 더구나 사민의 대상이 정치·경제적으로 상층에 있었던 사람들이었기 때문에 저항은 더욱 강하게 일어났을 것으로 생각된다. 이러한 흐름 속에서 고구려 고지에서는 여러 지역에서 다양한 세력들이 사민에 맞서 거병했을 것으로 여겨지며 그중 하나가 검모잠 세력이었다고 할 수 있다.[26]

다음으로 검모잠이 거병할 수 있었던 사회적, 군사적 기반이 무엇이었는지 살펴보자. 대체로 검모잠을 지방 출신의 중급 귀족으로 파악하고 있다.[27] 그가 수림성(水臨城) 출신으로 신라로 남하할 당시 소지한 관등이 대형(大兄)이었

---

26) 일찍이 陳寅恪은 당대 국제관계를 당과 주변 종족·국가 간의 단선적 관계가 아닌 다수의 종족·국가 간의 상호 관계 속에서 보아야 한다고 주장하였다. 그는 당의 국내외 정책에 가장 큰 영향력을 미친 국가로 토번을 언급하였는데, 토번이 강성하여 서북지역에서 군사적 위기가 고조되면 당은 동북지역에서 소극적인 정책으로 전환한다고 하였다(陳寅恪, 「外族盛衰之連環性及外患與內政之關係」, 『隋唐制度淵源略論稿 唐代政治史述論稿』, 三聯書店, 2004, 345~346쪽). 최근 670년 4월 안동도호 설인귀가 토번토벌군의 주장(主將)으로 서방으로 이동하여 동방에서 군사적 방비가 약해진 틈을 타 검모잠이 거병했다고 보는 주장이 나왔는데(菅沼愛語, 「7世紀後半の東部ユーラシア諸國の自立への動き」, 『7世紀後半から8世紀の東部ユーラシアの國際情勢とその推移』, 溪水社, 2013, 36쪽), 이는 陳寅恪의 학설이 현재에도 학계에 큰 영향을 미치고 있음을 보여주는 한 사례라고 생각된다. 당의 대외 정책에서 토번이 주요 변수였다는 사실을 부정할 수는 없지만, 검모잠의 거병과 당의 대토번정책은 관련성이 없다고 본다. 검모잠은 670년 4월에 거병한 것이 아니라 669년 5월 실시된 사민에 저항하여 거병하였기 때문이다.
27) 조인성, 「고구려의 멸망과 부흥운동의 전개」, 『고구려의 정치와 사회』, 동북아역사재단, 2007, 310쪽.

기 때문이다(B-①). 수림성은 구체적인 위치를 비정하기 어려운데, B-① 외에는 검모잠의 출신 지역을 말해주는 기록을 찾을 수 없기 때문이다. 다만 어의상의 유사함을 근거로 수림성을 진림성(津臨城, 현 파주시 군내면)으로 비정하는 견해가 있다.[28] 그러나 이는 검모잠이 부흥운동을 펼친 지역을 대동강 일대로 보는 입장에 기반하여 한반도 서북부 일대에서 수림성을 찾으려 했다는 점에서 따르기 어렵다. 후술하겠지만 검모잠의 거병지역이 요동 일대일 가능성이 크기 때문에 수림성 또한 요동지역에서 찾아야 한다고 생각한다. 즉 검모잠은 왕도인 평양이 아니라 지방 출신이었던 것이다.

이어서 검모잠이 소지한 대형이라는 관등을 통해 고구려 사회에서 그의 정치·사회적 위상을 추정할 수 있다. 7세기 고구려 관등조직은 12등으로 구성되어 있었고 그중 대형은 7위에 해당한다.[29] 대형 관등 소지자가 취임할 수 있는 관직으로 말약(末若)이 있었다.

> D. 고려기(高麗記)에 이르기를 … 무관은 대모달(大模達)이라고 한다. [중국의] 위장군(衛將軍)에 비견된다. 막하라수지(莫何邏繡支) 또는 대당주(大幢主)라고도 하며 조의두대형(皂衣頭大兄) 이상으로 삼는다. 다음은 말약(末若)이다. [중국의] 중랑장(中郎將)에 비견된다. 군두(郡頭)라고도 하며 대형(大兄) 이상으로 삼고 1천 인을 거느린다. 그 아래에 각각 등급이 있다.[30](『한원(翰苑)』 번이부(蕃夷部) 고려).

---

28) 정구복 · 노중국 · 신동하 · 김태식 · 권덕영 주석, 『역주 삼국사기』 주석편(하), 한국학중앙연구원출판부, 2012, 267쪽.
29) 임기환, 「4~7세기 관등제의 전개와 운영」, 앞의 책, 204~217쪽.
30) "高麗記日 … 其武官日大模達 比衛將軍 一名莫何邏繡支 一名大幢主 以皂衣頭大兄以上爲之 次末若 比中郎將 一名郡頭 以大兄以上爲之 其領千人 以下各有等級".

위 사료는 『한원(翰苑)』에 인용된 「고려기(高麗記)」에서 고구려의 무관직을 서술하고 있는 부분이다. 「고려기(高麗記)」는 641년 고구려 내정 정찰을 목적으로 당에서 파견된 진대덕(陳大德)이 귀국 후 작성한 보고서로서 7세기 중반 고구려의 정치 기구·지리 정보 등을 상세히 담고 있다고 평가된다.[31] 여기에는 대모달(막하라수지, 대당주)-말약(군두)-이하 등급[32]이라는 7세기 고구려 중앙군의 편제가 기록되어 있으며 각 무관이 취임할 수 있는 관등이 규정되어 있어 일찍부터 주목받았다.

특히 대형 이상 관등 소지자가 임명될 수 있는 말약의 이칭(異稱)이 군두(郡頭)라는 점에서 유의된다. 군두는 지방통치단위인 군(郡)과 밀접하게 관련되어 있는 명칭으로서 군에 파견된 지방관명으로 추정되기도 하며 또는 말약이 무관이라는 점을 고려하여 군 단위 지역에 주둔했던 지방군의 지휘관으로 볼 수도 있다.[33] 고구려에서는 군사제도와 지방제도가 밀접히 연관되어 있었고 특히 지방관은 민정권과 더불어 군정권도 함께 지니고 있어 해당 지역의 지방군을 지휘하는 역할을 수행하였기 때문에[34] 무관직인 말약이 지방관명인

31) 吉田光男, 「『翰苑』註所引『高麗記』について」, 『朝鮮學報』85, 1997.
32) 무관직을 대모달-말약-영천인(領千人)급 지휘관-당주로 나누고, 말약을 1,000~10,000명을 지휘하는 군관직으로 해석하는 견해도 있다(신광철, 「고구려 남부전선의 지휘관과 군사편제」, 『韓國上古史學報』74, 2011).
33) 황병선, 「고구려 무관직의 등급과 임무」, 『력사과학』1983-3, 1983, 44쪽; 노태돈, 『고구려사연구』, 사계절, 1999, 268쪽; 임기환, 앞의 책, 243쪽.
34) 노태돈, 위의 책, 1999, 248쪽; 金賢淑, 「高句麗 中·後期 中央集權的 地方統治體制의 發展過程」, 『韓國古代史研究』11, 1997, 50~65쪽; 『고구려 영역지배방식 연구』, 모시는 사람들, 2005, 354~378쪽; 임기환, 「지방·군사제도」, 『한국사』5(고구려), 국사편찬위원회, 1996, 181~182쪽. 고구려 지방군의 편제, 운용, 병졸집단의 구성 등이 지방통치조직과 밀접히 연관되어 있다는 점에서 고구려는 전 영역이 군사조직으로 짜여있는 병영국가(兵營國家)의 면도를 지녔다(이문기, 「7세기 고구려의 軍事編制와 運用」, 『고구려연구』27, 2007, 175~178쪽).

군두라는 이칭으로 불릴 수 있었다. 중앙군 무관으로서 천 명으로 구성된 단위 부대를 지휘하는 관직이 말약이라면, 이에 상응하는 지방군을 지휘하는 자를 군두라고 불렀을 가능성이 크다. 이러한 추정이 가능하다면, 검모잠은 대형 관등을 지니고 일정 지역을 다스리는 지방관이자 동시에 그 지역의 군대를 통솔하는 군사지휘관으로 활동했다고 할 수 있다.

이는 다음의 사례를 통해서도 방증될 수 있다. 고구려에서 대형 관등을 소지했던 인물들은 군사적으로 중요한 지역을 담당했던 지방관으로 활동한 경우가 많았다.[35] 대표적으로 봉상왕대 신성재(新城宰)로서 신성 일대를 관할하고 있던 중 모용외의 침입을 물리친 공으로 소형에서 대형으로 승진한 고노자(高奴子)[36]와 5세기 초 영북부여수사(令北夫餘守事)를 역임한 모두루(车頭婁)의 선조 중에 북부여지역을 통치했을 것으로 추정되는 대형 염모(冉牟), □도(□道)의 성민과 곡민을 통치했던 □□대형과 자□대형[37], 「충주고구려비」에 보이는 고모루성수사(古牟婁城守事) 대형 야□(耶□)[38]가 있었다. 그리고 검모잠과

---

35) 박인호, 「溫達을 통해 본 6世紀 高句麗 貴族社會」, 『韓國古代史研究』36, 2004, 241~242쪽. 고구려 관등은 크게 형계(兄係)와 사자계(使者係)로 나뉠 수 있는데 지방관이나 부대장으로 나간 인물들의 관등은 모두 형계였다(노태돈, 앞의 책, 1999, 476쪽).

36) 『삼국사기』 권17, 고구려본기5, 봉상왕 2년 8월 "慕容廆來侵 王欲往新城避賊 行至鵠林 慕容廆知王出 引兵追之 將及 王懼 時 新城宰北部小兄高奴子 領五百騎迎王 逢賊奮擊之 廆軍敗退 王喜 加高奴子爵爲大兄 兼賜鵠林爲食邑 九月 王謂其弟咄固有異心 賜死 國人以咄固無罪哀慟之 咄固子乙弗出遯於野".

37) 「车頭婁墓誌銘」; 武田幸男, 「车頭婁一族と高句麗王權」, 『朝鮮學報』99·100, 1981; 김현숙, 앞의 책, 274~276쪽 및 282~283쪽.

38) 「충주고구려비」 "太古鄒加共軍至于□□□于□古车婁城守事下部大兄耶□"(고구려연구회, 「중원고구려 비면 사진 및 탁본」, 『高句麗研究』10, 2000, 102쪽). 최근 동북아역사재단, 한국고대사학회 주관으로 충주고구려비문에 대한 판독회가 열렸는데, 공동 판독안에서는 해당 구절을 "大古鄒加共軍至于△△△子?/于?△古车婁城守事?下部大兄△△"(?'는 추정 글자, '△'는 판독 불능)로 판독하였다(동북아역사재단, 한국고대사학회, 「충주 고구려비 공동 판독안」, 『韓國古代史研究』98, 2020).

유사하게 고구려 후기 지방 출신으로 대형 관등을 소지한 인물로 책주도독 (柵州都督) 겸 총병마(總兵馬)를 역임한 이타인의 조부 복추(福鄒)가 있다.[39] 복추가 어떠한 관직을 역임하였는지는 미상이다. 그렇지만 이타인 가문이 여러 대에 걸쳐 책성 일대를 기반으로 활동했던 고구려 지방세력으로 추정되고,[40] 이타인이 책주도독 겸 총병마로서 '12주 고려와 37부 말갈'을 관장하였다는 점에서 그 선조들도 책성 일대의 지방관 혹은 무관으로 활약하였을 가능성이 높다. 이러한 사례를 참고한다면, 이들과 동일하게 대형 관등을 가지고 있던 검모잠도 지방관으로서 지방군의 군사지휘권을 행사했던 것으로 보아야 할 것이다.

고구려 멸망 당시 검모잠이 실제로 지방관으로 주재했던 곳은 그가 남하를 시작한 궁모성(窮牟城)일 것이다. 고구려 후기 지방관으로 욕살(褥薩), 처려근지(處閭近支), 가라달(可邏達), 누초(婁肖)가 있었다.[41] 이 중 욕살은 최고위 지방관으로서 대체로 위두대형 이상의 관등을 소지해야 임명될 수 있었으며, 그 아래의 지방관인 처려근지는 대형 이상 관등 소지자가 임명되었다.[42] 그렇

---

39) 「이타인묘지명」 "君諱他仁 本遼東柵州人也 … 祖福鄒 本朝大兄 父孟眞 本朝大相 … 于時授公柵州都督兼摠兵馬 管一十二州高麗 統卅七部靺鞨"(余昊奎·李明, 「高句麗 遺民 〈李他仁墓誌銘〉의 재판독 및 주요 쟁점 검토」, 『韓國古代史研究』85, 2017, 373~374쪽).

40) 윤용구, 「중국출토의 韓國古代 遺民資料 몇 가지」, 『韓國古代史研究』32, 2003, 309쪽; 안정준, 「「李他仁墓誌銘」에 나타난 李他仁의 生涯와 族原」, 『목간과 문자』11, 2013, 217쪽; 余昊奎·李明, 위의 논문, 395~401쪽.

41) 고구려 후기 지방통치체제와 지방관의 위계에 대해서는 임기환, 『高句麗 集權體制 成立過程의 研究』, 경희대학교 박사학위논문, 1995, 149~157쪽; 노태돈, 앞의 책, 1999, 242~266쪽; 김현숙, 앞의 책, 345~378쪽; 나동욱, 「6~7세기 고구려 지방군사운용체계」, 『史學研究』95, 2009, 6~20쪽 참조.

42) 임기환은 고구려 후기 지방통치체제를 욕살-처려근지-루초의 3단계로 파악하고, 각 지방관이 취임할 수 있는 관등을 위두대형 이상-대형 이상-소형 이상으로 파악하였다(임기환, 위의 논문, 1995, 151~154쪽). 다만, 645년 당 태종이 안시성을 포위, 공격했을 때 15만 군사

다면 검모잠은 궁모성의 처려근지일 가능성이 높다. 검모잠이 수림성 출신이라는 점, 대형 관등을 소지하고 있었다는 점과 함께 고구려에서 대형 관등 소지자들의 활동상을 참고한다면, 검모잠은 여러 대에 걸쳐 요동 지방의 특정 지역을 다스리는 지방관 혹은 무관으로 활동한 중급 지방 귀족 가문 출신[43]으로, 본인은 궁모성의 처려근지로서 궁모성의 민정과 더불어 군정을 담당했을 것으로 추정할 수 있다.

한편 검모잠은 '무리를 이끌고 반란을 일으켰다[率衆叛]'고 한다(A-②). 『삼

를 이끌고 출전한 북부 욕살 고연수, 남부 욕살 고혜진의 관등이 문제가 될 수 있다. 『책부원구』 권170, 제왕부170, 내원(來遠) 태종 정관 19년조에 의하면 고연수와 고혜진의 관등을 각각 위두대형, 대형이라 언급하고 있다. 여기서 고혜진의 관등인 대형이 위두대형의 오기일 가능성이 제기되었다(임기환, 앞의 책, 242쪽). 그런데 『신당서』·『구당서』 설인귀전에 따르면 당시 병력을 파견한 주체를 막리지로 기록하고 있다(이문기, 앞의 논문, 2007, 167쪽). 연개소문이 정변을 일으킨지 얼마되지 않은 시점이므로 고혜진과 고연수는 연개소문 정파에 속하는 인물로 추정된다(노태돈, 『삼국통일전쟁사』, 서울대학교출판부, 2009, 93쪽). 아마도 고혜진은 관등이 대형임에도 불구하고 정변에서의 공로를 인정받아 위두대형 이상이 취임할 수 있는 욕살에 임명되었을 것으로 추정된다.

43) 검모잠은 『신당서』 본기와 열전 등에는 겸모잠(鉗牟岑)으로 기록되어 있다. 이와 관련하여 송대 편찬된 성씨 자료집인 『고금성씨서변증(古今姓氏書辯證)』 권5에는 "箝耳 箝亦作鉗 西羌復姓也 狀云周王季後爲虔仁氏 音訛爲箝耳"라 하여 강족 출신인 겸이씨(鉗耳氏)를 소개하고 있다. 이 외에도 여러 사료에서 겸이씨를 강족으로 소개하고 있다(姚薇元, 『北朝胡姓考』, 中華書局, 1962, 324~326쪽). 북위대 호족의 복성(復姓)이 단성(單姓)인 한성(漢姓)으로 변화하는 상황에서 겸이씨는 왕씨(王氏)로 바뀌지만(『위서』 권94, 열전82, 王遇 "王遇 字慶時 本名他惡 馮翊李潤鑷羌也 與雷党不蒙俱爲羌中强族 自云其先姓王 後改氏鉗耳 世宗時復改爲王焉"), 수·당대까지 겸이씨를 지칭하는 경우가 계속 존재하였다. 복성을 단성으로 바꾸는 방법 중에 하나가 직접감자(直接減字)인데(王盛婷, 「北朝碑刻胡姓改化姓氏詞初探」, 『西華師範大學學報』2008-4, 2008), 비록 지금까지 그런 사례가 발견되지는 않았지만 겸이씨를 감자(減字)하여 겸씨(鉗氏)로 일컬었을 가능성이 있다. 아울러 4세기 이후 고구려로 이주하는 중국계 유이민이 다수 존재하였다는 사실을 고려한다면, 혹시 검모잠의 선조가 겸이씨를 칭했던 강족의 후예로서 중국을 거쳐 고구려에 이주했던 자일 가능성은 없을까. 검모잠의 선대에 대한 명확한 기록이 없으므로 이상의 추론이 설득력을 가지기는 어렵다. 후일 새로운 자료가 나타나길 기대해 본다.

국사기』에는 '무리'를 '잔민(殘民)'으로 표현하고 있는데(B-①), 여기서 검모잠이 거느린 '무리' 또는 '잔민'은 부흥운동을 일으킬 수 있었던 군사적 기반이었다.[44] 이는 신라와 당이 백제부흥운동을 일으킨 백제 유민 세력을 지칭한 표현에서 방증될 수 있다. 복신과 도침이 주류성을 근거로 부흥운동을 일으켰을 때 '무리[衆]'를 거느렸는데, 이는 복신이 거느린 '병사[兵]'를 가리키는 것이었다.[45] 그리고 신라는 신문왕 7년(687) 청금서당(青衿誓幢)을 창설하였는데 이는 백제잔민(百濟殘民)으로 구성되었다.[46] 이러한 용례를 통해 볼 때 검모잠이 이끈 '무리'와 '잔민'을 일반 백성으로 보기는 어려우며 고구려부흥군으로 파악해야 한다.

부흥군의 주축은 고구려 멸망 이전 궁모성에 주둔하고 있었던 지방군을 기반으로 하였을 것이다. 고구려 지방군의 편제는 당시 지방통치조직과 일체화되어 있었으며 운용 면에서 지방관이 지휘관으로 기능하며 병졸집단의 주력은 토착 주민으로 구성된 성병(城兵)이었다.[47] 고구려 멸망 이전 검모잠은 궁모성의 지방관으로서 지방군을 이끌었으며, 검모잠과 궁모성 주민은 군사지휘체계를 매개로 결합했던 경험이 존재하였던 것이다. 이것이 검모잠이 고구려부흥군을 조직·운용할 수 있었던 기반으로 작용했다고 할 수 있다.[48]

---

44) 池內宏은 '잔민(殘民)'을 당군과 교전한 결과 남은 패잔병으로 해석하였다(池內宏, 앞의 책, 429쪽). 검모잠이 남하 과정에서 당 관인과 승려 법안을 죽였다는 점에서 검모잠 세력은 일정한 군사력을 갖추었다고 할 수 있다(이정빈, 앞의 논문, 2009, 139쪽, 주34).

45) 『구당서』 권199, 열전149, 동이 백제 "百濟僧道琛舊將福信率衆據周留城以叛"; 『신당서』 권220, 열전145, 동이 백제 "璋從子福信甞將兵 乃與浮屠道琛據周留城反".

46) 『삼국사기』 권40, 잡지9, 직관 "九曰青衿誓幢 神文王七年以百濟殘民爲幢 衿色青白". 청금서당을 구성한 백제잔민을 웅진도독부 지배 하의 백제민으로 추정하기도 한다(노중국, 「신라통일기 九誓幢의 성립과 그 성격」, 『韓國史論』41·42, 1999, 196쪽).

47) 이문기, 앞의 논문, 2007, 175~178쪽.

48) 고구려 멸망 전 궁모성에 존재했던 지방군이 그대로 부흥군으로 조직될 수는 없었을 것이

3) 당군의 대응과 요동·요서지역 고구려 유민의 동향

검모잠의 거병 사실을 기록한 중국 측 사료(A-①·②·③)에는 검모잠이 거병한 지역이 분명히 드러나지 않는다. 한편『삼국사기』신라본기에는 검모잠이 궁모성으로부터 패강 남쪽에 이르러 당 관인을 죽였다고 한다(B-①). 궁모성은 그 위치를 구체적으로 알 수 없는데, 패강 즉 대동강 남쪽에 이르러 당 관인을 살해했다는 점 때문에 검모잠이 평양 인근 지역에서 거병했다고 인식되어 왔고, 지금까지 궁모성을 한반도 내에서 찾으려고 했다.

그런데 최근 이를 비판하며 검모잠이 변경을 침입했다고 인식되었다는 점과 당의 행군명(行軍名)이 일반적으로 원정 목적지를 나타낸다는 점[49]에 착안하여, 검모잠의 거병지가 요동지역일 가능성이 있다고 추정한 견해가 제기되었다.[50] 사료 A-③에는 검모잠이 반란을 일으켜 변경을 침입하자 당이 고간과 이근행을 동주도행군총관과 연산도행군총관으로 임명하여 대응하는 모습을 보여주는데, 여기서 동주도(東州道)는 요동지역을, 연산도(燕山道)는 요서지역을 가리킨다고 지적하였다. 동주(東州)는 요동주(遼東州)의 준말로 파악되므로[51] 고간은 요동지역으로 파견되었다고 할 수 있다.

다. 요동지역은 수·당과의 전쟁이 치열하게 전개된 무대였으며 고구려 유민에 대한 강제 사민의 주요 대상이었던 곳이기 때문에 인구가 크게 감소하고 피폐해졌을 가능성이 높기 때문이다(盧泰敦, 「渤海 建國의 背景」, 『大丘史學』19, 1981).

49) 북주 말 행군제도가 전시출정제도로 확립되는 과정에서 행군명은 출정전구(出征戰區) 혹은 작전방향을 가리키기 시작하였고, 이는 수·당대에 정례화 되었다(孫繼民, 앞의 책, 6~7쪽).

50) 이상훈, 「검모잠의 최초 거병지 검토」, 『한국 고대사 연구의 자료와 해석(노태돈교수정년기념논총2)』, 사계절, 2014, 67~72쪽.

51) 김종복, 「高句麗 멸망 이후 唐의 지배 정책-安東都護府를 중심으로-」, 『史林』19, 2003, 15~16쪽; 『발해정치외교사』, 일지사, 2009, 29쪽.

그리고 『괄지지(括地志)』[52]에 따르면 연산(燕山)은 유주(幽州) 어양현(漁陽縣) 동남 60리에 위치한다고 하였다.[53] 『고려도경(高麗圖經)』에는 "그 나라는 경사(京師, 송 개봉)의 동북쪽에 있는데 연산도에서 육로로 가다가 요하를 건너 동쪽으로 그 국경까지 모두 3,790리이다."라고 하였다.[54] 여기서 연산도는 북송의 연산부로(燕山府路)를 가리킨다.[55] 연산부(燕山府)는 당 유주 범양군이었는데 거란이 차지하여 남경(南京)을 설치했고 이후 연경(燕京)으로 고쳤다. 이후 금이 거란을 멸망시키자 연경과 인근 6주·24현이 송에 귀부하였고, 송은 1122년 연경을 연산부로 고쳤다.[56] 결국 연산은 현재의 북경 일대이므로 연산도는 북경 이동(以東)에서 요하 이서(以西)에 이르는 길로 추정할 수 있다.[57] 즉, 행군명을 통해 보았을 때 고간은 요동지역으로, 이근행은 요서지역으로 파견된 것이다. 이는 다음 사료를 분석하면 그 가능성에 무게를 더할 수 있을 것으로 생각된다.

E-①. 양방(楊防)을 사평태상백(司平太常伯)으로 삼아 안동(安東)으로 보

---

52) 『괄지지』는 당 태종의 아들인 위왕 태의 주도로 편찬된 관찬 지지로서 641년 완성되었다. 상고로부터 남북조 시대에 이르는 지명이나 행정단위 명칭의 변화를 고증하여 정리한 책으로 현재는 그 잔문이 『사기정의』, 『통전』, 『태평어람』, 『태평환우기』, 『옥해』 등에 인용되어 전해지고 있다(李文基, 「泗沘時代 百濟 前內部體制의 運營과 變化」, 『百濟研究』42, 2005, 67~68쪽).

53) 『사기』 권4, 주본기4 "封召公奭於燕[括地志云 燕山在幽州漁陽縣東南六十里]". 이는 『사기』 주본기에 장수절이 주석을 덧붙이면서 괄지지를 인용한 부분이다.

54) 『고려도경』 권3, 성읍, 봉경 "其國在京師之東北 自燕山道 陸走渡遼 而東之其境 凡三千七百九十里".

55) 이진한·이바른·박수찬, 「『高麗圖經』 譯註」(4)-권3「城邑」편의 「封境」~「民居」 분석을 중심으로-」, 『韓國史學報』68, 2017, 343쪽.

56) 『송사』 권90, 지43, 지리6, 연산부로(燕山府路) "燕山府 唐幽州范陽郡 盧龍軍節度 石晉以賂契丹 契丹建爲南京 又改號燕京 金人滅契丹 以燕京及涿易檀順景薊六州二十四縣來歸 宣和四年 改燕京爲燕山府".

57) 이상훈, 앞의 논문, 2014, 70~71쪽.

내 고구려의 남은 무리[고려여중(高麗餘衆)]를 안무하게 하였다. 이때 고구려 추장 유모잠(鉗牟岑)이 무리를 이끌고 반란을 일으키고 고장(高藏)의 외손 안순을 세워 임금으로 삼았다. 조칙을 내려 좌감문대장군 고간을 동주도행군총관으로 삼아 병사를 이끌고 토벌하게 했다. 안순이 유모잠(鉗牟岑)을 죽이고 신라로 도망갔다. 양방과 고간이 비로소 안동도호부를 쳐서 빼앗아 평양성에서 요동주로 옮겼다[58](『책부원구』 권429, 장수부90, 척토(拓土)).

앞서 제시한 사료 C에서 당이 고간, 이근행을 행군총관으로 임명하는 동시에, 양방(楊昉)[59]을 고구려 고지로 파견하였다는 사실을 확인할 수 있다. 사료 E-①에서 주목할 점은 양방이 안동(安東)으로 가서 고구려 유민을 안무했다는 것이다. 이는 양방이 파견된 곳이 평양성에 설치된 안동도호부임을 의미한다. 고간과 이근행은 군사를 동원하여 고구려부흥세력을 공격한데 비해, 양방은 '도망가고 남은 무리를 불러들였다'는 표현에서 알 수 있듯이 평양지역에서 고구려 유민의 동요를 예방하고 유민의 이탈이 확산되는 것을 저지하는 활동을 전개했을 뿐이었다. 이는 양방이 파견된 평양에서는 고구려 유민의

---

58) "楊昉爲司平太常伯 往安東 安撫高麗餘衆 時有高麗酋長鉗牟岑 率衆反叛 立高藏外孫安舜爲主 詔左監門大將軍高侃爲東州道行軍總管 發兵以討之 安舜遽殺鉗牟岑 走投新羅 防侃始拔安東都護府 自平壤城移於遼東州".

59) 양방은 보장왕의 잘못이며 670년 보장왕이 고간, 이근행과 함께 파견되었다는 주장이 있다 (金秀美,『熊津都督府 硏究』, 전남대학교 박사학위논문, 2007, 128~129쪽). 그 근거는 670년 4월 당시 당의 사평태상백(司平太常伯)은 보장왕이었다는 것이다. 사평태상백은 용삭 2년 (662)에 공부상서가 개칭된 것인데 천하의 백공(百工), 둔전, 산택에 관한 정령을 관장하며, 그에 관한 업무를 총괄하고 제칙과 조명을 받들어 행하였다(『당육전』 권7, 상서공부). 보장왕이 당에 끌려가서 받은 관직이 바로 사평태상백이었다. 그러나 보장왕이 제수 받은 정확한 관직명은 사평태상백 원외동정이었다. 즉, 정원 외의 명예직인 것이다. 그러므로 보장왕은 실제 공부의 일을 맡지 않았고, 양방이 보장왕의 잘못이라고 보기 어렵다.

군사 활동이 활발하지 않았음을 의미하며, 검모잠의 활동 무대가 평양지역이 아님을 시사한다.

검모잠의 '변경 침입'에 대한 당의 대응 조치를 통해 요동·요서지역 고구려 유민의 동향을 보다 상세히 검토해 보자. 앞서 서술하였듯이 고간과 이근행이 행군총관에 임명되고 행군 파견이 결정된 시기는 670년 4월 경오일이었다. 따라서 이들이 실제로 파견된 시기는 이보다 더 늦춰질 수밖에 없다. 당대 행군은 부병(府兵), 병모(兵募), 번병(蕃兵)으로 구성되었는데, 부병만으로는 대규모 원정군을 편성하기 어려웠고 결국 각 주에 할당하여 주의 부담과 책임 하에 징모(徵募)·차견(差遣)된 자들인 병모가 행군의 주력이 되었다.[60] 그러므로 병모의 징발, 부대 편성, 부대 이동 등에 시일이 소요될 수밖에 없었다.

『자치통감고이(資治通鑑考異)』에 인용된 『실록(實錄)』에는 양방과 고간이 안동도호부를 평양성에서 요동주로 옮겼다는 기록이 있는데, 그 시기를 함형 원년 즉 670년이라 하고 있다.[61] 사료 C에 따르면 안승이 검모잠을 죽였다고 서술된 다음에 고간이 도호부 치소를 요동주로 옮겼다는 내용이 기술되어 있다. 검모잠이 피살된 시기가 670년 8월로 추정되므로, 고간이 안동도호부를 요동성으로 옮긴 시기는 670년 8월 이후라고 할 수 있다. 그렇다면 고간은 늦어도 670년 후반에는 요동지역에서 활동하고 있었다고 할 수 있다.

고간이 요동지역에 도달했을 즈음에 검모잠은 이미 요동지역을 떠나 한반도 서북부로 남하하여 안동도호부가 설치되었던 평양성을 점령했던 것으로 추정된다. 안동도호부로 파견되었던 양방은 평양성이 안동도호부 치소로 기

---

60) 菊池英夫, 「節度使制確立以前における「軍」制度の展開(續編)」, 『東洋學報』45-1, 1962, 33~43쪽; 孫繼民, 앞의 책, 83~119쪽.

61) 『자치통감』 권202, 당기18, 고종 의봉 원년 2월 "徙安東都護府於遼東故城[考異日 實錄 咸亨 元年 楊昉高侃討安舜 始拔安東都護府 自平壤城移於遼東州]".

능하기 어렵게 되자 안동도호부 관리를 철수시키는 등 평양성에서 요동지역으로 안동도호부를 옮기기 위한 작업을 시행했을 것이다. 그리고 관리들과 함께 당으로 돌아간 것으로 추정된다.[62]

비록 검모잠이 평양 일대로 남하하였지만 요동지역에서 고구려 유민의 저항은 지속되었다. 다음 사료를 통해 이를 확인할 수 있다.

E-②. 고간이 도호부의 치소를 요동주로 옮기고 반란병[叛兵]을 안시성에서 격파하였다[63](『신당서』 권220, 열전145, 동이 고려).

E-③. 고종 함형 2년 7월 동주도총관 고간이 고구려의 남은 무리[高麗餘衆]를 안시성에서 격파하였다. 고간이 아뢰기를 "고구려 승려가 중외(中外)에 재이(災異)를 말하고 있으니 그를 주살하여 주십시오."라고 하였다. 황제가 학처준에게 이르기를 "짐은 임금 된 자는 천하의 눈으로 보고 천하의 귀로 들어야 한다고 들었으니, 대개 널리 듣고 보고자 한다. 또한 하늘이 재이를 내리는 것은 임금을 깨우치려는 까닭이다. 그 변화가 진실로 사실이라면 말한 자가 무슨 죄가 있겠는가. 그것이 만약 거짓이라면 듣는 자가 스스로 경계하면 족하다. 순(舜)이 방목(謗木)을 세운 것에는 진실로 까

---

62) 당 태종의 후궁으로 월왕 이정의 어머니인 월국태비 연씨가 671년 7월 27일 사망하자 이때 양방은 공부상서로서 월국태비를 소릉에 배장하는 것을 감호하였다. 관련 사료는 다음과 같다. 「燕太妃墓誌銘」 "以咸亨二年七月卄七日薨於鄭州之傳舍 春秋六十有三 … 仍令工部尚書 楊昉監護 率更令張文收爲副 賜東園秘器 陪葬昭陵"(周紹良 · 趙超 編, 「大唐越國故太妃燕氏 墓誌銘」, 『唐代墓誌彙編續集』, 上海古籍出版社, 2001, 192~194쪽). 여기서 양방이 671년 7월 이전에는 당으로 돌아간 것을 확인할 수 있다(辛時代, 『唐代安東都護府硏究』, 東北師範大學 博士學位論文, 2013, 61~62쪽). 그렇지만 670년 6월 검모잠이 평양 일대를 점거한 이후 양방이 계속 평양성에 머무를 수는 없었을 것이므로, 그의 귀환 시기는 670년 6월경으로 보아야 할 것이다.

63) "倨徙都護府治遼東州 破叛兵於安市".

닭이 있었다. 천하의 입을 다물게 하고자 한다고 그것이 가능하겠는가. 이는 죄를 주기에 부족하니 특별히 풀어주기를 명하노라.”라고 하였다[64](『책부원구』 권43, 제왕부43, 도량(度量)).

고간이 요동지역에서 펼친 활동으로 확인되는 것은 안동도호부 이전과 안시성 공략이다. 이는 안시성이 부흥운동에서 차지하고 있던 위상이 결코 낮지 않았음을 보여준다. 669년 2월 이전에 작성되었다고 추정되는 압록수 이북 현황 자료에서 안시성은 미항성(未降城)으로 기재되어 있는데, 이때부터 당군에게 함락되는 671년 7월[65]까지 계속 부흥운동의 거점으로 역할을 하였는지는 확인이 불가능하다. 미항성이었던 신성과 요동성이 재차 당의 지배에 들어갔던 점을 돌이켜본다면, 안시성도 유사한 과정을 거쳤다고 보는 편이 타당하다. 그렇다면 안시성에서 재차 부흥운동이 발생하여 당의 지배를 이탈했던 것이다.

사료 E-②에 따르면 안시성에는 '반란병[叛兵]'이라 일컬어질 정도의 고구려 부흥군이 조직되어 있었다.[66] 이는 요동성에 근거를 두고 고구려 유민을 위압하던 당군의 압력을 1년 가까이 견디게 했던 원동력이 되었다. 부흥군의 지휘

---

64) “高宗咸亨二年七月 東州道總管高侃破高麗餘衆於安市城 侃奏稱 有高麗僧 言中外災異 誅之 帝謂郝處俊曰 朕聞爲君上者 以天下之目而視 以天下之耳而聽 蓋欲廣聞見也 且天降災異 所以警悟人君 其變苟實 言之者何罪 其事若虛 聞之者足以自戒 舜立謗木 良有以也 欲箝天下之 口 其可得乎 此不足以加罪 特令赦之”.

65) 『자치통감』 권202, 당기18, 고종 함형 2년 7월 “高侃破高麗餘衆於安市城”.

66) 고구려 말기 연남생의 투항으로 당은 오골성 루트로 평양성을 직공하는 전략을 실행하게 되었으며, 그 결과 안시성을 기점으로 그 남단의 고구려군은 당군의 공격을 받지 않아 세력을 보전할 수 있었고 이것이 고구려 멸망 후 안시성이 요동지역 부흥운동의 중심지가 되는 원동력이 되었다고 이해하는 연구가 최근 제출되었다(오진석, 「연남생 투항 이후 고구려 서북부 성곽방어체계의 붕괴과정과 그 영향」, 『역사와 현실』122, 2021).

했던 인물은 안시성의 지방관을 역임했던 인물이거나 재지유력자일 것이다. 그런데 E-③은 이들 외에 안시성에서 부흥운동을 주도했던 구성원이 더 존재했음을 알려준다.

E-③은 안시성을 차지한 고간이 특별히 고구려 승려의 처리 문제를 당 고종에게 상주했음을 전하고 있다. 승려는 중외(中外)의 재이(災異)에 대해 말했다고 한다.[67] 여기서 중외는 당과 고구려 고지를 지칭하는데, 재이가 영향을 미치는 범위를 의미한다. 재이가 구체적으로 무엇을 가리키는지 불분명하다. 668년 4월 혜성이 동북방에 나타나자 당의 허경종이 고구려가 멸망할 징조라고 해석하여 이변을 고구려의 흥망과 관련지은 것을 참고한다면,[68] 당시 이변 현상이 일어나자 승려는 이것을 고구려의 부흥과 연결하여 해석했을 가능성이 있다. 또한 661년 고구려군이 신라 북한산성을 공격하던 중 하늘에서 큰 별이 군영에 떨어지고 천둥과 비가 내리며 벼락이 치자 두려워하며 물러났다는 기록도 참고가 된다.[69] 고구려인들은 이변이 전쟁의 승패와 밀접히 관련이 있다고 인식했음을 알 수 있기 때문이다. 그렇다면 승려는 이변을 해석하고 선전하는 과정에서 고구려부흥군의 승리와 당군의 패배를 이야기했을지도 모르겠다. 결국 승려는 중외의 재이를 전파하면서 고구려 부흥의 성공 가능성을 제시하여 고구려부흥군의 사기를 북돋우며 고구려 유민의 심리적 안정

---

67) 동일한 사안을 전하고 있는 『구당서』 권84, 열전34, 학처준전에서는 중외재이(中外災異)가 중국재이(中國災異)로 기록되어 있다.

68) 『구당서』 권36, 지16, 천문 "總章元年四月 彗見五車 上避正殿 減膳 令內外五品已上上封事 極言得失 許敬宗曰 星雖孛而光芒小 此非國眚 不足上勞聖慮 請御正殿 復常膳 不從 敬宗又進曰 星孛于東北 王師問罪 高麗將滅之徵 帝曰 我爲萬國主 豈移過於小蕃哉 二十二日星滅".

69) 『삼국사기』 권5, 신라본기5, 무열왕 8년 "五月九日 高句麗將軍惱音信 與靺鞨將軍生偕合軍 來攻述川城 不克 移攻北漢山城 … 然糧盡力疲 至誠告天 忽有大星 落於賊營 又雷雨以震 賊疑懼解圍而去".

과 부흥운동에 대한 지원을 독려하는 활동을 펼쳤다고 추정된다.[70]

이와 같은 승려의 활동은 고구려 유민에게 지대한 영향을 끼쳤음이 틀림없다.[71] 고간이 승려를 주살할 것을 고종에게 상주했던 데에는 승려의 존재가 유민에게 미치는 파급력이 주요한 고려 요인이었을 것이다. 그런데 고종은 재이란 임금을 깨우치는 것이라는 이유를 들며 처벌을 회피하였다. 아마도 승려를 주살했을 때 고구려 유민에게 미칠 파장을 고려한 조치였을 것이다. 이는 안시성이 고구려 유민 사회를 심리적·정신적으로 뒷받침하는 공간이었음을 알려준다.

다음 기록도 671년 요동지역에서 부흥운동이 전개되고 있었던 사실을 보여주고 있다.

E-④. 군의 휘(諱)는 행절(行節)이고 □는 □해(□該)로서 태원인(太原人)이다. … 마침 청구(靑丘)가 명을 거스르고 현토(玄菟)에서 재앙이 솟구쳤다. 군장(軍將) 등이 공은 어려서부터 전쟁을 익혔고 일찍이 육도삼략(六韜三略)에 능통하니 마침내 표를 올려 계림도판관(鷄林道判官) 겸 지자영총관(知子營總管)으로 삼게 하고, 또 아뢰어 공을 압운사(押運使)로 삼게 하였다. 이에 배를 거해(巨海)에 띄우고 요천(遼川)에서 노를 저었는데, 바람이 일어나 물결이 요동치니 배가 부서지고 물에 빠졌다. 몸은 수부(水府)에 가라앉고 혼은 문덕(文德)을 높이러 갔다. 그 변화의 자취의 때는 곧 당

---

70) 방용철은 승려가 예언 행위 등을 통해 고구려 부흥과 당의 재앙을 선전했던 것으로 추정하였다(방용철, 「7세기 고구려 불교정책의 한계와 國祖神」, 『韓國古代史研究』72, 2013, 210~211쪽).

71) 승려의 활동은 안시성의 고구려 유민에게 중대한 영향을 미쳤을 것이다(방용철, 위의 논문, 211쪽). 하지만 영향력의 범위를 안시성으로 한정할 필요는 없다고 생각된다. 안시성이 부흥운동에서 지닌 위상을 고려한다면, 승려의 활동은 요동지역 고구려 유민에게 상당한 파급력을 지녔다고 이해해도 좋을 것이다.

함형 2년(671)이다[72](「곽행절묘지명」).

위 묘지명은 곽행절(郭行節)의 아들 사원(思元)이 어머니 유씨를 장사지낼 때 물에 빠져 죽은 아버지 곽행절의 혼백을 불러 함께 무덤을 만들면서 작성한 것이다.[73] 묘지명에 따르면 곽행절은 계림도판관(鷄林道判官) 겸 지자영총관(知子營總管) 및 압운사(押運使)로 임명되었다가, 함형 2년(671) 풍랑을 만나 배가 부서져 물에 빠져 죽었다. 그의 관직을 분석해 보면, 신라정토군을 이끄는 계림도행군총관 설인귀 휘하에서 창고·무기·기마·방구(防具) 등을 관리하고 수송 업무를 담당하는 부대를 지휘하였다.[74] 이 자료에서 주목할 것은 곽행절이 물에 빠져 죽은 장소가 요천(遼川)이라는 점이다. 요천은 요하(遼河)를 가리키는데,[75] 이로부터 곽행절은 군수 물자를 실은 배를 이끌고 요동지역으로 가고

---

72) "君諱行節 □□該 太原人也 … 屬靑丘背命 玄菟挺災 軍將等以公早習戎昭 夙閑韜略 逢表公 爲鷄林道判官兼知子營總管 又奏公爲押運使 於是揚舲巨海 鼓棹遼川 風起濤驚 船壞而溺 形沉水府 神往脩文 其化迹之時 即唐咸亨二年之歲也"(周紹良·趙超 主編,「大周故郭府君墓誌銘」,『唐代墓誌彙編續集』, 上海古籍出版社, 2001, 326~327쪽).

73) 권덕영,「新羅 관련 唐 金石文의 기초적 검토」,『韓國史硏究』142, 2008, 56쪽.

74) 植田喜兵成智,「唐人郭行節墓誌からみえる羅唐戰爭-671年の新羅征討軍派遣問題を中心に-」,『東洋學報』96-2, 2014, 129~131쪽.

75) 植田喜兵成智, 위의 논문, 136쪽; 辛時代, 앞의 논문, 59쪽. 양은경 역주,「郭行節墓誌」,『중국 소재 한국 고대 금석문』, 한국학중앙연구원출판부, 2015, 658~659쪽에서는 요천(遼川)을 요동 일대 지역으로 보았다. 한편 곽행절이 풍랑을 만나 배가 침몰하여 사망했다는 표현은 망자를 욕되지 않게 하기 위한 표현일 뿐이며 요천은 요하 동쪽 지역을 두루 일컫는 표현으로 사용된다는 점에서, 사건의 실상은 671년 대동강 하구에서 신라가 당의 운송선을 습격한 사건이라고 보기도 한다. 그리하여 문무왕 11년 신라가 당의 조운선 70여 척을 공격하여 승리를 거둔 사건(『삼국사기』권7, 신라본기7, 문무왕 11년 10월 6일), 당 장수 조헌이 군사를 이끌고 쳐들어오자 문두루 비법을 써서 배를 침몰시킨 사건(『삼국유사』권2, 문호왕법민)과 동일한 것을 다르게 표현했다고 이해한다(권덕영,『신라의 바다 황해』, 일조각, 2012, 174~176쪽; 권덕영,「중국 금석문을 활용한 신라사의 몇 가지 보완」,『역사와 경계』105, 2017, 186~190쪽).

자 했음을 알 수 있다.

곽행절이 파견된 목적에 대해 묘지명에서 "청구(青丘)가 명을 거스르고 현토(玄菟)에서 재앙이 솟구쳤다."고 하였다. 청구는 삼국을 대상으로 모두 사용되었지만 현토는 고구려를 가리키는 용어로만 쓰였다.[76] 그가 사망한 해가 671년이므로, '명을 거스르고 재앙이 솟구쳤다'는 표현은 고구려부흥운동을 가리킨다고 이해해도 무방하다. 즉 곽행절은 당시 요동지역에서 전개되고 있던 고구려부흥운동에 대응하기 위해 파견되었던 것이다. 이는 고구려 유민이 서로 잇달아 다시 반하자 설인귀를 계림도총관에 임명하였다는 기록과 연결된다.[77]

「곽행절묘지명」에서 하나 더 주목해야 할 부분은 당군이 조난의 위험을 무릅쓰고 해로를 통해 보급을 시도했다는 점이다. 이것은 요동지역에서 활동 중인 당군에게 육로를 통해 보급하기 어려웠던 사실을 반영하고 있다. 달리 말하자면 요서지역에서 당의 행정력이 온전히 발휘되기 힘든 상황이 발생했음을 암시한다.[78] 당군의 보급을 저지했던 세력은 연산도행군총관에 임명되어

---

76) 권덕영, 「唐 墓誌의 고대 한반도 삼국 명칭에 대한 검토」, 『韓國古代史研究』75, 2014, 119~126쪽.

77) 『구당서』 권83, 열전33, 설인귀 "尋而高麗衆相率復叛 詔起仁貴爲鷄林道總管以經略之"; 植田喜兵成智, 앞의 논문, 134~135쪽.

78) 이와 유사한 사례가 「왕경묘지명」에 보인다. 고구려 유민[高麗餘孼]이 요천에서 전란을 일으키자 왕경은 수군을 이끌고 산동지역[黃腄]을 출발하여 고구려 고지로 향하였다. 한편 696년 5월 이진충이 영주를 점령하면서 요서 일대는 당의 통치력에서 벗어났는데, 이때 왕경은 행등주사마(行登州司馬)로서 남운사(南運使)에 임명되어 700년 초까지 해로를 통해 요동지역으로 군량을 보급하였다(권은주, 「鴻臚井石刻에 보이는 崔忻의 職名 재검토」, 『韓國古代史研究』46, 2007, 220쪽). 「王慶墓誌銘」 "公諱慶 字弘慶 東萊掖人 … 時高麗餘孼 作梗遼川 詔徵舟師 濟自黃腄 丘君以公有深謀遠算 逐要在中權 同郗超之入幕 類田疇之出塞 閱賞酬庸 拜上柱國 軍罷 勅授昭武校尉 營州都督府瀘河鎭將 … 萬歲通天元年 白虜越趄 鋒交碣石 青林失律 火照甘泉 天子詔左衛將軍薛訥絶海長驅 掩其巢穴 飛蒭輓粟 霧集登萊 … 俄除朝議郎行登州司馬 仍充南運使 恩命光臨 飭躬就列 情勤悅使 義萬均勞 紅粟齊山 飛雲蔽海 三軍歡美 僉曰得人 聖曆中 運停還任"(周紹良·趙超 編, 「唐故朝議郎行登州司馬上柱國王府君墓誌銘」, 『唐

요서지역으로 파견된 이근행과 충돌했던 세력과 동일하다고 추정된다.

그 실체는 강제 이주 대상자로 선정되어 669년 5월 고구려 고지를 떠나 당 내지로 이동하던 중 중간경유지였던 영주에 정착했던 고구려 유민으로 추정된다.[79] 영주성방(營州城傍) 고려인(高麗人) 왕사례(王思禮)의 사례를 통해 볼 때, 영주성 인근에는 집단적으로 거주하면서 영주도독부의 지휘를 받으며 살았던 고구려 유민으로 구성된 군사집단이 존재하였다.[80]

또한 유주(幽州)에 존재했던 고구려 유민에 대해서도 주목할 필요가 있다. 당은 645년 고구려를 공격하여 점령한 요동성, 개모성, 백암성을 각각 요주(遼州), 개주(蓋州), 암주(巖州)로 개칭하고, 회군하면서 세 주의 호구 7만 명을 중국으로 옮겼다.[81] 이들 중 포로로 붙잡은 1만 4천 명을 당 내지로 사민하면서 유주에 집결시켰는데, 고구려 정벌에 실패한 당 태종은 회군하면서 유주에 이르러 고구려인들의 몸값을 전(錢)과 포(布)로 지불하고 그들을 백성으로 삼았다.[82] 이때 1만 4천 명에 달하는 고구려인 대부분은 유주에 정착했을 것으로 추정되며 이들은 유주의 성방(城傍)으로 조직되었을 가능성이 높다.[83]

代墓誌彙編』, 上海古籍出版社, 1992, 1249~1250쪽; 고구려연구재단 편, 「왕경(王慶)」, 『중국 소재 고구려 관련 금석문 자료집』, 2005, 고구려연구재단, 198~199쪽) 참조.

79) 영주는 당의 동북관문으로 고구려인을 당 내지로 옮길 때 반드시 거쳐 가는 지역이었다. 따라서 수차례의 대규모 사민 과정에서 일부 고구려 유민이 잔류했을 가능성이 충분하며 소규모 사민의 경우 직접 정주시켰을 경우도 있었다고 추정된다(盧泰敦, 「高句麗 遺民史 研究-遼東・唐內地 및 突厥方面의 集團을 중심으로-」, 『韓㳵劤博士停年紀念史學論叢』, 1981, 97쪽: 『고구려 발해사 연구』, 지식산업사, 2020, 132쪽).

80) 鄭炳俊, 「'營州城傍高麗人' 王思禮」, 『高句麗研究』19, 2005.

81) 『자치통감』 권198, 당기14, 태종 정관 19년 10월 "凡征高麗 拔玄菟橫山蓋牟磨米遼東白巖卑沙麥谷銀山後黃十城 徙遼蓋巖三州戶口入中國者七萬人".

82) 『자치통감』 권198, 당기14, 태종 정관 19년 10・11월 "諸軍所虜高麗民萬四千口 先集幽州 將以賞軍士 上愍其父子夫婦離散 命有司平其直 悉以錢布贖爲民 讙呼之聲 三日不息 十一月 辛未 車駕至幽州 高麗民迎於城東 拜舞呼號 宛轉於地 塵埃彌望".

83) 정병준, 「唐朝의 高句麗人 軍事集團」, 『東北亞歷史論叢』24, 2009, 196쪽.

두 사례는 당 내지로 사민되는 과정에서 일부 고구려 유민들이 본래의 사회, 군사적 조직을 유지하면서 영주와 유주 일대에 정착하였다는 사실을 알려준다. 즉, 영주와 유주 일대에 사민된 고구려 유민들은 당의 지배에 맞서 군사 활동을 전개할 수 있는 역량을 가지고 있었던 것이고, 이들이 요서 일대에서 부흥운동을 펼친 것으로 추정된다. 이근행은 이를 진압하기 위해 연산도 행군총관에 임명되어 요서지역으로 파견된 것이었다.

그러면 670년 당시 검모잠의 거병과 요서지역 고구려 유민의 동향 사이에는 어떤 연관성이 있을까. 이에 대해서는 다음의 가능성을 상정할 수 있다. 첫째, 각각 독자적 세력이 일으킨 개별적인 사건으로 볼 수 있다. 비록 영주 일대가 변경 지역이기는 하지만 당의 지배 영역이었기 때문에, 두 세력 사이에 어떠한 사전 교감도 있을 수 없었다고 할 수 있다. 둘째, 요동 일대에서 검모잠이 중심이 된 부흥운동이 먼저 발생하고 이것이 요서 일대로 비화되었을 가능성도 있다. 요서지역의 고구려 유민들이 부흥운동을 시작하면서 고구려 고지로 되돌아가기 위해 요동지역으로 이동하려 했을 것이므로 당의 입장에서 두 세력을 하나의 집단으로 인식했을 가능성이 있다. 셋째, 두 세력이 연계하여 부흥운동을 전개했을 가능성이 있다. 당시 정황을 정확히 파악하기에는 관련 사료가 매우 부족하지만, 당 조정의 대응을 통해 어느 정도 실마리를 찾을 수 있다고 생각된다.

먼저 검모잠의 반란을 진압하기 위한 책임자로 고간과 더불어 이근행이 함께 행군총관으로 임명되었다는 점을 고려해야 한다. 검모잠 세력의 진압이라는 파견 목적을 가진 이근행이 요서지역으로 출정했다는 사실은 검모잠 세력과 요서지역의 고구려 유민이 긴밀한 관계를 맺고 있었다는 것을 의미한다. 만약 두 세력이 독자적으로 활동하고 있었다고 당이 인식했다면, 이근행을 연산도행군총관으로 임명하면서 별도의 행군 파견 이유를 설명해야 하는데, 현재 그러한 사료는 발견되지 않는다. 즉, 당 조정은 요동지역의 검모잠 세력과 요서지역의 고구려 유민 세력을 하나의 집단으로 인식하고 있었던 것이다.

더구나 당은 '검모잠이 반란을 일으켜 변경을 침입했다'(A-③)고 인식하고 있었다. 요동지역에서 거병한 검모잠이 당의 변경을 침입했다면, 그 지역은 요서 일대를 상정하지 않고는 이해하기 어렵다. 그런데 검모잠과 관련한 여러 사료에는 거병한 이후 남하하면서 펼친 활동만 확인될 뿐 당의 영역을 침범했던 모습은 찾을 수 없다. '변경을 침입했다'는 구절의 의미를 검모잠이 안동도호부 치소인 평양성을 점령하고 다시 고구려를 일으키려고 했던 행위를 의미한다고 보기도 하지만,[84] 이는 검모잠의 거병 지역을 평양 인근으로 보는 입장에서 말미암은 것이다.

여기서 요서지역에서 발생한 고구려 유민의 부흥운동에 주목할 필요가 있다. 만약 요서지역의 고구려 유민이 요동지역의 검모잠 세력과 협력적인 관계를 바탕으로 거병을 준비했다고 보면 '변경을 침입했다'는 구절을 합리적으로 이해할 수 있다. 고구려 멸망 이후 강제 이주되어 요서지역에 거주하고 있던 고구려 유민과 요동지역에 잔존한 고구려 유민 간에 상호 관계망이 존재했고, 이를 통해 사전 계획 하에 거병했다고 보면 어떨까 한다. 요서·요동 일대에서 대규모의 부흥운동이 발생하고 이와 관련한 모종의 정보를 입수한 당 조정은 두 세력을 동일한 실체로 파악했으며, 이것이 검모잠 세력이 '변경을 침입했다'라는 인식으로 발전했다고 추정해도 큰 무리가 없을 것 같다.

이러한 추정이 성립되기 위해서는 두 세력이 어떠한 경로를 통해 부흥운동을 사전에 준비하였는지에 대한 검토가 필요하다. 이와 관련하여 6세기 말~7

---

84) 池內宏, 앞의 책, 432쪽. 이에 대한 비판은 이상훈, 앞의 논문, 2014, 67~68쪽 참조.

세기 고구려의 서계(西界)를 요서 일대로 보는 최근의 견해에 주목하고자 한다. 요하 서안을 따라 무려라(武厲邏)를 비롯한 다수의 군사기지가 존재하면서 요서 경영의 거점으로 기능했다고 보는 견해가 있으며,[85] 현재 북진시(北鎭市) 남쪽 요둔향 대량갑촌 고성지(古城址)로 비정되는 무려성(武厲城)이 고구려가 요서에 세운 전진기지로서 최전선 군사거점의 역할을 했다고 보는 주장도 제기되었다.[86] 또한 7세기 중반 고구려는 요서 지역에 적봉진(赤烽鎭)과 같은 군사 시설을 촘촘하게 연결하여 운영하는 등 요서지역에 적극적으로 진출했다고 보기도 한다.[87] 즉, 6세기 말~7세기 고구려가 요서 일대에 성(城), 진(鎭), 라(邏) 등 군사 시설 및 거점을 다수 설치하여 수·당과 군사적으로 대립하거나 거란·말갈에 대한 통제력을 행사했다고 보는 것이다. 더욱이 서부 최전선 거점인 무려성과 요동성을 연결하는 교통로에는 다수의 역(驛)과 봉수·라·수(戍)가 설치되어 국가적으로 관리되고 있었고 요서 일대의 군사 거점은 방어체계를 구성하며 유기적으로 연결되어 있었다고 한다.[88]

612년 수는 대규모의 군사를 동원하여 고구려를 침공하였는데, 무려라를 빼앗아 그곳에 요동군과 통정진(通定鎭)을 설치하였다.[89] 그런데 645년 당의 이적은 통정진에서 요수를 건너 현도를 공격하였다. 수와 당은 요서 일대에 고구려가 설치·운영한 군사 거점을 장악하여 고구려 침공을 위한 군사기지로

---

85) 이정빈, 「6세기 후반~7세기 초반 고구려의 서방변경지대와 그 변화」, 『역사와 현실』82, 2011: 『고구려-수 전쟁』, 주류성, 2018, 18~29쪽.

86) 李成制, 「高句麗의 西部 國境線과 武厲邏」, 『大丘史學』113, 2013.

87) 정원주, 「7세기 고구려의 서계(西界) 변화」, 『영토해양연구』8, 2014.

88) 李成制, 위의 논문, 2013, 16~23쪽; 李成制, 「高句麗와 遼西橫斷路 - 遼河 沿邊 交通路와 관리기구 -」, 『韓國史研究』178, 2017.

89) 『자치통감』 권181, 수기5, 양제 대업 8년 7월 "是行也 唯於遼水西拔高麗武厲邏[高麗置邏於遼水之西以警察度遼者] 置遼東郡及通定鎭而已".

활용했던 것이다. 사료에서 확인되지는 않지만 요서지역의 다른 군사 거점도 마찬가지로 수·당에 의해 재활용되었을 것이고, 방어체계 및 이들을 거점으로 하는 교통로도 계속 이용되었다고 보아도 무리가 없을 듯하다. 실제로 696년 이진충의 난이 일어나고 걸걸중상과 걸사비우가 영주를 벗어나 고구려 고지로 돌아가는 경로로 통정진을 거쳐 현도성에 이르는 이른바 북도(北道)를 이용했으리라 추정된다.[90] 이는 당시 고구려 유민들이 고구려 멸망 이전부터 사용하였던 교통로를 통해 요동지역으로 되돌아 왔다는 사실을 알려준다. 그러므로 6세기 후반~7세기 고구려인들이 사용하였던 요동·요서지역을 연결하는 교통로가 고구려 멸망 후에도 계속 기능했다고 할 수 있으며, 요동지역의 검모잠 세력과 요서지역의 고구려 유민들은 이러한 교통로를 통해 접촉하면서 부흥운동을 계획했을 것으로 추정할 수 있다.

다음으로 지역적 연대감이 작용했을 가능성이 있다. 앞서 살펴보았듯이 645년 유주에 방면된 고구려인들은 요동지역에서 붙잡혀 온 자들이었으며 669년 실시된 사민에서 영주지역에 남은 고구려 유민 또한 요동지역 출신이 대다수를 구성하고 있었다. 유주와 영주지역으로 사민된 고구려 유민들은 대다수가 요동지역 출신임이 확인되는 것이다. 검모잠과 요서지역 고구려 유민들 간에는 요동지역 출신이라는 점에서 상호 연대 의식이 존재했을 가능성이 있다.[91] 결국 검모잠은 고구려 유민 간의 친연성을 바탕으로 요서지역 고구려 유민과의 연

---

90) 宋基豪, 『渤海政治史硏究』, 一潮閣, 1995, 64~65쪽. 영주에서 요동으로 이르는 교통로는 연군성(燕軍城)-여라수착(汝羅守捉)을 경유하는 남로, 회원진을 경유하는 중로, 통정진을 경유하여 현도성에 이르는 북로가 있었다(王綿厚, 「唐"營州至安東"陸路交通地理考實」, 『遼海文物學刊』1986-1, 1986).

91) 더구나 검모잠이 거병한 궁모성이 개모성(蓋牟城)이라면(이상훈, 앞의 논문, 2014, 72~74쪽), 645년 개모성 출신으로 당에 끌려갔다가 유주에서 방면된 고구려인들은 특히 검모잠과 지연적, 혈연적으로 더욱 긴밀한 관계로 묶여 있었을 가능성이 높다.

대를 추진하였고, 6세기 말~7세기 고구려인들이 이용하였던 요동·요서지역을 연결하는 교통로를 통해 구체적인 계획이 오고 갔다고 할 수 있다. 이를 바탕으로 670년 초 요서일대에서 고구려 유민들이 거병했던 것이다.

비록 검모잠은 평양 일대로 남하하였지만 요서지역에서 고구려 유민의 저항은 672년까지 지속되었다. 다음 기록을 살펴보자.

> E-⑤. 공의 휘(諱)는 수(秀)이고 자(字)는 현수(玄秀)이며 범양인(范陽人)이다. … 아버지의 이름은 근행(謹行) 부군(府君)인데, 좌금오위대장군(左金吾衛大將軍)이었다. … 공은 어려서 영명(英明)하였고 장성해서는 특출났다. … 18세에 이르러 요수(遼水)를 건너 적은 군사로 적을 막았다. 북소리가 들리고 깃발이 보이는 것이 어지럽게 섞이고 겹쳤다. 공이 이에 홀로 나가고 홀로 들어가며 종횡으로 활약하였으며, □하여 활을 쏘고 견고함을 무너뜨리고 창을 돌려 마음대로 적을 사로잡았다. … 특별히 유격장군(遊擊將軍)에 배수되었다. … 개원 4년 4월 1일 나이 62세로 범양군 사저에서 죽었다[92]('이수신도비').

사료 E-⑤는 이근행(李謹行)의 아들 이수(李秀)의 신도비(神道碑) 중 일부이다. 신도비에 따르면 이수는 18세에 요수를 건너 전투에서 선봉으로 활약하면서 적을 격파하는 데 공을 세워 유격장군(遊擊將軍)에 배수되었다고 한다.

---

92) "公諱秀 字玄秀 范陽人也 … 考諱謹行府君 左金吾衛大將軍 … 公幼而英明 壯而特達 … 及二九渡遼 什伍禦寇 耳以金皷 目以旌旗 紛紛紜紜 雜雜沓沓 公乃獨出獨入 一縱一橫 □飛鏃應弦以陷堅 迴戈隨手以包敵 … 特拜遊擊將軍 … 以開元四載四月一日 春秋六十有二 薨于范陽郡之私第"(岑仲勉, 『金石論叢』, 中華書局, 2004, 289~290쪽). 「이수신도비」에 대해서는 馬馳(차오링 번역), 「『新唐書』李謹行傳 보충 및 고증」, 『韓國古代史探究』7, 2014, 168~170쪽 참조.

그가 개원 4년(716) 62세의 나이로 사망하였으므로 672년에 요수를 건넜음을 알 수 있다.

이근행의 아버지는 수에 귀부한 말갈 추장 돌지계(突地稽)이며, 이근행은 가동(家僮) 수천 명을 거느리고 있었다.[93] 즉 이근행은 자신의 부락병을 동원하여 대외전쟁에 나서는 번장(蕃將)의 성격을 강하게 지니고 있었던 것이다. 유목민적 부락 조직이 온존해 있었기 때문에 그의 아내가 함께 종군하여 벌노성(伐奴城)에서 고구려와 말갈의 공격을 저지할 수 있었다.[94] 그렇다면 이근행을 따라 그의 아들도 함께 출정했다고 보는 것이 합리적이다.

연산도라는 행군명과 이수의 신도비 내용을 바탕으로 종합해 보면, 이근행은 670년 4월 연산도행군총관에 임명되고, 670년 중후반 아내와 아들 등 가솔을 이끌고 요서지역으로 출정하였다가, 672년 요수를 건너 요동지역으로 진입했다고 할 수 있다.[95] 이는 672년 7월에서야 이근행에 대한 기록이 『삼국사기』에 등장하는 것과도 부합한다.[96] 이근행이 이끄는 당군이 요수를 건너 평양까지 이동하는데 소요되는 시간을 고려한다면 672년 초반 요동지역으로 진입했다고 추정된다. 그렇다면 요서지역에서 고구려 유민의 부흥운동은 약 2년 동안 지속되었다고 볼 수 있다.

---

93) 『신당서』권110, 열전35, 제이번장(諸夷蕃將) 이근행 "靺鞨人 父突地稽 部酋長也 隋末 率其屬千餘內附 居營州 授金紫光祿大夫遼西太守 … 謹行偉容貌 勇蓋軍中 累遷營州都督 家童至數千 以財自雄 夷人畏之".

94) 『자치통감』권202, 당기18, 고종 함형 4년 윤5월 "時謹行妻劉氏留伐奴城 高麗引靺鞨攻之 劉氏擐甲帥衆守城 久之 虜退 上嘉其功 封燕國夫人".

95) 岑仲勉은 672년 이수가 요수를 건넜다는 것은 호로하 전투와 관련이 있다고 하였다(岑仲勉, 앞의 책, 299쪽). 그러나 호로하 전투는 673년 윤5월의 일로서 시기가 맞지 않아 따르기 어렵다.

96) 『삼국사기』권7, 신라본기7, 문무왕 12년 7월 "秋七月 唐將高侃率兵一萬 李謹行率兵三萬 一時至平壤 作八營留屯".

그런데 이수가 요수를 건넌 후 참가한 전투에서 대적했던 대상에도 관심을 가질 필요가 있다. 고구려부흥세력을 제외하고는 생각하기 어렵기 때문이다. 지금까지 671년 7월 고간이 안시성을 점령하면서 요동지역에서 부흥운동은 소멸되었다고 인식하였다.[97] 그러나 「이수신도비」를 통해 672년까지 부흥운동이 지속되고 있었다는 사실을 확인할 수 있다.

검모잠이 남하하였음에도 불구하고 요동지역에서 부흥운동이 지속될 수 있었던 이유는 검모잠이 유일한 부흥세력이 아니었기 때문이다. 『삼국사기』 지리지 압록수 이북 현황 자료에 기재되어 있는 미항성의 존재에서 알 수 있듯이 요동지역에는 당의 지배에 편입되지 않은 세력이 다수 존재하였다. 그렇기 때문에 검모잠이 남하한 이후에도 지속적으로 요동지역에서 당군과 맞서는 군사활동이 전개될 수 있었던 것이다.

고간과 이근행은 검모잠 세력을 진압하는 것을 목표로 파견되었다. 그런데 검모잠은 한반도 서북부지역으로 남하하여 안승을 옹립하면서 고구려가 부흥하는데 결정적인 역할을 하였다. 실제로 고간과 이근행이 지휘하는 당군과 충돌했던 세력은 요동·요서지역의 고구려 유민이었고 이들의 저항은 672년까지 지속되었다. 비록 이들은 직접 고구려를 재건하는 데는 성공을 거두지 못하였지만, 당군이 한반도로 진격하는 것을 저지함으로써 한성에서 고구려가 부흥하는데 기여하였다고 평가할 수 있다.

---

97) 당군은 안시성의 고구려부흥세력을 진압한 후 고간이 먼저 671년 평양으로 이동하였고, 이근행은 안시성 주변과 요동일대에 잔존한 세력에 대한 진압을 마무리하고 672년 평양으로 이동했을 가능성을 제기한 연구가 있다(이상훈, 『나당전쟁 연구』, 주류성, 2012, 111쪽). 이는 672년까지 요동지역에서 부흥운동이 전개되었을 가능성을 제기했다는 측면에서 의미가 있다.

2. 평양성·한성 권역 안승의 '부흥고구려국'[98] 수립

1) 안승에 관한 몇 가지 문제

(1) 관련 지명의 재검토

검모잠이 거병한 후 평양 일대로 남하하면서 전개한 일련의 활동과 안승을 국왕으로 옹립하는 과정은 『삼국사기』 신라본기에 비교적 상세히 기록되어 있다. 여기에 등장하는 지명을 검토하여 검모잠의 거병지, 남하 경로, 안승이 옹립되기 전의 행적 등을 재구성할 수 있다.

　　F. 고구려 수림성인(水臨城人) 모잠(牟岑) 대형(大兄)이 잔민(殘民)을 모아 궁모성(窮牟城)에서부터 패강 남쪽[浿江南]에 이르러 당 관인과 승려 법안

---

98) 지금까지 한반도 서북부 일대에서 안승이 이끌었던 고구려부흥세력을 일컫는 용어로 한성의 소고구려국(村上四男, 앞의 책), 고구려국(전준현, 앞의 논문), 한성의 고구려국(임기환, 앞의 책; 최재도, 앞의 논문), 한성 고구려국(정원주, 「唐의 고구려 지배정책과 安勝의 行步」, 『한국고대사탐구』29, 2018), 안승의 고구려국(이재석, 「7세기 후반 報德國의 존재 의의와 왜국」, 『日本歷史研究』31, 2010) 등이 사용되었다. 그런데 소고구려국은 고유국명을 드러내는 용어가 아니라는 점에서 문제가 있다(이재석, 위의 논문, 33쪽). 또한 영역이 황해도 대부분을 차지하였기에 '한성'이라고 표현할 수 있을지에 대한 의문이 제기되며(최재도, 앞의 논문, 139쪽), 후술하듯이 평양이 주요 거점으로 기능했을 가능성이 높기 때문에 한성의 소고구려국과 한성의 고구려국은 적절한 명칭이 아니라고 생각된다. 신라가 안승을 고구려왕으로 책봉하였고(사료 K-②), 설인귀가 문무왕에게 보낸 서신에서 안승을 가리켜 '고려안승(高麗安勝)'이라 하였기(사료 K-①) 때문에 고구려 내지 고려를 국명으로 사용했음을 짐작할 수 있다. 그런데 668년 9월 멸망한 고구려와 구분이 필요하다. 따라서 이 책에서는 '부흥고구려국(復興高句麗國)'으로 표현하고자 한다. 국왕이 존재하며 일정한 영역을 관할하고 관료체제, 군사조직을 갖춘 정치체라는 점과 고구려의 부흥을 실현시켰다는 의미에서 '부흥고구려국'으로 지칭해도 크게 무리가 없다고 판단된다. 이는 부여풍이 국왕으로 즉위하면서 부흥백제국이 성립되었다고 본 백제부흥운동 연구를 참고한 표현이다. 부흥백제국에 대해서는 노중국, 『백제부흥운동사』, 일조각, 2003 및 김병남, 「부흥백제국의 성립과 정치적 변동」, 『軍史』89, 2013 참조.

(法安) 등을 죽이고 신라로 향했다. 서해(西海) 사야도(史冶島)에 이르러 고구려 대신(大臣) 연정토(淵淨土)의 아들 안승(安勝)을 만나 한성(漢城) 안으로 맞아들여 받들어 임금으로 삼았다. 소형(小兄) 다식(多式) 등을 보내 다음과 같이 슬피 고하였다[99](『삼국사기』권6, 신라본기6, 문무왕 10년 6월).

위 사료에는 수림성(水臨城), 궁모성(窮牟城), 패강 남쪽[浿江南], 서해(西海) 사야도(史冶島), 한성(漢城) 총 5개의 지명이 등장한다. 수림성은 검모잠의 출신 지역을, 궁모성은 검모잠이 거병한 지역을 가리킨다.[100] 음운의 유사성을 근거로 수림성을 진림성(津臨城, 파주시 군내면), 궁모성을 공목달현(功木達縣, 연천시 연천읍)으로 비정하는 견해[101]가 있지만 구체적인 근거가 있는 것은 아니다. 오히려 검모잠이 북에서 남으로 이동하는 모습이 보인다는 점에서 대동강 이북으로 파악하는 것이 더 자연스럽다.[102] 그런 점에서 궁모성과 수림성을 대동강 이북의 어느 곳으로 추정하는 견해가[103] 더 타당해 보인다.

한편 검모잠을 수군(水軍)으로 파악하고 고려시대 의주(義州)의 토착지명인 궁구문(弓口門)에 주목하여 궁모성을 의주로 비정한 주장도 있다.[104] 그러나 검

99) "高句麗水臨城人牟岑大兄 收合殘民 自窮牟城 至浿江南 殺唐官人及僧法安等 向新羅行 至西海史冶島 見高句麗大臣淵淨土之子安勝 迎致漢城中 奉以爲君 遣小兄多式等 哀告曰".

100) 이상훈, 앞의 논문, 2014, 66쪽.

101) 정구복·노중국·신동하·김태식·권덕영 주석, 『역주 삼국사기』주석편(하), 한국학중앙연구원출판부, 2012, 259쪽, 267쪽.

102) 이상훈, 앞의 논문, 2014, 66~67쪽.

103) 池內宏은 궁모성이 대동강 북쪽 평양 방면의 성으로 보았다(池內宏, 앞의 책, 425쪽). 김종복은 검모잠이 패강을 중심으로 활동한다는 점에서 수림성을 평양 이북의 어느 지점으로 추정하였다(김종복, 앞의 책, 35쪽).

104) 강경구, 「高句麗 復興運動의 新考察」, 『韓國上古史學報』47, 2005, 94~97쪽: 『신라의 북방 영토와 김유신』, 학연문화사, 2007, 315~319쪽.

모잠을 수군으로 간주할 만한 근거는 없다. 그리고 궁구문은 궁구문란(弓口門欄)·궁구난자(弓口欄子)·궁란(弓欄)·궁구(弓口) 등으로도 기록되어 있는데 고려의 장성(長城)에 대항하여 거란이 보주(保州) 지역을 방어할 목적으로 설치한 새붕(塞棚)[105] 또는 거란이 고려의 동정을 살피고 정보를 획득하기 위해 만든 변경 초소[106]로 추정된다. 그렇다면 궁구문은 거란이 설치한 군사 시설이므로 이를 고구려의 궁모성과 연관시키기는 어렵다.

이상의 견해는 수림성과 궁모성을 모두 한반도에서 찾으려고 했다는 공통점이 있다. 그러나 이들 성이 반드시 한반도에 있었다고 단정할 근거는 없다. 오히려 검모잠을 진압하기 위해 당이 파견한 행군의 명칭과 활동 지역을 통해 볼 때 궁모성은 요동지역에 존재했다고 생각된다.[107] 그렇다면 수림성 또한 요동지역에 위치한다고 보아야 할 것이다.

검모잠은 궁모성에서 출발하여 지금의 대동강인 패강의 남쪽[浿江南]에 이르러 당 관인와 승려 법안(法安)을 죽였다. 여기서 '패강 남쪽'을 고구려의 한성으로 보는 견해가 있다.[108] 한성이 넓은 의미에서 대동강 남쪽 지역에 위치한다는 것이다. 그런데 사료 F에서 안승을 옹립한 곳으로 한성이 등장하고 있다. 하나의 기사에서 동일한 장소를 '패강 남쪽'과 '한성'으로 다르게 표기했다고 보기 어렵다. 당시 고연무(高延武)가 안동도호부의 지배에 반발하여 한성을 거점으로 군사활동을 펼치고 있었다[109]는 점도 고려해야 한다. 안동도호부

105) 尹武炳, 「高麗北界地理考(下)」, 『歷史學報』5, 1953, 60~61쪽.
106) 허인욱, 「고려·거란의 境界帶 변화와 그 운용에 관한 연구」, 『歷史學研究』52, 2013, 285~286쪽.
107) 이상훈, 앞의 논문, 2014, 69~72쪽; 김강훈, 「요동지역의 고구려부흥운동과 劍牟岑」, 『軍史』99, 2016, 22~23쪽.
108) 池內宏, 앞의 책, 426쪽.
109) 이정빈, 앞의 논문, 2009, 140~148쪽.

의 당 관인들이 검모잠 세력을 피해 반당적 색채가 완연한 한성으로 옮겨갔다고 보기는 어렵다.

669년 초 검교안동도호(檢校安東都護)였던 설인귀가 평양성을 떠나 신성으로 이동하고 669년 후반 유인궤가 당으로 귀환하면서, 평양 일대는 일시적으로 정치적·군사적 공백 상태에 처하게 되었다.[110] 이때 요동지역에서 남하하여 온 검모잠이 평양성에 설치된 안동도호부를 점령하였다. 잔류해 있던 당 관인들은 패강 남쪽으로 대피하였고, 검모잠은 이들을 추격하여 죽였다고 이해하는 편이 자연스럽다.[111] 아마도 패강 남쪽으로 피신 후 해로를 이용해 당으로 귀환을 추진했을 것이다. 그렇다면 '패강 남쪽'은 대동강에서 그리 멀리 떨어지지 않은 곳으로서 대동강 남안으로 상정할 수 있다.

검모잠이 안승을 맞아들여 왕으로 세운 곳은 한성이다. 한성은 668년 6월 당군에 투항한 '대곡성(大谷城), 한성(漢城) 등 2군 12성'[112]에 등장하는 한성과 동일한 실체로 여겨진다.[113] 신라 영역이었던 한강 유역에도 한성(漢城)이 존재했지만,[114] 고구려 부흥을 꾀하던 검모잠이 신라 영역 내에서 안승을 왕으로 옹립할 가능성이 없을 뿐더러, 안승을 왕으로 세운 후 신라에 이를 알리고 원

---

110) 임기환, 앞의 책, 319쪽.
111) 梁炳龍, 앞의 논문, 50~51쪽.
112) 『삼국사기』 권6, 신라본기6, 문무왕 8년 6월 22일 "府城劉仁願 遣貴干未肹 告高句麗大谷□ 漢城等二郡十二城歸服 王遣一吉湌眞功稱賀".
113) 池内宏, 앞의 책, 426쪽.
114) 「창녕진흥왕척경비(昌寧眞興王拓境碑)」에는 사방군주(四方軍主) 중 하나로 한성군주(漢城軍主)가 나타나는데, 한강 이북 북한산 일대에 파견된 군주로 볼 수 있다(張彰恩, 「眞興王代 新羅의 北方進出과 對高句麗 領域向方」, 『新羅史學報』24, 2012, 15~17쪽; 『고구려 남방 진출사』, 景仁文化社, 2014, 221~224쪽). 그리고 667년, 668년 신라의 대고구려전에서 한성은 왕경을 출발한 신라군이 전열을 정비하고 고구려 공격을 위한 태세를 점검하는 출정기지로 기능했다(『삼국사기』 권6, 신라본기6, 문무왕 7년 9월, 10월 2일, 문무왕 8년 7월 16일, 9월 21일).

조를 요청하고 있다는 점에서 그 여지는 더욱 작다. 한성은 고구려 영역 내에서 찾을 수밖에 없으며 고구려 후기 평양성, 국내성과 더불어 3경으로 일컬어지던 한성이 주목된다. 한성은 황해도 신원군에 위치한 장수산성과 도시유적으로 비정되는데, 지방통치의 주요 거점이자 5부의 행정편제가 이루어지는 등 부도(副都)로서의 위상[115]을 점하고 있었기 때문에, 부흥운동의 거점으로 충분히 기능할 수 있었다.

다음으로 안승이 피신[116]해 있었던 사야도(史冶島)의 위치에 대해 일찍이 안정복은 『동사강목』에서 "지금의 인천 사야도(史也島)이다."라고 하였다.[117] 이케우치 히로시(池內宏)는 이를 따르면서 『신증동국여지승람』의 인천도호부조를 인용해 덕적도(德積島)와 나란히 있는 사야곶도(士也串島)[118]로 비정하였다.[119] 이후 학계에서는 사야도(史冶島)를 덕적군도(德積群島)[120]의 주도(主島)인 덕적도에 인접한 지금의 소야도(蘇爺島)[121]로 보는 것이 일반적이다.

---

115) 임기환, 「고구려의 副都 漢城과 지방통치」, 『韓國古代中世 地方制度의 諸問題』, 집문당, 2004.

116) 안승은 669년 5월 고구려 유민을 대상으로 한 강제 사민을 피해 사야도로 피신했던 것으로 추정된다.

117) 『동사강목』 권4하, 문무왕 10년 6월 "麗水臨城[未詳]人大兄劍牟岑 欲圖興復 收合殘民 自窮牟城[未詳]至浿江南 殺官人及僧法安等 向新羅行 至西海史冶島[今仁川史也島] 見安勝 迎致漢城而君". [ ]는 안정복이 붙인 분주이다.

118) 『신증동국여지승람』 권9, 인천도호부, 산천 "德積島 在府西一百二十里 周三十里 有牧場 本隷南陽府 成宗十七年移于府 士也串島 在府西一百十八里 周十里 有牧場 本隷南陽府 成宗十七年移于此".

119) 池內宏, 앞의 책, 425~426쪽.

120) 덕물도를 중심으로 경기만 일대에 위치한 소야도, 문갑도, 굴업도, 백아도 등 10여 개의 유인도서와 30여 개의 무인도서로 구성되어 있다(崔夢龍·申叔靜·金庚澤·金仙宇·金範哲, 『德積群島의 考古學的 調査研究』, 서울大學校博物館, 1999, 13쪽).

121) 소정방(蘇定方)이 백제를 정벌하기 위해 당군을 이끌고 정박하였기 때문에 소야도(蘇爺島)라는 이름이 붙여졌다고 한다(『영조실록』 권49, 영조 15년 4월 을해 "其傍小島名曰蘇爺島即唐將蘇定方領舟師來泊處"; 서영대, 「문헌에 나타난 덕적도의 역사지리」, 『덕적도』, 민속

그런데 안정복이 사야도(史冶島)를 사야도(史也島)로 비정한 것은 음상사(音相似)에 기초한 것일 뿐 별다른 근거를 바탕으로 한 것은 아니다. 만약 사야도(史冶島)가 지금의 소야도(蘇爺島)라면, 검모잠은 패강 남쪽에서 당 관인을 죽인 후 신라의 영해였던 경기만 일대로 남하하였다가, 안승을 만난 후 다시 북상하여 황해도에 위치한 한성으로 가서 안승을 옹립한 것이 된다. 이는 고구려 부흥을 도모하며 거병했던 검모잠이 취하기에는 부자연스러운 이동 경로이다. 오히려 검모잠이 안승을 한성으로 '맞아들였다'라는 표현에 주목하여 고구려 영역에서 벗어나지 않은 황해도 일대의 섬으로 보는 것이 더 타당하다.[122]

이는 '서해 사야도'라는 표현을 통해서도 접근이 가능하다. 사료 F에는 검모잠의 출신 및 거병 지역에 대한 구체적인 지명이 등장하고 안승을 옹립하는 과정이 상세히 기재되어 있는데, 신라는 관련 정보를 검모잠이 파견한 다식을 통해 입수했을 것이다. 그렇다면 '서해 사야도'는 고구려인의 인식이 담겨져 있는 표현으로 볼 수 있다. 고구려에서는 태조왕대 국내성을 중심으로 하는 방위관념이 존재하였다.[123] 『삼국사기』 고구려본기 중천왕 4년조에 관나부인을 '서해'에 던져버렸다는 기록에 등장하는 '서해'는 지금의 압록강 하구 내지 평안북도 해안 일대를 지칭할 가능성이 높다.[124] 국내성을 중심으로 하는 방위관념은 천도 이후 평양을 중심으로 재편되었음이 분명하다. 그렇다면 7세기 고구려인들이 인식했던 '서해'는 고구려인의 해양활동이 이루어지던 공간으로 지금의 평안도와 황해도 앞바다로 이해할 수 있다.

원, 2016, 26~27쪽).

122) 임기환, 앞의 책, 328쪽, 402쪽. 검모잠이 신라와 도움 없이 독자적으로 안승을 옹립하였다는 점에서도 사야도가 황해도 지역에 위치했다고 볼 수 있다(최재도, 앞의 논문, 149쪽).

123) 余昊奎, 「高句麗 國內 遷都의 시기와 배경」, 『韓國古代史研究』 38, 2005, 66~69쪽.

124) 윤상렬, 「고구려 世界觀念의 확립과정 탐구」, 『高句麗渤海研究』 41, 2011, 91쪽.

그런데 평안도, 황해도 연안에 분포하는 섬 중에 사야도라는 이름을 가진 섬은 없다. 다음의 기록이 실마리가 되리라 생각된다.

> G-①. 장구군(獐口郡)은 본래 고구려 장항구현(獐項口縣)이었는데 경덕왕이 이름을 고쳤다. 지금 안산현(安山縣)이다(『삼국사기』 권35, 잡지4, 지리2, 한주 장구군).
> G-②. 장항구현(獐項口縣)[고사야홀차(古斯也忽次)라고도 한다](『삼국사기』 권37, 잡지6, 지리4, 고구려 한산주).

지금의 안산 일대는 고구려 영역이었을 때 장항구현(獐項口縣)이었는데, 고사야홀차(古斯也忽次)라고도 불렸다. 혈구군(穴口郡)이 갑비고차(甲比古次)로, 양구군(楊口郡)이 요은홀차(要隱忽次)로 불린 사례에서 '홀차(忽次)'는 '구(口)'에 대응함을 알 수 있다.[125] 그렇다면 '장항(獐項)'이라는 지명은 고구려어로 '고사야(古斯也)'에 대응된다.

여기서 '장항(獐項)'은 몇 가지 해석이 가능한데, 오늘날의 '노루목'이라는 지명과 관련하여 골짜기 안에서 넓은 곳으로 이어지는 좁은 지역을 의미할 가능성이 있다.[126] 또는 두 강이나 하천의 합류처를 일컫는 지명으로 '늘·느르·누르·누리·노루·노리' 등이 있고 이들 지명의 이칭으로 '장(獐)'이 쓰였을 가능성도 있다.[127] 또는 '노루'를 빌려 '나루[津]'를 적은 것으로 해석하는 견해도 있다.[128]

---

125) 임홍빈, 「고구려 지명 '혈구군(穴口郡)'의 '구(口)'에 대하여」, 『東亞文化』50, 2012, 7~8쪽.
126) 千素英, 「地名에 쓰인 「느르」系 어사에 대하여」, 『口訣研究』1, 1996, 279쪽.
127) 조강봉, 「'nVrV'계 지명에 대한 揷疑」, 『地名學』4, 2000.
128) 고구려의 장항현(獐項縣)은 경덕왕 대에 임강현(臨江縣)으로 개칭되는데(『삼국사기』권35, 잡지4, 지리2, 한주 우봉군), 여기서 나루의 존재가 상정 가능하다(임홍빈, 위의 논문, 9쪽).

이러한 해석을 종합하면 '장항(獐項)'은 좁은 지역에서 넓은 지역으로 나아가는 길목이자 합수처(合水處)라는 지형적 특징을 지닌 곳으로서, 수상교통의 측면에서도 중요한 역할을 할 수 있는 지역을 가리킨다고 할 수 있다. 이러한 추정이 옳다면, '장항(獐項)' 즉 '고사야(古斯也)'는 강과 바다가 만나는 지역으로서 강에서 바다로 나아가거나 바다에서 강으로 진입하는 길목에 위치하는 곳에 붙여지는 지명이다.[129]

혹시 사야도(史冶島)는 '고사야(古斯也)'와 관련한 지명일 가능성은 없을까. 한자표기가 다르기는 하지만 이는 음차이므로 문제가 되지 않는다. 다만 '고' 음이 탈락되었다는 점이 문제가 될 수 있는데, 검모잠 측이 제공한 정보가 신라로 전달되어 기록되는 과정에서 발생한 오류일 가능성이 있다. 또는 애초부터 '사야'로 전해졌을 가능성이 있다. 시기적으로 차이가 나지만 다음 사례가 참고가 된다. 「광개토왕릉비」의 영락 6년 조에는 백제로부터 공취한 성의 이름이 나열되어 있는데, 이중 '고사조성(古舍蔦城)'이 있다.[130] 그런데 이 성은 수묘인 연호를 차출한 지역을 열거한 부분에서 '사조성한예(舍蔦城韓穢)'로 기재되어 있다. 동일한 지명임에도 불구하고 같은 비문에서 '고사조성(古舍蔦城)'과 '사조성(舍蔦城)'으로 기록한 것이다. 이는 '고(古)'를 생략하여도 당대 고구려인들이 비문의 내용을 이해하는데 문제가 없었기 때문일 것이다.[131] 비슷한 맥락에서 '고사야도'가 '사야도'로 신라에 전달되었을 수 있다.

도성인 평양성을 기준으로 서해에 존재하며, 강과 바다가 연결되는 길목에

---

129) 육군사관학교 군사사학과 이상훈 교수의 조언에 힘입은 바가 크다.
130) 王健群(林東錫 譯), 『廣開土王碑研究』, 역민사, 1985, 187~188쪽.
131) 영락 6년 백제로부터 성을 빼앗았을 때 '고사조성(古舍蔦城)'이었는데, 수묘인을 차출하는 장수왕대에 '사조성(舍蔦城)'으로 행정지명이 변했다고 보기도 한다(孔錫龜, 「≪광개토왕릉비≫ 守墓人 烟戶 記事의 考察」, 『高句麗渤海研究』47, 2013, 48쪽).

위치하는 섬으로 초도(椒島)가 주목된다. 초도는 대동강이 바다로 들어가는 입구에 있는 섬으로, 인근의 가도(椵島), 웅도(熊島), 석도(席島)와 함께 대동강의 인후(咽喉)를 쥐고 있는 곳이라는 평가를 받는다.[132]

또한 초도는 이른 시기부터 해상교통의 중요 거점으로 역할을 했다. 『신당서』 지리지에는 당에서 주변 지역 및 국가로 연결되는 7개의 교통로가 제시되어 있는데,[133] 그중 '등주해행입고려발해도(登州海行入高麗渤海道)'에는 산둥반도의 등주를 출발하여 묘도열도를 거쳐 요동반도 서남단을 경유, 서해안을 따라 연안 항로를 통해 남하하여 당은포에 다다른[134] 후 육로를 이용하여 신라왕성에 이르는 경로가 기술되어 있다.[135] 이중 서해안은 북으로부터 오골강(烏骨江)-오목도(烏牧島)-패강구(貝江口)-초도(椒島)-장구진(長口鎭)-마전도(麻田島)-고사도(古寺島)-득물도(得物島)-당은포(唐恩浦)로 이어지는 경로인데, 이들 섬과 포구는 항로의 주요 기항지로 역할을 했다.[136]

---

132) 『대동수경(大東水經)』 패수1 "列口者 今之江華也 江華椒島不過一帆風之間[大同江入海之口有椒島]"; 『대동수경』 패수3 "浿水 自急水門以下 混爲小海 西出廣梁口 遂爲大海 而大海之口 北有三和府咸從府 南有長連縣及殷栗縣豊川府 又有椵島熊島席島椒島之等 列於海中 扼其咽喉".

133) 이는 당의 재상을 지냈던 가탐이 저술한 『황화사달기』를 인용한 것이다(榎一雄, 「賈耽の地理書と道理記の稱とに就いて」, 『歷史學硏究』6-7, 1936).

134) 이 항로는 황해를 둘러싸고 연근해를 항해하는 환황해 연근해항로의 일부를 구성한다(윤재운, 「남북국시대의 對中항로와 거점」, 『韓國史硏究』179, 2017, 145~146쪽).

135) 『신당서』 권43하, 지33하, 지리7하 "登州東北海行 過大謝島龜歆島末島烏湖島三百里 北渡烏湖海 至馬石山東之都里鎭二百里 東傍海壖 過靑泥浦桃花浦杏花浦石人汪槖駝灣烏骨江八百里 乃南傍海壖 過烏牧島貝江口椒島 得新羅西北之長口鎭 又過秦王石橋 麻田島 古寺島 得物島 千里至鴨淥江唐恩浦口 乃東南陸行 七百里至新羅王城".

136) 문안식, 「백제의 동아시아 해상교통로와 기항지」, 『史學硏究』119, 2015, 121쪽; 박순발, 「백제의 해상교통과 기항지」, 『百濟學報』16, 2016, 12~13쪽. 670년 3월 신라 사찬 설오유와 고구려 태대형 고연무가 각각 정병 1만을 이끌고 압록강을 건너 개돈양에서 말갈병과 싸운 전투와 관련하여, 진군 경로로 서해안에서 압록강 하구로 통하는 해로를 활용했을 가능성을 탐색할 필요가 있음을 제기한 연구가 있어 주목된다(권창혁, 「670~673년 신라의 고구려 부흥운

'등주해행입고려발해도'는 762~764년 당의 사신 한조채가 당-발해-신라-당의 루트로 사행을 하면서 견문한 것이 바탕이 되었다고 추측된다.[137] 그렇다면 8세기 중반 초도가 당-신라 간 교통로 상의 주요 거점으로 기능했음을 알 수 있다. 그러나 항로의 개설 시점을 이때로 보기는 어렵다. 중국과 주변 지역 간의 교통로를 기술한 지리서를 편찬할 수 있었던 배경은 그동안 축적된 중국인의 지리적 인식이 있었기에 가능한[138] 일이기 때문이다. 더욱이 연안 항해를 바탕으로 하는 이 항로는 이미 신석기 시대부터 형성되어 이용되었다고 여겨지기[139] 때문에 고구려인도 해상 활동에서 초도를 적극적으로 활용했다고 보아야 한다.

초도의 이러한 자연·인문지리적 특징은 앞서 상정했던 사야도의 모습과 상당히 일치한다. 더욱이 사야도를 초도에 비정할 경우 검모잠의 행보와도 부합한다. 검모잠이 안승을 왕으로 옹립하는 과정에서 등장하는 지명인 패강 남쪽, 한성과 더불어 초도는 현재 황해도 일대로서 지리적으로 인접해 있기 때문이다.

동 지원 전략에 대한 검토」, 『新羅史學報』51, 2021, 184~185쪽). 신라·고구려부흥세력 연합군의 전체 병력이 해상으로 진군했다고 보기는 쉽지 않지만, 보급물자가 서해를 통해 수송되었을 가능성은 충분하다. 그렇다면 연합군 수송선단의 이동 경로는 '등주해행입고려발해도'의 서해안 경로와 크게 다르지 않았을 것이므로, 초도는 연합군의 중간 기항지로서의 역할을 할 수 있다. 이러한 추정이 가능하다면 신라와 고구려부흥세력은 대당전쟁 수행을 위한 전략상 요충지로 초도를 주목했을 가능성이 있는 것이다. 이는 검모잠과 안승이 사야도에서 만남을 가진 배경과도 관련되므로 추후 심도있는 연구가 진행되기를 기대해 본다.

137) 아카바메 마사요시(김선숙 譯), 「8세기 중엽에 있어서 신라와 발해의 통교관계『三國史記』인용, 賈耽『古今郡國縣道四夷述』逸文의 분석-」, 『高句麗渤海硏究』32, 2008: 赤羽目匡由, 『渤海王國の政治と社會』, 吉川弘文館, 2011, 16~41쪽.

138) 윤재운, 「8-10세기 동아시아 무역네트워크」, 『韓國古代史探究』12, 2012, 133쪽.

139) 정진술, 『한국의 고대 해상교통로』, 韓國海洋戰略硏究所, 2009, 199~208쪽; 권덕영, 앞의 책, 80~81쪽.

〈그림 2〉 검모잠의 남하 경로와 사야도 위치

이상의 논의를 바탕으로 다음과 같이 검모잠의 남하 및 안승 옹립 과정을 복원할 수 있다. 검모잠은 요동지역에 위치했던 궁모성을 떠나 남하하였고, 안동도호부가 설치되어 있던 평양성을 점령하였다. 대동강 남쪽으로 피신한 안동도호부의 관리들을 추격하며 당 세력과 전투를 이어갔고, 그 과정에서 현재 초도인 사야도에 피신해 있던 안승의 존재를 인지하게 되었다. 평양성이 부흥운동의 거점으로 기능하기 어려운 상황에서 검모잠은 부도였던 한성에 주목하였고, 안승을 한성으로 맞아들여 왕으로 세우면서 '부흥고구려국'이 수립되었다. 그 직후 검모잠은 이를 신라에 알리면서 원조를 청하였던 것이다.

(2) 669년 2월 신라 투항 기사 검토

『삼국사기』고구려본기에는 안승이 검모잠에 의해 왕으로 추대되기 이전의 행적이 보인다. 여기에는 뒤에서 구체적으로 살펴볼 안승의 출자(出自)에 대해 여타 기록과 달리 서술되어 있기 때문에 보다 상세한 검토가 요청된다.

> H-①. [총장] 2년 기사(669) 2월 왕의 서자(庶子) 안승이 4천여 호를 이
> 끌고 신라로 투항하였다[140](『삼국사기』권22, 고구려본기10, 총장 2년).
> H-②. 보장왕의 서자는 4천여 가를 이끌고 신라에 투항하였다[국사(國史)
> 와 조금 다르므로 같이 기록한다][141](『삼국유사』권3, 흥법, 보장봉로보덕이암).

H-①은 『삼국사기』고구려본기의 보장왕기 말미에 덧붙여진 고구려 멸망 이후의 기록 중 일부이다. 총장 2년 즉 669년 2월 안승이 4,000여 호에 이르는 대규모 집단을 이끌고 신라로 투항했다는 사실을 전하고 있으며, 안승을 보장왕의 서자(庶子)로 기술하고 있다. 만일 이 기사를 신뢰한다면 안승이 669년 2월 신라에 투항한 후, 670년 6월에 어떻게 대동강 하구 남쪽에 위치한 초도에 머물 수 있었는지를 해명할 필요가 있다. 이를 위해 669년 2월 실제로 안승이 신라로 투항하였는지 여부와 투항이 어떤 형식으로 이루어졌는지를 검토해 보겠다.

먼저 H-①이 중국 측 기록이 아니라 한국 측의 고유 기록에 의거한 것으로 보아 그 신빙성을 높게 보는 견해가 있다.[142] 『삼국사기』고구려본기에서 멸

---

140) "二年己巳二月 王之庶子安勝 率四千餘戶 投新羅"
141) "寶藏王庶子率四千餘家 投于新羅[與國史小殊 故幷錄]".
142) 池內宏, 앞의 책, 421쪽; 村上四男, 앞의 책, 239쪽. 최근 『삼국사기』고구려본기의 원전을 탐색한 연구에서도 이 점이 지적되었다(전덕재, 「『三國史記』高句麗本紀의 原典과 撰述-長

망 후 기사는 대부분『자치통감』의 기록을 전재한 것인데, H-①은 그렇지 않기 때문이다.

H-①의 원전을 탐색할 때 주목할 사료가 H-②이다. 이는『삼국유사』홍법편 보장봉로보덕이암(寶藏奉老普德移庵)조의 일부이다. H-②는 H-①과 비교하면 그 시기가 구체적으로 명시되어 있지 않고 서자의 인명이 결여되어 있다는 점에서 차이가 나지만, 투항 규모 및 목적지가 동일하다. 4,000여 호는 대략 2만 명에 이르는 규모인데, 대규모의 주민 이주가 연이어 일어났다고 보기 어려우며 두 번 다 신라본기에 기재되지 않았다고 생각하기에도 석연치 않다. 그러므로 H-①·②는 동일한 사실을 전하는 기사로 보아야 한다.

H-①·②의 관계에 대해, H-②의 본문에 덧붙여진 분주(分註)에 주목하는 입장이 있다. 분주에서 "국사(國史)와 조금 다르므로 같이 기록한다."고 서술한 의미는『국사』, 즉『삼국사기』신라본기에는 669년 2월 안승의 신라 투항 기사가 없지만, 고구려본기에는 존재한다는 의미라는 것이다. 결국 H-②는 H-①을 인용했다고 본 것이다.[143]

이러한 주장은 보장봉로보덕이암조의 전체 맥락에서 보면 쉽게 납득하기 어렵다. 해당 조목은 제목과 같이 고구려에서 도교 성행과 이로 인한 보덕의 이거라는 두 내용으로 구성되어 있다.[144]『삼국유사』홍법편이 국가의 흥망과

壽王代 이후 기록을 중심으로-」,『白山學報』105, 2016, 64쪽;『三國史記 본기의 원전과 편찬』, 주류성, 2018, 341쪽).

143) 村上四男, 앞의 논문, 52쪽. 참고로『朝鮮學報』에 게재된 이 논문은 훗날 저서인『朝鮮古代史硏究』에 실리는데, 논문의 해당 부분이 저서에는 빠져있다. 최근『삼국유사』에서『삼국사기』를 인용한 사례를 검토한 연구에서도 H-②가 H-①를 전거로 삼아 기술되었다고 보았다 (金福順, 「『삼국유사』 속의『삼국사기』-국내외서적 인용사례를 중심으로-」,『東國史學』62, 2017, 271쪽).

144) 이를 세분하여 6가지 주제로 나누어 보기도 한다(조법종, 「『삼국유사』'보장봉노 보덕이암'

불교가 연관됨을 설명하려는 의도에서 편찬되었다는 사실을 감안하면,[145] 일연은 고구려의 멸망 원인을 도교 장려와 불교 배척의 관점에서 바라봤다는 사실을 인정할 수 있다. 일연은 도교의 성행과 고구려 멸망에 관한 기록을 「고려본기(高麗本記)」와 『고려고기(高麗古記)』에서 각각 인용하고 있다. 해당 내용을 개관하면 다음과 같다.

〈표 4〉 『삼국유사』 보장봉로보덕이암조 「고려본기」·『고려고기』 인용 내용 구조

	「고려본기」 인용	『고려고기』 인용
인용 시작	「고려본기」에 이르길[高麗本記云]	『고려고기』에 이르길[按高麗古記云]
내용		수 양제의 고구려 침공과 실패 수 양명(羊皿)이 고구려를 멸망시키기 위해 개금(盖金)으로 출생
	고구려 말 오두미교 유행 영류왕대 도교 수용 보장왕대 개소문(蓋蘇文)의 건의로 도교 수용	개금(盖金)의 건의로 당으로부터 도교 수용 도사들의 활동-산천 진압, 참언 등
	보덕(普德)이 도교 진흥에 반대하며 완산주로 이거	
	고구려 멸망	고구려 멸망 보장왕 서자의 신라 투항
인용 종결	분주(分註): 이상은 『국사』이다[已上國史]	분주(分註): 『국사』와 조금 다르므로 같이 기록한다[與國史小殊 故幷錄]

먼저 「고려본기」를 인용하여 영류왕, 보장왕대 당으로부터 도교를 수용하는 과정과 보덕이 이에 반발하여 완산주 고대산으로 이거했던 사실을 서술하고 있다. 그리고 고구려가 멸망한 사실을 적시한 뒤 분주에 "이상은 『국사』이

에 나타난 보덕관련 공간 검토」, 『新羅文化祭學術發表會論文集』35, 2014, 144~148쪽).
145) 李基白, 「『三國遺事』 興法篇의 趣旨」, 『震檀學報』89, 2000, 3~4쪽; 『韓國古典研究-『三國遺事』와 『高麗史』 兵志-』, 一潮閣, 2004, 68~69쪽; 金福順, 「『三國遺事』 「興法」篇과 中古期의 설정」, 『慶州史學』19, 2000, 84~93쪽.

다.”라고 하여 인용문이 『국사』에서 비롯되었음을 밝히고 있다. 결국 본조에서 『국사』는 「고려본기」를 의미한다고 할 수 있다.[146]

『고려고기』에서 인용한 내용도 대체로 「고려본기」 인용 부분과 유사하다. 고구려에서 도교가 성행했음을 설명하고, 668년 당군과 신라군의 공격으로 멸망했음을 기술하고 있다. 그리고 분주로 “『국사』와 조금 다르므로 같이 기록한다.”고 덧붙이고 있다.

그런데 몇몇 대목에서 「고려본기」 인용 부분에는 보이지 않는 서술이 존재한다. 수의 양명(羊皿)이 고구려를 멸망시키기 위해 연개소문으로 환생했다는 설화와 도사들의 구체적인 활동 등이 그것이다. 보장왕의 서자가 4천여 가를 이끌고 신라로 투항한 것도 『고려고기』 인용 부분에만 등장한다.

그렇다면 해당 분주는 『고려고기』에 이르길[按高麗古記云]’과 조응하여 『고려고기』를 인용하는 내용이 종결되었다는 것을 알려주는 동시에 그 인용 내용이 앞서 「고려본기」 즉 『국사』와 일부 다르다는 사실을 드러내기 위해 작성되었던 것이다.[147] 결국 일연은 「고려본기」와 『고려고기』를 각각 인용하여 ‘도교의 성행과 고구려 멸망’을 연결하여 설명하고자 하였는데, 양자 사이에 서술상 일부 차이가 있다는 점을 알리기 위해 해당 분주를 작성한 셈이다. 그렇

---

146) 『국사』가 『구삼국사』를 가리키는지 『삼국사기』를 의미하는지, 아니면 또 다른 사서인지에 대해서는 논란이 있을 수 있다. 이에 대해서는 李康來, 「三國遺事의 舊三國史論」, 『三國史記 典據論』, 民族社, 1996, 222~225쪽과 김두진, 「『三國遺事』의 인용문과 그 성격」, 『史學研究』76, 2004, 90~98쪽; 『삼국유사의 사학사적 연구』, 일조각, 2014, 277~287쪽 참조. 한편 「고려본기」가 『국사』의 체제 안에 포함되어 있다는 점을 설명하기 위한 것으로 보는 견해도 있다(차광호, 「『三國遺事』에서의 『國史』 인용 형태와 그 의미」, 『嶺南學』30, 2016, 129~130쪽).

147) 『고려고기』 인용 부분에는 3차례에 걸쳐 『국사』를 인용하고 있는데, 모두 『고려고기』와 『국사』의 상이점을 지적하고 있다(이강래, 위의 책, 1996, 222쪽). 그중 두 번은 영류왕의 왕호, 도교 수용 시기에 관한 것인데, 양자 간의 구체적인 차이를 드러내고 있다는 점에서 본문에서 설명한 『국사』 인용의 사례와는 작성 목적이 다르다.

다면 H-②의 분주를 보장왕 서자의 신라 투항에만 한정하여 해석할 필요는 없다.

여기서 주목할 사실은 보장왕 서자의 신라 투항 기록의 원전이『고려고기』임을 확인했다는 것이다.『삼국유사』에 인용된『고기』는 고대 왕조의 변천과 생멸에 현저한 역할을 수행했던 인물에 관심을 기울이고 있다고 한다.[148] 보장봉로보덕이암조에서 연개소문의 신이한 탄생과 그가 국왕에게 도교 수용 및 장성 건설을 건의한 사실이 기록된 데에서 이것이 입증된다. 이런 점에서 멸망한 국가를 되살리려고 한 인물의 행적이『고려고기』에 기록되어 있는 것은 당연할지도 모른다.[149] 다만 이는 일연이 해당 조목에서 의도한 서술방침에서 벗어난 서술이기 때문에 매우 불완전하게 '보장왕 서자가 신라에 투항하였다'는 내용으로『삼국유사』에 채록되었다고 추측된다.

『삼국사기』의 H-①도『고려고기』를 원전으로 채록되었을 가능성이 높다. 선학들에 의해 지적된 바와 같이 H-①은 중국 측 기록에 근거하지 않고 돌출적으로 등장하므로 국내 고유 자료에서 기원했음이 분명하다.『삼국사기』에는 24항목에 '고기류(古記類)'가 인용되었는데, 이는 중국 사서에 대응하는 삼국에 관한 고유한 국내 자료를 가리킨다.[150] 또한『삼국사기』에 인용된『본국고

---

148) 이강래, 앞의 책, 1996, 172~176쪽.

149) 신라로 이주한 고구려 유민과 그 후손이 신라에서 점차 지위가 하락해 가는 위기감 속에서 『고려고기』를 편찬한 것이라면 신라의 삼국통일에 기여한 인물과 그들의 활동이 특기되었 을 가능성도 있다(盧鏞弼,「新羅 移住 高句麗人의 歷史 編纂」,『韓國史學史學報』25, 2011, 17~23쪽;『한국고대인문학발달사연구』(1) 어문학·고문서학·역사학 권, 한국사학, 2017, 179~185쪽).

150) 이강래, 앞의 책, 1996, 123~140쪽.『삼국사기』잡지에 인용된 고기류를 분석한 연구에 따 르면, 잡지 인용 고기는 다양한 국내 전거자료를 지칭하는 보통명사적 의미로 사용되었다 고 한다(李文基,「『三國史記』雜志의 構成과 典據資料의 性格」,『韓國古代史研究』43, 2006, 230~232쪽).

기(本國古記)』가『고구려고기』,『백제고기』,『신라고기』를 지칭한다면,[151]『삼국사기』 편찬의 전거자료로『고려고기』가 활용되었다고 할 수 있다. H-①이『고려고기』를 인용했을 가능성이 한층 높아지는 것이다.[152] 요컨대 H-①이 이른바 '고기류(古記類)'라고 부를 수 있는 국내 전승 자료를 원전으로 삼는다는 사실 은 분명하며, 그것이『고려고기』일 가능성은 농후하다.

그렇다면 H-①·② 중에서 어느 것이 원전 기록에 더 가까울지 살펴보자. H-①이 H-②보다 조금 더 상세하기 때문에, 쉽게 판단하면 H-①이 원전에 가깝다고 생각할 수 있다. 그런데 H-①은 실제로 670년 6월에 발생한 사건인 데, 고구려본기의 찬자가『자치통감』고종 총장 2년(669) 4월조 기사[153]를 옮기 는 과정에서 669년 2월조에 삽입했다고 보는 견해[154]가 있으므로 보다 면밀한 검토가 요청된다.

> I. 검모잠이 나라를 다시 일으키고자 당에 반(叛)하여 왕의 외손 안순 (安舜)[신라본기에는 승(勝)이라고 썼다]을 세워 왕으로 삼았다[155](『삼국사기』 권22, 고구려본기10, 함형 원년 4월).

『삼국사기』고구려본기 함형 원년(670) 4월 기사는 중국 측 기록을 인용하

---

151) 이강래, 앞의 책, 1996, 140~146쪽.

152) 만약 H-①이『고려고기』를 인용하지 않았다고 하더라도 H-①의 사료적 가치가 폄하되는 것은 아니다. 고려 전기까지 보장왕의 서자가 대규모 집단을 이끌고 신라로 투항했다는 기 록을 담은 사서가 복수로 존재했다는 사실이 드러나기 때문이다.

153) "高麗之民多離叛者 勑徙高麗戸三萬八千二百於江淮之南及山南京西諸州空曠之地 留其貧弱 者 使守安東".

154) 井上直樹,「高句麗遺民と新羅-七世紀後半の東アジア情勢-」,『東洋史硏究』75-1, 2016, 105~107쪽.

155) "劍车岑欲興復國家 叛唐 立王外孫安舜[羅紀作勝]爲主".

면서 검모잠이 보장왕의 외손 안순(安舜)을 왕으로 세웠다고 기록하고 있다. 여기에 안순에 대한 분주로 "[순(舜)을] 신라본기에는 승(勝)이라고 썼다."라고 하고 있다. 고구려본기의 찬자는 중국 측 기록에 등장하는 안순이 신라본기에 등장하는 안승과 동일인이라고 판단한 것이다.[156] 고구려본기 찬자는 안승에 대해 중국 측 기록과 상이한 신라 측의 고유 전승 자료가 존재했다는 사실을 인지하고 있었다.

그런데 고구려본기의 찬자는 안승을 중국 측 기록에서 보장왕의 외손[157], 신라본기에서 연정토의 아들[158]로 소개하는 것과 달리, 또 다른 계통의 자료를 수용하여 H-①에서 '보장왕의 서자 안승'에 관해 서술하고 있다. 이는 고구려본기의 찬자가 상충하는 자료에 대한 적극적인 판단을 보류했음을 시사한다.[159] 즉, 각종 사서에 기재된 안승에 관한 기록이 고구려본기 찬자의 손을 거치면서 선택·수정·개필 되기보다 원자료를 최대한 전재하는 방식으로 서술되었을 가능성이 제기된다. 이러한 추정이 옳다면 『고려고기』로 상정되는 원전 자료에서 669년 2월 안승이 4,000호를 이끌고 신라로 투항하였다고 서술되어 있고, 고구려본기의 찬자는 이를 전재했다고 보는 것이 타당하다.

하지만 이러한 추정이 669년 2월 안승이 실제 신라로 투항했는지를 확증해 주는 것은 아니다. 4,000여 호에 이르는 대규모 주민 집단에 대한 후속 조치가 전혀 실시되지 않았기 때문에 실제로 신라로 이동하였는지에 대한 의문이

---

156) 이강래, 「한·중 사서에 보이는 고구려와 중국의 전쟁 기록 비교 검토」, 『東北亞歷史論叢』 15, 2007, 205~206쪽.

157) 『신당서』 권220, 열전145, 동이 고려 "'大長鉗牟岑率衆反 立藏外孫安舜爲王'.

158) 『삼국사기』 권6, 신라본기6, 문무왕 10년 6월 "至西海史冶島 見高句麗大臣淵淨土之子安勝 迎致漢城中 奉以爲君".

159) 이강래, 「『삼국사기』 고구려본기의 분주 재론」, 『白山學報』67, 2003, 135~136쪽; 『三國史記 形成論』, 신서원, 2007, 381~382쪽.

든다.[160] 669년 2월 안승의 투항은 666년 연정토의 신라 귀부와 비교가 된다. 연정토는 12성, 763호, 3,543명을 이끌고 신라로 내투하였다.[161] 신라가 매우 구체적인 정보를 파악하고 있었던 배경은 연정토의 신라 귀부와 함께 성, 호구 등에 관한 자료가 신라에 전달되었기 때문으로 추정된다.[162] 그렇다면 반대로 안승이 이끈 주민 집단에 대해서는 4,000여 호라는 대략적인 숫자로 밖에 표현할 수 없었던 저간의 사정이 존재한다고 이해할 수 있다. 그것은 안승의 신라 투항이 실현 단계에서 좌절되었기 때문은 아닐까 한다.

안승이 신라에 접촉을 시도하여 투항 의사를 밝히면서[163] 자신이 이끄는 집단을 4,000여 호로 신라에 알렸을 것이다. 당시 신라는 당과의 전쟁에 대비하여 구체적인 전쟁 준비를 하고 있었지만,[164] 669년 2월 시점에는 불필요하게 나당 갈등이 증폭되기를 바라지 않았던 것 같다. 669년 2월 21일 문무왕은 교서를 내려 백제와 고구려를 평정하였음을 재차 선언하고 백성에 대한 대규모의 사면과 부채 탕감을 단행하였다.[165] 여기에는 오랜 기간 전쟁으로 어려워진 민생을 돌보고 민심을 수습하려는 의도가 개재되어 있었다.[166] 즉 당시 신라는

---

160) 이런 점 때문에 669년 2월에는 안승이 홀로 신라에 내항하였고, 4,000여 호는 안승이 검모잠을 죽이고 신라로 내항할 때 이끈 주민 집단으로 보기도 한다(임기환, 앞의 책, 327~329쪽).

161) 『삼국사기』 권6, 신라본기6, 문무왕 6년 12월 "高句麗貴臣淵淨土 以城十二戶七百六十三口 三千五百四十三來投 淨土及從官二十四人 給衣物糧料家舍 安置王都及州府 其八城完 並遣士卒鎭守".

162) 방용철, 「淵男生 형제의 內紛과 지방세력의 동향」, 『新羅史學報』39, 2017, 114쪽.

163) 이미경, 「新羅의 報德國 지배정책」, 『大丘史學』120, 2015, 107쪽.

164) 이상훈, 「羅唐戰爭의 軍事的 原因과 新羅의 戰爭準備」, 『역사와 경계』79, 2011, 21~28쪽: 『나당전쟁 연구』, 주류성, 2012, 79~87쪽.

165) 『삼국사기』 권6, 신라본기6, 문무왕 9년 2월.

166) 李文基, 「新羅 文武王代의 軍事政策에 대하여」, 『歷史敎育論集』32, 2004, 186쪽. 사면대상자가 일반 백성까지 포괄한다는 점에서 국가적 경축 차원의 사면이 아닌 경제적 피폐화에

당과 전쟁을 치를 수 있는 물적 토대가 마련되어 있지 못한 상황이었고, 대규모의 고구려 유민 집단을 받아들일 경우 발생할 수 있는 당과의 갈등 상황을 회피하고자 했을 것이다. 결국 안승이 신라로 투항하려는 시도는 좌절되었고, 669년 5월 고구려 유민에 대한 대규모 사민이 실시되자 안승은 이를 피해 사야도로 숨어 들어갔던 것이다.

마지막으로 안승과 4,000여 호가 거주하고 있던 지역을 찾아보자. 목적지가 신라였다는 점에서 고구려와 신라가 국경을 맞대고 있었던 곳에서 찾아야 온당하다. 그렇다면 황해도 일대, 북한강 유역을 중심으로 하는 영서 내륙 지역, 동해안 지역이 후보가 된다. 이중 동해안 지역은 연정토가 귀부한 12성이 안변, 덕원, 회양으로 비정[167]되므로 제외된다. 영서 내륙 지역은 6세기 중반 신라에게 상실하였는데,[168] 655년 고구려가 백제, 말갈과 연합하여 신라 북쪽 변경 33성을 빼앗으면서[169] 일부가 고구려의 영역으로 편입된 듯하다.[170] 마지막으로 황해도 지역은 한성을 중심으로 광역의 행정권역 및 군사방어체계가 작동

따른 민의 붕괴를 막기 위한 조치였다고 해석된다(趙法鐘, 「新羅 文武王代 社會政策의 性格檢討」,『新羅文化』16, 1999, 116쪽).

167) 盧泰敦, 「5~7세기 고구려의 지방제도」,『韓國古代史論叢』8, 1996, 220~222쪽: 「지방제도의 형성과 그 변천」,『고구려사 연구』, 사계절, 1999, 249~251쪽.

168) 고고학적으로 6세기 중반 신라 주거지가 확인되며 춘천, 홍천 지역의 고분군 등을 통해 볼 때 7세기 전반에는 신라의 영역으로 완전히 편입되었다고 한다(심재연, 「6~7세기 신라의 북한강 중상류지역 진출 양상」,『新羅文化』31, 2008). 북한강 유역에서 신라의 지방제도가 적용, 운영되는 양상에 대해서는 박성현, 「북한강 유역 신라 郡縣의 형성과 구조」,『한문고전연구』22, 2011 참조.

169) 『삼국사기』권5, 신라본기5, 무열왕 2년 정월;『삼국사기』권22, 고구려본기10, 보장왕 14년 정월;『삼국사기』권28, 백제본기6, 의자왕 15년 8월.

170) 윤성환, 「650년대 중반 고구려의 대외전략과 대신라공세의 배경」,『국학연구』17, 2010, 157~166쪽; 장창은, 「아차산성을 둘러싼 삼국의 영역 변천」,『史叢』81, 2014, 140~143쪽: 앞의 책, 327~330쪽.

하고 있었다.[171]

한성 권역과 북한강 유역 중 안승이 활동했던 지역은 한성 권역일 가능성이 더 높다. 연정토가 763호를 이끌고 신라에 귀부한 사실에 비추어 볼 때, 4,000여 호는 더 광범위한 지역이며 인구 규모도 훨씬 컸다는 사실을 알려준다. 한성 권역은 부도(副都)로서의 위상을 지닌 곳으로 기본적으로 인구 규모가 상당했을 것이며, 웅진도독부 소속 당군에게 항복하여 사료상 큰 전투가 발생한 흔적이 보이지 않아 인적, 물적 손실이 적었다고 추정된다. 즉 안승은 한성 권역에 포함된 2군 12성과 이에 거주하는 주민을 이끌고 신라로 투항하려 했던 것이다.

(3) 안승의 출자와 나이

안승의 출자에 대한 견해는 분분하다. 보장왕의 서자, 보장왕의 외손, 연정토의 아들 등으로 전해지고 있다. 이에 대해 크게 서자설을 지지하는 입장[172]과 연정토를 보장왕의 사위로 보아 안승이 연정토의 아들이자 동시에 보장왕의 외손으로 보는 입장[173]으로 대별된다. 최근에는 후자를 따르는 입장이 다

---

171) 임기환, 앞의 논문, 2004, 29~30쪽; 신광철, 「황해도 일대의 고구려 관방체계와 남부전선의 변화」, 『先史와 古代』35, 2011.

172) 池內宏, 앞의 책, 424~425쪽. 이를 따르는 입장으로 李弘稙, 「高句麗遺民에 關한 一・二의 史料」, 『史叢』10, 1965, 7쪽; 『韓國古代史의 硏究』, 新丘文化社, 1971, 282쪽; 李基白・李基東, 『韓國史講座』 I [古代篇], 一潮閣, 1982, 297쪽; 이병도 역주, 『삼국사기』상, 을유문화사, 1983, 158쪽, 508쪽 등이 있다. 손영종, 앞의 책, 1998, 253쪽에서는 신라의 책문에서 안승을 주몽의 후손이라고 했다는 점을 근거로 보장왕의 서자로 파악하였다.

173) 李丙燾・金載元, 『韓國史』古代篇, 乙酉文化社, 1959, 525쪽; 村上四男, 앞의 책, 242쪽; 李丙燾, 앞의 책, 459쪽; 金壽泰, 앞의 논문, 336~337쪽; 盧泰敦, 「『삼국사기』 신라본기의 고구려관계 기사 검토」, 『慶州史學』16, 1997, 96쪽; 임기환, 앞의 책, 321쪽; 井上直樹, 앞의 논문, 103~104쪽; 정원주, 앞의 논문, 2018, 83쪽; 김수진, 「670년 평양 일대 고구려 유민의 남하와 부흥운동의 전개」, 『역사와 실학』72, 2020, 11~12쪽.

수를 차지하고 있다. 연정토의 아들로 기술한 『삼국사기』 신라본기에 안승 관련 기록이 가장 상세히 남아 있으며, 출자에 관한 세 기록 중 둘을 만족할 수 있기 때문이다.[174]

안승의 출자에 관한 문제는 보장왕의 서자와 보장왕의 외손이자 연정토의 아들이라는 양립할 수 없는 상이한 기록에서 기인한다. 이는 택일의 문제로 귀결될 수밖에 없다. 어느 한 쪽을 증명할 수 있는 직접적인 증거가 없는 이상, 어떤 결론을 내리든 방증된 자료를 토대로 한 추론에 불과하다는 한계가 있다. 결국 안승의 출자를 드러내는 모든 기록을 재차 면밀히 검토할 필요가 있으며, 당시의 왕위 계승 원리와 정치 상황 등 정황 증거를 기반으로 안승의 출자를 추정해 보고자 한다. 또한 상이한 출자 기록이 나타나게 된 배경에 대해서도 의견을 덧붙여 보고자 한다.

J-①. 왕의 서자(庶子) 안승이 4천여 호를 이끌고 신라로 투항하였다[175](『삼국사기』 권22, 고구려본기10, 총장 2년 2월).

J-②. 검모잠이 나라를 다시 일으키고자 당에 반하여 왕의 외손(外孫) 안순을 세워 왕으로 삼았다[176](『삼국사기』 권22, 고구려본기10, 함형 원년 4월).

K-①. 서해 사야도에 이르러 ㉠고구려 대신 연정토의 아들[淵淨土之子] 안승을 만나 한성 안으로 맞아들여 받들어 임금으로 삼았다. 소형(小兄) 다식(多式) 등을 보내 다음과 같이 슬피 고하였다. "망한 나라를 일으키고 끊어진 세대를 잇게 해주는 것은 천하의 공의이니 오직 대국에게 이를 바

---

174) 盧泰敦, 앞의 논문, 1997, 95~96쪽.
175) "王之庶子安勝 率四千餘戶 投新羅".
176) "劒牟岑欲興復國家 叛唐 立王外孫安舜爲主".

랄 뿐입니다. 우리나라의 선왕이 도를 잃어 멸망 당하였으나 지금 신 등이 ㉡나라의 귀족[國貴族] 안승을 맞아 받들어 임금으로 삼았습니다. 바라건대 번병이 되어 영원히 충성을 다하고자 합니다."[177](『삼국사기』권6, 신라본기6, 문무왕 10년 6월).

K-②. 사찬 수미산을 보내 안승을 봉하여 고구려왕으로 삼았다. 그 책문에 이르기를, "함형 원년 경오 가을 8월 1일 신축, 신라왕은 ㉠고구려 사자(嗣子) 안승에게 책봉의 명을 보낸다. 공의 태조 중모왕(中牟王)은 덕을 북산에 쌓고 공을 남해에 세워 위풍이 청구에 떨쳤고 인자한 가르침이 현토를 덮었다. 자손이 서로 잇고 끊어지지 않으며 땅은 천리를 개척하였고 햇수가 800년이 되려 하였다. 남건과 남산 형제에 이르러 화가 집안에서 일어나고 골육 간에 틈이 생겨 집안과 나라가 멸망하고 종묘와 사직은 자취도 없이 사라지게 되었으며 백성은 동요하여 마음을 의탁할 곳이 없었다. … (중략) … ㉡선왕의 정사(正嗣)로는 오직 공뿐이니, 제사를 주관할 자는 공이 아니면 누가 하겠는가. 삼가 사신 일길찬 김수미산 등을 보내 책명을 펼치고 공을 고구려왕으로 삼으니, 공은 마땅히 유민을 어루만져 모으고 옛 왕업을 잇고 일으켜 영원히 이웃 나라가 되어 형제와 같이 화합하도록 힘써라. 삼가고 삼갈지어다. 아울러 멥쌀 2천 석과 갑옷을 갖춘 말 한 필, 비단 다섯 필과 명주와 가는 실로 짠 베 각 10필, 목화 15칭을 보내니 왕은 그것을 받으라."고 하였다[178](『삼국사기』권6, 신라본기6, 문무

177) "至西海史冶島 見高句麗大臣淵淨土之子安勝 迎致漢城中 奉以爲君 遣小兄多式等 哀告曰 興滅國繼絶世 天下之公義也 惟大國是望 我國先王以失道見滅 今臣等得國貴族安勝 奉以爲君 願作藩屛 永世盡忠".

178) "遣沙湌須彌山 封安勝爲高句麗王 其册日 維咸享元年歲次庚午秋八月一日辛丑 新羅王致命 高句麗嗣子安勝 公太祖中牟王 積德北山 立功南海 威風振於青丘 仁敎被於玄菟 子孫相繼

왕 10년 7월).

　L-①. 또 고구려를 쳐서 그 나라의 왕손(王孫)을 데려다가 진골의 지위
에 두었다[179](『삼국유사』 권2, 기이, 문호왕법민).

　L-②. 보장왕의 서자(庶子)는 4천여 가를 이끌고 신라에 투항하였다
[180](『삼국유사』 권3, 흥법, 보장봉로보덕이암).

　M. 대장(大長) 겸모잠(鉗牟岑)이 무리를 이끌고 반란을 일으켜 [고]장의
외손(外孫) 안순을 세워 왕으로 삼았다[181](『신당서』 권220, 열전145, 동이 고려).

　안승의 출자는 보장왕의 서자(J-①, L-②), 보장왕의 외손(J-②, M), 연정토의
아들(K-①), 왕손(L-①)으로 제각각 다르게 기록되어 있다. 이들 기사는 한국 측
사료(J~L)와 중국 측 사료(M)로 나눌 수 있다. 중국 측 사료는 M 이외에도 일관
되게 안승의 이름을 안순으로, 그리고 그를 보장왕의 외손으로 소개하고 있
다. 한국 측 기록에서는 유일하게 J-②가 보장왕의 외손으로 전하고 있다. 앞에
서 언급했듯이 이는 중국 사료를 인용한 것이라는 점에서 이해할 수 있다.[182]

　K-①-ⓛ에서 안승을 '나라의 귀족[國貴族]'으로 표현하고 있다. 이에 주목하
여 안승이 보장왕의 서자가 아니라고 보기도 한다. 만약 서자라면 왕족으로

本支不絶 開地千里 年將八百 至於建産兄弟 禍起蕭墻 釁成骨肉 家國破亡 宗社湮滅 生人波
蕩 無所託心 … 先王正嗣 唯公而已 主於祭祀 非公而誰 謹遣使一吉湌金須彌山等 就披策命
公爲高句麗王 公宜撫集遺民 紹興舊緖 永爲隣國 事同昆弟 敬哉敬哉 兼送粳米二千石 甲具
馬一匹 綾五匹 絹細布各十四 綿十五稱 王其領之".

179)　"又伐高麗 以其國王孫还國 置之眞骨位".

180)　"寶藏王庶子率四千餘家 投于新羅".

181)　"大長鉗牟岑率衆反 立藏外孫安舜爲王".

182)　村上四男, 앞의 책, 238~239쪽. 그렇지만 J-②가 중국 기록을 전재한 것은 아니다. 검모잠
　　　이 안승을 왕으로 세운 목적에 대해 '국가를 부흥하고자 했다'는 것은 중국 측 사서에는 보
　　　이지 않기 때문이다.

표현되어야 하고, '귀족'이라는 표현은 연정토가 '고구려 귀신(貴臣)'으로 지칭된 것에서 기인했다고 보는 입장이다.[183] 그런데 귀족은 전근대 '고귀한 족속'을 가리키는 포괄적인 개념으로 사용되었으며 여기에는 왕족까지 포함되었다.[184] 그러므로 '귀족'이라는 표현만으로 안승의 출자를 확정하기는 어렵다.

L-①에서 신라로 귀부한 고구려 왕손의 인명이 결여되어 있다. 진골의 지위를 받았다는 점은 신문왕이 안승을 진골만이 수여받을 수 있는 관등인 소판으로 삼았다[185]는 것과 통하므로 왕손은 안승을 지칭한다. 여기서 왕손은 보장왕의 외손에서 파생되었을 가능성도 있고,[186] 『삼국유사』의 찬자가 안승의 출자에 대해 확언하기 어려운 입장에서 두리뭉실하게 표현했을 수도 있다. 이와 같이 K-①-ⓛ, L-①을 통해 안승의 출자를 확정하기 어려우므로 검토 대상에서 제외한다.

K-②는 신라가 안승을 고구려왕으로 책봉하면서 내린 책문인데, 안승을 고구려 사자(嗣子), 선왕 정사(正嗣)로 지칭하였다. 사자(嗣子)와 정사(正嗣)라는 표현을 문면 그대로 받아들이면 안승이 보장왕의 아들로서 왕위를 이은 정당한 계승자라고 이해된다. 이는 조선시대 지식인에게 큰 영향을 미쳤다. 『동국통감』에서 안승의 출자에 관한 상이한 기록에 대해 의문을 제기하며 외손에 무게감을 두면서도 정사(正嗣)로 지칭한 것에 따라 판단을 유보하였고, 안정복 역시 정사(正嗣)를 근거로 하여 외손을 부정하면서 안승을 왕자로 기술하

---

183) 井上直樹, 앞의 논문, 103~104쪽.
184) 이재환, 「신라사 연구에 있어서 '귀족'개념의 도입 과정」, 『한국 고대사 연구의 시각과 방법 (노태돈교수정년기념논총1)』, 사계절, 2014, 393~395쪽.
185) 『삼국사기』 권8, 신라본기8, 신문왕 3년 10월 "徵報德王安勝爲蘇判 賜姓金氏 留京都 賜甲第 良田".
186) 村上四男, 앞의 책, 241쪽.

였다.[187] 종실, 종척으로 안승의 출자를 표기한 것도 같은 맥락에서 이해할 수 있다.[188]

그런데 사자(嗣子)는 반드시 부자계승으로 왕위가 이어질 경우로 한정되지 않는다. 『후한서』 고구려전에는 훗날 차대왕이 되는 수성을 태조왕인 궁의 사자(嗣子)로 소개하고 있고, 당이 보장왕을 책봉하며 내린 조서에서 '고려왕 사자(嗣子) 장(藏)'으로 기술한 것이 그 예이다.[189] 『삼국사기』에서 태조왕과 차대왕은 형제 관계로 전하며, 보장왕은 전왕인 영류왕의 조카이다.

고구려에서 왕위계승원칙은 대체로 형제상속에서 부자상속으로 전환되었다고 이해된다.[190] 물론 부자상속이 원칙으로 세워진 이후에도 전왕의 시해, 폐

187) 『동국통감』 권9, 신라기, 신라 문무왕 10년 6월 "臣等按 … 外孫者近矣 然其册命之辭 又稱 先王正嗣 唯公而已 何耶 富軾之說 彼此矛盾 未可詳也"; 『동사강목(東史綱目)』 부권상(附卷 上), 고이(考異), 고구려안승 "然而文武王封安勝文曰 先王正嗣 惟公而已 若是外孫 豈曰正 嗣 以是觀之 則王子之說亦然矣 東鑑以外孫安勝書 輿地勝覽纂要以宗室書 今從麗紀王庶子 之說及文武王册文正嗣之語 以王子書".

188) 『삼국사절요』 권10, 문무왕 10월 6월조 및 『신증동국여지승람』 권33, 전라도, 익산군조와 『연려실기술』별집 권19, 역대전고, 고구려속국에서는 종실, 『성호사설』 권20, 경사문, 려제 여신에서는 종척으로 기술하고 있다.

189) 『후한서』 권85, 동이열전, 고구려 "建光元年春 幽州刺史馮煥玄菟太守姚光遼東太守蔡諷等 將兵出塞擊之 捕斬濊貊渠帥 獲兵馬財物 宮乃遣嗣子遂成 將二千餘人逆光等"; 『책부원구』 권964, 외신부9, 책봉2 "十七年閏六月 詔曰 懷遠之規 前王令典 繼世之義 列代舊章 高麗王 嗣子藏 器懷韶敏 識宇詳正 早習禮教 德義有聞 肇承藩業 誠款先著 宜加爵命 允玆故實 可上 柱國封遼東郡王高麗王 遣使持節册命".

190) 李基白, 「高句麗王妃族考」, 『震檀學報』20, 1959; 『韓國古代政治社會史研究』, 一潮閣, 1996, 65~90쪽. 이기백은 9대 고국천왕을 기점으로 형제상속에서 부자상속으로 왕위계승원칙이 변화되었다고 하였다. 여호규는 영웅적 왕자관에 입각한 비혈연적 계승원리에서 세대주의 적 계승원리를 거쳐 11대 동천왕 이후 부자계승으로 왕위계승원리가 전환되었다고 하였다 (余昊奎, 「高句麗 初期의 王位繼承原理와 古鄒加」, 『東方學志』150, 2010; 「왕위계승원리와 왕권의 위상」, 『고구려 초기 정치사 연구』, 신서원, 2014). 이와 달리 초기부터 왕위의 부자 계승이 원칙이었다고 보는 반론이 있다(金光洙, 「高句麗 初期의 王位繼承 問題」, 『韓國史研 究』55, 1986; 강종훈, 「2011년 발간 『중학교 역사(상)』 8종 교과서의 삼국시대 정치사 관련

위, 무자(無子) 등 비상한 상황에서 전왕의 동생, 손자, 조카가 즉위한 사례가 있다. 『삼국사기』를 기준으로 전왕과 왕위계승자의 관계를 살펴보면, 장자(10명), 제(7명), 2자(1명), 3자(1명), 자(4명), 질자(3명), 손자(1명)가 왕위를 계승하였다.[191] 고구려에서 왕위를 이을 수 있는 후계자의 자격이 혈연적으로 어느 범위까지 인정되는지 불분명하지만, 왕위계승의 실제 사례를 통해 볼 때 외손이 포함될 가능성은 낮아 보인다.[192]

고구려 유민이 인식하고 있었던 고구려의 부흥이란 당으로 끌려간 보장왕의 뒤를 이어 정당한 계승자가 왕위에 올라 끊어진 왕통을 잇는 것이었다. 귀족연립체제가 성립한 이후 국왕의 권위는 이전과 비교하여 약화되었지만 왕실은 여전히 신성한 존재로 그 권위를 유지하고 있었고 국가적 통합력을 유지하는 역할을 담당하고 있었다.[193] 연개소문이 정변을 일으켜 영류왕을 시해하고 권력을 장악했음에도 불구하고 보장왕을 왕으로 세울 수밖에 없었던 요인도 여기서 찾을 수 있다. 안승이 보장왕의 외손이며 연정토의 아들이라면, 비록 그가 보장왕과 혈연적으로 연결된다 하더라도 결국 연씨 가문의 일원일 수밖에 없다. 연씨가 고구려 국왕의 자리에 앉는다는 것이 당시 고구려 유민에게 쉽게 받아들여지기 어려웠을 것이다.

부분 내용 검토」, 『韓國古代史研究』64, 2011, 91~92쪽; 최의광, 「古代 三國의 王位繼承-"兄弟相續에서 父子相續으로의 轉換說"檢討」, 『歷史敎育論集』63, 2017, 89~102쪽).

191) 김병곤, 「『삼국사기』 내 책봉 기사로 본 삼국의 태자제 운영 양상 및 정치적 위상」, 『史學研究』100, 2010, 415쪽.

192) 이는 사위와 외손이 왕위계승권의 범위에 포함되었던 신라(이재환, 「新羅 眞骨의 '家系 分枝化'에 대한 재검토-사위의 왕위계승권을 중심으로-」, 『大丘史學』127, 2017, 94~102쪽)와는 분명히 차이가 있다.

193) 노태돈, 앞의 책, 1999, 448~456쪽. 이는 6세기 중반 이후 왕궁을 중심으로 하는 의례 공간 체계가 지속된다는 점에서도 확인된다(여호규, 「고구려 도성의 의례공간과 왕권의 위상」, 『韓國古代史研究』71, 2013, 82~89쪽).

더욱이 당대에 연개소문 사후 남생, 남건, 남산 형제의 분열이 고구려 멸망의 주요 요인으로 인식되고 있었다. K-②에는 "남건과 남산 형제에 이르러 화가 집안에서 일어나고 골육 간에 틈이 생겨 집안과 나라가 멸망하고 종묘와 사직은 자취도 없이 사라지게 되었다."고 하고 있다. 신라가 작성한 문서이므로 신라인의 인식이 반영되어 있지만, 고구려인들의 인식도 크게 다르지는 않았다고 생각된다.

앞에서 살펴보았던 양명 설화도 마찬가지이다. 수의 양명이 고구려를 멸망시키기 위해 개금[연개소문]으로 태어났다는 이야기는 고구려 멸망의 원인을 연개소문에게 돌리기 위한 장치이다. 이는 고구려 멸망으로부터 그리 멀지 않은 시기에 고구려 유망승(流亡僧)을 중심으로 유포되었다고 추정된다.[194] 즉, 연씨 가문이 고구려 멸망에 주요 원인을 제공했다는 여론이 형성되어 있는 상황 속에서, 안승이 연정토의 아들이라면 국왕으로 인정받기는 어려웠을 것이다.

또한 검토해 보아야 할 사안은 안승이 연정토의 아들이라면 그가 666년 혼란스러웠던 고구려 정국 속에서 살아남기 힘들었을 것이라는 점이다. 연개소문 사후 남생과 남건·남산 간의 대립 속에서 연정토는 남건·남산과는 다른 정치적 입장을 취한 듯하다.[195] 그가 처음에는 당으로 투항을 시도했다가

---

194) 李文基, 「高句麗 滅亡期 政治運營의 變化와 滅亡의 內因」, 『韓國古代史硏究』50, 2008, 61~62쪽.

195) 남생을 중심으로 보장왕과 연정토가 대당관계 개선을 추구하는 새로운 정책을 실시하면서 남건·남산과 대립하였다고 보는 견해(김수태, 앞의 논문, 331~333쪽)와 연정토가 연개소문 사후 보장왕과 협력하여 남생과 남건·남산의 분열을 시도하며 권력 장악을 획책하였다는 견해(정원주, 「男生의 失脚 배경과 그의 行步」, 『韓國古代史硏究』75, 2014, 309~313쪽)가 있다.

결국 신라로 귀부한 데서 알 수 있다.[196] 형제간의 극한 대립의 결과 남건·남산은 권력을 장악하는데 성공한데 비해 남생은 당으로 투항을 선택하였다. 이 과정에서 남생의 아들 헌충(獻忠)이 희생되었다.[197] 연정토가 남건·남산과 정치적으로 대립하는 입장이었고 안승이 연정토의 아들이라면, 안승은 헌충과 비슷한 운명을 맞이했을 가능성이 높다.

고구려의 왕위계승의 사례와 고구려 멸망을 전후한 정치적 상황 등을 고려해 볼 때 안승이 연정토의 아들이자 보장왕의 외손이라는 '결함'을 지닌 존재였다면, 국왕으로 옹립되기 어려웠을 것이다. 결국 안승은 보장왕의 서자로 파악하는 것이 현재로서는 가장 합리적이다.[198] 이러한 추정이 합당하다면, 서자의 의미는 맏아들 이외 모든 아들을 지칭하는 중자(衆子)로 받아들여진다.[199]

이어서 안승이 연정토의 아들, 보장왕의 외손이라는 기록이 어떻게 나타나게 되었는지 검토해 보겠다. 다시 『삼국사기』 신라본기 문무왕 10년 6월조의 기록(사료 F, K-①)을 살펴보자. 이는 크게 두 부분으로 나뉜다. 먼저 검모잠이 안승을 국왕으로 옹립하는 과정을 서술하고 있고, 이어서 소형 다식을 통해 신라에 전달한 외교문서가 이어진다. 이중 전반부는 앞서 언급했듯이 신라에 파견된 다식이 제공한 정보였는데, 문서로 전달된 내용이 아니라 전언(傳言)이

---

196) 『신당서』 권220, 열전145, 동이 고려 "還而蓋蘇文死 子男生代爲莫離支 有弟男建男產相怨 男生據國內城 遣子獻誠入朝求救 蓋蘇文弟淨土亦請割地降"; 『삼국사기』 권6, 신라본기6, 문무왕 6년 12월.

197) 『신당서』 권110, 열전35, 제이번장(諸夷蕃將) 천남생 "男建捕得 即矯高藏命召 男生懼 不敢入 男建殺其子獻忠".

198) 안승이 보장왕의 서자라는 기록(사료 H-①)은 『고려고기』로 상정되는 국내 고유 전거에서 유래했을 가능성이 높다는 점도 고려해야 한다.

199) 김수태, 앞의 논문, 338쪽 주23에서 서자의 의미를 중자(衆子)로 이해할 수 있음을 지적하였다. 다만 이는 안승이 연정토의 아들이자 보장왕의 외손으로 보는 입장에서, 중자로 해석할 경우 외손까지 포함하는 보장왕의 자손이라는 의미로 이해될 수 있다는 주장이다.

었을 것으로 추정된다. 그렇다면 안승이 '연정토의 아들[淵淨土之子]'이라는 것도 고구려 사신이 구두로 발언한 것을 신라 측에서 기록으로 남겼다고 이해된다. 이는 검모잠 측이 작성한 외교문서[200]에서 안승을 '나라의 귀족[國貴族]'으로 표현한 것과 다르다. 여기에는 공식 문서에 담기는 어렵지만 검모잠 측에서 안승의 출자에 대한 또 다른 정보를 구두로 전달해야 했던 곡절이 있었다고 생각된다.

검모잠은 안승을 왕으로 옹립하면서 고구려를 재건하는 데 성공하였으나 이는 당과의 충돌로 이어질 것이 자명하였다. 이때 남방에 위치한 신라와의 관계 설정은 '부흥고구려국'의 운명을 좌우할 수 있는 중차대한 문제였다. 그렇기 때문에 신라에 보낸 외교문서에 검모잠은 저자세로 일관할 수밖에 없었다. 자신을 신, 신라를 대국으로 칭하고 있으며 스스로 번병이 되겠다고 하는 등 충성을 맹세하고 있다는 점에서 여실히 드러난다. 검모잠은 신라와 우호적인 관계 수립을 위해 신라로 귀부한 연정토와 안승과의 관계를 신라에 전달하고자 했다고 생각된다.[201] 즉 안승이 보장왕을 계승한 정통성을 지닌 국왕이라는 점은 공식적으로 작성된 외교문서에 기록하였고, 안승과 연정토와의 관련성은 사신으로 파견된 다식(多式)이 구두로 전달했다고 추정된다.

다만 안승이 연정토의 아들로 소개되었을 가능성은 낮다. 연정토와 그를 따르던 관리들이 함께 신라로 귀부해 있다고 인식하고 있는 상황에서 혈연관계를 조작하는 발언은 있을 수 없다. 안승과 연정토의 관계를 드러내면서 사

---

200) 안승의 옹립을 알리는 외교문서를 신라로 발송한 주체는 안승이 아니라 검모잠이었다(김수진, 앞의 논문, 24쪽).
201) 연정토는 668년 초 당에 파견되었다가 신라로 돌아오지 않고 당에 계속 머물렀는데(『삼국사기』 권6, 신라본기6, 문무왕 8년 봄 "阿麻來服 遣元器與淨土入唐 淨土留不歸 元器還"), 검모잠이 이러한 상황까지 알기는 어려웠을 것이다.

료에 나타나는 '연정토의 아들[淵淨土之子]'과 충돌하지 않는 경우로 '연정토의 족자[淵淨土之族子]'의 가능성을 제기할 수 있다.

연개소문이 권력을 장악한 후 왕실과 혼인을 추진했을 가능성은 충분하다. 고구려 멸망 이후의 사례이기는 하지만 고제석(高提昔)의 사례는 왕성인 고씨와 연씨 가문이 혼인관계를 맺었다는 사실을 보여준다.[202] 다시 말하자면 보장왕과 연씨 가문은 혼인관계를 통해 일정한 인척관계를 형성하고 있었는데, 다식은 안승과 연정토의 관계를 에둘러서 안승이 '연정토의 족자[淵淨土之族子]'라고 표현하여 신라의 우호적인 반응을 이끌어내려 했다고 추정된다. 다만 전언(傳言)이 채록되는 과정이나 이후 사서에 옮겨 기록하는 과정에서 일부 글자가 탈락하면서 '연정토의 아들[淵淨土之子]'로 남게 되었던 것이 아닐까 한다.

중국 측 사서에서 안승이 보장왕의 외손으로 기록된 이유는 무엇일까. 당의 입장에서 안승의 정통성 부정이라는 측면을 고려할 필요가 있다. 보장왕을 비롯한 다수의 고구려 지배층이 장안으로 이거해 있던 상황에서 보장왕과 안승의 관계에 대해 당은 정확히 파악하고 있었을 것이다. 그런데 보장왕의 서자가 고구려의 왕위에 올랐다는 사실은 당이 인정하기 어려운 문제였다. '부흥고구려국'의 존재는 안동도호부 체제를 위협하는 요소임에 틀림없었다. 당은 안승의 정통성을 폄하할 필요성이 있었고 이것이 외손으로 표현된 것이 아닐까 한다.

이를 이해하는 데 백제의 사례가 참고가 된다. 백제부흥운동을 주도한 복신과 도침은 왜에 거류하고 있던 부여풍을 귀환시켜 국왕으로 옹립하였다.

---

202) 金榮官, 「高句麗 遺民 高提昔 墓誌銘에 대한 연구」, 『白山學報』97, 2013, 162~163쪽.

중국 측 기록에는 이를 서술하면서 일관되게 부여풍을 '고왕자(故王子)'로 소개하고 있다. 부여풍과 무왕, 의자왕과의 관계에 대해서는 여러 견해가 있는데, 최근 관련 자료를 치밀하게 분석하여 부여풍은 의자왕의 조카이자『일본서기』서명기에 도왜(度倭)했다고 기록되어 있는 풍장(豊章)의 아들인 교기(翹岐)로 보는 견해가 설득력이 있다.[203] 중국 측 사서에서 부여풍을 '고왕자'로 기록한 이유는 그가 의자왕의 아들이 아니라 무왕의 손자이기 때문이다.[204]

충분히 타당한 설명인데, 이에 덧붙여 당이 부여풍이 무왕의 손자임을 강조한 이유에 주목할 필요가 있다. 당시 백제 유민들은 의자왕의 뒤를 이을 수 있는 정통성은 일차적으로 태자였던 부여융[205]에게 있다고 인식했을 것이다. 그런데 부여융은 백제 멸망 후 당으로 끌려가 있던 상황이었고, 백제 유민은 부여융을 대신해 부여풍을 국왕으로 옹립했다. 당은 부여풍이 의자왕의 아들이 아니므로 정당한 계승자가 아니라는 점을 의도적으로 드러내고자 그를 '고왕자(故王子)'로 지칭했던 것이 아닌가 한다.

이상의 논의를 통해 볼 때, 안승은 보장왕의 서자일 가능성이 가장 높으며, 그를 연정토의 아들 또는 보장왕의 외손이라고 소개하는 자료는 작성자의 의도나 사료의 전사 오류 등으로 변개가 이루어졌다고 파악된다.

마지막으로 검토할 사안은 안승의 나이이다. 연령은 그가 주도적으로 '부흥 고구려국'을 이끌었는지를 살필 수 있는 하나의 지표가 된다. 안승이 유년(幼

---

203) 南廷昊,「『日本書紀』에 보이는 豊章과 翹岐 關聯 記事의 再檢討」,『百濟研究』60, 2014:『백제 사비시대 후기의 정국 변화』, 학연문화사, 2016, 39~65쪽.
204) 남정호, 위의 책, 66쪽.
205) 백제 의자왕대 태자에 관한 논의는 남정호,「義慈王 後期 支配層의 分裂과 百濟의 滅亡」,『百濟學報』4, 2010, 108~118쪽: 위의 책, 235~254쪽과 윤진석,「백제멸망기 '태자' 문제의 재검토」,『지역과 역사』29, 2011 참조.

年)이었기 때문에 고구려 유민을 이끌지 못했다고 보는 견해가 있기도 하다.[206] 안승의 연령을 추정하는데 다음 기사가 참고가 된다.

　　N-①. 금은으로 만든 그릇과 여러 가지 채색 비단 100단을 보덕왕(報德王) 안승(安勝)에게 내려주고 왕의 여동생[혹은 잡찬 김의관의 딸이라고도 한다]을 아내로 삼게 하였다[207](『삼국사기』 권7, 신라본기7, 문무왕 20년 3월).

　　N-②. 또한 고구려의 안승은 나이가 아직 어리고[幼沖] 남아 있는 고을과 성읍에는 백성이 반으로 줄어 스스로 어떻게 해야 할지 의심을 품고 있으니 나라를 맡은 중요함을 감당하지 못하고 있습니다[208](『삼국사기』 권7, 신라본기7, 문무왕 11년 7월).

　N-①에 따르면 문무왕은 자신의 질녀[209]와 안승을 혼인하게 하였다. 혼인 시기가 680년이므로 국왕으로 옹립된 670년에는 10세 전후의 나이였다고 추정할 수 있다. 그러나 N-①만 보아서는 이때 안승이 초혼인지 여부는 확인할 수 없다. 오히려 신라 중대 국왕의 혼인 시기가 15~18세로 추정[210]된다는 점을 감안하면, 재혼일 가능성이 더 높다. 또한 신라 중대 국왕의 혼인은 왕권 유

---

206) 안승이 연소했기 때문에 669년 2월 신라 내투는 실제로 고연무가 주도했다고 보는 견해가 있다(池內宏, 앞의 책, 429쪽; 村上四男, 앞의 책, 223쪽). 안승은 어린 나이에 상징적 왕으로 추대되었으며, 사료에서 안승이 검모잠을 죽였다는 기록은 사실 고연무와 검모잠의 대립을 의미한다고 보기도 한다(李昊榮, 「삼국통일」, 『한국사』9(통일신라), 국사편찬위원회, 1998, 54쪽).

207) "以金銀器及雜綵百段 賜報德王安勝 遂以王妹妻之[一云迊湌金義官之女也]".

208) "又高麗安勝 年尙幼沖 遺堅殘郛 生人減半 自懷去就之疑 匪堪襟帶之重".

209) N-①에는 '왕매(王妹)'라고 하여 '문무왕의 누이[妹]로 이해할 수 있으나, 문무왕의 교서와 안승의 상표문으로 미루어 볼 때 질녀를 가리키는 매녀(妹女)의 오기(誤記)로 판단된다(이강래, 앞의 책, 1996, 49쪽).

210) 李泳鎬, 「통일신라시대의 王과 王妃」, 『新羅史學報』22, 2011, 8~11쪽.

지의 수단으로 정치적 목적에 의해 이루어졌다는 지적[211]에도 귀를 기울일 필요가 있다. 비단 국왕의 혼인에 해당할 뿐만 아니라 범위를 확장하여 왕실 혼인에도 적용할 수 있기 때문이다. 680년 안승의 혼인이 정치적 필요 하에 실현된 것이라면, 혼인 적정 연령에 다다랐기 보다는 모종의 이유로 왕비의 자리가 비어있던 상황에서 추진되었다고 보는 편이 합리적이다.

N-②는 671년 계림도총관 설인귀가 문무왕에게 보낸 서신에서 안승을 언급하고 있는 내용 중 일부이다. 안승의 연령을 암시하는 표현이 등장하는데, 유충(幼沖)이 그것이다. 유학(幼學)이 10세를 의미하며[212] 충년(沖年)도 대략 10세를 가리킨다. 군주에게 '유충'이라는 표현을 쓴 사례를 검출해 보면, 군주가 연소하여 친정(親政)을 하지 못하는 상황에서 사용한 사례가 눈에 띈다. 그 연령은 5세가량부터 10대 후반까지 분포한다.[213] 설인귀도 안승이 연소하고 직접 정치를 주도하지 못하고 있는 상황을 빗대어 '유충'이라 표현했을 가능성도 없지 않다.

그런데 N-②에서 분명히 안승을 지칭하며 '고려안승(高麗安勝)'이라 하였다. 안승이 '부흥고구려국'의 군주임을 인정하는 표현이다. 중국 측 사서에서 검

---

211) 李泳鎬, 「新羅의 王權과 貴族社會-중대 국왕의 혼인 문제를 중심으로-」, 『新羅文化』22, 2003: 「국왕의 혼인과 귀족사회」, 『신라 중대의 정치와 권력구조』, 지식산업사, 2014.

212) 『예기(禮記)』 곡례(曲禮) "人生十年曰幼學".

213) 다수 사례를 검토한 것이 아니기에 한계는 분명하지만, 대체적인 경향성은 타당하다고 생각한다. 다음의 사례가 참고가 된다. 혜공왕은 8세에 왕위에 올랐는데 '유충'하여 모후인 만월부인이 섭정하였다(『삼국유사』권2, 기이, 경덕왕·충담사·표훈대덕 "至八歳 王崩 太子即位 是爲惠恭大王 幼沖故大后臨朝 政條不理"). 고려 인종은 15세에 즉위하였는데 이자겸이 실권을 쥐고 있었다(『고려사』권16, 인종 10년 11월 경진 "御明仁殿 下制曰 朕以幼沖即位 未堪家多難"). 동진(東晉)의 성제가 명제의 뒤를 이어 5세에 즉위하자 '유충'하다는 이유로 유태후가 정치를 대신하였다(『진서(晉書)』권32, 열전2, 후비 "及成帝即位 尊后曰皇太后 群臣奏 天子幼沖 宜依漢和熹皇后故事 辭讓數四 不得已而臨朝攝萬機").

모잠을 특기하는 것과 분명 다른 모습이다. 설인귀는 '부흥고구려국'을 이끌고 있는 인물로 안승을 드러내고 있을 뿐 검모잠은 전혀 언급하고 있지 않다.

설인귀는 안승의 처지가 매우 곤란함을 묘사하면서 '부흥고구려국'의 존재를 미약하게 기술하고 있는데, 신라가 '부흥고구려국'을 외원(外援)으로 여기는 것을 비판하기 위한 요소이다. 즉 '부흥고구려국'은 신라가 당에 맞서는 데 도움이 되는 세력이 아님을 지적하면서 신라의 저항의지를 꺾으려는 의도가 내재되어 있었던 것이다. 그렇다면 설인귀가 안승을 '유충'하다고 표현한 것을 그대로 받아들이기 힘들다. 비록 안승이 20세 이전의 젊은 나이였다는 점은 인정하더라도, '부흥고구려국'의 정국에서 배제된 채, 명목상의 군주에 불과했다는 이미지를 가질 필요는 없다고 생각된다.[214]

고구려 멸망기 활동했던 두 인물이 10대 중반에 어떠한 정치적 활동을 하였는지가 참고가 된다. 연남생은 15세에 국왕의 근시직으로 향후 정치적 영향력을 발휘하는데 중요한 디딤돌이 되는 관인 중리소형에 제수되어 활동했고,[215] 연헌성은 16세일 때 부친 연남생이 당으로 투항하는 과정에서 주요한 역할을 담당하였다.[216] 10대 중반의 나이로 정치적 역할을 담당할 수 있었다는

---

214) 중국 측 사서에서 검모잠을 살해한 주체로 안승이 등장한다는 점도 고려해야 할 요소이다. 일정한 군사력을 지니고 있던 검모잠을 제거할 정도의 독자적인 힘을 안승이 가졌다는 사실을 알려주는 동시에 자신을 옹립한 인물을 제거하는 정치적 판단도 하였다는 점을 보여준다. 이런 점에서 안승은 검모잠에 의해 수동적으로 왕이 된 존재로서 부흥운동에 대한 자발적인 의지가 없었을 가능성을 제기하는 견해(김수진, 앞의 논문, 21쪽)에는 동의하기 쉽지 않다.

215) 「천남생묘지명」 "年始九歲 卽授先人 … 年十五授中裏小兄 十八授中裏大兄"(朴漢濟 역주, 「泉男生 墓誌銘」, 『譯註 韓國古代金石文』 I (고구려 · 백제 · 낙랑 편), 駕洛國史蹟開發硏究院, 1992, 493쪽). 중리소형에 대해서는 李文基, 「高句麗 中裏制의 構造와 그 變化」, 『大丘史學』71, 2003, 99~101쪽과 李成制, 「遺民 墓誌를 통해 본 高句麗의 中裏小兄-중리소형의 역임자와 직임을 중심으로-」, 『中國古中世史硏究』42, 2016 참조.

216) 「천헌성묘지명」 "初襄公 按部于外 公亦從焉 洎建産等兇邪 公甫年十六時 … 公屈指料敵 必

사실을 보여준다.[217]

요컨대 안승은 국왕으로 옹립되었을 때 10대 중반의 나이로 추정되며, 당시 정치 활동을 전개하는 연령을 감안할 때 안승은 정치에 참여할 수 있을 뿐 아니라 주도적으로 국정을 이끌 수 있는 존재였다고 보아도 큰 무리는 없을 것 같다.

2) '부흥고구려국'의 수립과 안승의 주도권 장악

고구려 멸망 후 당의 지배체제가 도입되는 가운데 고구려 유민의 저항과 이탈은 지속적으로 발생하였다. 당은 이에 대처하는 방안으로 상층 귀족과 부강자(富强者)를 당 내지로 옮기는 사민을 실시하였다.[218] 그러나 당의 의도와 달리 강제 이주는 고구려 유민 사회에 큰 파장을 불러왔으며 그 준비 및 실행과정에서 무력 저항이 초래되었다. 검모잠은 사민에 맞서 거병한 세력 중 하나였

將不可 乃勸襄公投國內故都城 安輯脅庶 謂襄公曰 今發使朝漢 具陳誠款 國家聞大人之來 必欣然啓納 因請兵馬 合而討之 此萬全決勝計也 襄公然之 謂諸夷長曰 獻誠之言 甚可擇"(朴漢濟 역주, 「泉獻誠 墓誌銘」, 앞의 책, 519~520쪽);『구당서』 권199, 열전149, 동이 고려 "男生爲二弟所逐 走據國內城死守 其子獻誠詣闕求哀 詔令左驍衛 大將軍契苾何力率兵應接之 男生脫身來奔 詔授特進遼東大都督兼平壤道安撫大使 封玄菟郡公".

217) 시기가 많이 차이나지만 태조왕(太祖王)의 사례도 참고가 된다. 태조왕은 7세에 왕위에 올라 태후가 수렴청정을 하였다. 그가 언제부터 친정을 하였는지 명확한 기록은 없다. 다만 태조왕 10년 동쪽으로 사냥을 나가 흰 사슴을 잡았다는 기록이 주목된다(『삼국사기』 권15, 고구려본기3, 태조왕 10년 8월 "東獵得白鹿"). 고구려왕이 실시한 전렵은 실제 기능이 군사 훈련이었다는 점을 감안하다면(金瑛河,『韓國古代社會의 軍事와 政治』, 高麗大學校 民族文化研究院, 2002, 27~34쪽), 이는 태조왕이 군사통수권을 행사하는 존재로서 자신을 부각하기 위해 추진한 전렵이었을 가능성이 높다. 그렇다면 적어도 태조왕은 16세에 친정을 시작했다고 볼 수 있다.

218) 김현숙, 「고구려 붕괴 후 그 유민의 거취 문제」,『韓國古代史研究』33, 2004, 79쪽.

다고 추정된다.[219] 사민에 관한 명령은 669년 4월에 내려졌고 강제이동이 개시된 시기는 5월이므로[220] 검모잠이 거병한 시기도 이즈음으로 추정할 수 있다.

검모잠은 요동지역에 위치한 궁모성을 세력 기반으로 했다.[221] 근거지를 떠나 남하를 선택한 것은 당군의 압력을 피하려 함이 1차 목적이었을 것이다. 검교안동도호 설인귀는 669년 초 압록수 이북에 존재하는 미항성을 당의 지배 아래에 두고자 하였고, 이를 위해 안동도호부 주둔 당군의 주력이 신성을 중심으로 활동하게 되었다.[222] 이는 요동지역에서 부흥운동을 시도하고 있던 여러 세력에게 상당한 압박으로 작용했을 것이다.

그러나 당군과의 전투에서 패배하여 남하를 시도한 것은 아니었다.[223] 오히려 검모잠의 남하는 전략적 판단이었을 가능성이 높다. 요동지역은 설인귀가 신성을 중심으로 활동하면서 군사적 압력이 높아진 데 비해, 평양 일대는 요동도안무대사 유인궤가 669년 후반 당으로 회군하면서 상대적으로 부흥운동을 펼치기에 양호한 환경이 조성되었기 때문이다.

사료 I에서 드러나듯이 검모잠은 '국가의 부흥[興復國家]'을 목표로 하였다.[224] 이는 안승을 옹립한 후 신라에 보낸 외교문서에서도 찾을 수 있다. 검모

---

219) 김강훈, 앞의 논문, 2016, 14~16쪽.
220) 李丙燾, 앞의 책, 458쪽.
221) 검모잠은 고구려 멸망 전 궁모성의 지방관으로 지방군을 이끌었다. 이것이 고구려부흥군을 조직할 수 있었던 기반으로 작용했다(김강훈, 앞의 논문, 2016, 16~21쪽).
222) 김강훈, 「고구려 멸망 직후 당의 고구려 故地 지배 시도와 유민의 동향」, 『大丘史學』133, 2018, 49~62쪽.
223) 검모잠이 '잔민을 모았다[收合殘民]'(사료 F)라는 구절에서, '잔민'을 당군과 교전 결과 남은 패잔병으로 보는 견해가 있다(池內宏, 앞의 책, 429쪽). 그러나 평양성을 점령하는 모습에서 검모잠이 일정한 군사력을 보유했음을 알 수 있기 때문에 잔민은 고구려부흥군으로 파악해야 한다(김강훈, 앞의 논문, 2016, 20~21쪽).
224) 김수진은 검모잠을 고구려 왕실의 복고(復古)와 고구려의 복국(復國)을 시도한 '정통론자'로 평가하였다(김수진, 앞의 논문, 19쪽).

잠은 '멸망한 나라를 일으키고 끊어진 세대를 잇도록[興滅國 繼絶世]'[225] 신라에게 도움을 청하고 있다[226](사료 K-①). 검모잠은 신라에서 멸망한 고구려를 다시 일으키고자 하는 의도를 분명히 전하고 있는 것이다. 더불어 끊어진 세대를 잇는다는 것은 보장왕이 당으로 끌려가면서 단절된 고구려 왕통이 안승의 즉위로 다시 이어진다는 의미로 이해된다. 전근대 왕조국가에서 '멸망한 국가의 부흥[興復國家, 興滅國]'을 위해서는 끊어진 왕통을 잇는 것이 선결 조건이었기에 이와 같은 표현이 사용된 것이다.

신라가 안승을 책봉하면서 내린 책문(사료 K-②)에서 고구려 멸망과 종묘·사직[宗社]의 인멸(湮滅)을 등치하고 있다. 종묘와 사직으로 상징되는 국가제사는 고대사회에서 국가권력의 정당성과 합법성을 인정받는 장치로 기능하였다.[227] 국가제사의 재현 여부는 국가권력이 정상적으로 작동하고 있는지 가늠할 수 있는 척도가 된다. 그런 점에서 안승이 선왕의 정사로서 유일하게 제사를[228] 주관할 수 있는 자라는 점을 신라가 공인하고 있다는 사실도 흥미롭

---

225) 이는 『논어』 요왈편에 등장하는 구절인데("興滅國 繼絕世 擧逸民 天下之民歸心焉"), 주(周) 문왕(文王)이 하(夏)와 상(商)의 후예를 공(公)으로 봉하여 제사를 잇도록 한 것을 가리킨다(박초롱, 「문무왕대 고구려·가야의 조상제사 재개 조치와 그 의미-중국 二王後 제도와의 비교를 중심으로-」, 『韓國古代史研究』86, 2017, 119쪽).

226) 백제부흥운동을 주도한 도침과 복신이 '흥망계절(興亡繼絶)'을 외치며 부흥운동을 일으킨 사실이 참고가 된다. 「유인원기공기」 "帝張仍圖 反逆卽有僞僧道琛 僞扞率鬼室福信 出自閭 巷爲其魁首 招集狂狡 堡據任存 … 自謂興亡繼絕"(金英心 역주, 「唐 劉仁願紀功碑」, 『譯註 韓國古代金石文』I (고구려·백제·낙랑 편), 駕洛國史蹟開發研究院, 1992, 479쪽). '흥망계절' 정신은 백제부흥군이 봉기하게 된 배경으로 인식된다(노중국, 앞의 책, 82~86쪽).

227) 徐永大, 「高句麗의 國家祭祀-東盟을 중심으로-」, 『韓國史研究』120, 2003, 2쪽. 국가제사란 '국가 권력의 주도 아래 국가적인 관심 속에 치러지며, 해당 공동체의 제례 가운데 손꼽힐 수 있는 위상과 비중을 가진 제사'로 왕권의 의지가 투영되어 격이 높아진 제사라고 정의하고, 고구려의 국가제사를 통시적으로 살펴본 최근 연구가 있어 참고가 된다(강진원, 『고구려 국가제사 연구』, 서경문화사, 2021).

228) 고구려 왕실 조상에 대한 제사로서 종묘제사를 의미한다(박초롱, 위의 논문, 121~122쪽).

다. 결국 종묘제사와 같은 주요 국가제사를 다시 거행한다면, 이는 고구려 유민에게 고구려 부흥과 동일한 의미로 인식되었을 가능성이 높다.

왕위를 계승할 인물을 구하고 국가제사를 재현하기에 요동지역은 적절한 장소가 아니었다. 왕족의 대다수는 도성에 거주하였고 국가제사가 실현되는 의례공간은 도성을 중심으로 형성되기 마련이기 때문이다.[229] 결국 검모잠은 군사적 측면과 아울러 국가 부흥의 필수 요소 중 두 가지인 국왕의 존재와 국가제사의 재현을 위해 평양성 탈환을 목표로 하였던 것이다.

그런데 검모잠은 평양성이 아닌 한성에서 안승을 옹립하며 고구려의 부흥을 실현하였다. 평양성이 도성 기능을 상당히 상실하였기 때문으로 추정된다. 먼저 고구려 멸망 시 나당연합군과 벌인 전투에서 도성의 일부 기능이 파괴되었다.[230] 또한 멸망 직후 지배층 일부가 당에 끌려갔고 669년 5월 실시된 사민으로 부흥운동에 참여할 수 있는 인적 기반이 약해졌다.[231] 안동도호부가 설치되면서 정무 기관의 기능은 일정 정도 유지되었겠지만, 국가제사 관련 시설은 의도적으로 파괴되었을 가능성이 높다.

이에 비해 한성은 고구려 후기 별도의 위상을 지니고 있었기 때문에 평양성에 준하는 행정 구역과 제반 국가 시설이 갖추어져 있었다. 그리고 농업과 수공업 등 경제적인 기반도 상당했을 것으로 추정된다.[232] 또한 멸망 직전 평양성을 목표로 북상하고 있던 웅진도독부 소속 당군에게 항복하였기 때문에

---

229) 동아시아 고대 도성을 구성하는 핵심시설은 최고 권력자가 거처하는 궁과 정치·이데올로기의 구현장소인 의례공간이었다(朴淳發, 「중국 고대 도성 廟壇의 기원과 전개」, 『韓國古代史研究』71, 2013, 7쪽).
230) 『구당서』권199, 열전149, 동이 고려 "信誠果開門 勣從兵入 登城鼓譟 燒城門樓 四面火起".
231) 임기환, 앞의 책, 320쪽.
232) 김수진, 앞의 논문, 22~23쪽.

전투로 인해 피해도 거의 없었다.

또 생각할 요소는 안승과 검모잠의 만남이 이루어지기 전, 안승이 한성과 관련을 맺고 있었다는 점이다. 앞에서 살펴보았듯이 669년 2월 안승은 4,000 여 호를 이끌고 신라로 투항을 타진했다. 고구려 고지와 신라의 접경 지역의 여러 정황을 감안하면, 안승이 대규모 주민 집단을 거느리고 있었던 곳은 황해도 일대가 유력하다. 이는 안승이 국왕으로 옹립되기 이전부터 한성과 모종의 관계가 존재했음을 의미한다.[233] 결국 검모잠이 한성을 부흥운동의 거점으로 정하는 과정에서 안승의 의지가 영향을 미쳤던 것이다.

'부흥고구려국'이 성립할 당시 한성은 고연무가 이끄는 부흥군의 거점이었다고 추정된다.[234] 한성 권역을 매개로 고연무와 안승은 '부흥고구려국' 수립 이전부터 결합했을 가능성이 높다. 그렇다면 안승이 669년 2월 신라 투항을 시도할 때 고연무도 동참했다고 추정할 수 있다. 비록 나당 갈등이 표면화되기를 꺼렸던 신라에 의해 투항은 실현되지 않았지만, 신라가 당군의 남하 경로에 위치한 황해도 지역에 무관심했다고 보기 어렵다. 이를 기회로 신라는 일차적으로 한성 권역의 고구려 유민과 연대를 형성하고, 차후 나당 관계에 따라 고구려 유민과의 관계를 변화시킬 수 있도록 준비를 했을 것이다. 이러한 관점에서 다음 기사를 재해석할 수 있다.

O. 3월 사찬 설오유가 고구려 태대형 고연무와 함께 각각 정병(精兵) 1

---

233) 안승은 고구려 멸망 직전 한성과 대곡성 등을 이끌고 웅진도독부로 귀부한 수장으로 고구려 멸망에 공을 세운 유공자로 이해한 연구가 있다(정원주, 앞의 논문, 2018, 105~106쪽). 안승과 한성이 연관되어 있음은 충분히 공감되지만, 안승이 연정토의 아들 즉 연씨 가문의 일원으로서 한성 일대를 세력권으로 두었다고 추정하기에는 추가적인 논거가 필요해 보인다.
234) 이정빈, 앞의 논문, 2009, 144~145쪽.

만을 거느리고 압록강을 건너 옥골(屋骨)에 이르렀는데, 말갈병이 먼저 개돈양(皆敦壤)에 이르러 기다리고 있었다. 여름 4월 4일 마주 싸워 우리 군사가 그들을 크게 이겼는데, 죽이고 사로잡은 숫자를 다 셀 수 없었다. 당군사가 계속 이르자 우리 군사는 물러나 백성(白城)을 지켰다[235](『삼국사기』 권6, 신라본기6, 문무왕 10년).

위 기사는 신라군과 고구려부흥군이 670년 3월 압록강을 건너 요동지역에서 군사작전을 펼쳤음을 전하고 있다. 행군 거리와 부대 편성 등에 소요되는 시간을 고려하면 669년 하반기에는 고연무와 신라 간에 협조 관계가 이루어졌다고 보아야 한다.[236] 669년 2월에 시도된 한성 권역 고구려 유민과 신라의 연대는 669년 하반기에 군사동맹으로 발전한 것이다. 다만 전투 준비 과정에서 안승의 역할은 없다고 보아야 한다. 669년 5월 실시되었던 사민을 피해 사야도로 숨어들어 갔기 때문이다.

안승이 한성으로 돌아오는 계기는 검모잠과의 만남이었다. 검모잠과 고연무는 정치사회적 기반이 상당히 달랐다. 고연무는 왕성인 고씨를 칭하고 있으며 2위 관등인 태대형을 지녔다는 점에서 최고위 지배층에 해당하는 인물이었다.[237] 그에 비해 검모잠은 요동지역 출신으로 대형이라는 중급 관등을 소지하고 지방관을 역임한 인물이었다.[238] 이런 점에서 둘은 안승을 옹립하기 이

235) "三月 沙湌薛烏儒與高句麗太大兄高延武 各率精兵一萬 度鴨渌江 至屋骨 □□□ 靺鞨兵 先至皆敦壤待之 夏四月四日 對戰 我兵大克之 斬獲不可勝計 唐兵繼至 我兵退保白城".
236) 이상훈, 「羅唐戰爭의 開戰과 薛烏儒 部隊」, 『歷史教育論集』45, 2010, 258쪽: 앞의 책, 2012, 90~91쪽.
237) 이정빈, 앞의 논문, 2009, 139~140쪽.
238) 김강훈, 앞의 논문, 2016, 17~21쪽.

전까지 별개로 활동했다고 여겨진다.

검모잠은 평양성을 탈환하여 부흥운동의 거점으로 삼으려고 했으나 평양성이 도성 기능을 회복하기에는 상당한 공력이 소요되는 상황이었다. 이때 검모잠은 사야도에 피신해 있던 안승의 존재를 인지하게 되었고, 안승은 자신이 활동했던 한성을 근거지로 삼아 함께 부흥운동을 전개할 것을 요청했을지도 모른다. 고연무가 검모잠을 한성으로 받아들인 것도 안승이 검모잠과 함께 행동하고 있었기 때문일 것이다. 결국 안승을 중심으로 검모잠과 고연무가 결합하면서 '부흥고구려국'이 등장하였던 것이다.[239]

670년 6월 안승이 한성에서 고구려 국왕으로 즉위하면서[240] '부흥고구려국'이 수립되었다. 여타의 부흥운동과 달리 고구려 재건을 달성한 것이다. 부흥운동을 일으켰던 인물은 주로 고구려 멸망 시 재지 유력자거나 지방관을 역임하던 자들로 여겨진다.[241] 재지 기반이 거병에 필요한 물적·인적 기반으로 작용했고, 고구려 후기 지방관이 민정과 군사를 아울렀기 때문이다. 이는 안동도호부 체제에 저항하는 움직임이 확산되는 데 기여한 바가 있지만, 부흥운동이 재지 기반과 지방관의 관할 범위를 넘어서기 어려웠고 각 지역 간 연계에 취약할 수밖에 없었다. 결국 부흥운동이 분산, 개별적으로 이루어질 가능성이 컸는데, '부흥고구려국'은 이들을 연계, 통합할 수 있는 구심점으로 작용할 수 있었다는 점에서 의미가 있었다.[242]

---

239) 이정빈, 앞의 논문, 2009, 147쪽에서 검모잠이 고연무와 결합하는 과정에서 안승의 존재가 주요한 역할을 했다고 보았다. 단 이정빈은 안승과 고연무는 별개의 존재였다고 보지만, 필자는 이전부터 관계가 있었다고 이해하는 점에서 차이가 있다.

240) 김강훈, 앞의 논문, 2016, 10~11쪽.

241) 김종복, 앞의 책, 30~33쪽; 이정빈, 앞의 논문, 2009, 142~144쪽; 장병진, 「당의 고구려 고지(故地) 지배 방식과 유민(遺民)의 대응」, 『역사와 현실』101, 2016, 133~135쪽.

242) 여타 부흥세력이 특정 지역을 기반으로 봉기하는데 그쳤던 것과 비교하여 검모잠이 안승

검모잠이 요동지역 출신이라는 사실은 '부흥고구려국'이 영역 범위를 확장하는데 긍정적으로 작용할 가능성이 있었다. 검모잠이 매개가 되어 요동지역에서 활동 중인 부흥세력이 '부흥고구려국'의 관할 하에 들어오게 되면, '부흥고구려국'은 국가체제를 안정시킬 수 있는 여유를 얻게 된다. 요동지역에서 주둔 중이었던 일부 안동도호부 병력이나 차후 당이 파견할 행군이 요동지역의 고구려부흥세력을 진압한 후에 한반도 서북부로 진입하는 것이 가능했기 때문이었다.

그런데 검모잠과 안승·고연무는 지역적 기반을 달리하였다. 더구나 이들은 고구려 사회에서 정치적 위상도 현저히 차이가 났다. 이는 내부 갈등의 요인이 되기도 한다는 점에서 불안 요소로 작용했다. '부흥고구려국'은 성립 과정에서 정국 운영의 주도권을 둘러싼 정치 세력 간의 갈등이 내재되어 있었던 것이다.

지금까지 안승과 검모잠이 대립하게 된 배경은 당군의 공세에 대한 대응 전략의 차이와 주도권 다툼과 관련하여 이해되어 왔다.[243] 이 가운데 전자는 중국 측 기록에서 당이 행군을 파견하자 안승이 검모잠을 죽이고 신라로 달

을 왕으로 추대하고 신라와 교섭해 책봉을 받았다는 점에서 발전적인 면모가 확인되지만, 검모잠·안승 집단 또한 유민의 폭넓은 지지와 결집을 이끌어내지 못했다고 평가하기도 한다(방용철, 「고구려 부흥전쟁의 발발과 그 성격」, 『大丘史學』133, 2018, 141~143쪽).

243) 李丙燾, 앞의 책, 462쪽 및 李基白·李基東, 앞의 책, 297쪽과 손영종, 앞의 책, 1998, 257 쪽에서는 신라로 투항하려는 안승과 부흥운동을 지속하려는 검모잠의 입장 차이를 갈등의 배경으로 지목하였다. 金壽泰, 앞의 논문, 347쪽; 조인성, 앞의 논문, 310~311쪽; 최호원, 「고구려 검모잠·안승 세력과 대신라관계 인식」, 『新羅史學報』49, 2020, 195~197쪽에서는 이와 더불어 검모잠과 안승 간의 주도권 다툼을 내분의 배경으로 지적하였다. 최근에는 신라가 금마저로의 이주를 먼저 제안하면서 한성을 기반으로 부흥운동을 추진하려는 검모잠과 신라의 제안을 받아들여 금마저로 이주하려는 안승 사이에 갈등이 촉발되어, 안승이 검모잠을 살해했다고 보는 견해가 제출되었다(정원주, 「안승(安勝)의 향방(向方)과 고구려 부흥운동」, 『軍史』110, 2019, 62~64쪽; 김수진, 앞의 논문, 21쪽).

아났다는 기록에 근거한다. 그런데 여기에는 검모잠, 안승과 관련된 사건들이 시간의 흐름과 맞지 않게 뒤섞여 있으므로,[244] 안승이 검모잠을 죽인 이유를 당군의 공세와 결부 짓기에는 의문이다. 자연스레 주도권을 둘러싼 갈등으로 관심이 옮겨진다. 이를 670년 '부흥고구려국'과 신라가 주고받은 외교문서를 통해 자세히 살펴보자.

'부흥고구려국'은 수립과 동시에 적극적으로 대외관계에 나섰다. 먼저 신라에 소형 다식을 파견하여 안승을 옹립한 과정을 설명하고 신라의 지원을 얻어내기 위한 시도를 하였다(사료 F, K-①). 신라로 외교문서를 발송한 주체는 안승이 아니라 검모잠이었다. 외교문서에서 안승을 옹립한 인물도 검모잠으로 설명하고 있다.

국왕 안승과 고위 관등을 소지하고 1만 명에 이르는 군사력을 보유하고 있던 고연무의 존재는 검모잠에게 상당한 부담으로 작용했을 것이다. 더구나 검모잠은 한성 권역에서 재지기반을 갖고 있지 못한 상태였다. 비록 안승을 옹립하는 과정에서 검모잠이 주도적인 역할을 했지만, 향후 정국 운영에서 주도권을 장악하기 만만치 않은 상황이었던 것이다. 그리하여 검모잠은 대신라관계를 주도하여 정국 운영의 우위를 쥐려는 의도가 있었다고 생각된다. 그런데 신라가 작성한 책문(사료 K-②)에는 검모잠에 대한 언급이 전혀 나타나지 않는다. 오히려 신라가 안승을 고구려왕으로 책봉하는 주체임을 강조하고 있다.

이러한 차이는 고구려 멸망의 원인을 보는 시각에서도 드러난다. 검모잠은 '선왕이 도를 잃어 멸망하였다'고 인식하고 있었다. 국가 멸망을 표현하는 상투적인 문구일 수도 있으나, 검모잠의 의도가 개재되었을 가능성이 있다.[245] 멸

---

244) 김강훈, 앞의 논문, 2016, 8~13쪽.
245) 보장왕대 대신라정책이 강경책으로 일관했다는 사실에 대한 반성의 표현으로, 대신라정책

망 원인을 선왕 즉 보장왕에게 돌려 안승의 왕권 행사를 제약하려는 의도로 이해된다. 이와 달리 신라는 연남생 형제 간의 갈등이 멸망에 이르게 했다고 인식하고 있었다.

신라의 이러한 태도와 인식에는 고구려 재건을 도모하는 검모잠에 대한 경계심이 크게 작용했으리라 추정된다.[246] 그에 비해 안승은 이전부터 친신라적인 행보를 보여왔던 인물이었다. 결국 신라는 교섭의 상대로 검모잠이 아닌 안승을 선택하였다. 신라의 입장이 표현된 책봉문이 '부흥고구려국'에 도착하자 내재되어 있던 갈등이 표출되었을 것이다.

신라의 지지는 군사적인 측면에서도 이루어졌다. 신라가 안승을 책봉하면서 멥쌀 2,000석을 보냈는데(K-②), 이를 수송하기 위해 일정 병력이 동원되었을 것이다.[247] 그중 일부가 한성에 남아 '부흥고구려국'에 대한 군사 지원과 '부흥고구려국'-신라 간 연락체계를 유지하는 역할을 담당했다고 추정된다. 한성에 체류하게 된 신라군은 안승의 지지 세력이 되었고, 안승이 검모잠을 죽이는데 일정 부분 역할을 했을 것이다.

'부흥고구려국' 수립에 주요한 역할을 했던 검모잠과 신라의 지원을 확인한

이 변화될 것임을 드러내며 신라의 환심을 얻으려는 표현으로 이해하기도 한다(최호원, 앞의 논문, 191~192쪽).

246) 문무왕이 안승을 고구려왕으로 책봉하는 교서에서 안승을 정당한 계승자로 지칭하며 부각시킨 데 비해 검모잠은 일절 언급되지 않은 것에 대해, 당이 토벌의 대상으로 천명한 검모잠을 신라가 공인하기 어려웠을 것이며 고구려 유민을 흡수 · 통합하는 과정에서 검모잠이 방해가 될 수 있기에, 신라는 의도적으로 검모잠을 배제 혹은 무시하고 안승의 권위만을 강조했다고 이해하는 연구가 최근 제출되었다(방용철, 「文武王의 安勝 책봉과 그 배경」, 『이화사학연구』63, 2021).

247) 662년 김유신이 미(米) 4,000석, 조(租) 22,000여 석을 평양성으로 수송하였는데(『삼국사기』 권6, 신라본기6, 문무왕 2년 정월), 이때 동원된 병력을 15,000명으로 추정한 연구가 참고가 된다(이상훈, 「662년 김유신의 군량 수송작전」, 『국방연구』55, 2012, 100~101쪽: 『신라의 통일전쟁-백제 멸망에서 고구려 멸망까지-』, 민속원, 2021, 177~178쪽).

안승 간에 주도권을 둘러싼 불화가 첨예해지는 가운데, 고연무는 안승을 지지했을 가능성이 높다.[248] 그는 원래 한성을 기반으로 부흥운동을 펼치고 있었고, 고씨로서 안승과 같은 왕족 출신이었기 때문이다. 검모잠이 중급 관등을 소지한 지방귀족 출신인데 비해, 고연무는 태대형이라는 최고위 관등을 지녔다는 점에서도 그러하다. 또한 고연무는 훗날 신라 내로 이주한 이후에도 계속 안승 휘하에서 활동하였다.[249]

검모잠이 살해된 시기는 '부흥고구려국'의 대외관계를 통해 설명이 가능하다. 형식적인 측면을 배제한다면 정국을 주도하는 인물이 외교의 주체로 등장하기 마련이다.[250] 정치세력 간의 대립으로 정국운영이 매우 불안정한 상황에서 대외교섭이 시행되기는 쉽지 않다. 이를 고려하면서 '부흥고구려국'이 왜(倭)에 최초로 외교사절을 파견한 기사를 검토해 보자.

P-①. 고구려가 상부(上部) 대상(大相) 가루(可婁)를 보내 조(調)를 바쳤다[251](『일본서기』권27, 천지천황 10년(671) 정월 정미).

'부흥고구려국'의 외교사절이 왜에 도착하여 입경(入京)한 시기가 671년 1월이므로 670년 후반에 출발했음을 알 수 있다.[252] 조금 더 범위를 한정하기 위해

---

248) 이정빈, 앞의 논문, 2009, 152쪽.

249) 『삼국사기』권7, 신라본기7, 문무왕 20년 5월 "高句麗王使大將軍延武等上表曰 臣安勝 … 謹遣臣大將軍太大兄延武 奉表以聞".

250) 예컨대 644년 당은 상리현장을 고구려에 파견하여 신라에 대한 공격을 중지할 것을 요구하였다. 이때 연개소문은 신라를 공격하던 중이었는데, 평양성으로 돌아와 당 사신의 요구에 직접 대응하였다(『삼국사기』권21, 고구려본기9, 보장왕 3년 정월 "玄獎入境 蓋蘇文已將兵擊新羅 破其兩城 王使召之 乃還 玄獎諭以勿侵新羅 蓋蘇文謂玄獎曰").

251) "高麗遣上部大相可婁等進調".

252) 임기환, 앞의 책, 343~344쪽.

외교사절이 왜에 도착한 이후 수행해야 하는 외교의례[253]와 도성으로 이동하는데 소요되는 시일[254]을 고려할 필요가 있다. 8세기 발해 사신이 대체로 9·10월에 일본에 도착하여 12월 무렵 입경하고 이듬해 정월 하정 의례에 참석했던 사례[255]에 비추어 본다면, '부흥고구려국'의 사절단도 비슷하게 9~10월경 왜에 도착했다고 여겨진다. 그렇다면 늦어도 8월 말경에는 한성을 출발하였다고 할 수 있다. 문무왕이 안승을 고구려왕으로 책봉하는 명을 내린 것이 8월 1일(K-②)이므로, 결국 검모잠이 피살된 시기는 670년 8월로 추정된다.

요컨대 '부흥고구려국'은 수립과 동시에 안승과 검모잠으로 대표되는 정치세력 간의 대립이 존재하였고, 신라의 책봉문이 도달하면서 갈등은 표면화되었다. 신라의 지지와 고연무의 협력을 바탕으로 안승은 검모잠을 죽이는 데 성공하였다. 정국 주도권을 장악하는 데 성공한 안승은 대왜 관계를 개시하면서 이를 대내외적으로 드러내고자 했던 것이다.

성립 직후 사정에 비추어 볼 때, '부흥고구려국'의 내정에 신라의 관여가 강했다고 해석할 수 있다. 대왜외교의 경로를 탐색해 보면 대외관계에서도 그러한 점이 간취된다. 다음 기록을 살펴봄으로써 이를 방증할 수 있다.

　　P-②. 고구려가 전부(前部) 부가변(富加抃) 등을 보내어 조(調)를 바쳤다

---

253) 당시 왜의 외교의례는 사절의 도착, 안치와 향연 → 도착지에서 중앙에 보고 → 중앙에서 존문사(存問使) 파견 → 영객사(領客使)에 의한 상경(上京) → 난파(難波)에서의 환영 → 난파관에의 안치와 향연 → 입경(入京) → 국서의 전달, 예물 봉정 → 귀환의 과정을 거쳤다고 한다(李成制,「570年代 高句麗의 對倭交涉과 그 意味」,『韓國古代史探究』2, 2009, 77쪽).
254) 발해의 외교사절이 일본에 도착해서 왕경에 이르는 경로에 대한 다음의 연구가 참고가 된다. 아카바메 마사요시,「교섭의 여정-일본 왕경까지의 여정」,『고대환동해교류사』2부(발해와 일본), 동북아역사재단, 2010, 126~135쪽.
255) 김종복,「8·9세기 渤海와 日本의 외교적 갈등과 해소」,『韓國史學報』33, 2008, 120~121쪽: 앞의 책, 215~217쪽.

²⁵⁶(『일본서기』권28, 천무천황 원년(672) 5월 무오).

P-③. 고구려가 상부(上部) 위두대형(位頭大兄) 감자(邯子)와 전부(前部) 대형(大兄) 석간(碩干) 등을 보내어 조공하였다. 신라는 한나말 김이익을 보내어 고구려 사인을 축자까지 보냈다²⁵⁷(『일본서기』권29, 천무천황 2년 (673) 8월 계묘).

P-④. 이 달 고구려가 대형 부간(富干)과 대형 다무(多武) 등을 보내어 조공하였다. 신라가 급찬 박근수와 대나말 김미하를 보내어 조를 바쳤다 ²⁵⁸(『일본서기』권29, 천무천황 4년(675) 3월).

P-⑤. 고구려가 대사(大使) 후부(後部) 주부(主簿) 아우(阿于)와 부사(副 使) 전부(前部) 대형 덕부(德富)를 보내어 조공하였다. 신라는 대나말 김양 원을 보내어 고구려 사인을 축자까지 보냈다²⁵⁹(『일본서기』권29, 천무천황 5 년(676) 11월 정해).

P-⑥. 고구려가 상부 대상 환부(桓父)와 하부 대상 사수루(師需婁) 등을 보내어 조공하였다. 신라가 나말 감물나를 보내 환부 등을 축자까지 보냈 다²⁶⁰(『일본서기』권29, 천무천황 8년(679) 2월 임자삭).

P-⑦. 고구려가 남부 대사 묘문(卯問)과 서부 대형 준덕(俊德) 등을 보내 어 조공하였다. 신라는 대나말 고나를 보내 고구려 사인 묘문 등을 축자 까지 보냈다²⁶¹(『일본서기』권29, 천무천황 9년(680) 5월 정해).

---

256) "高麗遣前部富加抃等進調"
257) "高麗遣上部位頭大兄邯子 前部大兄碩干等朝貢 仍新羅遣韓奈末金利益 送高麗使人于筑紫".
258) "是月 高麗遣大兄富干 大兄多武等朝貢 新羅遣級湌朴勤脩 大奈末金美賀進調".
259) "高麗遣大使後部主簿阿于 副使前部大兄德富朝貢 仍新羅遣大奈末金楊原 送高麗使人於筑 紫".
260) "高麗遣上部大相桓父 下部大相師需婁等朝貢 因以新羅遣奈末甘勿那 送桓父等於筑紫".
261) "高麗遣南部大使卯問 西部大兄俊德等朝貢 仍新羅遣大奈末考那 送高麗使人卯問等於筑紫".

P-⑧. 고구려왕이 하부 조유괘루모절(助有卦婁毛切)과 대고(大古) 묘가(昴加)를 보내어 방물을 바쳤다. 신라는 대나말 김석기를 보내 고구려 사인을 축자까지 보냈다[262] (『일본서기』권29, 천무천황 11년(682) 6월 임술삭).

『일본서기』에는 고구려 멸망 이후 '고려'가 외교사절을 보냈다는 기사가 존재한다. 9번의 사행 중 671년(사료 P-①), 672년(사료 P-②)의 사신은 한반도 서북부에 자리 잡은 '부흥고구려국'이 파견한 것으로 추정된다. 그런데 671·672년은 '부흥고구려국' 단독으로 사신을 파견한 데 비해, 673년부터 신라 관리가 왜까지 호송하거나 신라 사신이 동행하였다. 그런 점에서 671·672년의 사행은 신라의 관여가 배제된 독자적인 외교라고 평가되기도 한다.[263]

그런데 신라 송사(送使)의 존재 유무는 당 수군의 위협에 대한 보호와 관련된 것으로[264] 독자적인 외교 여부를 판단하는 기준이 되기 어렵다는 주장이 제기되었다.[265] 또는 신라가 의도적으로 송사 파견을 하지 않았다고 보기도 한다.[266] 이러한 견해는 기본적으로 671년 외교사절의 출발지를 익산으로 전제하고 있다. 즉 안승이 검모잠을 죽이고 신라로 투항했다는 중국 측 기록을 신빙하여 670년 안승 집단이 신라 내로 이주했다고 보는 것이다. 그러나 안승이 671년 7월에 황해도 지역에 존재했음이 확인되기에[267] 위 주장은 따르기 어렵다.

사료 P에서 671·672년과 그 이후 기사에서 신라 송사의 유무 외에 또 다

---

262) "高麗王遣下部助有卦婁毛切 大古昴加 貢方物 則新羅遣大邪末金釋起 送高麗使人於筑紫".
263) 梁炳龍, 앞의 논문, 53쪽; 임기환, 앞의 책, 343~344쪽.
264) 田村圓澄, 「新羅送使考」, 『朝鮮學報』90, 1979, 91쪽.
265) 이재석, 앞의 논문, 43~44쪽.
266) 김은숙, 「백제부흥운동이후 天智朝의 국제관계」, 『일본학』15, 1995, 178쪽; 井上直樹, 앞의 논문, 121~122쪽.
267) 임기환, 앞의 책, 330~331쪽.

른 차이점이 눈에 띈다. 그것은 사신의 도착지이다. 671·672년은 도착지가 기록되어 있지 않은 데 비해, 그 이후는 축자로 명기되어 있다. 671·672년 사신의 도착지가 역시 축자였는데, 단순히 기록에 누락되었을 수도 있다. 그러나 당시 한반도 정세를 감안하면 '부흥고구려국' 사절이 축자에 도착했을 가능성은 낮아 보인다.

고구려에서 왜로 향하는 경로는 동해를 횡단하는 항로와 서해-남해를 통해 가는 항로가 있었다.[268] 전자의 도착지가 월(越), 후자의 도착지가 축자였다. 월은 동해연안지역으로 혼슈 후쿠이(福井)·이시카와(石川)·도야마(富山)·니가타(新潟)에 걸치는 광범위한 지역이다. 축자는 큐슈 북부 지역에 위치하며, 왜가 외국과 교류하는 관문으로 외국 사절에 대한 대외 업무를 담당하는 대재부(大宰府)가 설치되었던 지역이다.

570년 고구려가 대왜 교섭에 나선 이후 20여 차례의 공식 사절이 왜를 방문하였는데, 도착지가 분명히 기술된 것은 총 6회로서, 월이 4회(570·573·574·668년), 축자가 2회(643·660년)이다. 고구려가 전혀 다른 두 항로를 이용하였던 것은 당시 국제정세에 따른 결과였다고 추정된다. 570·573·574년의 외교사절은 고구려와 백제가 대립하고 있던 정세 속에서 동해를 횡단하는 경로를 이용할 수밖에 없었고, 668년에는 백제의 멸망으로 서남해안의 경유가 불가능했다. 이에 비해 643·660년에는 고구려가 백제와 우호적인 관계를 바탕으로 서남해안에서 축자에 이르는 경로를 선택할 수 있었던 것이다.[269]

그러나 서남해안을 경유하는 경로는 백제와 관계가 어떻게 설정되는가에

---

268) 윤재운, 「동해교류를 통해 본 고구려와 발해의 해양문화」, 『高句麗渤海硏究』32, 2008, 107~108쪽: 『교류의 바다 동해』, 景仁文化社, 2015, 101~107쪽.

269) 小嶋芳孝, 「日本海對岸世界との交通-七世紀の越と日本海對岸世界-」, 『日本海域史大系』1, 清文堂, 2005, 201~202쪽; 윤재운, 위의 책, 106~107쪽.

따라 그 사용 여부가 유동적일 수밖에 없었기 때문에 고구려는 동해를 통한 교섭로를 더 중시하였다. 668년 7월 도착한 고구려 사절이 온 경로를 『일본서기』에서 '월의 길[越之路]'로 기록하고 있는데, 왜에서 해당 경로를 교통로의 하나로 인식할 정도로 공식적으로 이용되었다는 사실을 반영하고 있다.[270]

이를 고려하면 '부흥고구려국'이 670년 왜에 보낸 외교사절은 동해를 건너는 경로를 이용했다고 추정된다. 먼저 고구려-왜 간의 공식 교섭로로서 항해 경험이 축적되었다는 점을 고려했을 것이다. 다음으로 서해안 경로가 안전을 담보하기 어려웠던 상황도 헤아릴 필요가 있었다. 나당전쟁기 당과 신라의 수군은 서해에서 여러 차례 충돌하였고, 특히 670년 당 수군은 대동강 하구와 경기만 북부 일대에서 활동했다고 추정된다.[271] '부흥고구려국'의 외교사절이 서남해를 거칠 경우 당 수군의 위협에 노출되며 신라 수군의 조력이 뒷받침된다 하더라도 안전을 보장받기 어려웠다. 또한 서남해안은 조류가 빠르고 해안선이 복잡하여 항해를 뒷받침하는 해양 지식이 절대적으로 필요한데, 신라가 이를 온전히 습득했다고 보기 어렵다.

출항지로 유력한 곳은 원산이 위치한 영흥만 일대이다. 영흥만은 호도반도로 막혀 있고 조석의 차이가 적어 항구가 발달하기에 적절한 조건을 갖추었으며, 원산은 평양과 연결되는 내륙교통 면에서도 유리하다.[272] 그런데 669년 5

---

270) 김창석, 「8세기 渤海의 對日 항로와 蝦夷」, 『아시아문화』26, 2010, 115~116쪽. 小嶋芳孝는 이시카와현 가나자와시(金澤市)에 위치한 타카오카마치(高岡町) 유적 출토 반와당(半瓦當)의 존재와 카나이와혼마치(金石本町) 유적의 대형건물지를 통해 7세기 후반 월에 도착했던 고구려 사절을 안치했던 시설이 존재했다고 본다(小嶋芳孝, 앞의 논문, 2005, 214~219쪽; 小嶋芳孝, 「考古學에서 본 渤海와 日本의 교류사」, 『동아시아속의 渤海와 日本』, 景仁文化社, 2008, 141쪽). '부흥고구려국'이 보낸 외교사절도 이 시설을 이용했을 것이다.

271) 이상훈, 「羅唐戰爭期 文豆婁 秘法과 海戰」, 『新羅文化』37, 2011, 34~35쪽: 앞의 책, 2012, 165쪽.

272) 윤명철, 『高句麗 海洋史 研究』, 사계절, 2003, 508~509쪽. 고구려가 신라로부터 원산지역을

월 신라가 천정, 비열홀, 각련에서 진휼을 실시하는[273] 모습에서 당시 천정군 즉 원산 일대는 신라가 영유하고 있었음이 확인된다. 결국 '부흥고구려국'이 왜로 외교사절을 파견하기 위해서는 신라의 조력이 필요하였다. 신라의 입장에서 '부흥고구려국'의 대왜 교류 관문을 관리하고 외교사절의 출발과 도착을 통제할 수 있다는 점에서 동해 경로를 통한 교류를 마다할 이유가 없었다.

이상과 같이 경로와 출항지를 검토해 볼 때, '부흥고구려국' 단독으로 대왜 외교를 결행하였다고 보기 어렵다. 대왜 관계 문제를 둘러싸고 '부흥고구려국'과 신라 간에 사전 조율이 있었고 이를 바탕으로 외교사절이 파견되었던 것이다. 이와 같은 '부흥고구려국'과 신라의 관계는 대당전쟁의 과정에서 계속 이어지게 된다.

3) 대당전쟁의 전개와 '부흥고구려국'의 소멸

안승은 정국 운영의 주도권을 장악한 후 관등체계를 정비하는[274] 등 국가체제를 갖추고자 했다. 당의 군사력에 맞설 방어체제를 정비하는 것도 시급한 과제였다. 검모잠의 변경 침입에 대응하기 위해 당 고종이 행군 편성을 명한 것이 670년 4월이었다.[275] 670년 하반기 고간이 이끄는 당 행군이 요동지역에서 군사 활동을 펼쳤음이 분명하며 '부흥고구려국'도 이를 인지했을 것이다.

탈환하였기에 570년 대왜 교섭이 가능했다고 보는 견해(서영교, 「고구려 평원왕대 남진과 견왜사」, 『역사와 세계』41, 2012, 119~125쪽)도 영흥만 일대가 해양교통의 중심지라는 인식에 기반한 것이다.

273) 『삼국사기』 권6, 신라본기6, 문무왕 9년 5월 "泉井比列忽各連等三郡民饑 發倉賑恤".

274) 최재도, 앞의 논문, 151~152쪽.

275) 김강훈, 앞의 논문, 2016, 8~13쪽.

한성 권역에 위치한 성곽은 북쪽에서 공격하는 적을 막기에 방어상 취약한 구조였다. 평양으로 천도하면서 황해도 지역의 고구려성은 수도 평양성을 방어하기 위한 역할을 담당하였다.[276] 백제 또는 신라로 상정되는 북진세력에 대응하는 것이 황해도에 자리 잡은 고구려 성곽의 일차 목적이었던 것이다. 황주군 황주읍에 위치한 황주성은 서남쪽으로 황주천이 흐르고 있어 남쪽으로부터 접근하는 적을 방어하기 좋은 위치에 자리 잡고 있으며, 한성으로 추정되는 신원군 아양리에 위치한 장수산성은 재령강의 지류가 성의 동남쪽을 감싸 돌아 북쪽으로 흐르면서 자연 해자 역할을 하고 있는 것이 그 사례이다.[277]

오랜 세월 축차적으로 완성되었을 황해도 지역 관방체계를 단시일에 보완하기는 어려웠다. 현실적인 대안은 평양성을 중심으로 하는 관방체계를 회복하는 것이었다. 평양성은 사방이 강과 산으로 가로막혀 있고 23km에 달하는 대형 성곽과 내부의 3성 구조 등 방어에 유리한 요소를 두루 갖추고 있었다. 그리고 평양성 인근과 외곽 지역에는 사방에서 평양성으로 이어지는 주요 경로를 차단하기 위한 성곽이 다수 축조되어 방어체계를 형성하고 있었다.[278] 평양성과 그 주변의 성이 방어기능을 회복한다면 육로와 해로를 통해 접근하는 당군의 공격을 차단하기 유리하며 '부흥고구려국'의 방어벽 역할을 수행할 수 있었다.

평양성의 군사적 기능을 회복하기 위한 작업은 상당한 성과를 거둔 듯하다. 이근행이 이끄는 당군이 673년 호로하(瓠瀘河) 서쪽에서 '부흥고구려국'군

---

276) 동북아역사재단 편, 『황해도 지역 고구려 산성』, 동북아역사재단, 2015, 12~15쪽.
277) 양시은, 『高句麗 城 硏究』, 진인진, 2016, 81~83쪽.
278) 徐日範, 『北韓地域 高句麗山城 硏究』, 단국대학교 박사학위논문, 2000, 171~189쪽; 사회과학원 고고학연구소, 『고구려의 성곽』, 진인진, 2009, 27~109쪽; 李成制, 「龍岡 黃龍山城과 黃海~大同江沿岸路-고구려 후기 王都방어체제의 一例-」, 『高句麗渤海硏究』41, 2011; 양시은, 「평양도읍기 고구려의 성곽방어체계」, 『고고학』12-3, 2013, 122~130쪽: 앞의 책, 197~202쪽.

에게 승리하는데, 이때 전투 대상을 지칭하면서 '고려평양여중(高麗平壤餘衆)', '평양이잔(平壤痍殘)'이라는 표현을 쓰고 있다.[279] 673년까지 황해도 일대에서 당군과 교전한 고구려 유민 세력은 '부흥고구려국'일 가능성이 높은데, 여기서 당군이 평양성을 '부흥고구려국'의 중심지로 인식했음을 엿볼 수 있다.[280] 그렇다면 평양성이 '부흥고구려국'의 직할 영역에 편입되어 부흥운동의 주요 거점으로 기능했을 뿐만 아니라, 더 나아가 한성에서 평양성으로 천도했을 가능성도 고려할 필요가 있다.

지금까지 한반도 서북부 일대에서 활동한 고구려부흥세력의 중심지는 한성으로 인식되어 왔다. 안승이 즉위한 곳이 한성이기 때문이다. 그런데 '부흥고구려국' 수립 이후 한성은 더이상 사료에 등장하지 않는다. 오히려 당군의 군사활동과 관련한 사료에 평양과 그 인근 지명이 연속 등장하는데, 이는 평양성이 당군의 주요 목표였음을 의미한다. 이는 역으로 평양성이 '부흥고구려국'의 중심지였음을 방증하지 않을까 한다.

천도는 고도의 정치행위로서 대외적으로 군사적 원인과 대내적으로 정치적

---

279) 『구당서』권5, 본기5, 고종 함형 4년 윤5월 "燕山道總管李謹行破高麗叛黨於瓠盧河之西 高麗平壤餘衆遁入新羅"; 『신당서』권220, 열전145, 동이 고려 "李謹行破之于發盧河 再戰 俘馘萬計 於是平壤痍殘不能軍 相率奔新羅". 670년 중반 안승이 검모잠을 살해하고 신라로 이주하였다고 이해하는 연구에서는 비록 검모잠이 죽었지만 안승과 행보를 달리한 부흥세력이 평양을 근거지로 삼아 저항을 지속하였기에, 당군이 이들을 '고려평양여중(高麗平壤餘衆)', '평양이잔(平壤痍殘)'으로 지칭했다고 이해한다(정원주, 앞의 논문, 2019, 54~66쪽; 김수진, 앞의 논문, 25~26쪽).

280) '고려평양여중(高麗平壤餘衆)', '평양이잔(平壤痍殘)'에서 평양은 고구려를 지칭한다고 이해할 수도 있다. 하지만 '고려평양여중'이라는 표현에서 이미 고구려가 사용되고 있기 때문에 여기서 평양은 고구려의 대칭(代稱)이 아니라 구체적인 지명인 평양성을 의미한다고 볼 수 있다. 중국 측 기록에서 고구려 유민을 지칭할 때 '고려여중(高麗餘衆)'이 많이 사용되었다. 그렇다면 '고려평양여중'은 고구려 유민 중에서 평양을 거점으로 활동하고 있던 유민으로 해석할 수 있다.

원인으로 이루어지는 경우가 많았다고 한다.[281] 평양성이 한성에 비해 군사적으로 방어에 유리하다는 측면에서 천도의 목소리가 제기되었을 가능성이 있다. 당군의 공격이 예측되는 상황에서 무시하기 어려웠으리라 추정된다. 동시에 정치적 고려도 작용했을 것이다. 도성은 정치, 경제, 군사, 문화의 중심지이자 왕권이 대외적으로 발현되는 공간이었다. 도성의 핵심시설 중 하나가 의례공간인데, 의례는 정치적 권력 및 권위의 확보에 필수적이었다.[282] 평양성에는 왕권의 정당성을 뒷받침하는 의례공간이 존재하였고 도성 외곽에서 국왕이 참가하는 의례가 정기적으로 거행되었다.[283] 파괴된 의례공간을 정비하고 국왕이 각종 의례에 참여한다면, 이는 국왕의 위상 제고로 이어질 것이 분명하였다. 평양 천도를 인정할 수 있다면, 주도 인물은 국왕 안승으로 단정해도 좋을 것이다.

'부흥고구려국'의 영역은 평양성과 한성을 중심으로 설정된다. 한성을 중심으로 하는 방어체계[284]와 영속관계에 있던 지역[285]을 고려하면, 한성 권역은 예성강 이북~대동강 이남 지역으로 추정할 수 있다. 하지만 남경(南境)은 예성

---

281) 金瑛河, 「古代 遷都의 역사적 의미」, 『韓國古代史硏究』36, 2004, 9~13쪽.
282) 朴淳發, 앞의 논문, 7~8쪽; 윤재운, 「발해 도성의 의례공간과 왕권의 위상」, 『韓國古代史硏究』71, 2013, 138~139쪽.
283) 여호규, 앞의 논문, 2013, 86~88쪽.
284) 한성을 중심으로 서흥 대현산성, 평산 태백산성, 배천 치악산성, 연안 봉세산성, 해주 수양산성, 옹진 옹진산성, 태탄 오누이산성, 과일 풍천성, 안악 구월산성, 봉산 휴류산성 등이 하나의 방어체계를 형성하고 있었다(최승택, 「고구려 남부 부수도의 위성 방어체계」, 『조선고고연구』2000-4, 2000; 신광철, 앞의 논문).
285) 668년 6월 대곡성, 한성 등 2군 12성이 당군에게 항복하였는데, 이때 12성은 한성과 영속관계를 맺고 있었을 것이다. 그런데 2군 12성이라는 숫자는 경덕왕 7년 설치한 '대곡성 등 14군현'(『삼국사기』 권9, 신라본기9, 경덕왕 7년 8월 "遣阿湌貞節等 檢察北邊 始置大谷城等十四郡縣")과 일치한다는 점에서 동일 지역일 가능성이 있다(임기환, 앞의 논문, 2004, 29~30쪽). 또한 14군현은 『삼국사기』 권35, 잡지4, 지리2, 한주조에 보이는 예성강 이북, 대동강 이남 지역의 군현수와 일치한다(李基東, 「新羅 下代의 浿江鎭-高麗王朝의 成立과 關聯하여-」, 『韓國學報』4, 1976, 6~7쪽: 『新羅骨品制社會와 花郎徒』, 一潮閣, 1984, 213~214쪽).

강이 아니라 임진강으로 추정된다. 673년 윤5월 '부흥고구려국'은 호로하 서쪽[286]에서 당군에게 패배하고 남은 무리가 모두 신라로 도망가게 되는데,[287] 여기에서 임진강이 '부흥고구려국'과 신라 간의 경계였던 사실을 알 수 있다.

〈그림 3〉 평안남도 · 황해도 일대 성곽분포도[288]

---

286) 임진강의 도하 지점과 지형상 '호로하 서쪽'에 적합하다는 점을 고려하여 연천 무등리~호로고루 일대를 전투 지역으로 비정하는 견해가 있다(임용한, 「대당전쟁 시기 주요 격전지 연구」, 『대전리산성, 매초성인가』, 연천 대전리산성 학술회의자료집, 2013, 125쪽).

287) 『자치통감』권202, 당기18, 고종 함형 4년 윤5월 "燕山道總管右領軍大將軍李謹行大破高麗叛者於瓠蘆河之西 俘獲數千人 餘衆皆奔新羅".

288) 田中俊明, 「城郭施設からみた高句麗の防禦體系-王都および對中國防禦を中心に-」, 『高句麗研究』8, 1999, 192~193쪽; 신광철, 앞의 논문, 213쪽; 여호규, 「고구려 성곽과 방어체계의 변천」, 『한국군사사』14(성곽), 경인문화사, 2012, 190쪽을 참조하여 작성하였다.

평양성 권역의 범위를 알려주는 사료는 없는데, 왕기(王畿)가 본래 천자의 직할 군단이 상주, 방어하던 영역으로 군사적 기능이 강조된 곳이었으며 국내성 도읍기 왕기의 범위를 왕도 방어를 목적으로 설치된 군사적 성격이 강한 지역으로 파악한 견해[289]가 참고가 된다. 그렇다면 평양 북쪽에서 내려오는 적을 차단하는 역할을 하는 청룡산성, 북쪽 내륙으로 남진하거나 동해안쪽에서 접근하는 적을 막는 흘골산성, 서해로부터 대동강을 거슬러 평양성으로 들어오려는 적을 막을 수 있는 황룡산성, 황해도 일대를 통과하여 남쪽에서 접근하는 세력을 차단할 수 있는 황주성[290]을 연결하는 범위가 최소한 평양성 권역의 범위로 추정된다.[291]

'부흥고구려국'이 당군에 대한 방어를 최우선했기 때문에 청천강까지 영역을 확장했을 가능성이 있다. 청천강은 육군의 도하를 저지하는 자연장애물의 역할을 하였고 강의 하구에는 서해를 따라 남진하는 당 수군을 저지할 수 있는 거점이 존재하고 있었다.[292] 더욱이 청천강 남안에 위치한 안주성은 의주-평

---

289) 조영광, 「고구려 王都, 王畿의 형성 과정과 성격」, 『韓國古代史研究』81, 2016, 76~79쪽.
290) 徐日範, 앞의 논문, 175~177쪽; 양시은, 앞의 책, 201쪽.
291) 평양성 권역의 범위를 이해하는데 왕기의 범위를 설정한 연구가 참고가 된다. 東潮는 대동강 유역에 집중 분포하는 평양형 석실분의 분포지역을 王畿로 상정하였다. 평양형 석실분은 평양성을 중심으로 동으로 호남리고분군, 서로 강서·용강군 일대, 남으로 진파리고분군, 북으로 청천강 유역 용호동고분군에 이르는데, 청천강 유역은 벽화분이 축조되지 않았다는 점에서 왕기의 범위에서 제외하였다(東潮, 「朝鮮三國時代における横穴式石室墳の出現と展開」, 『國立歷史民俗博物館研究報告』47, 1993, 45~51쪽). 한편 손영종은 왕도와 경기의 지역적 범위를 평양시, 남포시, 평안남도 대동군, 평원군, 성천군 일대로 파악하였고(손영종, 『고구려사』1, 백산자료원, 1997, 331쪽), 최희수는 왕기지역을 평안남도 일대와 평안북도 일부, 황해도 일부지역으로 추정하였다(최희수, 「고구려 후기 지방통치의 구조와 의미」, 『高句麗渤海研究』32, 2008, 73쪽).
292) 662년 3월 소정방이 이끄는 당 수군은 청천강 하구에 위치한 위도(葦島)를 빼앗은 후 진공하여 평양성을 공격하였다(『구당서』권4, 본기4, 고종 용삭 2년 3월 "蘇定方破高麗于葦島 又進攻平壤城 不克而還"). 청천강 하구의 위도가 연안항로를 따라 남하하는 당 수군을 저

양 간 교통로와 집안 일대에서 압록강을 건너 강계-평양으로 이어지는 교통로가 만나는 결절점에 위치하고 있어[293] 군사적으로 매우 중요하였다. 또한 청천강 하류 남안에는 안주평야가 펼쳐져 있어 경제적 측면에서도 중시될 수밖에 없었다.

다만 청천강 이북으로 영역이 확장된 것 같지는 않다. 고간이 이끄는 당군의 행적에서 이를 추정할 수 있다. 고간은 671년 7월 1일 안시성에서 저항하던 고구려 유민을 격파한[294] 후, 671년 9월 평양성에 이르렀다. 안시성으로 비정되는 영성자산성(英城子山城)에서 평양까지 거리는 현대 교통로를 기준으로 약 460km이다. 고대 군대의 행군속도가 대략 1일 12km[295]였으므로 38일 정도가 소요된다. 여기에 안시성 전투 후 부대 재편, 압록강 도하, 평양성 공격 등에 필요한 시간을 고려한다면 안시성을 출발하여 평양성에 이르기까지 큰 전투가 없었다고 보는 편이 타당하다. 이는 반대로 요동지역 및 평안북도 지역에 존재하는 유민 세력을 '부흥고구려국'의 지배체제 내로 끌어들이지 못했음을 의미한다.[296] 그렇다면 '부흥고구려국'의 영역은 청천강과 임진강을 경계로 하여 현재 평안남도, 황해도 일대를 포괄하였다고 이해해도 무리가 없다.[297]

지하는 전략적 거점이었음을 보여준다(장창은, 「660~662년 고구려와 신라 · 당의 전쟁」, 『新羅史學報』38, 2016, 86~87쪽).

293) 양시은, 앞의 책, 206~207쪽.

294) 『자치통감』 권202, 당기18, 고종 함형 2년 7월 "乙未朔 高侃破高麗餘衆於安市城".

295) 이상훈, 앞의 책, 2012, 90쪽; 김주성, 「7세기 삼국 고대 전투모습의 재현」, 『軍史』81, 2011, 47~52쪽.

296) '부흥고구려국'으로 편입되었거나 연계가 시행되었을 가능성도 있지만, 당군의 남하를 저지할 수 있는 군사력 내지 관방체계가 존재하지 않았음은 분명하다.

297) 670년 4월 고연무와 설오유가 군사를 이끌고 압록강을 건너 말갈과 전투를 벌인 것을 근거로 검모잠과 안승이 이끈 고구려부흥세력이 압록강 유역을 방어선으로 설정하여 군사활동을 전개하는 등 북방으로 압록강 유역까지 세력을 확장했다고 이해하는 견해도 있다(정원주, 앞의 논문, 2018, 50~51쪽).

Q. 또한 고구려의 안승[高麗安勝]은 나이가 아직 어리고 남아 있는 고을과 성읍에는 백성이 반으로 줄어 스스로 어떻게 해야 할지 의심을 품고 있으니 나라를 맡은 중요함을 감당하지 못하고 있습니다. 나 설인귀가 누선(樓船)에 마침내 돛을 활짝 펴고 깃발을 휘날리며 북쪽 해안을 순시할 때, 그가 지난날 활에 상한 새의 신세가 된 것을 불쌍히 여겨서 차마 군사를 내지 않았습니다. 그런데 그를 외부의 지원 세력[外援]으로 삼아 믿고 있으니 이는 얼마나 잘못된 것입니까[298](『삼국사기』 권7, 신라본기7, 문무왕 11년 7월).

위 사료에서 '부흥고구려국'이 당군과 직접 충돌하기 전의 상황을 추출할 수 있다. 이 글의 작성자는 계림도총관에 임명된 설인귀였다. 그의 파견 목적 중 하나가 고구려 유민이 일으킨 '반란'이었기 때문에,[299] '부흥고구려국'에 대한 정보 수집에 공을 들였을 것이다.

먼저 '고구려의 안승[高麗安勝]'이라는 표현에서 위 서신이 작성된 671년 7월경에 '부흥고구려국'이 존재했음과 그 중심인물이 안승이었음이 확인된다. 또한 북쪽 해안[北岸]을 운운하는 내용에서 안승의 활동 지역이 황해도 일대임을 시사하고 있다.[300] 연령과 영토 문제를 언급하며 안승의 지도력을 폄하하는 부분은 '부흥고구려국'을 지원하고 있는 신라를 비판하기 위한 요소일 뿐 현실과 거리가 있었다. 오히려 당군이 안승을 공격하려다 그만두었다는 표현에서

---

298) "又高麗安勝 年尚幼沖 遺墼殘郛 生人減半 自懷去就之疑 匪堪襟帶之重 仁貴樓船 竟翼風帆 連旗巡於北岸 矜其舊日傷弓之羽 未忍加兵 恃爲外援 斯何謬也".

299) 『구당서』 권83, 열전33, 설인귀 "尋而高麗衆相率復叛 詔起仁貴爲鷄林道總管以經略之";『신당서』 권111, 열전36, 설인귀 "未幾 高麗餘衆叛 起爲鷄林道總管".

300) 임기환, 앞의 책, 331쪽.

황해도 지역의 해안방어체계[301]가 정상적으로 작동하고 있었음이 드러난다.

다음으로 신라가 '부흥고구려국'을 외원(外援), 즉 외부의 지원 세력으로 믿고 있다는 기술이 눈길을 끈다.[302] 이는 '부흥고구려국'이 신라 영토 내에 존재하지 않는다는 사실을 한 번 더 보여준다. 그리고 '부흥고구려국'과 신라가 군사적 협력 체제를 구축하여 공동으로 당군에 대응하려 했음을 알 수 있다. 아래 기록을 통해 '부흥고구려국'과 신라가 당군과 치른 전투의 실상을 상세히 검토해 보겠다.

R-①. 당 장군 고간 등이 번병(蕃兵) 4만 명을 거느리고 평양에 도착하여 도랑을 깊이 파고 보루를 높이 쌓고서 대방을 침입하였다[303](『삼국사기』 권7, 신라본기7, 문무왕 11년 9월).

R-②. 당 조운선 70여 척을 공격하여 낭장 겸이대후(鉗耳大侯) 병사 100여 명을 사로잡았는데, 물에 빠져 죽은 자는 다 헤아릴 수 없었다. 급찬 당천(當千)의 공이 제일이었으므로 사찬의 관등을 주었다[304](『삼국사기』 권7, 신라본기7, 문무왕 11년 10월 6일).

사료 R-①에 따르면 671년 9월 고간은 당군을 이끌고 평양성에 도착하였다

---

301) 김경찬, 「황해남도 해안방어성에 대하여」, 『조선고고연구』1992-4, 1992; 윤명철, 「황해도의 해양방어체제」, 『고구려산성과 해양방어체제연구』, 백산자료원, 2000.

302) 설인귀의 서신에서 고구려부흥세력과 신라의 연대에 대해 언급이 없다고 보는 견해가 있으나(여호규 · 拜根興, 「遺民墓誌銘을 통해본 唐의 東方政策과 高句麗 遺民의 동향」, 『東洋學』69, 2017, 81쪽), 신라가 안승을 외원으로 삼고 있던 사실을 설인귀는 인지하고 있었다.

303) "唐將軍高侃等 率蕃兵四萬到平壤 深溝高壘 侵帶方".

304) "擊唐漕船七十餘艘 捉郎將鉗耳大侯 士卒百餘人 其淪沒死者 不可勝數 級湌當千功第一 授位沙湌".

고 한다. 언뜻 보기에 당군이 별다른 전투 없이 평양성에 다다른 것처럼 기술되어 있다. 하지만 당군이 대방을 침입하기 앞서 취한 모습은 평양성의 방비를 군건히 하는 것이었다. '도랑을 깊이 파고 보루를 높이 쌓는[深溝高壘]' 행위는 주로 방자(防者)가 성곽 안에서 지구전(持久戰)을 펼칠 때 나타난다.[305] 평양성의 방어 시설 증강은 당군의 주력이 '부흥고구려국'과 황해도 지역에서 충돌할 때, 평양성이 공격받을 가능성을 염두에 둔 조치이다. 평양성에 주둔한 당군을 위협할 수 있는 세력은 평양성 인근 성곽에 자리 잡은 '부흥고구려국' 군사 외에는 생각하기 어렵다. 그렇다면 평양성에도 '부흥고구려국' 병력이 존재했다고 보는 것이 타당하며, 전투 끝에 당군이 평양성을 점령했다고 추정할 수 있다. 당군은 평양성의 방어 시설을 정비하고 소수의 병력을 두어 지키게 한 뒤, 곧바로 '부흥고구려국'에 대한 공격을 감행하였다.

다음으로 R-②의 사료를 보면 신라 수군이 당 운송선을 공격하여 낭장 겸 이대후(鉗耳大侯)와 100여 명의 병사를 사로잡고 수많은 군사를 익사시키는 승리를 거두었다. 전투가 일어난 장소에 대해 금강 하구,[306] 대동강 하구,[307] 예성강 하구[308]로 견해가 엇갈린다. 당이 고구려와의 전쟁에서 수륙병진(水陸並進)의 전법을 구사하고 수군이 보급부대의 역할을 하였던 것과 비교하면, 671년에 □군에 대한 언급이 전혀 없다는 점에서 신라가 공격한 당 운송선은 군수

---

305) 『육도(六韜)』 용도(龍韜), 기병(奇兵) "深溝高壘 積糧多者 所以持久也".
306) 池內宏, 앞의 책, 463쪽. 이상훈, 앞의 책, 2012, 147~148쪽에서는 장소를 특정하지 않았지만, 池內宏의 견해를 지지하면서 발생지역을 백제 고지로 보았다.
307) 허중권, 『新羅 統一戰爭史의 軍事學的 硏究』, 한국교원대학교 박사학위논문, 1995, 158쪽. 서영교는 당군이 대동강 하구를 통해 재령강으로 진입하고자 했다고 추정하였다(서영교, 『羅唐戰爭史 硏究』, 아세아문화사, 2006, 187쪽).
308) 徐仁漢, 『羅唐戰爭史』, 國防軍史硏究所, 1999, 147~148쪽.

품을 보급하기 위한 수군으로 추정한 견해가 설득력이 있다.[309] 그렇다면 전투 장소는 대동강 하구로 보는 것이 타당하다. 당 운송선은 대동강으로 진입하여 평양성을 목표로 항해했을 가능성이 높기 때문이다. 당군이 군사활동을 전개하는 지역은 황해도 일대였지만 군수품의 안전한 하역과 수송, 보관에 적합한 장소로 평양성을 선택했을 것이다.

당 수군의 규모, 이동경로 등 관련 정보 수집은 신라보다 '부흥고구려국'의 역할이 큰 비중을 차지했을 것이다. 고구려가 대동강 하구 초입에 봉수대를 두고 적의 출현을 평양성까지 전달하는 신호체계를 운용했다는[310] 점이 이를 뒷받침해 준다. 대동강 하구에서 조류의 움직임이나 유속 등에 대한 정보도 '부흥고구려국'이 신라에 제공했음이 틀림없다. '부흥고구려국' 측 인사가 신라 군선(軍船)에 탑승하여 전투에 참여했을 가능성도 배제할 수 없다. 즉 R-②에는 당 운송선을 격파한 신라 측의 승리만 돋보일 뿐 '부흥고구려국'의 존재가 드러나지 않지만, 이상의 추론과 같이 '부흥고구려국'의 후원이 승전의 한 요소였다.

대방을 침입했다는 기록 이후 당군의 행적이 드러나지 않고 있는데, 요동으로 퇴각하였다고 짐작된다.[311] 해로를 통한 군수품 보급이 차단되자 황해도 지역에서 전투를 유지하기는 어려웠을 것이다.[312] 당군이 다시 등장하는 시기는 672년 7월이다.

---

309) 권덕영, 앞의 책, 177~178쪽; 권덕영, 앞의 논문, 2017, 186~189쪽. 나당전쟁기 해전과 육전의 연계성에 대해서는 강봉룡, 「나당전쟁과 해전, 그리고 신라의 삼국통일」, 『한국해양사』 I (선사·고대), 한국해양재단, 2013, 635~641쪽 참조.
310) 이성제, 앞의 논문, 2011.
311) 임기환, 앞의 책, 332~333쪽.
312) 서영교, 앞의 책, 187쪽.

S-①. 가을 7월 당 장수 고간이 군사 1만 명, 이근행이 군사 3만 명을 거느리고 일시에 평양에 이르러 여덟 개의 군영을 설치하고 주둔하였다. 8월 (당군이) 한시성(韓始城), 마읍성(馬邑城)을 공격하여 이겼다[313](『삼국사기』 권7, 신라본기7, 문무왕 12년 7월·8월).

고간과 이근행의 당군이 다시 평양성에 이르렀는데, 사료 R-①과 마찬가지로 평양성을 둘러싼 공방전이 기술되어 있지 않다. 하지만 당군이 평양성에 무혈입성했다고 보기 어렵다. 671년 당군이 물러난 후 '부흥고구려국'은 평양성과 그 인근의 성을 재차 장악하고 당군의 재침에 대비하였을 것이다. 당군이 황해도 지역을 공격하기에 앞서 평양성 인근에 위치한 한시성(韓始城)과 마읍성(馬邑城)을 공략한 데서 이를 알 수 있다.

'부흥고구려국'은 당군에 맞서기 위한 전략적 거점으로 한시성과 마읍성을 운용하였다. '부흥고구려국'이 두 성을 통해 달성하고자 했던 전략적 목표가 무엇이었는지 불분명한데, 이는 671년의 전황과 비교를 통해 드러날 수 있다고 생각된다.

최근 마읍성의 위치를 구체적으로 비정한 연구가 제출되어 '부흥고구려국'이 어떠한 전략으로 대당전쟁을 수행하려 했는지 파악할 수 있는 계기가 마련되었다. 마읍성은 661년 소정방이 이끄는 당군이 패강에서 고구려군과 싸워 이기고 마읍산을 뺏은 후 평양을 포위했다는 기록[314]에 등장하는 마읍산과

---

313) "秋七月 唐將高侃率兵一萬 李謹行率兵三萬 一時至平壤 作八營留屯 八月 攻韓始城馬邑城 克之".

314) 『신당서』 권220, 열전145, 동이 고려 "[龍朔元年]八月 定方破虜兵於浿江 奪馬邑山 遂圍平壤";『신당서』 권111, 열전36, 소정방 "定方爲遼東道行軍大總管 俄徙平壤道 破高麗之衆於 浿江 奪馬邑山爲營 遂圍平壤".

동일한 곳으로 상정된다. 마읍산의 위치는 그동안 평양 서남으로 막연히 추정되었는데,[315] 최근 평양 서남쪽 60리 거리에 위치한 서학산(捿鶴山) 일대로 추정한 견해가 제기되었다.[316] 서학산은 수륙교통의 결절지로 병력과 물자를 집결시키기에 용이하며 대동강 수로가 좁아져 적을 공격하기 수월하고 주변 성곽과 유기적으로 관방체계를 형성한다는 점에서,[317] 마읍산으로 비정될 개연성이 높다고 생각된다. 따라서 고구려 마읍성은 마읍산, 즉 서학산 일대에 축조된 성곽으로 이해할 수 있다. 그런데 661년 단계에서 마읍산에는 석축 성벽이 존재하지 않았을 가능성이 높다. 여러 사료에서 일관되게 마읍성이 아니라 마읍산으로 언급되고 있으며 소정방이 마읍산을 빼앗은 후 산을 의지해 군영을 세웠기 때문이다.[318] 이후 고구려는 마읍산의 군사전략적 가치를 제고하기 위해 산성을 축조했다고 여겨진다.

S-②. 낭장 오씨(吳氏). 이름은 망실되었다. 동쪽으로 고구려를 정벌할 때 마읍성(馬邑城)을 격파하였는데 집이 불타고 (불길이) 절까지 미쳤다. 성 밖에서 바라보니 구름 같이 피는 연기가 곧게 올라갔다. 그 가운데 한 물건이 있으니 흰 띠 같았다. 높이 날아 구름 속으로 들어갔다가 잠시 후 성 동쪽 풀 속에 떨어졌다. 낭장 오군(吳君)이 말을 타고 달려가서 그것을 보니 황서(黃書)가 땅 위에 펼쳐져 있었다. 다가가서 그것을 보니 바로 『법

---

315) 『신증동국여지승람』 권51, 평양부, 고적 "馬邑山 一統志 在平壤城西南 唐蘇定方奪馬邑山 遂圍平壤 即此".

316) 이상훈, 「삼국통일기 고구려 마읍산의 위치와 군사적 위상」, 『軍史』104, 2017, 293~306쪽: 앞의 책, 2021, 204~216쪽.

317) 이상훈, 앞의 책, 2021, 216~222쪽.

318) 『책부원구』 권986, 외신부31, 정토5 "[龍朔元年]八月 蘇定方破高麗之衆於浿江 頻戰皆捷 奪 其馬邑山 因山爲營 遂爲平壤城".

화경』제7권이었다. 이에 가지고 군영에 이르러 밤에 장막 위에 두었는데 갑자기 폭우가 내렸다. 다음 날 아침 거두니 하나도 젖지 않았다[319](『홍찬 법화전(弘贊法華傳)』권10, 서사(書寫)8).

S-②에는 672년 당군이 마읍성을 공격할 때 발생한 신이한 일이 기록되어 있다. 해당 사료는 『홍찬법화전(弘贊法華傳)』에 실려 있는데, 당 승려 혜상(惠詳) 이 동진(東晉)부터 당 중기까지 『법화경(法華經)』과 관련된 영험한 이야기를 기 술한 책이다.[320] 『홍찬법화전』권10 서사(書寫)에는 고구려부흥운동을 진압하려 출정했던 당병과 관련한 고사가 두 편 실려 있는데, S-②는 그중 하나이다.[321]

승려 혜상은 전쟁 체험 안에서 『법화경』이 지닌 공덕의 신비함을 드러내어 독자를 법화신앙으로 이끌고자 하는 의도로 해당 설화를 채록하였기 때문 에,[322] 전투 자체에 대한 정보는 부족하다. 당군이 마읍성을 공격하여 점령했다

---

319) "郎將吳氏 忘名 東征高麗 破馬邑城 焚燒屋宇 延及寺舍 城外望見 煙雲直上 中有一物 如白 帶 高飛入雲 須臾飄墮城東草中 郎將吳君 走馬往視之 見黃書展在地上 就而觀之 乃是法花 經第七卷也 於是 將至營中 夜安幕上 忽逢暴雨 明旦收之 一無露濕".

320) 南權熙, 「13세기 天台宗 관련 高麗佛經 3종의 書誌的 考察-圓覺類解, 弘贊法華傳, 法華文句 幷記節要-」, 『季刊書誌學報』19, 1997, 12~13쪽.

321) 김승호, 「당승(唐僧) 혜상(惠祥)의 채록으로 본 신라 불교설화」, 『우리문학연구』52, 2016, 141~143쪽에서 두 설화는 나당전쟁에 참가했던 당병에게서 채록했다고 하였다. 그중 하나 는 '의봉년(儀鳳年)' 즉 의봉 연간(676.11~679.6) 포로로 붙잡혀 해안가에서 목마(牧馬)를 하고 있던 유씨(劉氏)가 당으로 돌아온 이야기이다. 주인공은 고구려부흥세력을 공격하기 위해 파견되었던 당군 소속이었는데, 이후 신라와 충돌한 전투에서 붙잡혀 포로가 되었고, 신라에서 노비로 살아갔다. 또 다른 이야기는 본문에서 언급한 낭장 오씨 고사인데, 본문에 서 언급한 바와 같이 마읍성이라는 지명이 등장하는 것으로 보아 672년의 일로 생각된다. 둘 다 넓은 의미에서는 나당전쟁 과정 속에서 발생한 포로 및 전투와 관련한 설화이다. 다 만 참전 경위에 대해 전자는 '동토고려(東討高麗)', 후자는 '동정고려(東征高麗)'라고 하였으 므로 양자 모두 고구려부흥세력과의 전투에 참가했다고 해야 정확할 것이다.

322) 김승호, 위의 논문, 143쪽.

는 사실이 전부이다. 다만 성 내에 불교 사원이 존재했고 법화경이 읽히고 있었음이 확인된다. 고구려에서 사원은 호국적 역할이 강조되었고 전략적으로 중요한 곳에 위치하여 군사적 역할도 담당하였으며,[323] 법화경은 호국경전의 성격이 강하여 고구려에서 중시되었다.[324] 이는 마읍성이 군사적으로 주요한 위상을 점하고 있었던 사실을 방증한다.

마읍성은 그 위치로 보아 대동강 하구로 진입하여 평양성에 이르려고 시도하는 당군을 저지하기 위한 목적으로 운용되었다. 671년 당군은 수로를 통해 군량을 보급하려 시도하였지만, 신라 수군이 주도하여 이를 성공적으로 저지하면서 당군의 후퇴를 이끌어냈다. 즉 신라가 해상에서 당의 보급을 저지하기 위한 1차 방어선을 운용했던 것이다. 이에 더하여 '부흥고구려국'은 마읍성에 병력을 배치하여 당군의 보급을 차단하기 위한 2차 방어선을 구축하고 있었던 것이다. 결국 '부흥고구려국'의 전략은 대동강 수로를 확보하여 당군의 보급로를 차단함으로써 지구전에서 유리한 고지를 점령하려 했던 것이었다. 반대로 671년 군수품 보급에 상당한 장애를 경험한 당군은 보급로 확보에 심혈을 기울일 수밖에 없었다.[325] 마읍성을 둘러싼 양 측의 공방전은 향후 전쟁의 향방을 좌우하는 성격을 지녔던 것이다.

T-①. 당 군사가 백수성(白水城)에서 500보 정도 떨어진 곳으로 전진하여 군영을 설치하였다. 우리 군사와 고구려 군사가 맞아 싸워 수천 명의 목을 베었다. 고간 등이 후퇴하자 쫓아 석문(石門)에 이르러 싸웠는데, 우

---

323) 申東河, 「高句麗의 寺院 造成과 그 意味」, 『韓國史論』19, 1988, 23쪽.
324) 鄭善如, 『고구려 불교사 연구』, 서경문화사, 2007, 107쪽.
325) 이상훈, 앞의 책, 2021, 222쪽에서 대동강 수로를 통한 보급 확보가 당군이 마읍성을 공략한 목적 중 하나였다고 보았다.

리 군사가 패하여 대아찬 효천, 사찬 의문·산세, 아찬 능신·두선, 일길찬 안나함·양신 등이 죽었다³²⁶(『삼국사기』 권7, 신라본기7, 문무왕 12년 8월).

T-②. 당군이 말갈과 함께 석문 들판에 군영을 설치하자 왕은 장군 의복·춘장 등을 보내 이를 방어하게 하니 대방 들판에 군영을 설치하였다. 이때 장창당(長槍幢)만 따로 군영을 설치하였는데 당 군사 3천여 명을 만나 그들을 잡아서 대장군의 군영으로 보냈다. 이에 여러 당(幢)에서 함께 말하기를 "장창당은 홀로 군영을 설치하여 성공하였으니 반드시 후한 상을 받을 것이다. 우리들이 모여서 진을 치는 것은 마땅하지 않고 공연히 수고로울 뿐이다."라고 하면서 드디어 각각 군사를 나누어 분산하였다. 당군이 말갈과 함께 미처 진을 치지 못한 틈을 타 공격하니 우리 군사가 크게 패하여 장군 효천·의문 등이 죽었다³²⁷(『삼국사기』 권43, 열전3, 김유신 하).

사료 T-①·②를 통해 '부흥고구려국'이 한시성과 마읍성을 당군에게 빼앗긴 이후 전황을 살펴볼 수 있다. 전투의 개황은 당군이 황해도 방면으로 남진하자 백수성(白水城)에서 신라군과 '부흥고구려국'군이 공격하여 승리하였으나 퇴각하는 당군을 추격하다가 석문(石門)에서 역습을 당해 크게 패배하였다고 파악되고 있다.³²⁸

---

326) "進兵距白水城五百許步 作營 我兵與高句麗兵逆戰 斬首數千級 高侃等退 追至石門戰之 我兵敗績 大阿湌曉川沙湌義文山世阿湌能申豆善一吉湌安那含良臣等死之".

327) "唐軍與靺鞨 營於石門之野 王遣將軍福春長等禦之 營於帶方之野 時長槍幢獨別營 遇唐兵三千餘人 捉送大將軍之營 於是諸幢共言 長槍營獨處成功 必得厚賞 吾等不宜屯聚 徒自勞耳 遂各別兵分散 唐兵與靺鞨 乘其未陣擊之 吾人大敗 將軍曉川義文等死之".

328) 노태돈, 『삼국통일전쟁사』, 서울대학교출판부, 2009, 255~256쪽. 서영교, 「나당전쟁기 石門 전투」, 『東國史學』38, 2002, 62쪽: 앞의 책, 152쪽에서는 당군이 신라군을 석문으로 유인했다고 보았다.

그런데 이와 같이 이해하기에는 몇 가지 주저되는 면이 없지 않다. 먼저 기존의 이해에 따르면 백수성 인근에서 '부흥고구려국'·신라 연합군이 당군을 격파하였고 이에 당군이 석문으로 후퇴했다고 보고 있다. 그런데 사료 T-②에 따르면 당군이 석문의 들판에 주둔하자 문무왕이 의복과 춘장 등을 보내어 방어하게 하였다고 한다. 신라군이 당군과 처음 대전하게 되는 시점과 장소에 미묘한 차이가 보이는 것이다. 그리고 백수성에서 승리한 이후 공세적이었던 신라군의 모습은 사료 T-②에서 당군을 방어하려 대방의 들판에 군영을 차리는 장면과 사뭇 다르다. 다음으로 고간과 이근행은 670년 4월 각각 동주도행군총관과 연산도행군총관으로 임명된 이후 별도로 군사 활동을 펼쳤다. 사료 S-①에서 신라가 당군을 고간이 이끄는 1만과 이근행이 이끄는 3만의 병력으로 구분한 배경도 여기에 있을 것이다.[329] 기존에는 두 행군을 구분하지 않고 일괄적으로 당군이라고 지칭하면서 백수성과 석문에서 당군 전체가 함께 전투를 벌였다고 보았는데, 이를 구분할 필요가 있다.[330] 마지막으로 사료 T-②에 따르면 장창당(長槍幢)만 별도의 군영을 설치하여 신라군 주력과 별개로 전투를 수행하였는데 그 배경에 대한 검토가 지금까지 이루어지지 않았다.

이러한 점을 감안하여 사료 S-①, T-①·②를 종합해 전투 과정을 재구성하면 다음과 같다. 672년 7월 고간과 이근행이 이끄는 당군이 평양성을 빼앗은 뒤 군영을 설치하고 주둔하였다. 8월 당군은 '부흥고구려국'군이 주둔하고 있던 한시성과 마읍성을 탈취하고 황해도 지역으로 남하하였다. 이때 이근행이 지휘하는 3만의 당군은 지금의 서흥으로 비정되는 석문[331]으로 이동하였다. 서

---

329) 계림도총관 설인귀도 문무왕에게 보낸 서신에서 고간과 이근행이 이끄는 부대를 고장군(高將軍)의 한기(漢騎)와 이근행의 번병(蕃兵)으로 분리하여 거론하였다.

330) 고간은 주로 평양과 황해도 방면, 이근행은 강원도와 경기도 방면에서 활동했음이 지적되었다(김종복, 「백제와 고구려 고지에 대한 당의 지배 양상」, 『역사와 현실』78, 2010, 88쪽).

홍은 서울과 평양을 연결하는 주요 교통로 상에 위치한다는 점에서[332] '부흥고구려국'을 지원하기 위해 북상하는 신라군을 대적하기 위한 조치로 이해된다. 의복과 춘장 등이 이끄는 신라군은 이근행의 당군에 맞서 대방의 들판에 군영을 설치하였다.

고간이 이끄는 1만의 당군은 지금의 재령 일대로 비정되는 백수성을 공략하려 시도하였다. 평양에서 남하하는 당군이 '부흥고구려국'의 거점인 한성으로 향하기 위해서 재령 지역을 거쳐야 하기 때문이다. 백수성에서 500보 거리에 당군이 군영을 설치할 정도로 위협하자, 신라 장창당이 백수성 지원에 나선 듯하다. 대방의 들판에 주둔한 신라군과 별개로 장창당이 따로 군영을 두었다는 표현은 신라군 중 장창당만 백수성 구원에 나선 것을 의미한다고 추측되기 때문이다. 백수성에 주둔하고 있던 '부흥고구려국'군과 신라의 장창당이 연합작전을 구사하여 승리하면서 당군을 패퇴시켰다. T-②에서 장창당이 당군에게 큰 승리를 거두었다는 신라군 지휘관들의 발언은 백수성 전투의 승리를 일컫는 것이다.

백수성에서 패배한 당군은 석문으로 물러나 이근행이 이끄는 당군과 합류하였다. 장창당이 백수성 전투에서 공을 세우자, 신라군의 다른 부대는 공을 탐하여 군영을 분산하였다. 이를 틈 탄 당군의 공격을 받아 신라군은 대패하였고 무이령(蕪荑嶺)[333]을 통해 신라 내로 물러났다. 기록에는 분명히 드러나지

---

331) 서흥 운마산(雲磨山)에 석문사(石門寺)라는 절이 있는데, 절 이름이 석문이라는 지명에서 유래한 듯하다(이병도 역주, 『삼국사기』상, 을유문화사, 1983, 181쪽).

332) 서울과 평양을 잇는 대표적인 간선로는 서울-양주-파주-장단-개성-금천-평산-서흥-황주-평양으로 연결되는 길이다(서영일, 「고구려의 백제 공격로 고찰」, 『史學志』38, 2006, 45쪽; 정요근, 「통일신라시기의 간선교통로-王京과 州治·小京 간 연결을 중심으로-」, 『韓國古代史硏究』63, 2011, 160~165쪽).

333) 무이령은 서흥에서 개성으로 내려오는 길에 위치한 우이령(牛耳嶺)과 동일한 곳으로 추정

않지만, '부흥고구려국'군이 백수성 전투 후 석문으로 물러나는 당군을 추격했다고 여겨지므로 석문 전투에서 '부흥고구려국'군도 상당한 피해를 입었다고 추측된다.

백수성은 다시 고간이 이끄는 당군의 공격을 받게 되었고 결국 672년 12월 함락되었다. 신라가 원병을 보냈으나 이미 백수성은 함락된 뒤였고 신라군마저 당군에 패배하게 된다.[334] 이를 기점으로 '부흥고구려국'은 급속도로 세력이 약화된 듯하다. 다음 전장으로 등장하는 곳이 호로하 즉 임진강 서쪽이기 때문이다. 백수성을 빼앗긴 후 약 6개월 만에 황해도 중앙부에 위치한 재령에서 임진강 유역까지 밀리는 형세가 된 것이다.

거듭된 패전으로 군사적 기반이 약화되었으며 흉년으로 기근이 발생하는[335] 등 경제적으로 전쟁을 수행하기 어려운 형편이었다. 더욱이 '부흥고구려국'은 전장이 된 평양성·한성 권역을 후방에서 군사적, 경제적으로 지원할 수 있는 지역이 결여되어 있었다. 병력과 각종 물자가 제한된 상황에서 '부흥고구려국'은 전쟁 수행을 위해 신라에 의존할 수밖에 없었다. 그런데 신라는 석문 전투에서 패배한 뒤 당에 사죄사를 파견하여 외교적으로 당의 공세에 대처하는 동시에 축성을 실시하는 등 방어 위주의 전략으로 전환하였다.[336] '부흥고구려

된다(정구복·노중국·신동하·김태식·권덕영 주석, 『역주 삼국사기』주석편(하), 한국학중앙연구원출판부, 2012, 694쪽).

334) 『자치통감』 권202, 당기18, 고종 함형 3년 12월 "高侃與高麗餘衆戰于白水山 破之 新羅遣兵 救高麗 侃擊破之".

335) 672년 신라에서 곡식이 귀하여 사람이 굶주리는 일이 발생하였는데(『삼국사기』 권7, 신라본기7, 문무왕 12년 "是歲 穀貴人飢"), 신라와 인접한 황해도 지역의 상황도 크게 다르지 않았을 것이다.

336) 서영교, 앞의 책, 156~161쪽; 이상훈, 「나당전쟁기 신라의 대규모 축성과 그 의미」, 『韓國古代史探究』23, 2016.

국'에 대한 신라군의 지원이 축소 내지 중단되는 상황에서 당군의 공세는 강화되었고 자체 역량만으로 막아내기 역부족이었다.

결국 673년 윤5월 '부흥고구려국'은 호로하 서쪽에서 이근행의 당군과 격전을 치른 끝에 큰 피해를 입었고, 살아남은 자들은 신라로 도망치게 되었다.[337] 『신당서』 고려열전에서는 검모잠의 거병으로 시작된 고구려 유민의 저항이 이로써 평정되었다고 한다.[338] 이는 당이 이들을 안동도호부의 영역 밖으로 몰아낸 것을 의미하며,[339] 당이 인식하고 있던 '부흥고구려국'의 소멸이 673년 윤5월이었던 것이다. 그렇다면 안승이 신라로 내투한 시기도 이때로 보아야 할 것이다.[340]

그러나 '부흥고구려국'의 소멸 시기를 673년 윤5월로 보기 어렵다. '부흥고구려국'의 대당전쟁이 지속되기 때문이다. 신라 경내로 들어간 고구려 유민을 쫓아 당군이 남하하면서 674년 하반기 임진강과 한강 유역 일대에서 신라군과 당군이 치열하게 전투를 치렀다. 사료상 분명히 드러나지는 않지만 신라 내로 이동한 '부흥고구려국'군은 신라군과 합세하여 전투에 참여했을 것이다. 이들은 신라군의 지원을 바탕으로 재차 북진하여 당군을 물리치고 영역의 회복을 목표로 했을 것이다.

황해도 일대에서 유민의 저항이 산발적으로 이어졌다는 점도 확인된다. 당군이 신라군의 공격을 받아 패퇴하면서[341] 당군의 공세가 일시 약화되었다. 그

---

337) 『자치통감』 권202, 당기18, 고종 함형 4년 윤5월 "燕山道總管右領軍大將軍李謹行大破高麗叛者於瓠蘆河之西 俘獲數千人 餘衆皆奔新羅".

338) 『신당서』 권220, 열전145, 동이 고려 "李謹行破之于發盧河 再戰 俘馘萬計 於是平壤痍殘不能軍 相率奔新羅 凡四年乃平".

339) 김종복, 앞의 논문, 2010, 88쪽.

340) 최재도, 앞의 논문, 163~164쪽.

341) 『삼국사기』 권7, 신라본기7, 문무왕 13년 9월 "唐兵與靺鞨契丹兵來侵北邊 凡九戰 我兵克之

러자 우잠성(牛岑城, 황해도 금천)에서 재차 유민의 봉기가 일어났다.[342] 비록 673년 겨울 당군의 공격을 이겨내지 못하고 항복하였지만[343] 황해도 지역에 '부흥고구려국' 세력이 잔존했음을 알 수 있다. 비록 국왕 안승이 신라로 내투하였지만 '부흥고구려국'은 황해도 지역과 신라 내에서 계속 대당전쟁을 치르고 있었던 것이다.

674년 나당전쟁이 소강기에 접어들면서[344] '부흥고구려국'의 존속 문제가 신라 내에서 대두되었을 것이다. 황해도 일대에 '부흥고구려국'을 재건할 것인지 아니면 고구려 유민을 신라 북경(北境)에 배치하여 나당전쟁에 활용할지 또는 제3의 지역으로 이주시킬지 등에 대한 논의가 활발히 이루어졌을 것이다. 그 결과 '부흥고구려국'을 금마저(金馬渚)로 옮기기로 결정이 되었다.[345]

U. 안승을 봉하여 보덕왕(報德王)으로 삼았다[10년 안승을 고구려왕으로 봉하였는데 지금 다시 봉한 것이다. 보덕(報德)이란 말이 귀명(歸命)한다는 말과 같은 뜻인지 혹은 땅이름인지 모르겠다].[346](『삼국사기』권7, 신라본기7, 문무왕 14년 9월).

斬首二千餘級 唐兵溺瓠瀘王逢二河 死者不可勝計".

342) 古畑徹,「七世紀末から八世紀初にかけての新羅・唐關係 – 新羅外交史の一試論」,『朝鮮學報』107, 1983, 64쪽; 井上直樹, 앞의 논문, 117~118쪽.

343) 『삼국사기』권7, 신라본기7, 문무왕 13년 겨울 "唐兵攻高句麗牛岑城 降之".

344) 674년 1월 유인궤가 계림도총관에 임명되지만 신라에 대한 구체적인 군사행동에 돌입하는 것은 675년 2월부터 확인된다. 따라서 674년은 나당전쟁의 소강기로 파악된다(서영교,「羅唐戰爭과 吐蕃」,『東洋史學研究』79, 2002, 12~13쪽: 앞의 책, 188쪽).

345) 『삼국사기』신라본기에 따르면 문무왕 10년(670) 6월 안승을 금마저로 옮겨 살게 하였다고 한다. 그러나 앞서 살펴본 바대로 안승은 국왕으로 즉위한 후 줄곧 신라 영역 바깥에 존재하였다. 따라서 안승이 금마저로 이주했던 시기는 신라로 내부한 이후로 보아야 할 것이다.

346) "封安勝爲報德王[十年 封安勝高句麗王 今再封 不知報德之言 若歸命等耶 或地名耶]".

674년 9월 신라는 안승을 보덕왕(報德王)으로 봉하였다. 여기에는 여러 의미가 내포되어 있었을 것인데, 그중에 고구려 계승의식을 제거하고 신라에 복속된 존재로 격하시키려는 의도가 담겨있었다.[347] '보덕(報德)'은 은혜를 덕으로 갚으라는 의미로, 신라의 은혜를 강조한 표현으로 이해되기 때문이다.[348] 신라에 대한 종속성이 강화된 사실이 드러나는 왕호임에 틀림없다.[349] 결국 안승이 보덕왕으로 책봉되면서 신라로 내투한 '부흥고구려국' 출신 유민의 지위는 현격한 변동이 일어날 수밖에 없었다. 금마저 이거는 '부흥고구려국'의 존망이 달려있는 문제였다. 막중한 두 사안이 같은 해에 별개로 시행되었다고 보기 어렵다. 즉 신라는 674년 9월 '부흥고구려국'을 금마저에 두기로 결정하면서 동시에 안승을 보덕왕(報德王)으로 책봉하여 고구려 유민의 독자성을 약화시키고 신라의 부용국으로 삼으려 했던 것이다. 그렇다면 '부흥고구려국'의 소멸 시점도 이때로 보아야 할 것이다.

---

347) 盧泰敦, 「對渤海 日本國書에서 云謂한 '高麗舊記'에 대하여」, 『邊太燮博士華甲紀念史學論叢』, 1985, 620쪽 : 『고구려 발해사 연구』, 지식산업사, 2020, 258쪽 ; 梁炳龍, 앞의 논문, 54쪽.

348) 보덕이라는 명칭은 『논어』 헌문편(憲問篇)에 나오는 "或曰 以德報怨 何如 子曰 何以報德 以直報怨 以德報德"에서 유래했다고 파악된다(조법종, 「고구려유민의 백제 金馬渚 배치와 報德國」, 『韓國古代史硏究』78, 2015, 113~114쪽).

349) 최근 李成市는 金子修一이 제기한 본국왕(本國王)·덕화왕(德化王) 개념을 차용하여 보덕왕 책봉을 이해하였다. 당이 주변 국가에 수여한 왕 작호는 본국왕과 덕화왕이 있었는데, 본국왕이란 국가 명칭에 직접 왕 또는 국왕을 덧붙인 것으로, 기본적으로 국왕의 승습이나 교체 시에 수여되었으며 실제적, 정치적 성격이 강하였다. 이에 비해 덕화왕은 당의 덕화를 입었다는 것을 형용하는 왕호인데 의례적, 일시적인 명예 칭호였다고 한다(金子修一, 『隋唐の國際秩序と東アジア』, 名著刊行會, 2001, 175~186쪽). 신라가 안승을 고구려왕과 보덕왕에 책봉한 것은 각각 본국왕, 덕화왕에 대응하는데, 이는 문무왕과 안승 간에 중국 황제와 본국왕의 관계를 설정한 것이 된다(李成市, 「6-8世紀の東アジアと東アジア世界論」, 『日本歷史』2, 岩波書店, 2014, 233쪽).

제3장 부여성 및 책성 권역의 부흥운동

1. 부여성 권역의 부흥운동

1) 669년 당 고종의 순행 좌절과 부여성 권역의 동향

당은 고구려를 멸망시키고 평양성에 안동도호부를 설치하면서 고구려 고지 지배를 시도하였다. 그러나 당의 시도는 곧 난관에 봉착하게 되는데, 압록수 이북의 주요 성이 당의 지배를 이탈하는 현상이 발생한 것이다. 검교안동도호 설인귀는 안동도호부 예하 군대를 이끌고 신성을 1차 목표로 하여 군사 활동에 돌입하게 된다. 이때 당군은 압록수 이북 현황을 기록한 문서를 작성하였는데, 공략 목표를 미항성(未降城), 제1목표였던 신성을 공략하기 위한 진군로 확보와 관련한 성을 이항성(已降城)으로 표현하였다.[1]

미항성으로 11성이 기록되어 있는데 그중 하나가 북부여성주(北扶餘城州)이다. 북부여성주는 668년 2월 당군에게 함락된 부여성(扶餘城)으로 추정되는데, 그 위치는 현재 중국 길림성(吉林省) 농안(農安) 일대이다.[2] 여기서 669년 초 부여성 권역이 당의 지배에서 이탈했던 사실을 확인할 수 있다.

---

1) 김강훈, 「고구려 멸망 직후 당의 고구려 故地 지배 시도와 유민의 동향」, 『大丘史學』133, 2018, 49~62쪽.
2) 盧泰敦, 「5~7세기 고구려의 지방제도」, 『韓國古代史論叢』8, 1996, 206~207쪽: 「지방제도의 형성과 그 변천」, 『고구려사 연구』, 사계절, 1999, 232~233쪽.

압록수 이북 현황 자료를 제외하고 고구려 멸망 이후 부여성 권역의 동향을 보여주는 자료는 없을까. 다음의 사료가 실마리를 제공하리라 생각된다.

A. 총장 2년(669) 8월 1일 조서를 내려 10월에 양주(涼州)로 순행한다고 하였다. 이때 농우(隴右)지역이 텅 비고 흉년이 들어 의논하는 자들이 모두 이르기를 거가(車駕)가 서쪽으로 순행하는 것이 좋지 않다고 하였다. 고종이 이를 듣고 5품 이상을 불러 말하였다. "제왕이 5년에 한 번씩 순수하고 제후들이 4년 동안 조회를 오게 하는 것이 대개 상례(常禮)이다. 짐이 양주로 잠시 순행하고자 하는데, 지금 안팎에서 모두 옳지 않다고 말한다는 것을 들었다. 어찌된 일인가?"

재신(宰臣) 이하 대답하는 자가 없었는데 상형대부(詳刑大夫) 내공민(來公敏)이 말하였다. "폐하께서 양주로 순행하여 멀리 제왕의 다스림을 널리 펼치는 것은 옛 행적에서 찾을 수 있으며 법에 어긋나지 않습니다. 다만 때에 따라 일을 헤아려야 하므로 신하들이 마음속으로 의심하는 바가 있었으나, 이미 황제의 명이 시행된 까닭에 감히 더럽힐 수 없었습니다. 칙명을 받드는 자로서 물으시니 감히 말을 다하지 아니하겠습니까. 근래 고구려를 비록 평정하였지만 부여(扶餘)가 아직 거세고, 아울러 서도(西道)를 경략하는 일은 군사가 멈추지 못하고 있습니다. 또한 농우의 여러 주는 인호(人戶)가 더욱 줄어서 황제의 가마[鑾駕]를 받드는 수많은 일들을 준비하기가 매우 어렵습니다. 신이 듣기로 밖에서 실로 가만히 논의하고 있습니다."

고종이 말했다. "경 등이 곧 이와 같이 말하니 나는 농우로 가는 것을 멈추겠다. 부로의 안부를 묻고 사냥한 후 돌아오겠다." 마침내 서쪽 순행

을 멈춘다는 조서를 내렸다. 얼마 지나지 않아 내공민을 발탁하여 황문시
랑(黃門侍郞)으로 삼아서 직언한 것에 대해 상 주었다[3](『당회요(唐會要)』 권
27, 행행).

『당회요(唐會要)』 권27에는 당대(唐代) 황제들의 순행(巡幸) 관련 기사가 연대
순으로 배열되어 있다. 위 사료는 그중 하나로서 총장 2년(669) 순행을 추진하
려는 고종과 이를 반대하는 관료 간의 대화가 상세히 서술되어 있다(이하 고종
순행 고사(故事)로 지칭). 먼저 고종이 8월 1일 양주(涼州)로 순행한다는 조서를
내렸는데, 이를 반대하는 관료들의 목소리가 은연중에 나오게 되자 고종은
관료들을 불러 모아 순행이 황제의 고유한 활동임을 내세우며 이를 추진하려
고 하였다. 순행은 순수(巡狩)·순수(巡守)·행행(行幸)이라고도 하는데 중국 고
대사회에서 통치자가 행하는 정치의 한 형태로서 수도를 떠나 지방제후를 통
제하던 통치 행위였다. 요순시대에는 5년에 한 번 1년 동안 사방으로 순행하
던 것이 주대(周代)에는 12년에 한 번으로, 진시황 이후 부정기적으로 순행 시
기가 변화하였다.[4] 고종이 5년에 한 번씩 순행하는 것이 상례(常禮)라고 한 것
은 순행의 본래 모습을 두고 한 말일 것이다.

---

3) "總章二年八月一日 詔以十月幸涼州 時隴右虛耗 議者咸云 車駕西巡不便 上聞之 召五品以上
謂曰 帝王五載一巡狩 群后四朝 此蓋常禮 朕欲暫幸涼州 今聞在外咸謂非宜 何也 宰臣已下 莫
有對者 詳刑大夫來公敏曰 陛下巡幸涼州 退宣王略 求之故實 未虧令典 但隨時度事 臣下竊有
所疑 旣是明制施行 所以不敢塵黷 奉勅顧問 敢不盡言 近高麗雖平 扶餘尙梗 兼西道經略 兵猶
未停 且隴右諸州 人戶尤少 供億鸞駕 備擬稍難 臣聞在外 實有竊議 上曰 卿等旣有此言 我止度
隴 存問父老 蒐狩卽還 竟下詔停西幸 無何 擢公敏爲黃門侍郞 賞能直言也".
4) 중국 고대사회에서 순행의 개념과 실시 시기, 목적 등에 대해서는 金瑛河,「新羅時代 巡守의
性格」,『民族文化研究』14, 1979, 201~212쪽;『韓國古代社會의 軍事와 政治』, 高麗大學校 民族
文化研究所, 2002, 179쪽 참조.

이때 상형대부(詳刑大夫)5 내공민(來公敏)6이 고종의 주장에 동의하면서도 세 가지 이유를 들며 순행에 반대하는 논리를 펴게 된다. 그가 내세운 이유는 고구려를 평정하였지만 '부여(扶餘)'에서 여전히 고구려 유민들의 저항이 강력하게 존재하며, 서쪽으로 파견된 군사들의 활동이 아직 마무리되지 못하고 있고, 농우(隴右)지역이 황제의 순행을 감당할 수 있는 경제적 형편이 아니라는 점이었다.

각각의 반대 논리에 대해 구체적으로 살펴보기 전에 먼저 지적할 점은, 내공민이 내세운 주장은 관료 개인의 견해가 아니라는 것이다. 당 고종 시기의 관료를 문학형(文學型)과 이치형(吏治型)으로 분류하여 각 시대의 정치적 성격을 파악한 연구에 따르면, 양주 순행을 추진한 쪽은 대외확장적 정책을 취하며 유가적 관료의 입장을 대변하는 허경종(許敬宗) 세력이고, 이를 반대한 쪽은 대외적으로 현상유지 정책을 취하는 유인궤(劉仁軌) 세력이었다고 한다.7 이러한 주장이 타당하다면 내공민은 유인궤 세력에 속하는 인물로서, 자파(自派)의 입장을 대변하여 발언한 것이 된다. 사료 A에서 내공민이 '신하들이 마음속으로 의심하는 바가 있다'라는 발언을 하고 있는데, 여기서 '신하'는 순행 반대 견해를 피력하는 일단의 정치세력을 의미한다고 볼 수 있다. 또한 '밖에

---

5) 당대 형옥을 관장하는 기구인 대리시(大理寺)의 관원으로서, 형옥의 의논에 참여하여 적용할 조문을 바로잡는 일을 관장하였다. 본래 대리정(大理正)인데, 용삭 2년(662) 대리시(大理寺)가 상형시(詳刑寺)로 개칭될 때 상형대부(詳刑大夫)로 고쳐졌고, 함형 원년(670) 본래 명칭으로 복구되었다(『당육전』권18, 대리시; 『구당서』권44, 지24, 직관3, 대리시).

6) 『원화성찬(元和姓纂)』권6, 채씨조(采氏條)의 '公敏黃門侍郎'을 근거로 내씨(來氏)가 아니라 채씨(采氏)로 보아야 한다는 견해가 있다(李南暉, 「≪大唐新語≫ 校札」, 『古籍整理研究學刊』 2000-5, 2000, 29~30쪽).

7) 임대희, 「唐高宗 統治前期의 政治와 人物」, 『金文經敎授停年退任紀念 동아시아사 연구논총』, 혜안, 1997, 599~602쪽.

서 실로 가만히 논의하고 있다'라는 발언에 등장하는 '밖[在外]'도 이러한 맥락에서 이해할 수 있다. 결국 내공민은 순행에 반대하는 정치세력의 의사를 대변한 것으로 보아야 한다.

이어서 내공민이 내세운 순행 반대 논리를 살펴보겠다. 논의의 편의상 세번째와 두 번째 반대 논리부터 검토해 보겠다. 순행에서는 황제와 그를 수행하는 관료 집단, 그리고 이들을 보호하기 위한 군사 집단이 동행하게 된다. 여기에 상당한 물자가 소비될 뿐 아니라 대규모 인적 집단을 지원하기 위해 순행 인근 지역에서 인력의 강제동원과 경비 조달이 수반되었다.[8] 당대 황제들의 순행을 통계적으로 분석한 연구에 따르면 황제의 순행 활동 중 하사와 세역 면제가 제사, 사냥, 사면과 감형에 이어 네 번째로 높은 비중(10.2%)을 차지했다고 한다.[9] 이는 황제의 은덕을 과시하는 측면도 있겠지만, 순행으로 인해 지역민들이 져야 할 경제적 부담에 대한 경감 조치로도 해석할 수 있다. 더욱이 당시 농우지역은 흉년이 들고 인호(人戶)가 감소하는 등 경제적으로 피폐한 상태였기 때문에 내공민이 이를 이유로 들면서 순행을 만류할 수 있었던 것이다.[10]

다음으로 내공민이 순행을 반대하면서 내세운 두 번째 이유인 "서도(西道)를 경략하는 일은 군사가 멈추지 못하고 있습니다."라는 것은 고종이 순행하고자 했던 장소인 양주와 밀접히 관련되어 있다. 당 전기 황제들은 피서, 온

---

8) 김선민, 「제국 경략에 미친 고대 순행의 유산」, 『동아시아 역사 속의 여행』2, 산처럼, 2008, 37쪽.

9) 崔珍烈, 「唐代 皇帝 巡幸의 성격」, 『大東文化硏究』72, 2010a, 323~324쪽.

10) 중국 역대왕조의 순행 반대론을 분석한 연구에 따르면 백성의 경제적 부담과 흉년·가뭄 등 자연재해가 순행을 반대하는 주요한 이유로 제기되었다고 한다(최진열, 「北魏時代 漢人官僚들의 巡幸論」, 『역사와 교육』10, 2010b, 239~247쪽; 『북위황제 순행과 호한사회』, 서울대학교 출판문화원, 2011, 298~308쪽).

천욕, 사냥, 치병 등을 목적으로 낙양, 구성궁, 화청궁 등으로 주로 순행하였다. 특히 당 전기 황제 중 가장 많이 순행을 했던 고종은 낙양과 구성궁으로 순행한 횟수가 각 10회에 이르며 체류 기간도 다른 황제에 비해 상당히 길었다.[11] 그런데 양주는 고종의 이와 같은 순행 패턴과는 상당히 이질적인 장소이다. 고종이 양주로 순행하고자 했던 이유는 당시 토욕혼(土谷渾)을 둘러싼 당과 토번(吐蕃)과의 관계 속에서 그 해답을 찾을 수 있을 것 같다.

634년 12월 당 태종은 토욕혼 정벌을 위해 대규모의 행군을 편성하였고, 635년 윤4월 실제 군사행동에 돌입하여 5월 임자에 서해도행군대총관 이정이 토욕혼을 평정하였다고 상주하기에 이르게 된다.[12] 이후 당이 토욕혼 가한을 책립하고 군대를 보내 내정에 관여하는 등 실질적으로 토욕혼은 당에 내속한 상태가 된다. 이러한 상황은 656년 12월 토번이 토욕혼의 남쪽에 위치한 백란(白蘭)을 장악하면서 균열의 조짐이 나타나고,[13] 659년 토번이 토욕혼을 공격하기 시작하면서 결정적으로 변화하게 되었다.[14] 결국 663년 5월 토번의 압박을 견디지 못한 토욕혼 가한 낙갈발(諾曷鉢)과 홍화공주(弘化公主)가 수천 장(帳)을 이끌고 양주로 의탁하기에 이르게 된다.

당과 토번 간 분쟁이 집중된 지역은 토욕혼, 안서4진, 남조(南詔), 하서(河西)·농우(隴右)였는데, 663년 토번이 토욕혼을 멸망시키고 청해(青海)지역을 점령한 후 당의 하서·농우지역과 직접 경계를 맞닿게 되었다. 만약 토번이 하

---

11) 당대 황제의 순행 장소와 목적, 기간에 대해서는 金瀅, 「唐 前期 皇帝의 行幸의 威儀」, 『中國古中世史研究』20, 2008, 446~451쪽과 崔珍烈, 앞의 논문, 2010a, 309~318쪽 참조.
12) 635년 당과 토욕혼 간 전쟁의 구체적인 전개 과정에 대해서는 周偉洲, 『吐谷渾史』, 廣西師範大學出版社, 2006, 86~95쪽 참조.
13) 山口瑞鳳, 『吐蕃王國成立史研究』, 岩波書店, 1983, 686쪽.
14) 정병준, 「吐蕃의 土谷渾 倂合과 大非川 戰鬪-唐朝의 韓半島 政策과 관련하여-」, 『歷史學報』281, 2013, 317쪽.

서·농우을 차지하게 되면 당과 서역의 연결이 끊기게 되고 당의 수도 장안은 토번의 군사적 위협에 직접 노출될 수밖에 없었다.[15] 이를 막기 위해 당은 양주도독 정인태를 청해도행군대총관으로 삼아 양주와 선주(鄯州)에 군사를 주둔시키면서 토번의 공격에 대비하게 하였다.[16] 이는 양주가 당의 대토번 방어에 주요 지역이었으며 동시에 당·토번·토욕혼의 삼각관계에서 주요 분쟁지역으로 부상할 수 있음을 시사한다.

한편 토번은 663년 6월 사신을 보내 토욕혼의 잘못을 알리며 화친을 청하였으나 당은 이를 수용하지 않았다. 665년 토번은 또다시 사신을 보내어 옛 토욕혼의 땅에서 목축을 할 수 있기를 요청하였으나 당은 역시 이를 허락하지 않으면서 토욕혼을 둘러싼 당과 토번의 대립은 점차 심화되었다.[17] 오히려 당은 666년 낙갈발을 청해왕(靑海王)에 책립하면서[18] 토욕혼 정권을 재흥하려는 의도를 보였다.[19] 이는 669년 7월 글필하력을 오해도행군대총관으로 임명하여 토욕혼을 구원하는 조치로 이어지게 되었다.[20]

---

15) 郭弘, 「試評唐蕃戰爭中的河隴形勢」, 『甘肅社會科學』2000-5, 2000, 79~80쪽; 이상훈, 「羅唐戰爭期 唐의 軍事戰略 變化」, 『歷史敎育論集』37, 2006, 351~353쪽: 『나당전쟁 연구』, 주류성, 2012, 201~202쪽.

16) 『자치통감』 권201, 당기17, 당 고종 용삭 3년 5월 "吐谷渾之臣素和貴有罪 逃奔吐蕃 具言吐谷渾虛實 吐蕃發兵擊吐谷渾 大破之 吐谷渾可汗曷鉢與弘化公主帥數千帳棄國走依涼州 請徙居內地 上以涼州都督鄭仁泰爲靑海道行軍大總管 帥右武衛將軍獨狐卿雲辛文陵等分屯涼鄯二州 以備吐蕃".

17) 『자치통감』 권201, 당기17, 당 고종 용삭 3년 6월 "吐蕃祿東贊屯青海 遣使者論仲琮入見 表陳吐谷渾之罪 且請和親 上不許" 및 인덕 2년 정월 "吐蕃遣使入見 請復與吐谷渾和親 仍求赤水地畜牧 上不許".

18) 『책부원구』 권964, 외신부9, 책봉2 "乾封元年五月 封河原王慕容諾曷鉢爲靑海王".

19) 菅沼愛語, 「7世紀後半の東部ユーラシア諸國の自立への動き」, 『7世紀後半から8世紀の東部ユーラシアの國際情勢とその推移』, 溪水社, 2013, 30쪽.

20) 『신당서』 권3, 본기3, 고종 총장 2년 7월 "左衛大將軍契苾何力爲烏海道行軍大總管 以援吐谷渾".

바로 다음 달인 8월 고종이 양주로 순행하려고 한 것은 이와 연속선상에서 파악할 필요가 있다. 고종은 이러한 움직임에 조응하기 위해 양주로 순행을 추진했다고 생각된다. 대토번(對吐蕃) 방어의 중요 역할을 담당하고 있던 양주지역의 군사방어 실태를 점검하는 동시에 토번 공격을 목전에 두고 있는 상황에서 이를 성원(聲援)하려는 의도가 짙었다고 할 수 있다. 결국 고종은 토번이 토욕혼의 고지였던 청해지역을 영역화 하려는 시도를 견제하고자 하는 의도에서 순행을 추진했던 것이다.

글필하력을 행군총관에 임명하여 토욕혼을 구원하고자 했던 시도는 그 결과가 사료에 기재되어 있지 않아 확실치는 않지만 성공하지 못한 것으로 추정된다.[21] 9월 당 조정이 내부한 토욕혼 부락에 대한 사민책을 논의하고 있기 때문이다.[22] 고종이 조서를 내려 토욕혼 부락을 양주 남산(南山)으로 옮기게 하였는데, 사민 장소가 눈길을 끈다. 고종이 양주로 순행하고자 했던 의도가 이들에 대한 사민책을 염두해 둔 것일 가능성도 크기 때문이다. 즉 양주가 대규모의 토욕혼 부락이 거주하기 적절한 지역인지를 파악하기 위해서 순행을 계획했다고 볼 수 있다. 고종은 토욕혼 부락을 양주에 거주하게 하면서 이들을 토욕혼 고지로 되돌려 보내 부흥시켜려는 의도를 국내외적으로 강하게 드러내는 동시에 군사력으로 활용하려는 생각도 있었을 것이다. 그런데 토욕혼 부락의 사민책은 대토번 정책과 결부되면서 새롭게 논의가 시작되었고, 결국

---

21) 周偉洲, 앞의 책, 104쪽.

22) 『자치통감』 권201, 당기17, 당 고종 총장 2년 9월 "詔徙吐谷渾部落就凉州南山 議者恐吐蕃侵暴 使不能自存 欲先發兵擊吐蕃 右相閻立本以爲去歲饑歉 未可興師 議久不決 竟不果徙". 이 기사는 나당전쟁 개전과 관련하여 여러 논자들에 의해 언급되었다. 서영교, 『羅唐戰爭史硏究』, 아세아문화사, 2006, 90~91쪽; 노태돈, 『삼국통일전쟁사』, 서울대학교출판부, 2009, 242쪽; 이상훈, 앞의 책, 182~185쪽; 정병준, 앞의 논문, 326~328쪽.

결론에 이르지 못하고 토욕혼을 이주시키는 사안도 실행되지 못하였다.

이러한 맥락을 살펴볼 때 내공민이 "서도를 경략하는 일은 군사가 멈추지 못하고 있습니다."라고 말한 대목은 토번과의 군사적 대치 혹은 충돌을 의미한다고 볼 수 있다.[23] 토욕혼 문제로 갈등을 빚고 있던 토번과 접경한 지역인 양주로 순행할 경우 황제 경호에 심각한 문제가 초래될 가능성이 있다는 사실을 지적한 것이다.[24] 결국 내공민이 순행을 반대하면서 제시한 두 번째, 세 번째 이유는 당시의 국내외 정세와 순행 시 발생하는 일반적인 문제점을 두루 고려한 발언이라는 점에서 타당한 지적이었다.

그렇다면 내공민이 내세운 첫 번째 이유인 "고구려를 비록 평정하였지만 부여가 아직 거세다[고려수평 부여상경/高麗雖平 扶餘尙梗]"라는 말의 의미는 무엇일까. 668년 당은 고구려를 멸망시킨 후 그 땅에 9도독부·42주·100현을 두었으며 이를 총괄하는 안동도호부를 설치하면서 고구려 고지에 대한 지배를 본격화하였다.[25] 이는 당이 기미지배를 시도한다는 의미가 있었지만,

---

23) 정병준, 앞의 논문, 326쪽. 내공민이 말한 '서도경략(西道經略)'이란 토욕혼이 아니라 서역 일대에서 발생하고 있던 당과 토번의 갈등 양상이 반영되었다고 보기도 한다(劉安志, 「從吐魯番出土文書看唐高宗咸亨年間的西域政局」, 『魏晉南北朝隋唐史資料』18, 2001, 115~116쪽). 이는 당 조정에서 시행된 여러 논의에서 양주가 중요 지역으로 거론되었다는 사실을 간과하면서 도달한 결론으로 생각된다.

24) 수 양제는 607년 북방으로 순행할 때 갑사 50만 명, 말 10만 필을 동원하였는데, 이는 순행지가 돌궐의 근거지에 가깝기 때문에 만일의 사태에 대비하기 위해서였다. 이러한 우려는 615년 북순(北巡)에서 현실화되었다. 돌궐의 시필가한이 기병 수십만을 거느리고 공격을 가해 오자 양제는 안문성으로 피신하였다가 돌궐이 포위를 풀고 물러나면서 겨우 목숨을 구할 수 있었다(김선민, 앞의 논문, 58~59쪽). 이는 이민족과 접경한 지역으로 순행을 할 경우, 황제 신변에 위험이 발생할 수 있다는 사실을 극명히 보여준다.

25) 『구당서』 권199, 열전149, 동이 고려 "高麗國舊分爲五部 有城百七十六 戶六十九萬七千 乃分其地置都督府九州四十二縣一百 又置安東都護府以統之 擢其酋渠有功者授都督刺史及縣令 與華人參理百姓 乃遣左武衛將軍薛仁貴總兵鎭之 其後頗有逃散".

당 관리의 감독·통제가 존재하였으며 더구나 고구려 고지를 당의 영역으로 편제하려는 의도가 강하게 배여 있었기 때문에 고구려 유민의 반발이 초래되었다.[26] 당은 고구려 유민의 저항이 확대되는 것을 막기 위해 669년 5월 28,200호에 이르는 고구려 유민을 당 내지로 옮기는 조치를 시행하였다.[27] 그런데 고구려 고지의 상황은 당의 의도와는 다른 방향으로 전개되었다. 사민이 고구려 유민의 저항력을 약화시키는 측면도 있었겠지만, 오히려 반발을 격화시키는 촉매제로 기능했기 때문이다.

이러한 유민의 반발이 지금까지는 한반도 서북부와 요동지역에서 발생했다고 보아왔다. 그런데 내공민의 발언은 고구려 유민의 저항이 '부여'에서도 발생하고 있었음을 시사한다. 더구나 당 황제의 순행을 만류하기 위한 첫째 이유로 언급될 정도였으므로, 당의 고구려 고지 지배에 심대한 타격을 줄 수 있는 규모였을 가능성이 높다. 다만 669년 고종 순행 고사를 전하는 다른 문헌자료에서는 『당회요』와는 조금 다른 표현이 보이고 있어 면밀한 검토가 필요하다.

669년 고종 순행 고사를 전하는 문헌 자료는 필자가 파악한 바에 따르면 『당회요』외에 『책부원구』, 『자치통감』, 『대당신어(大唐新語)』, 『당어림(唐語林)』이 있다. 먼저 『책부원구』부터 살펴보겠다. 『책부원구』 권549, 간쟁부(諫諍部)27, 포상(褒賞)에는 『당회요』와 거의 동일하게 고종 순행 고사가 전하고 있다.[28] 다

---

26) 김종복, 「高句麗 멸망 이후 唐의 지배 정책」, 『史林』19, 2003, 14~20쪽: 『발해정치외교사』, 일지사, 2009, 28~33쪽.

27) 『구당서』 권5, 본기5, 고종 총장 2년 5월 "移高麗戶二萬八千二百 車一千八十乘 牛三千三百頭 馬二千九百匹 駝六十頭 將入內地 萊營二州般次發遣 量配於江淮以南及山南幷涼以西諸州空閑處安置".

28) 『책부원구』 권549, 간쟁부(諫諍部)27, 포상(褒賞) "來公敏爲詳刑大夫 總章二年冬 高宗特幸涼州 時'外虛耗 識者咸云 車駕西巡不便 帝聞之 御延福殿 召五品已上謂曰 帝王五載一巡狩

만 그 시기가 총장 2년 겨울이라고 하여『당회요』에서 8월 1일이라고 한 것과 일부 차이가 있다.『당회요』는 순행 조서가 발표된 시점을 기준으로 한 것이고,『책부원구』는 고종과 내공민의 대화가 이루어진 시기에 따른 것으로 여겨진다. 오히려『책부원구』는 고종과 신하들 간에 논쟁이 일어난 장소를 연복전(延福殿)이라 하여 구체적으로 제시하고 있으며 고종과 내공민의 언사가 더 상세히 서술되어 있기 때문에 원전 자료를 더 충실히 옮겼다고 생각된다. 그리고『책부원구』에서 내공민이 순행에 반대하면서 내건 명분은『당회요』의 그것과 동일하다. 더욱이 내공민이 '고려수평 부여상경(高麗雖平 扶餘尙梗)'이라는 했다는 점은 똑같다. 그렇다면 669년 부여성 권역에서 고구려 유민의 저항이 발생했음을 알려주는 두 자료를 확보한 셈이 된다.

다만 이렇게 보기에 주저되는 사료가 있다. 동일한 사안을 전하고 있는『자치통감』고종 총장 2년 8월조의 기록이 바로 그것이다.[29]『당회요』·『책부원구』와『자치통감』의 기록은 대체로 일치하지만 몇 대목에서 차이가 있다.『자치통감』의 기록은『당회요』·『책부원구』에 비해 일부 내용이 축약되어 있고 내공민의 언사가 뒤바뀌어 있다. 그리고 순행에 반대하는 첫 번째 이유가『당회요』

群后四朝 此蓋常禮 朕欲暫幸涼州 觀風省俗如聞 在外咸謂非宜必 若此行不可 自合以實聞奏 今對面不言 退有移議 何也 宰相已下再三莫有對者 公敏進曰 臣聞 省方出豫 王者常規 陛下愛育蒼生 每思靜鎭 今欲巡幸涼州 退宣王略 求之故實 未虧令典 但隨時度事 臣下竊有所疑 旣見明制施行 所以不敢塵黷 奉勅顧問 敢不盡言 但高麗雖平 扶餘尙梗 兼西道經略 兵猶未停 且隴右諸州 人戶猶少 供侍鑾駕 備擬稍難 臣聞 在外實有竊議 帝默然良久曰 卿等旣有此言 我止度隴 存問故老 蒐狩卽還 計亦不至勞費 今時已涉秋節候漸冷 且賜卿繒綵以充衣段 於是賜物有差 竟下詔停西幸 無何 公敏自詳刑少卿擢爲黃門侍郎 賞其能直言也".

29)『자치통감』권201, 당기17, 고종 총장 2년 8월 "秋八月丁未朔 詔以十月幸涼州 時隴右虛耗 議者多以爲未宜遊幸 上聞之 辛亥 禦延福殿 召五品已上謂曰 自古帝王 莫不巡守 故朕欲巡視遠俗 若果爲不可 何不面陳 而退有後言 何也 自宰相以下莫敢對 詳刑大夫來公敏獨進曰 巡守雖帝王常事 然高麗新平 餘寇尙多 西邊經略 亦未息兵 隴右戶口彫弊 鑾輿所至 供億百端 誠爲未易 外間實有竊議 但明制已行 故群臣不敢陳論耳 上善其言 爲之罷西巡 未幾 擢公敏爲黃門侍郎".

·『책부원구』는 '고려수평 부여상경(高麗雖平 扶餘尙梗)'으로, 『자치통감』은 '고려 신평 여구상다(高麗新平 餘寇尙多)'로 기록되어 있어 자구 상에 일부 차이가 보인다. 이는 당시 고구려 고지에서 일어나고 있던 유민의 움직임을 이해하는데 중요한 문제가 될 수 있으므로 상세히 고찰할 필요가 있다.

『자치통감』의 '고려신평 여구상다(高麗新平 餘寇尙多)'를 문면 그대로 해석한다면, "고구려가 새로이 평정되었지만, 나머지 도적들이 오히려 아직도 많다."가 될 수 있다.[30] 여기서 '나머지 도적들'이라는 것은 안동도호부 체제에 편입되지 않은 고구려 유민을 지칭하는 것이 분명하다.[31] 다만 고구려 고지의 상황을 개괄적으로 말하고 있기 때문에 구체적인 정보를 밝혀내기는 쉽지 않다. 그런데 『당회요』·『책부원구』의 '고려수평 부여상경(高麗雖平 扶餘尙梗)'이라는 표현이 당시 상황에 더 부합한다면 고구려 유민의 부흥운동이 '부여'에서 특히 거세게 일어났다고 있었다고 해석할 수도 있다.

어느 것이 당시 상황에 더 부합하는지 판단하기 위한 『당회요』·『책부원구』·『자치통감』의 편찬과정과 사료의 전거에 대해 살펴볼 필요가 있다. 『당회요』는 당대의 전장제도(典章制度)를 기술한 것인데, 북송 초인 961년 왕부(王溥)가 편찬하였다고 알려져 있다. 그러나 실제로는 당대부터 편찬되기 시작하였고 당인에 의해 편찬된 부분이 많기 때문에 그 사료적 가치를 높게 평가받고 있다.[32] 그리고 『당회요』는 『실록(實錄)』, 『국사(國史)』, 『기거주(起居注)』, 『시정

---

30) 사마광(권중달 역), 『자치통감』21-당시대 II, 삼화, 2009, 444쪽.
31) 정병준, 앞의 논문, 326쪽에서는 "고구려가 평정한 지 얼마 되지 않아 잔여 도적(즉 반란 세력)이 여전히 많다."로 해석하였다. 이정빈, 「고연무의 고구려 부흥군과 부흥운동의 전개」, 『역사와 현실』72, 2009, 141쪽에서는 "남은 적이 아직 많다."라고 하면서 고구려 유민의 이탈과 저항을 보여주는 사례로 인식하였다.
32) 高國抗(오상훈·이개석·조병한 옮김), 『중국사학사』下, 풀빛, 1998, 48쪽; 劉節(辛太甲 譯), 『中國史學史講義』, 새론서원, 2000, 247쪽; 신승하, 『중국사학사』, 고려대학교출판부, 2002,

기(時政記)』, 법률문서, 각종 예서(禮書), 관부당안(官府檔案) 등 관방사료(官方史料)와 『통전(通典)』, 『정전(政典)』 등 당대 전장제도를 기록한 사찬(私撰) 저술을 인용하면서 원사료를 보존하고 있다는 점에서도 사료적 가치가 매우 높다고 할 수 있다.[33]

한편 『책부원구』는 1013년 완성된 사학유서(史學類書)이다. 『책부원구』 중에서 당대 사료의 연원을 분석한 연구에 따르면 황제에 관한 부분은 당대의 『실록』을, 신하에 관한 부분은 『국사』를, 당대 전장제도에 관한 것은 『통전』, 『회요』, 『속회요』, 『당회요』를 전거로 하여 편찬되었다고 한다. 그에 따라 대량의 당대 사료를 보존하고 있다는 점이 특징이다.[34] 이처럼 당대 사료를 다수 인용 및 보존하고 있으며, 이 중 상당 부분은 『책부원구』에만 전하고 있을 뿐 다른 책에서는 찾아볼 수 없는 것들이어서 사료적 가치가 크다고 할 수 있다.[35]

『자치통감』은 사마광이 북송 영종의 명령을 받아 편찬한 사서이다. 『자치통감』의 편찬과정은 '자료 수집-총목(叢目) 작성-장편(長篇)-완성'의 단계를 거쳤다. '총목'은 시간의 선후에 따라 특별한 제목으로 자료를 분류·배열하는 작업을 의미한다. 이어서 항목을 전후좌우로 체계화하여 편년사로 서술하는 '장편'의 단계를 거친다. 마지막으로 사마광은 장편을 검토하고 삭제·윤색·이동·고증하여 원고를 확정하고 사론(史論)을 삽입하여 『자치통감』을 완성하였

200쪽; 國史編纂委員會 編, 「叢書類 解題: 『唐會要』」, 『韓國古代史料集成-中國篇-』4, 學研文化社, 2006, 29~30쪽.

33) 董興艷, 『≪唐會要≫ 研究』, 廈門大學 博士學位論文, 2008, 98~114쪽; 최진열, 『발해 국호 연구』, 서강대학교출판부, 2015, 152~153쪽.

34) 馬維斌, 『≪冊府元龜≫ 研究』, 陝西師範大學 博士學位論文, 2012, 71~152쪽; 최진열, 위의 책, 2015, 154쪽.

35) 신승하, 앞의 책, 199~200쪽; 國史編纂委員會 編, 「叢書類 解題: 『冊府元龜』」, 『韓國古代史料集成-中國篇-』5, 學研文化社, 2006, 18~20쪽.

다.[36] 즉『자치통감』을 편찬하는데 활용된 원자료를 그대로 인용한 것이 아니라 편찬원칙에 따라 개필(改筆)하였음을 의미한다.[37] 이는 사마광이 '읽히는 역사'를 추구하였고, 이를 위해 동일한 내용을 서술하더라도 짧게 서술하면서 독자가 역사의 흐름을 유기적이고 종합적으로 이해할 수 있도록 재편찬하였다는 평가를 받는 것과[38] 관련이 있을 것이다.

결국『당회요』와『책부원구』는 그 편찬시기가 당대이거나 당과 가까운 송대 전기이며, 당대에 편찬된 각종 자료들을 적극 인용·보존하고 있다는 점에서 당대의 실상을 온전히 전하고 있을 가능성이 높다. 그에 비해『자치통감』은 편찬원칙에 따라 원자료를 개필, 윤색하였을 가능성이 크다. 그렇다면 고종 순행 고사도『당회요』와『책부원구』의 것이 사건의 실상을 원형 그대로 반영하고 있을 가능성이 높으며『자치통감』보다 더 신뢰할 수 있는 자료라고 할 수 있다.

이는『대당신어(大唐新語)』와『당어림(唐語林)』을 통해서도 확인할 수 있다. 고종 순행 고사가 기록되어 있는 문헌 자료 중 편찬 시기가 가장 빠른 것은『대당신어』이다.[39] 이는 당 헌종 원화 2년(807)에 유숙(劉肅)이 정치적·유가적

---

36) 『자치통감』의 편찬과정은 이계명,「『資治通鑑』研究」,『全南史學』12, 1998, 143쪽을 참조하였다.

37) 범조우(范祖禹)는 600여 권의 장편으로 당대 역사를 서술하였는데, 사마광은 이를 줄여『자치통감』당기 81권으로 완성한 사실이 이를 잘 보여준다(高國抗, 앞의 책, 76쪽). 이와 관련하여 다음 사례가 참고된다.『진서』모용황재기와『자치통감』에 실려 있는 봉유의 상서문을 비교한 연구에 따르면,『자치통감』의 상서문은『진서』의 것에 비해 내용이 대폭 축소되었고 순서가 바뀌거나 아예 삭제된 부분이 있으며 심지어 원문에 없던 문구가 새로 첨가되기도 하였다고 한다. 이는 1차 사료에서 유래한 자료를 번쇄하게 그대로 옮기는 대신, 본래 의미를 훼손하지 않는 선에서 개필하면서 나타난 현상이다(강종훈,「『晉書』慕容皝載記와『資治通鑑』晉穆帝紀 所載 '百濟' 관련 기사의 사료적 가치」,『大丘史學』121, 2015, 13~28쪽:『한국고대사 사료비판론』, 교육과학사, 2017, 225~237쪽).

38) 권중달,「『자치통감』의 사학사적 의미」,『韓國史學史學報』31, 2010, 227~229쪽.

39) 『대당신어』권2, 극간(極諫) "總章中 高宗將幸涼州 時隴右虛耗 議者以爲非便 高宗聞之 召五

교화에 중점을 두고 편찬한 책이다. 379조의 고사 중에서 정치적 상황을 살필 수 있는 역사적 사건, 전장제도와 관계(官界)를 언급한 고사가 상당 부분을 차지하고 있으며, 이는 『당서』와 중복되거나 오히려 자세한 경우가 있어 당대 역사를 연구하는데 참고할 가치가 높다고 평가받고 있다.[40]

다만 『대당신어』가 사서가 아니라 소설(小說)로 분류된다는 점에서 사료적 가치에 의문이 제기될 수 있다. 그러나 신령하고 괴이한 이야기를 다루는 지괴소설(志怪小說)[41]이 아니라 실존인물이나 역사사실을 대상으로 기록하며 인물의 인품·성격·학식·재능 등을 묘사하는 지인소설(志人小說)[42]이라는 점에서 무조건 사료적 가치를 폄하하기는 어렵다. 당대 역사편찬이 활발해지는 사회적 분위기를 배경으로 다양한 지인소설이 편찬되었다. 이것들은 당인들이 직접 보고 들은 일들을 기록했다는 점에서 사서를 보충하는 역할을 한다.[43] 또한 당시 널리 회자되고 있던 이야기들이 실려 있기 때문에 후대에 편찬된 정사(正史)에 견주어 보아, 보다 생동감 있고 자세하게 서술되어 있는 경향이 있다. 결국 당대사(當代史)라는 점에서 사료적 가치가 높다고 할 수 있다.

『대당신어』 권2, 극간편(極諫篇)에는 황제의 행위에 대해 신하와 후궁들이 간

品已上 謂曰帝五載一巡狩 群后肆朝 此蓋常禮 朕欲暫幸涼州 如聞中外咸謂非宜 宰臣已下 莫有對者 詳刑大夫來公敏進曰 陛下巡幸涼州 宣王略 求之故實 未虧令典 但隨時度事 臣下竊有所疑 旣見明敕施行 所以不敢陳黷 奉敕顧問 敢不盡言 伏以高黎雖平 扶餘尙梗 西道經略 兵猶未停 且隴右諸州 人戶寡少 供偫車駕 備挺稍難 臣聞中外實有竊議 高宗曰 旣有此言 我止度隴 存問故老 蒐狩卽還 遂下詔停西幸 擢公敏爲黃門侍郎".

40) 金善, 「『大唐新語』 校釋」, 연세대학교 중어중문과 석사학위논문, 2002, 4~6쪽; 劉葉秋(金長煥 옮김), 『中國歷代筆記』, 신서원, 2007, 119~121쪽.
41) 魯迅(趙寬熙 譯注), 『中國小說史略』, 살림, 1998, 96쪽.
42) 金長煥, 「魏晉南北朝 志人小說의 創作背景」, 『中國小說論叢』1, 1992, 39~40쪽.
43) 보사지궐(補史之闕)은 지인소설의 대표적인 특징 중 하나이다. 이에 대해서는 金長煥, 『魏晉南北朝 志人小說 硏究』, 연세대학교 중어중문학과 박사학위논문, 1992 참조.

언한 고사 20개조가 실려 있다. 이 중 9번째가 고종 순행 고사이다. 여기서 내공민은 고구려 고지의 상황을 '고려수평 부여상경(高黎雖平 扶餘尙梗)'이라고 표현하고 있다. 여기서 고구려를 고려(高黎)로 표현하고 있는 점이 다소 특이하지만,[44] 그 외에는 『당회요』·『책부원구』의 표현과 일치한다. 결국 당대에 작성된 자료에 '고려수평 부여상경(高麗[黎]雖平 扶餘尙梗)'이라는 표현이 있음을 확인한 셈이다.

그런데 『자치통감』과 거의 동시기이거나 조금 뒤늦은 시기에 편찬된 것으로 추정되는 『당어림』에는 동일한 고사를 인용하고 있으면서도 변화된 모습이 보인다. 『송사』 예문지에 따르면 『당어림』은 송대 왕당(王讜)이 편찬하였다.[45] 왕당은 송 철종 원우 연간(1086~1093)에 관계에서 활동하면서 구법당(舊法黨)에 속한 인물들과 주로 교유하였다.[46] 그가 『당어림』을 편찬한 시기는 불분명하다. 다만 정치적 후원자였던 재상 여대방이 사망한 1097년 이후에는 관계에서 크게 활동하지 못한 듯한데, 아마도 이 시기에 『당어림』을 편찬했을 가능성이 높다. 그렇다면 11세기 말~12세기 초에 편찬되었다고 볼 수 있다.

왕당은 50종의 원서(原書)에 의거하여 『당어림』을 저술하였다. 원서의 대다수는 당인의 저작인데 주로 잡사(雜史)·소설류(小說類)가 대종을 이룬다. 이중

---

44) 『대당신어』에서 고구려를 지칭하는 표현으로 고려(高麗)와 고려(高黎)가 혼용되어 쓰이고 있다. 『대당신어』 권2, 극간 "詳刑大夫來公敏進日 …… 高黎雖平 扶餘尙梗"; 권2, 극간 "李君球 高宗將伐高黎 上疏諫日 …… 且高黎小醜 潛藏山海"; 권4, 지법(持法) "李勣征高黎 將引其子壻杜懷恭行 以求勳效"; 권7, 식량(識量) "高麗莫離支蓋蘇文貢白金"; 권7, 지미(知微) "太宗破高麗於安市城東南"; 권9, 유녕(誘佞) "張易之兄同休 … 因請御史大夫楊再思日 公面似高麗 請作高麗舞".

45) 『송사』 권206, 지159, 예문5, "王讜 唐語林 十一卷".

46) 왕당의 생애와 교유한 인물에 대해서는 王讜 撰·周勛初 校證, 「前言」, 『唐語林校證』, 中華書局, 1987, 1~2쪽 참조.

『대당신어』가 있는데, 인용한 조문은 주로『대당신어』권1과 권2에 집중되어 있으며 고종 순행 고사도 이중 하나이다.[47] 고종이 순행을 시도한 시기에 대해 『당어림』에서 '총장 중'이라고 표현하고 있는데, 이는『당회요』·『자치통감』과 는 다르고『대당신어』와 일치하기 때문이다. 즉『당어림』의 고종 순행 고사는 『대당신어』를 저본으로 하였음을 알 수 있다. 그러나 왕당은『대당신어』의 고 종 순행 고사를 전재한 것이 아니라 내공민의 언사 중 일부를 삭제하였으며 몇몇 글자는 의미가 변하지 않는 한에서 수정하거나 새로이 추가하였다. 내공 민이 순행을 반대하면서 내건 명분이 '고려수평 여구상경(高麗雖平 餘寇尙梗)'으 로 기록되어 있는 것도 이에 해당한다.

〈표 5〉 '고려수평 부여상경(高麗雖平 扶餘尙梗)'의 자료별 기록 양상

관찬	출전(편찬시기)	『당회요』권27, 행행(961년) 『책부원구』권549, 간쟁부27, 포상(1013년)	⇨	『자치통감』권201, 당기17(1084년)
	순행 반대 이유	고려수평 부여상경 (高麗雖平 扶餘尙梗)		고려신평 여구상다 (高麗新平 餘寇尙多)

사찬	출전(편찬시기)	『대당신어』권2, 극간(807년)	⇨	『당어림』권1, 어언(言語) (11세기 말~12세기 초)
	순행 반대 이유	고려수평 부여상경 (高黎雖平 扶餘尙梗)		고려수평 여구상경 (高麗雖平 餘寇尙梗)

---

47) 『당어림』권1, 언어(言語) "總章中 高宗將幸涼州 時隴右虛耗 議者以爲非便 高宗聞之 召五 品以上 謂曰 帝王五載一巡狩 群后四朝 此蓋常禮 朕欲暫幸涼州 乃聞中外咸謂非宜 宰臣以 下莫有對者 詳刑大夫來公敏進曰 陛下巡幸涼州 宣王略 求之故實 未虛令典 但隨時度事 臣 下竊有所疑 高麗雖平 餘寇尙梗 西道經略 兵猶未停 且隴右諸州 人戶少寡 供待車駕 備擬稍 闕 臣聞中外實有竊議 高宗曰 既有此言 我止度隴 存問故老 蒐狩即還 遂下詔停西幸 擢公敏 爲黃門侍郎".

이상의 검토를 통해 당대에 편찬되었거나 당대 사료를 그대로 인용했다고 여겨지는 『당회요』·『책부원구』·『대당신어』에는 내공민이 순행을 반대하면서 '고려수평 부여상경(高麗[黎]雖平 扶餘尙梗)'을 이유로 내세운 데 비해, 공교롭게도 11세기 후반~12세기 초에 편찬된 『자치통감』·『당어림』에는 '부여(扶餘)'가 '여구(餘寇)'로 개변된 것을 확인할 수 있었다. 이러한 변화상이 관찬사료에 근거했을 『당회요』·『책부원구』·『자치통감』의 고종 순행 고사뿐만 아니라 개인의 저작물인 『대당신어』·『당어림』의 고종 순행 고사에서도 동일하게 나타난다는 점 또한 흥미롭다.

'고려수평 부여상경(高麗[黎]雖平 扶餘尙梗)'이 본래 내공민이 말한 바를 정확히 표현한 것이라면, 이것이 지닌 의미를 온전히 파악하기 위해서는 '부여'가 무엇을 가리키는지 검토할 필요가 있다. 먼저 고구려의 대칭(代稱)으로 사용되었을 가능성을 검토해 보자. 당대 사서와 묘지명에는 고구려라는 국명을 직접 표기하기보다는 다양한 대칭을 사용한 경우가 있다.[48] 그중에서 고구려를 부여로 지칭한 사례가 있다. 예컨대 보장왕의 손자 고진(高震)의 묘지명에서 그를 '부여귀종(扶餘貴種)'[49]으로 표현하고 있다. 고구려 유민인 이은지(李隱之)의 묘지명에는 그의 선조에 대해 "낙랑(樂浪)에서 이름이 널리 알려졌으며 … 부여(夫餘)에서는 찬양이 가득하였다."고 기술하고 있는데, 여기서 낙랑과 부여는 고

---

48) 최진열, 「唐人들이 인정한 고구려인의 正體性」, 『東北亞歷史論叢』24, 2009, 234~242쪽; 최진열, 「唐代 高句麗 표기 기피현상-隋唐 墓誌銘의 國名 표기 분석을 중심으로-」, 『東北亞歷史論叢』38, 2012: 앞의 책, 2015, 71~91쪽; 권덕영, 「唐 墓誌의 고대 한반도 삼국 명칭에 대한 검토」, 『韓國古代史研究』75, 2014, 119~133쪽.

49) 「고진묘지명」 "公諱震 字某 渤海人 祖藏 開府儀同三司 工部尙書 朝鮮郡王 柳城郡開國公 … 公迺扶餘貴種 辰韓令族 懷化啓土 繼代稱王 嗣爲國賓 食邑千室"(朴漢濟 역주, 「高震 墓誌銘」, 『譯註 韓國古代金石文』I (고구려·백제·낙랑 편), 駕洛國史蹟開發研究院, 1992, 542쪽).

구려를 가리킨다고 생각된다.[50] 또한 고구려 원정에 참여한 당 관인 이서(李謂)의 묘지명에는 당이 고구려를 정벌하게 된 이유를 "마침 오이(島夷)가 [황제의] 명령에 맞서니 천벌이 더하고 부여(夫餘)가 부도(不道)하니 헤아려 [황제를] 성원(聲援)하려 하였다."[51]고 기술하고 있다 여기서 오이와 부여도 고구려를 가리킨다고 이해된다. 이러한 사례를 참고하면 '고려수평 부여상경(高麗[黎]雖平 扶餘尙梗)'의 부여에 대해 고구려의 대칭이라는 주장이 성립될 수 있다.

그러나 이렇게 추정하기에는 주저되는 바가 있다. 당대 작성된 묘지명에서 고구려라는 국호가 정식으로 사용되기보다 다양한 대칭으로 기술된 이유는 당과 고구려 간의 적대적 감정에 의한 기피 현상으로 설명되고 있다.[52] 그런데 내공민은 이미 '고려'라는 국호를 언급하고 있다. 그렇기 때문에 내공민이 의도적으로 고구려의 국호를 회피하여 '부여'라고 지칭했다고 보기 어렵다. 또는 당이 고대국가 부여와 고구려 간의 역사적 계승관계를 인정한 결과로 보기도 한다.[53] 그러나 이 역시도 부여가 고구려의 대칭으로서 단독으로 사용되었을 때 가능한 해석이다. 내공민은 먼저 '고려'라는 국호를 언급하고 곧바로 '부여'의 상황을 설명하고 있기 때문에, 뒤에 등장하는 '부여'는 먼저 언급된 '고려'의 하부 구성 단위로 보는 것이 더 타당하다고 생각된다. 또한 짧은 문장 안에서 불필요하게 국호와 대칭을 연달아 사용할 가능성도 낮다고 본다.

---

50) 「이은지묘지명」 "祖敬父直 或孝德動天 馳名於樂浪 或忠勤濟物 譽表於夫餘"(樓正豪, 「高句麗 遺民 李隱之 家族의 出自 의식에 대한 考察-새로 발견된 「李隱之 墓誌銘」을 중심으로-」, 『韓國古代史探究』21, 2015, 101쪽).

51) 「이서묘지명」 "君諱謂 隴西成紀人也 … 屬島夷抗命 天罰將加 扶餘不道 擬爲聲援"(고구려연구재단 편, 「이시(李謂)」, 『중국 소재 고구려 관련 금석문 자료집』, 고구려연구재단, 2005, 270~271쪽).

52) 권덕영, 앞의 논문, 2014, 127~130쪽; 최진열, 앞의 책, 2015, 77쪽, 91쪽.

53) 최진열, 앞의 논문, 2009, 241쪽.

그렇다면 '부여'는 특정한 성명(城名) 또는 지역명으로 볼 수 있을 가능성이 있다. 수·당에서 부여는 지명으로 알려져 있었으며, 이는『자치통감』당기 편찬자[54]도 분명히 인지하고 있었을 것이다.[55] 그리고 왕당이『당어림』을 편찬하는 과정에서 참고한 당대의 원서(原書)에는 고구려-당 전쟁과 관련한 일화들이 다수 소개되고 있기 때문에 그도 부여가 부여성이라는 지명 또는 부여성을 중심으로 하는 지역명으로 쓰인다는 사실을 알고 있었을 것이다. 그럼에도 불구하고 이와 같은 변화가 발생하게 된 배경은 불확실한데, 다음의 가능성을 상정해 볼 수 있다.

먼저 '여구(餘寇)'의 '여(餘)'가 '부여(扶餘)'의 약칭일 가능성이 있다. 4세기 후반 중국에서 활동한 부여계 인물의 성과 백제 왕성인 '부여'가 중국 측 사서에서 '여(餘)'로 표기[56]된다는 점이 지역명인 '부여'를 '여'로 약칭할 수 있다는 인식에 영향을 미쳤을 것이다. 반란의 주체로는 종족명이나 인명, 또는 국명이 사용되는 경우가 일반적이다. 그러므로『자치통감』당기 찬자와 왕당은 지역명인 '부여[扶餘]'를 '부여의 도적들[餘寇]'로 고쳐 반란의 주체를 더욱 잘 드러내려는 의도를 지녔을 수 있다. 그러나 인명 이외에 국호 또는 지역명인 '부여'를 '여'로 약칭한 사례를 현재로서는 찾아볼 수 없기 때문에 이러한 추정이 설득력을 얻기는 어렵다.

이와 달리 고구려 고지 전역의 상황을 서술하기 위해 개변했을 가능성도

---

54) 『자치통감』에서 당대는 범조우(范祖禹)가 담당하여 찬수하였다(이계명, 앞의 논문, 142쪽).
55) 수·당대 부여가 지명으로 사용된 예는 6세기 말 말갈 거수 돌지계가 부여성 서북에서 수로 귀부한 사례, 천리장성의 기점으로 부여성이 기록된 사례, 668년 2월 부여성 전투 관련 사례가 있다.
56) 余昊奎,「百濟의 遼西進出說 再檢討」,『震檀學報』91, 2001, 19~21쪽; 오택현,「백제 복성(復姓)의 출현과 그 정치적 배경」,『역사와 현실』88, 2013, 177~179쪽; 최진열, 앞의 책, 2015, 291~292쪽.

있다. 앞서 살펴보았듯이 『자치통감』 편찬과정에서 찬수자는 편찬원칙과 더불어 다른 사료와의 교차검토를 바탕으로 원사료를 개필하였다. 669년 초 압록수 이북에는 다수의 미항성(未降城)이 존재하였고, 요동지역에서 검모잠,[57] 책성 권역에서 고정문(高定問)[58]이 주도하여 고구려부흥운동이 발생하고 있었다. '부여' 이외에도 고구려 유민의 저항이 상당 규모로 존재했던 것이다. 이와 관련한 자료를 접했거나 또는 이 사실을 알고 있었던 『자치통감』 당기 찬자와 왕당은 고구려 유민의 저항을 '부여'로 한정하기보다는 고구려 고지 전체로 서술할 필요성을 느꼈던 것은 아닐까 한다. 특히 '부여상경(扶餘尙梗)'을 『자치통감』에서는 '여구상다(餘寇尙多)'로 고쳤는데, 여기서 '많다'는 고구려 고지 전역에 부흥세력이 다수 존재했다는 사실을 의미할 가능성이 높다. 이렇게 해석할 경우에도 '부여'에서 부흥운동이 일어났다는 사실이 부정되지는 않는다. '여구(餘寇)'가 '부여'에서 발생한 부흥운동을 포괄하고 있기 때문이다.

그런데 고종 순행 고사에서 언급된 '부여'는 부여성만을 지칭한다고 보기는 어렵다. 고구려 후기 지방통치체제, 군사제도와 더불어 668년 2월 설인귀가 이끄는 당군이 부여성을 함락하자 부여천(扶餘川) 주변 40여 성이 모두 항복을 청한[59] 사실을 종합해 보면 '부여'는 부여성을 중심으로 하는 광역의 행정단위, 즉 부여성 권역을 가리킨다고 보아야 한다. 즉, 부여성을 중심으로 주변 40여 성이 함께 당의 지배에서 벗어났을 것으로 생각된다. 내공민이 특정 성명을 언급하지 않고 '부여'라고 표현한 데에는 이러한 상황이 담겨 있다.

---

57) 김강훈, 「요동지역의 고구려부흥운동과 검모잠」, 『軍史』99, 2016, 8~17쪽.
58) 김강훈, 「책성 권역의 고구려부흥운동과 高定問」, 『歷史敎育論集』65, 2017a, 259~271쪽.
59) 『구당서』 권83, 열전33, 설인귀 "仁貴乘勝領二千人進攻扶餘城 諸將咸言兵少 仁貴曰 在主將善用耳 不在多也 遂先鋒而行 賊衆來拒 逆擊大破之 殺獲萬餘人 遂拔扶餘城 扶餘川四十餘城 乘風震懾 一時送款".

2) 부여성 권역 부흥운동의 추이

검교안동도호 설인귀는 669년 초 압록수 이북의 미항성을 당의 지배 아래에 두기 위해 평양을 떠나 신성으로 향했다. 안동도호부는 고구려 고지를 안정적으로 지배하기 위해 압록수 이북에서 당의 지배를 벗어나 있던 고구려 유민을 회유 내지 공략하는 것을 최우선 목표로 삼았던 것이다. 물론 설인귀가 목표로 했던 지역에 부여성 권역이 포함되어 있기는 했지만, 그가 1차 목표로 삼았던 곳은 신성이었다.[60] 고구려 고지에 대한 당의 지배정책이 효과적으로 달성되기 위해 요동지역의 안정이 필수적이었기 때문이었다.

이러한 중요성에도 불구하고 당 조정은 요동지역보다 부여성 권역에서 발생한 부흥운동에 더욱 주목하고 있었고, 이를 심각하게 받아들였다. 이는 부여성 권역에서 당의 지배를 이탈한 대규모의 저항이 발생하고 있었다는 사실을 보여주는 동시에 부여성 권역이 지니고 있던 군사적 가치를 인지하고 있었기 때문일 것이다.

부여성 권역은 속말말갈의 거주지이자 그 동북지역에 위치한 말갈 제부와 당을 연결하는 주요 교통로 상에 위치한다.[61] 고구려 멸망 이후 당이 말갈에 대한 지배력 또는 영향력을 지속하기 위해서는 부여성 권역에 대한 안정적인 지배가 필수적이었다. 고구려와 수·당 간의 70여 년 동안의 대립과 전쟁의 배경으로 말갈 문제가 언급될 정도로 당시 중원왕조는 말갈에 대해 깊은 관심을

---

60) 김강훈, 앞의 논문, 2018, 49~62쪽.
61) 말갈 제부의 위치에 대해서는 金賢淑, 「6~7세기 高句麗史에서의 靺鞨」, 『강좌 한국고대사』 10, 2003, 153~157쪽: 「말갈에 대한 지배 방식」, 『고구려의 영역지배방식 연구』, 모시는사람들, 2005, 446~469쪽과 김락기, 『고구려의 東北方 境域과 勿吉 靺鞨』, 景仁文化社, 2013, 146~168쪽 참조.

보였다. 그렇기에 부여성 권역의 동향은 당 조정의 관심을 끌기에 충분했다.

한편 부여성 권역은 서쪽으로 거란과 연결되는 지역이었다.[62] 더구나 고구려는 거란을 매개로 하여 유연, 돌궐 등 북방 유목세계와 교섭을 시도하면서 중원지역의 정세 변동에 대응했던 경험을 가지고 있었다.[63] 이는 부여성 권역을 통해 고구려 유민-거란-돌궐로 이어지는 연대의 가능성을 상정하게 한다. 고구려 멸망 후 당의 지배에 대해 고구려 유민과 돌궐은 대당항쟁이라는 측면에서 공통의 이해관계를 가졌고, 이는 고구려 유민 중 일부가 돌궐로 이주해 가는 요인으로 작용하였다.[64] 또한 당의 대고구려 원정에 참여하면서 상당한 인적·물적 손해를 감당한 것에 불만을 품은 거란, 해, 철륵이 660년 당에 반란을 일으키면서, 당은 고구려 공략을 상당히 지체할 수밖에 없었던 경험을 가지고 있었다.[65] 결국 당은 북방정세와 고구려 고지 지배가 강하게 연동된다는 사실을 분명히 인지하고 있었을 것이고, 고구려 유민-거란-돌궐 간에 연합이 이루어질 가능성을 차단하기 위해서 부여성 권역에 대한 지배를 공고히 할 필요성을 느꼈을 것이다.

---

62) 노태돈, 앞의 책, 1999, 412~413쪽; 朴京哲, 「高句麗 軍事戰略考察을 위한 一試論」, 『史學研究』40, 1989, 39쪽. 후대의 사실이지만 『신당서』 발해전에서 "扶餘故地爲扶餘府 常屯勁兵扞契丹 … 扶餘 契丹道也"라고 한 것은 이러한 실상을 반영한다.

63) 이성제, 「高句麗와 契丹의 관계-對隋·唐戰爭期의 動向과 그 意味-」, 『北方史論叢』5, 2005, 154~155쪽.

64) 盧泰敦, 「高句麗 遺民史 硏究-遼東·唐內地 및 突厥方面의 集團을 중심으로-」, 『韓沽劤博士停年紀念史學論叢』, 1981a, 101~102쪽; 『고구려 발해사 연구』, 지식산업사, 2020, 140쪽. 『신당서』 권220, 열전145, 동이 고려 "舊城往往入新羅 遺人散奔突厥靺鞨"에 따르면 당의 지배를 거부한 고구려 유민들이 신라, 돌궐, 말갈로 이주했음을 알 수 있다. 특히 부여성 권역의 유민 중 일부가 돌궐세력 휘하로 이주해 갔을 것으로 추정된다(盧泰敦, 「渤海 建國의 背景」, 『大丘史學』19, 1981b, 8쪽).

65) 李在成, 「麗唐戰爭과 契丹·奚」, 『中國古中世史硏究』26, 2011, 197~207쪽. 최근 고구려의 적극적인 외교의 결과 660년 거란과 해가 당에 이반하였을 가능성이 있다는 주장도 제기되었다(김지영, 「7세기 중반 거란의 동향 변화와 고구려」, 『만주연구』12, 2011, 84~94쪽).

그리고 부여성 권역은 주변 지역에 비해 농업과 목축업 등 경제적 측면에서 일찍부터 발전하였으며[66] 속말말갈을 전쟁에 동원할 수 있었기 때문에, 대수·당 전쟁 과정에서 요동지역과 수도 평양성 일대를 뒷받침하는 최대의 후방 거점 또는 배후 기지의 역할을 담당하였다.[67] 그러므로 당군은 667년 9월 신성을 함락한 후 평양성을 공격하기에 앞서 668년 2월 부여성 공략에 나섰던 것이고 연남건은 5만의 병력을 보내어 부여성을 되찾고자 하였던 것이다.[68] 결국 부여성 권역에서 당의 지배력이 관철되지 않는다면 그것은 단순히 부여성 권역에서만 그치는 것이 아니라 요동지역과 한반도 서북부까지 파급될 수 있는 문제였다.

이상과 같은 측면에서 당은 고구려 고지를 안정적으로 안동도호부 체제로 전환하기 위해 부여성 권역에 대한 강력한 통제가 필요하다는 사실을 알고 있었다. 결국 당은 부여성 권역에서 일어나고 있던 고구려 유민의 반발을 무마하기 위해 이타인(李他仁)을 파견하게 되었다.

B. 영공(英公)[이적(李勣)]을 따라 입조하니 특별히 위로와 격려를 받고 우융위장군(右戎衛將軍)에 제수되었다. 이윽고 강유(姜維)가 화(禍)를 만들어

---

66) 7세기 부여성 권역의 경제 상황에 대한 사료는 전무하다. 다만 고대국가였던 부여의 경제 생활을 통해 이를 추정할 수 있다. 이에 대해서는 송호정, 「부여」, 『한국사』4(고조선·부여·삼한), 국사편찬위원회, 1997, 218~221쪽과 송호정, 『처음 읽는 부여사』, 사계절, 2015, 128~132쪽 참조.

67) 朴京哲, 앞의 논문, 1989, 57~58쪽; 박경철, 「麗唐戰爭의 再認識」, 『東北亞歷史論叢』15, 2007, 187~188쪽.

68) 『신당서』권220, 열전145, 동이 고려 "男建以兵五萬襲扶餘 勣破之薩賀水上 斬首五千級 俘口 三萬 器械牛馬稱之". 한편 노태돈은 부여성을 점령함으로써 연군-통정진-신성으로 이어지는 당군의 주된 보급선을 북에서 위협할 수 있는 고구려 세력을 제거할 수 있게 되었다고 평가하였다(노태돈, 앞의 책, 2009, 218쪽).

다시 성도(成都)를 어지럽혔듯이 수혈(穟穴)에 요사한 기운이 널리 퍼져 예(穢)의 땅을 홀연히 뒤덮었다. 공은 또 조서를 받들어 부여(扶餘)로 나아가 토벌하여 우두머리를 거듭 베었다. 다시 관대(冠帶)를 잇게 하고 승리하고 돌아와 종묘에 고하고 경축하는 예에 참여하니 황제가 가상히 여겨 동정원 우령군장군(同正員右領軍將軍)으로 옮겨 제수하였다[69](「이타인묘지명」).

위 사료는 고구려 말기 두만강 하류 방면인 책성(柵城) 권역의 도독을 역임했던 이타인의 묘지명 중 일부이다. 그는 당에 항복한 후 평양성 공격에서 공을 세우는 등 고구려 멸망에 기여한 대가로 당에 입조하여 우융위장군(右戎衛將軍)에 제수되었다. 그 후 이타인은 '부여(扶餘)'로 출정하여 군사활동을 펼치고 당으로 되돌아갔다.

「이타인묘지명」에 드러나는 '부여'에서 발생한 유민의 반당항쟁에 대해 670년 4월(또는 6월)[70] 검모잠의 거병 이후로 파악하는 견해가 있다.[71] 검모잠 세력을 진압하기 위해 파견된 고간과 이근행의 행군에서 이타인이 함께 활동하

---

69) "從英公入朝 特蒙勞勉 蒙授右戎衛將軍 既而姜維構禍 復擾成都 穟穴挺妖 俄翻穢境 公又奉詔進討扶餘 重翦渠魁 更承冠帶 凱還飮至 帝有嘉焉 遷授同正員右領軍將軍". 제3장에서 「이타인묘지명」의 판독은 余昊奎·李明, 앞의 논문, 373~377쪽에 의거하였으며, 해석은 안정준, 「「李他仁墓誌銘」에 나타난 李他仁의 生涯와 族源」, 『목간과 문자』11, 2013; 권덕영 역주, 「李他仁墓誌」, 『중국 소재 한국 고대 금석문』, 한국학중앙연구원출판부, 2015, 390쪽; 余昊奎·李明, 앞의 논문, 387~388쪽을 바탕으로 일부 수정하였다.

70) 『신당서』 권3, 본기3, 고종 함형 원년 4월 "高麗酋長鉗牟岑叛 寇邊 左監門衛大將軍高侃爲東州道行軍總管 右領軍衛大將軍李謹行爲燕山道行軍總管 以伐之"; 『삼국사기』 권6, 신라본기 6, 문무왕 10년 6월 "高句麗水臨城人牟岑大兄 收合殘民 自窮牟城至浿江南 殺唐官人及僧法安等 向新羅行".

71) 孫鐵山, 「唐李他仁墓誌考釋」, 『遠望集』下, 陝西人民美術出版社, 1998, 739쪽; 김종복, 「高句麗 멸망 전후의 靺鞨 동향」, 『北方史論叢』5, 2005, 182쪽; 拜根興, 「唐 李他仁 墓誌에 대한 몇 가지 고찰」, 『忠北史學』24, 2010, 226쪽; 「李他仁墓誌涉及的幾個問題」, 『唐代高麗百濟移民硏究』, 中國社會科學出版社, 2012, 249쪽; 안정준, 위의 논문, 212쪽.

면서 '부여'에서 발생한 유민의 반당항쟁을 진압하였다는 것이다. 그러나 「이타인묘지명」에 등장하는 '부여'는 669년 부여성 권역에서 발생하고 있던 고구려부흥운동과 동일한 실체라고 생각된다. 앞에서 살펴보았듯이 669년 당의 신료들은 부여성 권역의 고구려부흥운동을 명분으로 황제의 순행을 좌절시켰는데, 당시 정국에 영향을 미친 사안에 대해 당 조정이 계속 침묵으로 일관했다고 보기는 어렵기 때문이다. 당 조정에서 고구려 고지를 안정적으로 지배하기 위해 부여성 권역에 대해 적절한 조치가 취해져야 한다는 인식이 확대되면서 구체적인 방안을 검토하였다고 보는 것이 자연스럽다. 그 결과 이타인이 적임자로 선택되어 부여성 권역으로 보내졌던 것이다. 따라서 이타인이 부여성 권역으로 파견된 시기는 669년 후반~670년 초반으로 여겨진다.

묘지명에는 이타인이 우용위장군을 제수받은 것과 '부여'로 출정한 사실 사이에 고구려 고지의 상황을 촉한(蜀漢)의 강유(姜維)에 비유하여 설명하고 있다. 조위(曹魏)가 촉한을 멸망시킬 때, 강유는 후주(後主) 유선(劉禪)의 칙령으로 조위군의 총사령관이었던 종회(鐘會)에게 투항하였다가 재차 촉한의 재건을 시도했던 인물이다. 『삼국지』 강유전의 배송지(裴松之) 주(注)에 인용된 손성(孫盛)의 『진춘추(晉春秋)』[72]에는 강유가 유선에게 몰래 표를 올려 "종회를 거짓으로 섬기는데, 그를 죽여 촉의 땅을 회복하려 합니다."라고 했다는 사실이 전하고 있다. 또한 강유의 의도에 대해 『한진춘주(漢晉春秋)』에서는 '극복(克復)'으로, 『화양국지(華陽國志)』에서는 '환복촉조(還復蜀祚)'라고 하였다.[73] 이는 강유

---

72) 손성이 저술한 『진춘추』에 대해서는 노용필, 「高句麗의 孫盛 『晉春秋』 受容과 그 歷史的 意義」, 『韓國史學史學報』 27, 2013, 15~21쪽: 「고구려의 손성 『진춘추』 수용과 춘추필법의 역사학 정립」, 『한국고대인문학발달사연구』(1) 어문학 · 고문서학 · 역사학 권, 한국사학, 2017, 155~161쪽 참조.
73) 『삼국지』 권44, 촉서14, 강유.

가 조위군을 몰아내고 유선을 다시 군주의 자리에 세움으로써 촉한을 부흥시키려 했음을 의미한다. 「이타인묘지명」의 찬자는 강유가 촉한의 부흥을 시도한 것과 마찬가지로 당시 '부여'에서 고구려를 재건하려는 움직임이 있었다는 사실을 표현하고자 했던 것이다.[74] 이는 부여성 권역에서 일어난 고구려 유민의 움직임이 고구려 부흥을 목표로 했음을 의미한다.

한편 「이타인묘지명」에는 반란을 주도한 세력을 거괴(渠魁)로 표현하고 있다. 이는 '우두머리'로 해석되는데 단순히 부흥세력의 지도자를 지칭한다기보다는, 일정한 사회적·군사적 기반을 지닌 존재를 표현한다고 파악된다. 이는 부여성 권역의 부흥운동을 강유에 비유한 데서 방증된다. 강유는 제갈량 사후 촉한의 군무를 담당했던 인물이기 때문이다. 그렇다면 고구려 말기 부여성 권역에 존재하고 있던 지방관의 존재가 주목된다. 고구려 후기 지방통치체제에서 이들은 관할 지역에 대한 민정권과 함께 군정권도 함께 지니고 있던 존재였다.[75] 이런 측면에서 거괴로 불릴 수 있던 자들이었다.

그런데 이들 중 상당수는 재지유력자들을 통치에 참여시키는 기미지배의 원칙에 따라 고구려 멸망 후 종래의 지배권을 인정받아 도독·자사·현령에 임명되었을 것이다. 그런데 이들이 다시 당의 지배를 이탈하여 부흥운동을 이끌었던 것이 아닐까 한다.[76] 강유가 조위군에 항복하였다가 재차 거병하였다

---

74) 孫鐵山, 앞의 논문, 739쪽; 최진열, 앞의 논문, 2009, 241쪽; 余昊奎·李明, 앞의 논문, 406쪽.
75) 노태돈, 앞의 책, 1999, 248쪽; 金賢淑, 「高句麗 中·後期 中央集權的 地方統治體制의 發展過程」, 『韓國古代史研究』11, 1997, 50~65쪽: 앞의 책, 354~378쪽; 임기환, 「지방·군사제도」, 『한국사』5(고구려), 국사편찬위원회, 1996, 181~182쪽.
76) 김종복은 지방유력자들이 당의 지배에 참여하였지만 당 관리인 장사와 사마에 의해 감시와 통제가 상당한 수준이었고 이는 유력자의 지배기반을 축소하는 것이었기 때문에 이들이 반당투쟁에 나섰다고 보았다(김종복, 앞의 책, 31~33쪽). 최근 연구에서는 민정과 군정을 총괄하는 고구려의 지방관에 비해, 기미부주 장관의 권한이 상당히 제한적이었기 때문으로 보기

는 점에서 볼 때, 당의 기미지배에 협력하면서 부여성 권역에 설치된 기미부주의 도독·자사·현령에 임명되었던 유력자가 당의 지배를 거부하고 부흥운동을 이끌었을 가능성이 높다.[77] 그리고 당에 항복할 시 부여성이 무너지자 주변 40여 성이 함께 항복을 청했듯이, 부흥운동이 발생할 때에도 이들 성은 함께 당의 지배를 이탈했을 가능성이 높다. 묘지명에서 '우두머리를 거듭 베었다[重翦渠魁]'는 표현은 도독·자사·현령 급에 해당하는 다수의 인물들이 부흥운동에 동참했다는 사실을 의미한다.

또한 부여성 권역의 부흥운동에는 속말말갈도 참여했을 가능성이 높다.[78] 송화강 유역 일대는 속말말갈의 거주지였으며, 이들은 고구려화가 많이 진전되었고 고구려와 당 간의 전쟁에서 다수 동원되었다. 이는 속말말갈이 고구려 부흥운동에 동참하게 되는 심리적 요인으로 작용했을 것이다. 뒤에서 살펴보겠지만, 673년 부여성 권역에서 부흥운동을 전개하던 '고구려와 말갈'이 당군이 주둔하고 있던 벌노성(伐奴城)을 공격한 사례를 통해 볼 때, 669년에도 속말말갈이 부흥운동에 동참했다고 보는 것이 타당하다. 또한 비록 10여 년 뒤의 일이기는 하지만, 요동으로 돌아온 보장왕이 말갈과 공모하여 부흥운동을 일으키려다가 실패한 사건[79]은 고구려부흥운동 내에서 말갈이 차지하는 위상을 짐작하게 해준다.

도 하였다(장병진, 「당의 고구려 고지(故地) 지배 방식과 유민(遺民)의 대응」, 『역사와 현실』 101, 2016, 133~135쪽).

77) 余昊奎·李明, 앞의 논문, 406쪽.

78) 孫鐵山, 앞의 논문, 739쪽; 김종복, 앞의 논문, 2005, 184쪽. 余昊奎·李明은 '穟穴挻妖 俄翻 穢境'을 '고구려[穟穴]가 요괴(妖怪)[또는 재앙]을 끌어들여 순식간에 예경(穢境)을 뒤집었다'로 해석하고 고구려 유민이 말갈인[妖]을 끌어들여 부흥운동을 일으킨 상황을 묘사했다고 보았다(余昊奎·李明, 앞의 논문, 406~407쪽).

79) 『자치통감』 권202, 당기18, 고종 의봉 2년 2월.

이에 대한 당 조정의 대응책이 어떠했는지 살펴보자. 만약 당이 행군을 편성하여 부여성 권역으로 파견하였다면 이는 기록에 남아 있을 것이다. 그런데 「이타인묘지명」을 제외하고 어떤 사서에도 당의 대응 조치는 드러나지 않는다. 이는 당이 행군을 파견하지 않았다는 사실을 의미한다. 그렇다면 이타인이 지휘한 병력은 어디에서 동원된 것일까. 먼저 안동도호부 산하의 병력이 있다. 당시 2만 명의 군사가 안동도호부에 배치되어 있었다. 이 병력은 평양성에 주로 주둔하였겠지만, 그 외의 주요 부·주·현에도 분산 배치되었을 가능성이 높다.[80] 고구려 고지로 파견된 이타인은 먼저 요동지역에 배치되어 있던 안동도호부 예하의 군사들을 동원하여 부여성 권역의 부흥운동 진압에 나서려 했을 것이다. 그러나 669년 5월 실시된 사민으로 고구려 유민의 저항에 직면하면서 요동지역에서 당군을 차출하는 것이 쉽지 않았고 동원된 병력 수는 그리 많지 않았다고 생각된다.

당군의 구성을 이해하기 위해 이타인의 관직에 주목하고자 한다. 묘지명에 따르면 그는 책주도독(柵州都督) 겸 총병마(總兵馬)로서 '12주 고려'[81]를 관할하고 '37부 말갈'을 통솔하였다.[82] 책주(柵州)는 두만강 하류 일대를 관장하는 책성(柵城)을 중심으로 하여 일정한 영역을 거느린 광역의 행정구역을 의미하는데,[83] 이 관직에 대해 「이타인묘지명」을 학계에 최초로 소개한 쑨톄산(孫鐵山)은 당에

---

80) 『자치통감』권201, 당기17, 고종 총장 원년 12월 "以右威衛 大將軍薛仁貴檢校安東都護 總兵二萬人以鎭撫之"; 김종복, 앞의 책, 34쪽.

81) 이타인이 관할한 12주에 대한 위치 비정과 두만강 유역에서 고구려의 지방통치 양상에 대해 최근 다음의 연구가 있다. 余昊奎, 「두만강 유역 고구려 성곽의 분포현황과 지방통치의 양상」, 『역사문화연구』61, 2017.

82) 「이타인묘지명」"于時授公柵州都督兼摠兵馬 管一十二州高麗 統卅七部靺鞨"(余昊奎·李明, 앞의 논문, 374쪽).

83) 김영심, 「遺民資料로 본 고구려, 백제의 官制」, 『韓國古代史研究』75, 2014, 189쪽.

항복하고 받았다고 보았다.[84] 그러나 이후 연구에서는 고구려에서 수여받은 관직으로 보는 경향이 강하다.[85] 묘지명에는 이타인이 당의 장수 이적에게 항복하는 내용에 앞서 책주도독 겸 총병마를 역임했다고 서술되어 있다. 그러므로 고구려에서 해당 관직을 역임했다고 보는 것이 옳다.

그렇지만 이타인이 책주도독의 관직을 지녔던 시기를 당에 항복하기 이전으로 한정하기는 어렵다. 당이 고구려 고지에 적용하려 했던 기미지배에서 내부한 부락의 수령을 기미부주의 도독과 자사에 임명하는 것이 원칙이었기 때문이다.[86] 또한 당은 안동도호부를 설치하면서 지방 유력자 중 공이 있는 자[有功者]들을 뽑아 도독·자사·현령에 임명하였는데, 여기서 공(功)은 당으로의 투항이나 군사적 협조를 의미한다.[87] 이타인은 책주도독으로 당에 투항했으며 이후 평양성 공격에 앞장섰기 때문에 유공자라 할 수 있다. 그렇다면 그는 안동도호부 체제 아래에서 책주도독에 임명되었다고 보는 것이 자연스럽다.

이타인이 관할한 '12주 고려'는 책주도독의 지휘 체계에 포섭되어 있는 군사 방어체계 또는 군관구(軍管區)를 구성하는 하부 단위를 의미한다. 그리고 '37부 말갈'을 통솔했다는 것은 두만강 하류 인근에 거주하였던 백산말갈 부락

---

84) 孫鐵山, 앞의 논문, 738쪽. 윤용구, 「중국출토의 韓國古代 遺民資料 몇 가지」, 『韓國古代史研究』32, 2003, 309쪽에서는 이타인이 평양성 함락과 부여 방면 전투에 참가한 공으로 이 관직을 받았다고 보았다.

85) 김종복, 앞의 논문, 2005, 177~178쪽; 拜根興, 앞의 책, 246~247쪽; 안정준, 앞의 논문, 214쪽. 최근에는 이타인의 관직을 통해 고구려 말기 지방통치의 양상(余昊奎·李明, 앞의 논문, 398~400쪽)과 책성욕살을 수여 받게 된 배경(李玟洙, 「高句麗 遺民 李他仁의 族源과 柵城 褥薩 授與 배경에 대한 고찰」, 『大丘史學』128, 2017, 25~30쪽)을 살펴보는 등 연구가 점차 심화되고 있다.

86) 『신당서』권43하, 지33하, 지리7하, 기미주 "唐興 初未暇於四夷 自太宗平突厥 西北諸蕃及蠻夷稍稍內屬 即其部落列置州縣 其大者爲都督府 以其首領爲都督刺史 皆得世襲".

87) 이정빈, 앞의 논문, 142~143쪽.

에 대해 지배권을 발휘했다는 사실을 의미한다.[88] 기미지배체제에서 책주도독이 지닌 권한이 어떠했는지는 불분명하지만, 여전히 그가 두만강 유역에서 최고위 지방관이라는 사실은 변함이 없었다. 결국 당이 이타인을 고구려 고지로 파견한 목적은 두만강 유역 일대에서 고구려인과 백산말갈에 대한 병력 징발을 원활히 실시하여 부여성 권역의 부흥운동에 대처하고자 했던 것이다. 그렇다면 당의 전략은 요동지역에 배치되어 있던 안동도호부 휘하의 일부 병력과 두만강 유역에서 동원된 병력이 양 방면에서 부여성 권역의 부흥운동을 공격하려던 것이라 추정할 수 있다.

「이타인묘지명」에는 이타인이 부여에서 개선해서 돌아와 승리를 종묘에 고하고 공훈을 기리는 자리에 참석하였다고 한다. 또한 황제가 이를 기려 그를 동정원우령군장군(同正員右領軍將軍)으로 옮겨 임명했다고 한다. 일견 이타인이 부여성 권역의 부흥운동을 일소하고 당으로 돌아와 승진한 듯한 모양새이다.

그러나 앞선 연구에서 지적되었듯이 이타인이 당에 입조하여 받은 우융위장군(右戎衛將軍)과 부여에서 돌아온 뒤 받은 우령군장군(右領軍將軍)은 명칭만 다를 뿐 실제로는 동일한 관직이다.[89] 물론 우령군장군 앞에 '동정원(同正員)'이 명기되어 있으므로 '원외(員外)'우융위장군에서 '동정원(同正員)'우령군장군으로 승격되었을 가능성도 있다.[90] 그러나 부여성 권역의 고구려부흥운동이 당 조정의 관심을 끌었던 중대 사안이었음을 감안한다면, '원외'에서 '동정원'으로 변화가 큰 의미를 지닌다고 보기는 어려울 듯하다.

---

88) 이타인이 책주도독 겸 총병마로 '12주 고려'를 관할하고 '37부 말갈'을 통솔한 것에 대한 의미는 김강훈, 앞의 논문, 2017a, 46~47쪽 참조.
89) 拜根興, 앞의 책, 251쪽.
90) 余昊奎・李明, 앞의 논문, 407쪽; 이민수, 「李他仁의 唐 投降과 扶餘城의 高句麗 復國運動 鎭壓에 대한 分析」, 『역사와 경계』106, 2018, 35~37쪽.

이타인이 당으로 돌아와 우령군장군에 임명된 시기도 참고가 된다. 당에서 좌·우령군위(左·右領軍衛)는 666년 2월 관부와 관직명을 개칭하는 과정에서 좌·우융위(左·右戎衛)로 변화하였다가 670년 12월 옛 제도로 복구하면서 좌·우령군위로 되돌아갔다.[91] 따라서 이타인이 우령군장군에 임명된 시기는 최대한 빨라도 670년 12월이다.[92] 그가 669년 후반~670년 초반에 파견되었다고 추정되기에, 최소한 1년이 넘는 시간 동안 부여성 권역에서 부흥운동이 진행되었음을 알 수 있다.

한편 이타인이 당으로 귀부한 후의 활동은 그의 묘지명에 크게 두 부분으로 서술되어 있다. 그가 고구려 멸망에 앞장선 부분은 관련 지명과 더불어 전투 장면까지 구체적으로 묘사하고 있는데[93] 반해, 부여성 권역에서 군사활동은 '우두머리를 제거하여 다시 관대(冠帶)를 받들게 하였다'로 그 결과만 소략하게 서술하고 있다. 당이 이민족 번장(蕃將)들에게 처음 관직을 수여할 때 본국에서의 지위와 당에 대한 공로를 함께 고려하였다고 한다.[94] 이타인이 고구

---

91) 『구당서』 권42, 지22, 직관1.
92) 이민수, 앞의 논문, 28~29쪽에서는 우융위장군이 670년 12월에 개칭되었기 때문에 이타인이 부여에서 부흥운동을 진압한 시점을 670년 말로 추정하였다. 하지만 670년 12월은 이타인이 귀환한 시점 그 자체라기 보다는 귀환한 시기의 상한을 의미한다고 보아야 옳을 것이다.
93) 영공(英公)이 마침내 공을 보내 그 소속 부대를 통솔하여 북을 치면서 행진하고 함께 진군하게 했다. 공이 용감하게 삼군(三軍)의 선봉이 되니 일찍부터 사람들의 칭송이 모아졌고, 말하는 것이 굳건한 신뢰를 이루니 일찍부터 백성들이 여망(輿望)을 모으게 되었다. 마침내 견고한 (고구려) 진영의 장수들로 하여금 황급히 (적군의) 칼을 대적하는 부절(符節)을 해제하도록 했고, 석성(石城)이 아홉 번이나 저항했지만 순식간에 대적하는 성문을 열어젖혔다. 전진하는 데에 더이상 저항이 없어서 즉시 평양성을 함락시켰다. 그리하여 (본래) 한사군의 땅이었던 고구려가 당의 강역으로 편입되었고, 구이(九夷)를 널리 모아 다시 정삭(正朔)에 귀의시켰다("英公遂遣公 統其所屬 鼓行同進 公勇冠三軍 夙馳人譽 言成一諾 早緝畎謠 遂使金陣五承 遽解迎刀之節 石城九拒 俄開却敵之扉 無寇於前 即屠平壤 炎靈四郡 既入堤封 裒成九夷 復歸正朔")(余昊奎·李明, 앞의 논문).
94) 李基天, 『唐 前期 境内 異民族 支配 研究』, 서울대학교 박사학위논문, 2019, 180~187쪽.

려 멸망 과정에서 기여한 바가 묘지명에 상세히 기록된 것은 그가 고구려 유민 중 비교적 높은 종3품의 우용위장군에 제수된 이유를 설명하기 위한 요소일 뿐만 아니라 후손들의 입장에서 가문의 위세를 유지하는 데 필요했기 때문일 것이다. 항장(降將)인 이타인의 입장에서 고구려부흥운동을 성공적으로 진압했다면, 이는 당에 대한 충성심[95]과 개인의 군사적 능력[96]을 한껏 드러낼 수 있는 요소였을 것이다. 그럼에도 「이타인묘지명」에 부여성 권역에서 이타인이 달성한 공로가 상세히 기록되어 있지 않다. 고구려 멸망전에서 활약한 이타인의 공과 비교해 부여성 권역에서 이타인의 행적이 부각되기 어려웠기 때문으로 짐작된다.

결국 이타인이 이끈 당군이 부흥운동을 진압하는 과정은 순조롭지 못하였으며, 그가 귀환한 후 수여받은 관직이 이전과 동일하다는 점에서 부여성 권역에서 실행된 당군의 군사활동이 그리 성공적이지 못했을 가능성이 높다고 생각된다.[97]

하지만 이타인의 군사활동이 완전히 실패했다고 보기도 어렵다. 만약 그랬다면 이타인은 관직에서 쫓겨나거나 처벌을 받았을 텐데, 이전의 관직을 그대로 유지하고 있기 때문이다. 결국 당군의 군사활동이 일정 부분 성과를 거두면서 이타인은 당으로 복귀하게 되었지만, 부여성 권역에서 활동하던 고구려 부흥군이 완전히 소멸되었다고 보기는 어려울 듯하다. 즉 부여성 권역의 부

---

95) 당에 귀부하여 관직을 수여받은 고구려 유민은 친당적인 태도를 견지하며 군공 등을 통해 출세를 지향했고 고구려인이라는 사실에서 벗어나기 위해 노력했을 것이다(정호섭, 「高句麗史에 있어서의 이주(migration)와 디아스포라(diaspora)」, 『先史와 古代』53, 2017, 155~157쪽).

96) 유목계 번장보다 낮은 관직을 수여 받은 고구려·백제계 번장들이 고관으로 승진한 배경에는 개인적인 군사 능력이 큰 비중을 차지하였다(李基天, 앞의 논문, 2019, 187~188쪽).

97) 이타인의 관명이 단순히 개칭된 사실을 묘지명 찬자가 부여 지역에서의 전공에 의해 승진한 것처럼 과장하여 서술했을 가능성도 있다(안정준, 앞의 논문, 212쪽).

홍운동은 소강 내지 진정 상태였다고 할 수 있다. 부여성 권역 부흥운동의 지속 여부와 관련해 673년 윤5월 이전 발생한 벌노성 전투 관련 기사에 주목할 필요가 있다.

C. 이때 이근행의 아내 유씨가 벌노성에 남아 있었는데 고구려가 말갈을 이끌고 공격하였다. 유씨는 갑옷을 두르고 무리를 이끌어 성을 지켰고 오래 지나서 오랑캐가 물러갔다. 황제가 그 공을 기뻐하여 연국부인에 봉하였다[98](『자치통감』 권202, 당기18, 고종 함형 4년 윤5월).

연산도행군총관 이근행은 673년 윤5월 호로하 서쪽에서 고구려부흥군을 크게 격파하고 수천 명을 붙잡는 승리를 거두었다. 이때 이근행의 아내 유씨[99]가 벌노성에 남아 지키고 있었는데 고구려와 말갈이 함께 벌노성을 공격했다는 사실을 위 사료는 말하고 있다. 벌노성의 위치에 대해서는 평양 서북,[100] 영주(營州)와 유주(幽州) 일대,[101] 임진강 인근,[102] 안동도호부 예하의 대나주(代那

---

98) "時謹行妻劉氏留伐奴城 高麗引靺鞨攻之 劉氏擐甲帥衆守城 久之 虜退 上嘉其功 封燕國夫人".

99) 「이근행묘지명」에는 임분군부인(臨汾郡夫人) 박씨(博氏)가 아내로 기록되어 있다. 이를 존중하여 박씨를 정실, 유씨를 측실로 보는 견해가 있다(馬馳, 「李謹行家世與生平事迹」, 『唐代蕃將』, 三秦出版社, 2011, 285쪽).

100) 『독사방여기요(讀史方輿紀要)』 권38, 산동(山東)9, 외국부고(外國附考) "又伐奴城亦在平壤西北 唐咸亨二年行軍總管李謹行破高麗叛者於瓠蘆河西 其妻劉氏留伐奴城 高麗引靺鞨來攻 劉氏拒卻之 或曰城在營州境內 恐懼".

101) 각주 100)에서 인용한 『독사방여기요』의 벌노성 관련 기록에서 벌노성이 평양 서북에 있다고 하면서, 영주(營州) 경내에 있다는 주장도 함께 소개하고 이는 잘못이라고 말하고 있다. 한편 植田喜兵成智는 이근행의 본거지가 영주·유주였는데 연산도행군총관으로 출정하면서 아내 유씨를 본거지에 남겨 지키게 하였을 것이라고 보았다. 결국 벌노성이 영주 또는 유주에 있다고 보는 견해이다(植田喜兵成智, 「唐人郭行節墓誌からみえる羅唐戰爭-671年の新羅征討軍派遣問題を中心に-」, 『東洋學報』 96-2, 2014, 140쪽).

102) 노태돈, 「삼국사기에 등장하는 말갈의 실체」, 『한반도와 만주의 역사와 문화』, 서울대학교

州)[103]로 보는 견해가 있다. 이 중에서 벌노성을 대나주와 동일한 실체로 보는 견해가 주목된다. 벌노성 전투의 시점은 호로하 전투가 일어나기 전으로, 당군이 한반도 서북부로 남하하기 이전에 일어났을 가능성이 높기 때문이다.[104]

이근행은 670년 4월 연산도행군총관에 임명되어 요서지역에서 발생한 고구려 유민의 부흥운동을 진압하는 책임을 맡게 되었고, 672년 요동지역으로 진입한 후, 672년 7월 평양에 도착하여 군영을 설치하게 된다.[105] 아마도 평양으로 남하하기 이전에 요동지역에 대한 군사적 방비를 굳건히 하기 위해 아내 유씨를 벌노성에 남겨 지키게 했다고 생각된다. 그렇다면 요동지역을 위협할 수 있는 세력은 벌노성의 위치를 통해 추정할 수 있다.

벌노성, 즉 대나주의 위치는 청하(淸河) 상류 일대로 비정할 수 있다.[106] 청하는 요하 중상류 동안지역(東岸地域)에 위치하는 하천으로서, 청하뿐만 아니라 구하(寇河), 사하(沙河), 시하(柴河), 범하(汎河) 등이 길림합달령(吉林哈達嶺)에서 발원하여 요하(遼河)로 유입된다. 이 지역에는 4세기 중반 이래 평원에서 각

출판부, 2003, 298쪽: 『고구려 발해사 연구』, 지식산업사, 2020, 295쪽.

103) 고구려가 평양 이남에서 말갈과 연합하여 군사 활동을 펼친 적이 없다는 점, 요동 일대에서 말갈군에 대한 통제가 계속 유지되고 있었다는 점, 대(代)와 벌(伐)은 자형이 비슷하여 대나주와 벌노성은 동일한 지명일 가능성이 높다는 점을 논거로 제시하였다(강경구, 「高句麗 復興運動의 新考察」, 『韓國上古史學報』47, 2005, 93쪽: 『신라의 북방 영토와 김유신』, 학연문화사, 2007, 314쪽).

104) 김종복, 앞의 논문, 2005, 183~184쪽.

105) 김강훈, 앞의 논문, 2016, 22~29쪽.

106) 20세기 초 중국의 저명한 경사학자(經史學者)인 陳漢章은 『요사색은(遼史索隱)』권4, 동경도, 동나본한동이현지(東那本漢東耐縣地)조에서 동나현(東那縣)을 대나주(代那州)로 비정하였다. 다만 그 위치는 평양 서북으로 보았다. 張博泉·蘇金源·董玉瑛, 『東北歷代疆域史』, 吉林人民出版社, 1983, 116쪽에서는 松井等이 동나현(東那縣)을 청하 상류 남쪽으로 비정한 견해를 받아들여 대나주가 청하 상류 일대에 위치한다고 보았다. 이러한 위치 비정을 吳松第, 『兩唐書地理志彙釋』, 安徽敎育出版社, 2002, 210쪽과 김종복, 앞의 논문, 2005, 184쪽에서도 따랐다.

하천으로 진입하는 길목이나 그 안쪽의 하곡평지, 산간분지에 고구려 성이 축조되었다. 고구려는 4세기 중반 전연(前燕)이 혼하(渾河) 유역을 경유하여 농안지역에 위치한 부여를 공략한 것에 자극을 받아 요하 중상류 동안지역에 성을 축조하면서 군사방어를 강화하였다. 즉, 요동지역에서 송화강 유역으로 나아갈 경우 거쳐야 하는 군사적 요충지에 성을 축조하여 군사방어체계를 형성하고 지방지배의 거점 역할을 수행하게 하였던 것이다.[107]

벌노성이 위치한 요하 중상류 동안지역이 지닌 전략적 의미가 이러하다면, 이근행이 아내 유씨를 벌노성에 남겨 지키게 한 이유도 분명해진다. 당군은 요동지역에서 일어나고 있던 반당적 움직임을 격파하고 평양 일대로 남하하여 '부흥고구려국'과 충돌하고 있었다. 이때 송화강 유역에 존재하는 반당적 성향을 지닌 세력이 요하 중상류 동안지역을 통해 요동지역으로 진입할 가능성에 대비한 조치를 취할 필요가 있었다. 이를 방치한다면 요동지역에서 재차 부흥운동이 발생할 수 있고, 평양 일대에 주둔하고 있던 당군은 본국과 격절되어 한반도 서북부에 고립될 가능성도 있었다. 그렇다면 벌노성을 공격한 '고구려와 말갈'은 부여성 권역에서 활동하고 있던 고구려부흥세력일 가능성이 높다. 이들의 존재는 이타인이 부여성 권역의 부흥세력을 완전히 진압하지 못했음을 보여준다. 결국 부흥세력이 잔존한 상태에서 당의 지배가 온전히 실현되지 못하는 상황이 지속되고 있었던 것이다.

이러한 추정이 옳다면 부여성 권역의 부흥운동은 당군의 전력을 분산시키는 역할을 하였다고 할 수 있다. 비록 672년 이후 당군이 평양 이남으로 진군

---

107) 요하 중상류 동안지역의 자연 지형, 성의 분포현황, 지방통치조직에 대한 서술은 余昊奎, 『高句麗 城 II [遼河 流域篇]』, 國防軍史研究所, 1999, 14~16쪽, 68~71쪽, 349~447쪽 및 余昊奎, 「遼河 中上流 東岸地域의 高句麗 城과 地方支配」, 『역사문화연구』17, 2002에 의거하였다.

하여 '부흥고구려국'군 및 신라군과 교전하지만 부여성 권역에 남아 있던 고구려부흥세력의 존재를 무시하기 어려웠을 것이다. 결국 당군은 일부 병력을 요동지역에 남겨 둘 수밖에 없었고 지속적으로 부여성 권역의 동향에 관심을 기울여야 했다. 이는 당군이 한반도 서북부지역에서 공세적인 입장을 취하는 데 방해 요소로 작용하였을 것이다. 즉, 부여성 권역의 부흥운동은 한반도 서북부지역에서 일어나고 있던 고구려부흥운동이 지속되는데 간접적이나마 기여하였다고 평가할 수 있다.[108]

다만 벌노성 공격이 실패하면서 부여성 권역의 부흥운동은 그 흐름이 계속 이어지지 못하였다. 벌노성 전투 이후 당군은 한반도 서북부 일대에 자리잡고 있던 '부흥고구려국'에 대한 공세를 펼쳐 결국 이를 소멸시켰고, 670년대 중반 한반도 중부 일대에서 신라군과 교전하는 모습이 보이기 때문이다. 그렇지만 이 시기 부여성 권역에 대한 당의 지배 또한 관철되지 못한 듯하다. 이는 『구당서』 지리지 안동도호부조에 기재된 기미부주의 명칭을 통해 어느 정도 추정이 가능하다. 여기에 안동도호부 휘하의 4도독부 10주가 기재되어 있다.[109] 안동도호부의 관할 범위가 압록강 이북의 요동지역으로 한정되어 있고 신성주도독부가 가장 앞서 기록되어 있다는 점에서 안동도호부가 신성에 위치하였던 677년~698년의 상황을 반영하고 있다.[110] 당은 677년 보장왕과 당

---

108) 이것이 양 지역의 고구려부흥세력이 연대 또는 연합하여 부흥운동을 추진했다는 의미는 아니다. 이를 알려주는 사료가 전무하기 때문이다. 다만, 고구려 고지에서 다양한 세력이 부흥운동을 추진했다고 한다면, 이들 간에 상호 연계가 전혀 없었다고 보기도 어렵다. 이에 대해서는 새로운 자료의 출현을 기대해 볼 수밖에 없다.

109) 『구당서』권39, 지19, 지리2, 하북도 안동도호부 "新城州都督府 遼城州都督府 哥勿州都督府 建安州都督府 南蘇州 木底州 蓋牟州 代那州 倉巖州 磨米州 積利州 黎山州 延津州 安市州".

110) 津田左右吉, 「安東都護府考」, 『滿鮮地理歷史硏究報告』1, 東京帝國大學文學部, 1915, 73~75쪽; 『津田左右吉全集』12, 岩波書店, 1964, 64~66쪽: 쓰다 소키치(정병준 옮김), 「安東都護

내지로 사민되었던 고구려 유민을 귀환시키고 안동도호부를 신성으로 이동시키는 조치를 실시하였다.[111] 이를 통해 고구려 고지에 대한 지배정책을 전환하는 과정에서 안동도호부의 지배 영역을 재편하였다. 이때의 상황이 『구당서』 지리지에 기재되었다고 할 수 있다.[112] 그런데 기재된 도독부와 주의 명칭을 보면 대부분 요동지역에 위치하고 있으며 부여성은 빠져있음을 알 수 있다.

670년대 중반 부여성 권역의 동향을 보여주는 자료가 없는 상황에서 단언하기는 어렵지만, 벌노성 전투 이후 당이 부여성 권역을 안동도호부의 영역으로 지배하기 위한 시도를 제대로 시행하지 못했을 가능성이 높다. 연남생이 요동으로 파견되어 주현을 개편하고 민심을 수습하는 활동을 전개한 것에는[113] 이러한 사정이 내재되었다고 추정된다. 그러나 이러한 당의 노력은 연남생의 죽음과 보장왕이 계획한 부흥운동으로 인해 실패로 돌아가고 말았다.[114] 이후 부여성 권역의 고구려 유민들은 당의 기미지배에서 벗어나 자치적인 생활을 영위하게 된 것으로 추정된다. 그러나 새로운 국가 체제를 수립하는 단계까지 이르지 못하였으며 이는 발해가 건국되기까지 지속되었다.[115]

府考」,『高句麗渤海硏究』42, 2012, 287~288쪽; 日野開三郎,『小高句麗國の硏究』, 三一書房, 1984, 42~43쪽.

111) 『자치통감』 권202, 당기18, 고종 의봉 2년 2월.

112) 이인철은 『구당서』 안동도호부조의 4도독부, 10주는 안동도호가 신성으로 이동한 직후의 모습을 기록했다고 추정하였다(李仁哲,「6~7世紀의 靺鞨」,『國史館論叢』95, 2001, 57~59쪽).

113) 「천남생묘지명」 "儀鳳二年 奉勅存撫遼東 改置州縣 求瘼卹隱 襁負如歸劃野 疎疆奠川知正"(朴漢濟 역주,「泉男生 墓誌銘」, 앞의 책, 495쪽); 『신당서』 권110, 열전35, 제이번장(諸夷蕃將) 천남생 "儀鳳二年 詔安撫遼東 幷置州縣 招流冗 平斂賦 罷力役 民悅其寬".

114) 金康勳,「679~681년 寶藏王의 高句麗 復興運動」,『歷史敎育論集』50, 2013.

115) 발해 건국 후 부여성 권역은 비교적 이른 시기에 발해 영역으로 편입되었다. 여기에서는 여러 요인이 있을 수 있는데, 부여성 권역 고구려부흥운동의 여파가 주요 요인이었다고 추정된다.

2. 책성 권역의 부흥운동과 고정문

1) 이타인의 투항과 책성 권역의 향배

『삼국사기』 고구려본기에 따르면 고구려는 국초부터 주변 지역에 대한 활발한 정복활동에 나섰다. 동명성왕 10년 기사에는 부위염(扶尉猒)에게 명하여 북옥저(北沃沮)를 쳐서 멸하고 그 땅을 성읍으로 삼았다고 하는데,[116] 고구려가 이른 시기부터 두만강 하류 지역으로 진출을 도모했음을 알려준다.[117] 처음에는 기존 지배 질서를 온존시키면서 토착 수장을 매개로 간접적인 지배를 행하였는데, 태조왕과 서천왕대 순수 등을 통해 지배력 강화를 지속적으로 추진하였고, 늦어도 4세기 말에는 지방관을 파견하는 직접 지배가 관철되었다.[118]

두만강 유역을 관장하는 통치 거점은 책성(柵城)이었다.[119] 4세기 후반 이래 두만강 유역은 하나의 광역행정구역으로 편제되었는데, 책성에 주재하는 지방관은 치소성인 책성에 거주하는 동시에 관할 권역인 광역의 '책성'을 관리했다고 이해된다.[120] 광역의 '책성'은 책성 권역으로 지칭할 수 있다.

---

116) 『삼국사기』 권13, 고구려본기1, 동명성왕 10년 11월 "王命扶尉猒 伐北沃沮滅之 以其地爲城邑".
117) 김현숙, 앞의 책, 100~102쪽.
118) 林起煥, 「고구려 초기의 지방통치체제」, 『朴性鳳敎授回甲紀念論叢』, 1987; 임기환, 「고구려의 연변지역 경영-柵城과 新城을 중심으로-」, 『東北亞歷史論叢』38, 2012. 고구려의 두만강 유역 진출과 지배에 대해서는 다음의 최근 연구가 참고된다. 박경철, 「延邊地域으로의 高句麗 勢力 浸透 및 支配의 實相」, 『東北亞歷史論叢』38, 2012; 김락기, 앞의 책, 17~23쪽.
119) 책성으로 비정할 수 있는 성으로 연길의 성자산산성(城子山山城), 흥안고성(興安古城)과 훈춘의 온특혁부성(溫特赫府城), 살기성(薩其城)이 언급되고 있다. 책성의 위치에 대한 기왕의 논의에 대해서는 구난희, 「渤海 東京 地域의 歷史的 淵源과 地域性」, 『高句麗渤海硏究』58, 2017, 134~139쪽 참조.
120) 김현숙, 「延邊地域의 長城을 통해 본 高句麗의 東扶餘支配」, 『國史館論叢』88, 2000, 140쪽,

고구려 멸망기 책성 권역의 동향을 알려주는 문헌자료는 전무하다. 다만 고구려 멸망과 함께 당으로 이주하였던 이타인의 묘지명에 그 일단을 추적할 수 있는 단서가 남아 있다.

　　D. 군의 휘(諱)는 타인(他仁)이고 본래 요동(遼東) 책주인(柵州人)이다 … 이때 공은 책주도독(柵州都督) 겸 총병마(總兵馬)을 제수받아 12주 고려를 관할하고 37부 말갈을 통솔하였다.[121]「이타인묘지명」).

　　「이타인묘지명」에는 묘주 이타인이 책주(柵州) 출신이며 책주도독 겸 총병마를 역임했던 사실이 기록되어 있다. 여기서 책주는 두만강 유역의 통치거점이었던 책성을 가리킨다.[122] 이타인이 책주도독, 즉 책성욕살을 역임한 시기는 후술하듯이 그가 당에 항복하는 668년 2월 이전으로 고구려 최말기에 해당한다.[123]
　　도독은 고구려 후기 지방통치체제에서 욕살(褥薩)에 비정되는 최고위 지방관이다.[124] 도독이라는 지방관명이 당시 고구려에서 사용되었는지에 대해서는 논란의 여지가 있다. 그렇지만 욕살이 파견된 책성이 고구려 동북지역에서 핵심

_____

156~157쪽;「동부여에 대한 지배방식」, 앞의 책, 408~409쪽, 434쪽.
121) "君諱他仁 本遼東柵州人也 … 于時授公柵州都督兼惣兵馬 管一十二州高麗 統卅七部靺鞨".
122) 拜根興, 앞의 책, 238쪽.
123) 이타인이 책성욕살에 처음 임명된 시기와 계기에 대해서 묘지명에 밝히고 있지 않아 불분명한데, 이타인이 연개소문의 집권 과정에 적극적으로 가담하여 그 공로를 인정받아 책성 욕살에 임명되었다고 보는 견해가 근래 제기되었다(李玟洙, 앞의 논문, 2017, 167~172쪽).
124) 『구당서』권199, 열전149, 동이 고려 "外置州縣六十餘城 大城置傉薩一 比都督 諸城置道使 比刺史 其下各有僚佐 分掌曹事";『신당서』권220, 열전145, 동이 고려 "其州縣六十 大城置 傉薩一 比都督 餘城置處閭近支 亦號道使 比刺史 有參佐 分幹";『한원』번이부, 고려 "高麗記 曰 … 又其諸大城置傉薩 比都督 諸城置處閭匹刺史 亦謂之道使 道使治所名之曰備 諸小城 置可邏達 比長史 又城置婁肖 比縣令".

적인 거점성의 위상을 지녔다는 사실은 분명해 보인다.[125] 고구려의 지방통치 조직은 군사조직과 일체화되어 있었으며 지방관은 민정과 군정을 동시에 담당하였다. 그리고 욕살이 파견된 성을 중심으로 그 하위의 지방관이 주재하는 성이 상호 연결되어 방어체계를 구성하고 있었다. 이때 욕살과 그 하위의 지방관은 상하 통속 관계를 이루었다.[126] 욕살이 주재하는 성을 중심으로 하는 군사방어체계는 하나의 군관구이자 지방군의 편제 단위로 기능하였던 것이다.[127]

이타인이 책주도독과 더불어 총병마를 겸했다는 것은 고구려 지방관이 행정권과 더불어 군사권을 행사했다는 사실을 잘 보여준다.[128] 또한 그가 12주를 관할했다는 표현은 욕살 휘하에 처려근지(處閭近支)나 누초(婁肖) 급에 해당하는 지방관이 주재하는 12성을 통할했다는 의미로 이해된다.[129] 그렇기 때문에 책주는 단순히 책성만을 지칭하기보다는, 책성을 중심으로 하는 광역의 행정구역인 책성 권역을 의미한다고 생각된다.

또한 이타인은 말갈 37부를 통솔하였다. 여기서 말갈은 그 위치상 백두산 주변과 연변지역 일대에 거주했다고 여겨지는 백산말갈로 추정할 수 있다. 책성욕살은 백산말갈 부락을 관장하면서 조세 수취와 군사 징발 등의 업무를 담당하였을 것이다. 결국 「이타인묘지명」은 고구려가 백산말갈에 대해 지방관을 통한 지배를 실현했음과 동시에 책성욕살이 그 역할을 수행했다는 사실을 알려준다.[130]

---

125) 임기환, 앞의 논문, 2012, 92쪽.
126) 고구려 후기 지방통치체제에 대해서는 김현숙, 앞의 책, 354~378쪽 참조.
127) 이문기, 「7세기 고구려의 軍事編制와 運用」, 『高句麗研究』27, 2007, 176~177쪽.
128) 김영심, 앞의 논문, 2014, 189쪽.
129) 余昊奎, 앞의 논문, 2017, 139~140쪽.
130) 김종복, 앞의 논문, 2005, 178쪽; 안정준, 앞의 논문, 214~215쪽.

고구려-당 전쟁이 장기화되면서 요동지역, 한반도 서북부지역 등 주요 전장
이 되었던 곳은 피폐화되고 병력 자원이 고갈되는 현상이 나타났다. 이에 따
라 전쟁의 직접 피해를 입지 않았던 책성 권역이 지니는 군사전략적 가치는
점점 높아졌다. 특히 책성 권역은 고구려-당 전쟁 과정에서 후방 지원 거점
역할을 담당하였다.[131] 연변지역에는 부르하통하, 훈춘하, 해란강 등이 있고 그
주변에는 비교적 넓은 평야지대가 분포하고 있어 농업 생산력이 우수하다.[132]
또한 중요한 군수자원인 철의 생산에 유리한 지역이었다는 사실이 일찍부터
주목받아 왔다.[133] 오랜 기간의 전쟁으로 요동지역은 인구 감소와 농경지 황폐
화, 철 생산 감소를 겪었을 것인데, 이때 책성 권역은 요동지역에 대한 안정적
인 식량 및 철 공급 기반으로 기능했을 것이다. 또한 책성 권역은 백두산을
주산지로 하는 모피, 인삼, 목재 등에 대한 접근이 용이한 편이었다는[134] 점에
서 고구려 경제에서 차지하는 비중이 결코 작다고 말하기 힘들다. 이러한 점
들이 책성 권역이 고구려-당 전쟁 중 요동지역과 한반도 서북부에 대한 후방
지원 역할을 감당하게 하였던 것이다.

그리고 책성 권역은 국왕의 최후 피난처[135] 또는 최후 저항선[136]의 기능을 담
당할 것으로 기대되었을 가능성이 있다. 이는 3세기 관구검이 이끄는 조위군

---

131) 朴京哲,「高句麗軍事戰略考察을 위한 一試論」,『史學研究』40, 1989, 59쪽.
132) 박경철, 앞의 논문, 2012, 38쪽.
133) 李龍範,「高句麗의 成長과 鐵」『白山學報』1, 1966. 현재 북한 최고의 철광산인 함북 무산광
산은 비록 함철품위가 25~35%로 낮지만 매장량이 15억 또는 31억 톤에 이를 정도이며 노
천광산으로 채광이 비교적 용이한 편이다(남성욱,「북한 철광석 개발 현황과 효율적인 남
북한 협력방안」,『통일문제연구』26-2, 2014, 81~83쪽).
134) 朴京哲,「鴨綠江 上流 臨江-長白地域 積石塚築造集團의 存在樣態」,『역사문화연구』38,
2011, 36~39쪽; 박경철, 앞의 논문, 2012, 39쪽.
135) 임기환, 앞의 논문, 2012, 63쪽.
136) 朴京哲, 위의 논문, 1989, 14~15쪽.

의 침입으로 수도 환도성이 함락되고, 동천왕이 북옥저로 달아난 사실을 통해 추정할 수 있다. 이때 현도태수 왕기가 동천왕을 추격하였는데, 동천왕은 치구루(置溝婁) 즉 책성을 방어 거점으로 하여 조위군을 물리칠 수 있었다.[137] 「이타인묘지명」에는 조위의 침공을 예상하고 동천왕에게 간언했던 득래(得來)를 언급하고 있는데,[138] 책성 권역이 국왕의 피난처로 기능했던 역사적 사실이 당시까지 기억되고 있었다는 것을 여실히 보여준다. 비록 위의 사례는 국내성에 도읍하던 시기의 상황이지만, 당과 전쟁이 지속되는 가운데 고구려 영역 중에서 중원 지역과 지리적으로 가장 떨어진 책성 권역이 최후의 보루로 인식되었을 가능성은 충분하다.

책성 권역이 지닌 군사전략적 가치가 이러하다면, 책주도독 이타인이 당에 투항한 사실은 여러 측면에서 고구려 멸망을 촉진시켰을 것이다. 후방 지원 기지를 상실함으로써 전쟁 지속 능력이 현저히 감소되었고, 최후 방어선 또는 피난처를 상실한 데에 따른 심리적 타격도 상당했을 것이다. 그에 반해 당의 입장에서는 고구려 멸망을 한층 가속화할 수 있는 기회를 잡게 되었다.

그러면 책성 권역이 당으로 넘어간 시기는 구체적으로 언제일까. 이는 이타인이 당에 투항한 시기를 찾아보면 자연스레 해결될 것이다. 묘지명에 의하면 이타인은 당 장수 이적에게 항복하였다. 그러므로 이적이 요동도행군대총관으로 임명되어 고구려 원정에 나섰던 666년 12월부터 고구려 멸망 이전으로

---

137) 『삼국지』 권30, 위서30, 오환선비동이전, 동옥저 "毌丘儉討句麗 句麗王宮奔沃沮 遂進師擊之 沃沮邑落皆破之 斬獲首虜三千餘級 宮奔北沃沮 北沃沮一名置溝婁 去南沃沮八百餘里 其俗南北皆同 與挹婁接 … 王頠別遣追討宮 盡其東界";『삼국사기』 권17, 고구려본기5, 동천왕 20년 10월.

138) 「이타인묘지명」 "得來幾諫 頻攀縷檻";『삼국지』 권28, 위서28, 관구검 "句驪沛者名得來 數諫宮 宮不從其言 得來歎曰 立見此地將生蓬蒿 遂不食而死 擧國賢之".

범위를 좁힐 수 있다.[139] 그리고 당군이 책성 권역으로 침입하여 전투가 벌어진 흔적을 사료에서 찾을 수 없기 때문에, 이타인이 책성에 있을 때 항복했다기 보다는 당군을 저지하기 위해 전투에 참여했다가 항복한 것으로 보는 것이 자연스럽다.[140]

666년 12월에서 668년 2월 사이 책성 권역은 수도 평양성과 연결되는 모든 교통로가 차단되면서 고립되는 상황에 처하게 된다. 평양성과 책성 권역을 연결하는 교통로는 대략 세 가지가 있었다. 먼저 평양성에서 동쪽으로 나아가 동해안에 이른 뒤 해안을 따라 북상하는 루트가 있다. 평양 천도 이후에는 이 경로가 가장 짧고 평탄하여 빈번히 이용되었을 것이다. 다음으로 평양성을 출발하여 국내성[141]을 거친 후 압록강을 따라 동북쪽으로 나아간 뒤 백두산 북쪽[142] 또는 남쪽[143]을 지나는 경로이다. 국내성에서 책성 권역에 이르는

---

139) 김종복, 앞의 논문, 2005, 178쪽; 拜根興, 앞의 책, 242~248쪽; 안정준, 앞의 논문, 210~211쪽. 이를 더 좁혀 667년 9월에서 668년 2월경에 투항했을 것으로 추정하기도 한다(余昊奎·李明, 앞의 논문, 402~403쪽).

140) 김종복, 앞의 논문, 2005, 178쪽. 668년 2월 당군이 부여성을 빼앗자 30성이 항복했다는 『신당서』 고려전의 기록("[乾封]三年二月 勣率仁貴拔扶餘城 它城三十皆納款")을 토대로, 책성이 30성에 포함된다고 보는 견해가 있다(葛繼勇,「從高句麗·百濟人墓誌看高句麗末期的對外關係」,『東洋學』58, 2015, 13쪽). 그러나 『구당서』 권83, 열전33, 설인귀전에서는 '부여천 사십여성', 『자치통감』 권201, 당기17, 고종 총장 원년 2월조에는 '부여천 중 사십여성', 『책부원구』 권986, 외신부31, 정토5에서는 '부여주 내 사십여성'으로 기록되어 있다. 즉, 부여성 함락 후 당군에 항복한 성들은 부여성을 중심으로 하는 지방통치단위 내지 군관구를 구성하는 하부단위로 이해하는 것이 바람직하다.

141) 평양성에서 국내성에 이르는 경로에 17개 역이 존재했다는 기록(『삼국사기』 권37, 잡지6, 지리4 "目錄云 鴨淥以北 已降城十一 其一國内城 從平壤至此十七驛")을 통해 볼 때 두 지역을 연결하는 교통로의 존재를 설정할 수 있다. 이에 대해서는 조법종,「高句麗의 郵驛制와 交通路」,『韓國古代史硏究』63, 2011, 53~57쪽 참조.

142) 국내성을 출발하여 압록강 중류의 임강을 거쳐 무송(撫松)의 산간지대를 경유하여 안도(安圖)에 이르고, 부르하통하의 연안로를 따라 이동하는 경로이다(李成制,「高句麗와 渤海의 城郭 운용방식에 대한 기초적 검토」,『高句麗渤海硏究』34, 2009, 167~169쪽).

길은 북옥저를 정벌하고 두만강 하류 일대로 진출하는 과정에서 개척되었을 것인데,[144] 평양 천도 이후 일정 기간 계속 사용되었다. 6세기 중반 신라에게 원산만과 함흥평야 일대를 상실하면서 평양에서 동해안을 거쳐 책성 권역에 이르는 경로가 차단되었기 때문이다.[145] 마지막으로 평양성을 출발해 북상하여 요동지역을 지나 제2송화강 유역을 거쳐 책성 권역으로 진입하는 우회 경로를 상정해 볼 수 있다.

그런데 연남생이 아우 연남건과 연남산에게 쫓겨나 국내성에 웅거하고 이후 당에 투항하면서, 666년 12월 당시 국내성 일대는 고구려의 지배에서 벗어나 있었다. 즉, 국내성을 경유하여 책성 권역에 이르는 경로는 차단된 것이다. 그리고 666년 12월 연정토가 12성을 이끌고 신라로 내부하였다.[146] 이때 12성은 강원도 북부와 함경남도 남부 지역에 위치하였다.[147] 이로써 평양성과 책성 권역을 이어주는 가장 중요한 경로가 차단되었다. 결국 책성 권역은 길림 지역을 통과하는 우회 경로만을 통해서 평양성과 연결될 수 있게 된 것이다. 그

---

143) 국내성을 출발하여 압록강 중상류를 따라 혜산, 장백에 이른 뒤 동남쪽으로 마천령산맥을 넘어 길주로 나아가고 다시 해안을 따라 청진을 거쳐 이르는 경로이다(余昊奎, 「鴨綠江 중상류 연안의 고구려 성곽과 東海路」, 『역사문화연구』29, 2008, 147~153쪽: 『고구려 초기 정치사 연구』, 신서원, 2014, 512~523쪽).

144) 함경북도 무산 호곡 유적, 회령 오동 유적과 압록강 중류 위원 용연동 유적에서 동일하게 기원전 3~2세기 단계의 전국(戰國)계 철기가 발견된 점으로 미루어 보아, 고구려 진출 이전부터 두만강 유역과 압록강・혼강 유역을 연결하는 교통로가 존재했음을 알 수 있다(이현혜, 「沃沮의 기원과 문화 성격에 대한 고찰」, 『韓國上古史學報』70, 2010, 60쪽). 그렇지만 고구려가 기존의 교통로를 장악하고 활용한 것은 북옥저 정벌을 계기로 가능하였을 것이다.

145) 余昊奎, 앞의 논문, 2008, 159~160쪽.

146) 『삼국사기』권6, 신라본기6, 문무왕 6년 12월 "高句麗貴臣淵淨土 以城十二戶七百六十三口三千五百四十三來投 淨土及從官二十四人 給衣物糧料家舍 安置王都及州府 其八城完 並遣士卒鎭守". 연정토의 신라 귀부에 대해서는 金壽泰, 「統一期 新羅의 高句麗遺民支配」, 『李基白先生古稀紀念 韓國史學論叢』上, 1994, 330~335쪽 참조.

147) 노태돈, 앞의 책, 1999, 249~251쪽.

런데 668년 2월 부여성이 당군에게 함락되고 주위 40여 성이 항복을 하였다. 이제 책성 권역은 평양성과의 연결이 단절되고 완전히 고립되는 상황에 처하게 되었다.

이때 연남건은 군사 5만 명을 동원하여 부여성 구원에 나섰으나 설하수(薛賀水)에서 크게 패하여 5천 명이 죽고 3만 명이 사로잡혔다.[148] 설하수의 위치는 불분명한데, 『신당서』 고려전에 고구려군이 '부여'를 습격했다고[149] 하므로 부여성 인근으로 추정할 수 있다. 그런데 667년 9월 이후 당군은 신성을 중심으로 요동지역에서 일정 공간을 확보하고 월동하였다. 이는 요동지역에서 고구려의 저항력이 크게 약화되어 있었음을 의미한다.[150] 이러한 상황에서 평양성을 출발한 고구려군이 당의 군세가 확연한 요동지역을 돌파하고 부여성에 이르렀다고 보기는 어려울 것 같다. 오히려 부여성 구원전에 나선 5만 명 중 상당수가 책성 권역에서 동원되고, 평양성에서는 소수 병력을 보내어 당군을 요동지역에 묶어두는 역할을 맡았다고 보는 것이 더 타당하지 않을까 한다.

그렇다면 이타인은 책주도독으로서 책성 권역의 지방군을 이끌고 부여성 구원전에 참전하였다가 항복했다고 추정할 수 있다. 그가 항복한 시점이 설하수 전투 이전인지, 아니면 이후인지는 불분명하다. 다만 부여성이 당군에 함락되면서 책성 권역이 고립되는 상황이 확정되고, 외부의 지원을 더이상 받기 어렵게 되었다는 점이 당에 항복하는 원인이 되었을 것이다. 또한 요동 등 타지역이 산성 위주의 방어체계를 구성한 데 비해, 책성 권역은 기본적으로

---

148) 『구당서』 권5, 본기5, 고종 건봉 3년 2월 "遼東道破薛賀水五萬人 陣斬首五千餘級 獲生口三萬餘人 器械牛馬不可勝計".
149) 『신당서』 권220, 열전145, 동이 고려 "男建以兵五萬襲扶餘 勣破之薩賀水上 斬首五千級 俘口三萬 器械牛馬稱之".
150) 노태돈, 앞의 책, 2009, 215~218쪽.

평지성을 위주로 하는 운용방식을 띠었다.[151] 이러한 군사방어체계의 한계도 이타인이 당에 투항하는 한 배경으로 작용했을 것이다.

2) 당의 책성 권역 지배 양상

668년 12월 당은 고구려 고지를 재편하는 작업을 시작하면서 기미지배를 도입하려고 시도하였다.[152] 그것이 실제로 책성 권역에 어떻게 반영되었는지 다음의 묘지명을 통해 살펴보자.

> E. 총장 원년(668) 녹릉부장상절충(鹿陵府長上折衝)에, 곧이어 검교동책
> 주도독부장사(檢校東柵州都督府長史)에 제수되었다. 반수령(反首領) 고정문
> (高定問) 등을 주살하고 정양군공(定陽郡公)과 식읍(食邑) 2천 호에 봉해졌
> 다[153](「양현기묘지명」).

위 사료는 당 고종과 무측천 시기 무장으로 활동한 양현기(陽玄基)의 묘지명[154] 중 일부이다. 묘지명에 따르면 양현기가 관인으로 복무하면서 거둔 성과의

---

151) 평지성 위주의 운용방식은 고구려가 절대적인 세력 우위를 바탕으로 북옥저를 정복, 지배하면서 나타난 현상으로 이해된다(李成制, 앞의 논문, 2009, 176~180쪽).

152) 당이 고구려 고지에 도입하려고 시도했던 지배체제에 대해서는 김강훈, 앞의 논문, 2018, 35~48쪽 참조.

153) "總章元年 授鹿陵府長上折衝 仍檢校東柵州都督府長史 誅反首領高定問等 封定陽郡公 食邑二千戶".

154) 「양현기묘지명」은 1997년 낙양시 이천현(伊川縣) 팽파향(彭婆鄕) 허영촌(許營村) 만안산(萬安山) 남쪽에서 출토되었고, 현재 낙양시 제2문물공작대에 소장되어 있다. 지문(誌文)은 吳鋼 主編, 『全唐文補遺』8, 三秦出版社, 2005, 330~331쪽에 제시되어 있고, 趙君平 · 趙文成 編, 『河洛墓刻拾零』, 北京圖書館出版社, 2007, 173~174쪽에는 개석(蓋石)과 묘지 탁본

대부분은 거란, 고구려, 토번, 돌궐 등과의 전투에서 승리한 것이었다. 그에 따라 마지막에는 종3품의 좌우림위장군(左羽林衛將軍)까지 이르렀던 인물이다.

〈그림 4〉「양현기묘지명」탁본

사료 E에는 양현기가 총장 원년 즉 668년 검교동책주도독부장사(檢校東柵州都督府長史)에 임명된 사실이 적시되어 있다. 구체적인 임명 시기는 668년 12

이 실려 있다. 「양현기묘지명」에 대한 전체적인 분석은 呂九卿, 「試探武周陽玄基墓誌中的若干問題」, 『武則天與神都洛陽』, 中國文史出版社, 2008 참조.

월일 것이다. 12월 당 고종은 고구려 고지를 안동도호부로 재편하는 명령을 내렸다. 이 조치의 일환으로 안동도호부의 관리와 주요 기미부주의 속관(屬官)을 임명하였을 것이다. 그리고 이를 통할하는 자로 설인귀를 검교안동도호에 임명하였다. '검교(檢校)'는 대리한다는 의미이다. 이는 관직을 정식으로 제수 받지 않은 채 직사(職事)를 관장하고 있음을 드러내기 위해 쓰였다. 안동도호부 설치가 결정되었지만, 아직 정식 출범하지 않은 상태였기 때문에 설인귀는 검교안동도호로 임명된 것이었다. 같은 맥락에서 고구려 고지에 파견된 당 관리들도 각자의 관직명 앞에 '검교'를 덧붙여야 했을 것이다. 이것이 양현기가 검교직을 받은 이유이다.

양현기의 관직명에서 주목할 점은 동책주도독부(東柵州都督府)이다. 이는 책성에 두어진 당의 행정구역이었다.[155] 당은 고구려 고지에 9도독부·42주·100현을 설치하였는데 이는 대체로 고구려의 지방제도를 바탕으로 하면서 구안(具案)되었다고 여겨진다.[156] 9도독부 전체가 실제 설치되었는지는 불분명한데, 「양현기묘지명」을 통해서 일단 고구려 멸망 직후 9도독부 중 하나인 동책주도독부가 설치된 것이 확인되었다. 그리고 욕살[도독]이 파견되었던 책성에 도독부가 설치된 점도 눈에 띈다. 욕살이 최고위 지방관이라는 점에서 당은 욕살이 주재하는 '대성(大城)'에 도독부를 두었을 가능성이 높은데, 「양현기묘지명」은 이를 입증해 주고 있다.[157]

그런데 책주도독부 앞에 방위를 가리키는 '동(東)'이 붙여진 점이 이색적이

---

155) 拜根興, 앞의 책, 237쪽.
156) 노태돈, 앞의 책, 1999, 244쪽.
157) 김현숙, 앞의 책, 367쪽에서 욕살이 관할하는 '대성'을 안동도호부 아래의 도독부와 관련지어 보았다.

다.[158] 먼저 『당서』 지리지에 전하는 안동도호부 예하 도독부와 주의 명칭이 모두 세 글자로 구성되어 'OO주'로 기록되어 있다는[159] 점을 고려할 필요가 있다. 사실 고구려 지명인 'OO성'에서 '성'을 '주'로 바꾼 것이 대다수를 차지한다. 그러나 신성을 신주가 아닌 신성주로 고쳤다는 점에서 일괄적인 명칭 개정에 앞서 기미부주 명칭을 부여하는 원칙이 존재했을 가능성을 배제할 수 없다. 그렇다면 고구려 고지에 설치하는 기미부주의 명칭은 세 글자로 구성한다는 원칙이 존재하였고,[160] 이에 따라 책성을 동책주로 개칭했을 가능성이 있다. 다만 '신성→신성주'와 동일한 방식으로 개칭한다면 '책성→책성주'가 되어야 하는데, '책성→동책주'인 점은 여전히 의문이 든다.

여기서 책성 또는 책주가 보통명사와 같이 사용될 수 있다는 점에 주목할 필요가 있다. 즉 목책으로 이루어진 방어시설을 일컫는 '책성'은 고구려 영역에서 여럿 존재했을 가능성이 높다.[161] 비슷한 맥락에서 신성(新城)이 참고가 된

---

158) 동책주도독부를 고구려의 책성으로 비정하는 데 신중하자는 입장도 있다. 당이 기미부주를 설치하면서 기존 고구려 지명에 방위명을 부가한 용례가 확인되지 않는다는 점에 주목한 것인데(방용철, 「고구려 부흥전쟁의 발발과 그 성격」, 『大丘史學』133, 2018), 그만큼 동책주도독부라는 명칭은 이색적이다.

159) 『구당서』권39, 지19, 지리2, 하북도 안동도호부 "新城州都督府 遼城州都督府 哥勿州都督府 建安州都督府 南蘇州 木底州 蓋牟州 代那州 倉巖州 磨米州 積利州 黎山州 延津州 安市州"; 『신당서』권43하, 지43하, 지리7하, 하북도 "南蘇州 蓋牟州 代那州 倉巖州 磨米州 積利州 黎山州 延津州 木底州 安市州 諸北州 識利州 拂涅州 拜漢州 新城州都督府 遼城州都督府 哥勿州都督府 衛樂州都督府 舍利州都督府 居素州都督府 越喜州都督府 去旦州都督府 建安州都督府".

160) 정주(正州)는 1자(一字) 주명(州名), 기미주(羈縻州)는 2자(二字) 주명(州名)을 붙이는 것이 주명 부여의 일반 원칙이었다고 한다(粟原益男, 「七・八世紀の東アジア世界」, 『隋唐帝國と東アジア世界』, 汲古書院, 1979, 146쪽).

161) 이는 책성이 고구려 말기까지 목책으로 지속되었다는 의미는 아니다. 처음에는 목책으로 만들어진 방어성이었을 것이나 후대에 방어력을 보완하기 위해 석축으로 성벽을 축조했을 것이다(임기환, 앞의 논문, 2012, 79쪽). 삼국시대 목책에 대해서는 황보경, 「삼국시대 木柵에 대한 고찰-백제를 중심으로-」, 『白山學報』106, 2016이 참고가 된다.

다. 신성은 이름 그대로 새로이 축조한 성에 붙여질 수 있는 이름이다. 실제로 고구려에서 신성은 서북과 동북지역에 동시에 존재했다. 만약 고구려 고지에 다수의 '책성'이 존재하는 상황에서 두만강 유역의 책성은 평양성에 설치된 안동도호부를 기준으로 동쪽에 위치하기 때문에, '동'책주도독부로 지칭했다고 판단된다.

다음으로 동책주도독이 누구였는지 파악해보자. 이를 전하는 사료가 전무하여 단언하기는 어렵지만, 이타인일 가능성이 높다. 이타인이 투항할 때 휘하세력만 이끌고 갔을 뿐이라는 입장에서 이타인이 아닌 다른 인물이 도독에 임명되었다고 보기도 한다.[162] 그러나 재지 유력자를 지방장관에 임명하는 기미지배의 일반적인 원칙과 더불어 당이 고구려 지방 유력자 중 '공(功)'이 있는 자를 도독·자사·현령에 삼았다는 점을 고려할 필요가 있다. 여기서 '공'은 당으로의 투항이나 군사적 협조를 의미한다.[163] 이타인은 당에 투항하였으며, 평양성 공격에 앞장서 고구려 멸망에 일조했기 때문에 '유공자'라고 할 수 있다. 그렇다면 이타인이 동책주도독에 임명되었다고 보는 것이 자연스럽다.[164]

이타인이 당에 투항할 당시의 상황에 대해 묘지명에는 그가 '소부(所部)를 거느리고' 투항했다고 한다.[165] 부여성 구원에 나섰다가 투항했다는 점을 고려한다면 '소부'는 '휘하의 군대'[166]로 해석할 수 있다. 그렇지만 그가 관할하고 있던 책성 권역을 의미한다고 보는 편이 더 자연스럽다. 이민족이 당으로 투항할 시에 이를 '솔소부(率所部)' 또는 '거소부(擧所部)'로 표현하는 사례가 있는데,

---

162) 이규호, 「당의 고구려 유민 정책과 유민들의 동향」, 『역사와 현실』101, 2016, 149~150쪽.
163) 이정빈, 앞의 논문, 142쪽.
164) 김강훈, 「고구려 멸망 이후 扶餘城 圈域의 부흥운동」, 『大丘史學』127, 2017b, 66~67쪽.
165) 「이타인묘지명」 "公矯亡有預 見梁水之一星 處須知歸 識魏軍之百日 遽率所部 效歆轅門".
166) 余昊奎·李明, 앞의 논문, 386쪽.

이는 귀부를 주도했던 인물이 평소 다스리고 있던 지역과 지역민을 아우르는 의미로 사용되었다.[167] 또한 연남생과 연정토의 사례가 참고가 된다. 연남생은 국내성 등 6성의 10여만 호를 이끌고 당에 투항하였는데, 이때 해당 지역의 호적을 당에 넘겼다.[168] 그리고 연정토가 신라로 귀부할 당시, 신라는 성, 호구, 수행 관리 등에 대한 매우 상세한 정보를 가지고 있었는데, 이는 연정토가 지역지배와 관련한 문서류를 신라에 바쳤기 때문으로 추정된다.[169] 결국 이타인은 먼저 출정한 군대만 이끌고 당군에 투항한 후 그 후속 조치로서 책성 권역의 지방관, 지역민과 이에 대한 각종 문서류를 당에 넘겼다고 추정할 수 있다. 그리고 이는 동책주도독부로 인계되어 당이 책성 권역을 지배하는 데 기초 자료로 이용되었을 것이다.

이타인은 고구려 멸망 후 당으로 들어가 우융위장군을 제수 받고 당에 머물렀다.[170] 도독이 부재하는 상황에서 이타인을 대리하여 동책주도독부를 이끌

---

167) 예컨대 돌지계가 당으로 귀부한 사례, 흑치상지가 당에 투항한 사례, 돌궐의 아사나미사가 당에 귀부한 사례 등이 있다. 『구당서』권199, 열전149, 북적 말갈 "突地稽率所部赴定州"; 『구당서』권109, 열전59, 흑치상지 "常之率所部隨例送降款"; 『신당서』권215하, 열전140하, 돌궐하 "卽擧所部處月處蜜等入朝". 이러한 점에서 권덕영 역주, 「李他仁墓誌」, 『중국 소재 한국 고대 금석문』, 한국학중앙연구원출판부, 2015, 390쪽에서 '소부'를 '다스리는 지역'으로 해석한 것이 타당하다. 한편 유목민의 경우 휘하 부락민을 이끌고 당으로 내부한 것이 상용구처럼 사용되었으나 고구려 · 백제계 번장이 입당할 때는 유민에 대한 언급이 거의 발견되지 않는다는 견해가 있는데(李基天, 「唐代 高句麗 · 百濟系 蕃將의 존재양태」, 『韓國古代史研究』75, 2014, 231쪽), 이타인과 흑치상지의 사례로 볼 때 신중한 접근이 필요하다.

168) 「천남생묘지명」 "公率國內等六城十餘万戶書籍轅門"(朴漢濟 역주, 「泉男生 墓誌銘」, 앞의 책, 494쪽). 이를 권덕영 역주, 「泉男生墓誌」, 『중국 소재 한국 고대 금석문』, 512쪽에서 "공은 국내성 등 6성의 10여만 호를 이끌고 호적을 기록해 원문(轅門)에 바쳤다"로 해석하였다.

169) 방용철, 「淵男生 형제의 內紛과 지방세력의 동향」, 『新羅史學報』39, 2017, 114쪽.

170) 「이타인묘지명」 "從英公入朝 特蒙勞勉 蒙授右戎衛將軍". 이타인의 사례와 유사하게 기미부의 장관인 동시에 당의 관직을 지닌 사례로 부여융이 있다. 웅진도독 부여융은 666년 정월 태산에서 거행된 봉선(封禪)에 참석한 뒤 공자묘(孔子廟)에 대한 제사를 담당하였는데,

었던 인물은 누구였을까. 이는 당의 도독부의 운영과 관제를 통해서 어느 정도 추정할 수 있다. 도독부는 대·중·하로 나뉘는데, 이 가운데 대도독부는 친왕(親王)이 도독으로 임명되었지만 실제로 부임하지 않고 부관(副官)인 장사(長史)가 대신하였다.[171] 이러한 점에서 기미도독부를 대도독부로 설정하기는 쉽지 않았을 것이다. 그렇다면 동책주도독부는 중 또는 하도독부에 해당될 텐데, 도독 1인 아래에 별가(別駕) 1인, 장사(長史) 1인, 사마(司馬) 1인이 상위 속관을 구성하고, 그 아래에 녹사참군사(錄事參軍事), 제조참군사(諸曹參軍事) 등이 존재하였다.[172] 그런데 양현기가 동책주도독부장사에 재임하던 시기에는 별가가 존재하지 않았다. 별가는 당 무덕 원년(618)에 두어졌는데 정관 23년(649) 7월 장사로 개칭되었다. 그리고 상원 2년(675) 10월에 다시 별가를 두면서 장사는 예전 그대로 두었으며, 이후 별가와 장사를 병치하였다.[173] 결국 고구려 멸망 후 설치된 동책주도독부는 도독-장사-사마의 관직체제로 구성되어 있었고, 도독 이타인을 대리하여 장사 양현기가 동책주도독부의 업무를 처리했을 것이다. 이는 당이 고구려 고지에 기미지배를 도입하면서 표면적으로는 고구려 유력자를 우대하여 그들의 기존 권한을 인정하는 듯 하였지만, 실제로는 당 관리들이 실제 통치를 담당했음을 의미한다.[174] 즉 도독 이타인과 그 속관인 장사, 사마 등에 임명된 당 관리들이 함께 통치한다고 표방되었지만, 실제

이때 그는 사가경(司稼卿)의 관직에 있었다. 이는 부여융이 당 조정에서 사가경의 관직을 지닌 채 기미부의 웅진도독을 겸임했다는 사실을 보여준다(방향숙, 「扶餘隆의 정치적 입지와 劉仁軌」, 『韓國古代史探究』25, 2017, 121~126쪽).

171) 長國剛, 『唐代官制』, 三秦出版社, 1987, 126쪽.

172) 『신당서』 권49하, 지39하, 백관4하.

173) 『당회요』 권69, 별가(別駕) "武德元年六月 置別駕 貞觀二十三年七月五日 改別駕爲長史 上元二年十月十日 又置別駕 其長史如故"; 김택민 주편, 『譯註 唐六典』下, 신서원, 2008, 428쪽.

174) 김종복, 앞의 책, 32~33쪽.

로는 당 관리들이 책성 권역에 대한 통치를 주도하고 있었던 셈이다.

이는 「양현기묘지명」에 묘주가 동책주도독부장사로서 처리한 사안을 통해 확인된다. 뒤에서 구체적으로 살펴보겠지만, 양현기는 반수령(反首領) 고정문(高定問) 등을 주살하였다. '반수령'이라는 표현에서 고정문 등이 고구려부흥운동을 일으켰다는 사실을 확인할 수 있다. 그런데 장사 양현기는 이를 진압하는 데 공을 세워 정양군공(定陽郡公)·식읍(食邑) 2천 호에 봉해졌다. 책성 권역에서 발생한 고구려 유민들의 저항을 저지할 수 있었던 힘은 안동도호부에 주둔하고 있던 병력에서 찾을 수 있다. 검교안동도호 설인귀는 2만 명의 병력으로 안동도호부를 진무(鎭撫)하였다. 이때 2만의 군사가 모두 평양성에 주둔했다기보다는 주요 지역에 분산 배치되었을 가능성이 높다.[175] 특히 안동도호부 휘하의 주요 통치 거점인 도독부에는 당군이 필히 주둔하였을 것이다. 주요 부주현에 배치된 당군에 대해 장관에 임명된 고구려 유민이 군사지휘권을 행사했다고 보기는 어렵다. 상위 속관인 장사, 사마에 임명된 당인이 맡았을 것이다. 결국 양현기는 동책주도독부장사라는 관직에 있음으로서 두만강 유역에 배치된 당군의 지휘를 담당하였고, 이를 바탕으로 고구려부흥운동을 진압할 수 있었던 것이다.

3) 고정문의 부흥운동 주도와 좌절

동책주도독부가 설치되고 당 관리가 파견되면서 책성 권역에 대한 당의 지배는 본격적으로 시작되었다. 그러나 당의 기미지배가 순조롭게 정착되지는

---

175) 김종복, 앞의 책, 34쪽.

않았던 것 같다. 책성 권역에서 고구려부흥운동이 발생했던 사실이 「양현기묘지명」에 기록되어 있기 때문이다. 묘지명에서 이와 관련된 부분을 살펴보자.

F. 당 현경 원년(656) 설인귀를 따라 거란을 평정하였다. 용삭 원년(661) 글필하력을 따라 압록(鴨淥)을 깨트려 유격장군(游擊將軍), 좌효위선신부과의(左驍衛善信府果毅)에 제수되었다. 총장 원년(668) 녹릉부장상절충에, 곧이어 검교동책주도독부장사에 제수되었다. 반수령 고정문 등을 주살하고 정양군공과 식읍 2천 호에 봉해졌다. 군은 반호(豫瓠)의 담력을 지닌 것과 같으니 호혈(虎穴)에 들어가도 놀라지 않고, 쇠 같은 마음과 닮았으니 여연(驪淵)에 들어가도 두려워하지 않았다. 곧 좌위익부우랑장(左衛翊府右郎將)에 제수 받아 선성진수(鄯城鎭守)로 가서 여러 번 토번을 깨트렸다. 영륭 2년(681) 더하여 좌금오중랑(左金吾中郎)에 제수되었다[176] (「양현기묘지명」).

사료 F에서 고구려 유민의 동향을 보여주는 부분은 매우 간략하다. '반수령(反首領) 고정문(高定問) 등을 주살하였다'라는 부분이 전부이다. 이와 함께 묘지명에서 해당 부분의 앞뒤 내용과 앞에서 분석한 당의 책성 권역 지배 양성을 감안하여 책성 권역에서 발생한 고구려부흥운동의 실상에 접근해보자. 당의 지배에 대해 고구려 유민들은 크게 두 가지 방식으로 저항하였는데,

---

176) "唐顯慶元年 從薛仁貴平契丹 龍朔元年 隨契苾何力破鴨淥 授游擊將軍 左驍衛善信府果毅 總章元年 授鹿陵府長上折衝 仍檢校東柵州都督府長史 誅反首領高定問等 封定陽郡公 食邑 二千戸 君如瓠之膽 探虎穴而無驚 似鐵之心 入驪淵而罕懼 俄授左衛翊府右郎將 於鄯城鎭守 頻破吐蕃賊 永隆二年 加授左金吾中郎"(吳鋼 主編, 『全唐文補遺』8, 三秦出版社, 2005, 330쪽). 『전당문보유(全唐文補遺)』에는 양현기가 설인귀를 따라 거란을 평정한 사건을 '현경 3년'으로 판독했으나, 탁본에 의하면 '현경 원년'이 분명하다.

집단이주와 무력항쟁이 그것이다. 고정문을 '반(反)'수령이라고 표현한 것을 단서로 삼아 고정문이 이끌었던 고구려 유민들의 움직임을 보다 구체적으로 파악해 보자. '반(反)'은 당에서 십악(十惡)[177] 중 첫째로 언급되는 죄목으로 '사직(社稷)을 위해(危害)하려고 꾀한 것'을 말한다.[178] 보다 구체적으로 천자에 위해를 가하려는 모든 행위를 가리킨다. 황제의 폐위와 시해를 직접 행하거나 그것으로 이어지는 성질의 폭력을 행사하는 것을 일컫는 표현이 '반(反)'이고, 그 예비·음모가 '모반(謀反)'이다.[179]

'반(反)'의 의미는 십악 중 셋째 항목인 '반(叛)'과 비교를 통해 더욱 선명히 드러난다. '반(叛)'은 '나라를 배반하고 적국을 따르려고 꾀함'을 의미한다. 자기 나라를 배반하고 번국(蕃國)으로 투항하려고 꾀하거나, 성을 넘겨주면서 적대정권에 항복하려 하거나, 관할 지역을 넘겨주면서 외국으로 달아나려고 한 행위를 가리킨다.[180] 결국 조정을 향해 정면으로 공격을 하면 '반(反)'이고, 조정에 등을 돌리고 이탈하면 '반(叛)'인 것이다.[181]

당대 율령 속에서 '반(反)'이 지니는 의미가 이러하다면, 고정문을 가리켜

---

177) 당률(唐律)에서 특히 무거운 열 가지 죄를 십악(十惡)이라 하였는데, 이는 절대적 황제를 정점으로 하는 지배 질서를 확립하고 유지하기 위한 법제적 장치로 기능하였다(김택민, 『중국고대 형법-당제국의 형법 총칙-』, 아카넷, 2002, 119~120쪽).

178) 『당률소의(唐律疏議)』 권1, 제6조, 명례(名例)6, 십악 "一日謀反 謂謀危社稷". 당대 모반죄(謀反罪)에 대해서는 다음의 최근 연구가 참고가 된다. 전영섭, 「唐宋元·高麗의 律典에 具現된 謀反罪의 構成要件과 刑罰體系」, 『역사와 세계』51, 2017, 129~140쪽; 鄭炳俊, 「『구당서』·『신당서』 등에 보이는 '反' 용례 비교 검토-신라사의 반란 용례와도 관련하여-」, 『中國古中世史研究』46, 2017.

179) 滋賀秀三 譯註, 『譯註日本律令』5(唐律疏議譯註篇1), 東京堂出版, 1979, 34쪽; 任大熙·金鐸民 主編, 『譯註 唐律疏議(Ⅰ)-名例編』, 한국법제연구원, 1994, 108쪽.

180) 『당률소의』 권1, 제6조, 명례6, 십악 "三日謀叛 謂謀背國從僞 議曰 有人謀背本朝 將投蕃國 或欲翻城從僞 或欲以地外奔 卽如莒車夷以牟婁來奔 公山弗擾以費叛之類".

181) 滋賀秀三, 위의 책, 36쪽; 任大熙·金鐸民 主編, 위의 책, 110쪽.

'반(反)'수령이라고 한 의미가 드러난다. 즉, 고정문은 당의 고구려 고지 지배를 벗어나 다른 지역·국가로 이주하려 한 것이 아니라, 물리력을 동원하여 안동도호부 체제에 저항하는 군사 활동을 펼쳤다는 사실을 확인할 수 있다. 그리고 이를 진압하려는 당군에 맞서 철저히 항전했다는 사실 또한 '반(反)'에 담겨 있다. 결국 고정문은 당 세력 축출을 목적으로 고구려 유민을 규합하여 거병하였던 것이다. 그렇다면 고정문이 주도했던 고구려 유민들의 활동을 고구려부흥운동이라 부를 수 있겠다.

다음으로 고정문이 거병한 지역을 살펴보자. 일단 동책주도독부장사 양현기가 고구려부흥군을 진압하는데 결정적인 역할을 했으므로, 동책주도독부가 설치된 책성 권역 일대라고 보는 것이 합리적이다. 다만 다른 지역에서 발생한 부흥운동 진압을 위해 출정했을 가능성도 있기 때문에 책성 권역과 교통로를 통해 긴밀히 연결되는 지역에 대해서 살펴볼 필요는 있다.

책성 권역을 출발하여 동해안을 따라 남하하면 함경남도 남부, 강원도 북부 지역에 이를 수 있다. 다만 이 지역과 관련하여 신라와 당이 관할 분쟁을 벌이는 모습이 사료에 발견될 뿐[182] 아직까지 고구려 유민의 저항을 드러내는 기록은 발견되지 않는다. 그리고 국내성을 중심으로 하는 압록강 중류 일대는 연남생의 세력권으로서 당에 일찍이 투항했던 곳이었으므로 당의 지배가 타지역에 비해 비교적 공고했다고 여겨진다. 그렇다면 부여성을 중심으로 하는 북류 송화강 중류 일대만이 남는다.

그런데 669년 8월 부여성 권역에서는 상당한 규모의 고구려부흥운동이 발

---

182) 『삼국사기』 권7, 신라본기7, 문무왕 11년 7월 「답설인귀서」 "又卑列之城 本是新羅 高麗打得 三十餘年 新羅還得此城 移配百姓 置官守捉 又取此城 還與高麗 且新羅自平百濟 迄定高麗 盡忠効力 不負國家 未知何罪 一朝遺弃 雖有如此寃枉 終無反叛之心".

생하고 있었고, 당은 이타인을 보내어 이를 진압하고자 하였다.[183] 그렇다면 「이타인묘지명」의 '부여(扶餘)로 나아가 토벌하여 우두머리를 거듭 베었다'와 「양현기묘지명」의 '반수령 고정문 등을 주살하였다'를 동일한 실체로 파악하여, 이타인과 양현기는 고정문이 주도한 부여성 일대의 부흥운동을 함께 진압하였다는 견해[184]가 성립될 수 있는 것이다.

앞 절에서 살펴본 바와 같이 당은 부여성 권역에서 발생한 부흥운동을 진압하기 위해 이타인을 파견하면서 별도의 행군을 편성하지 않고 요동지역에 배치된 안동도호부 휘하 병력과 책성 권역의 병력을 동원하였다고 추정된다. 도독 이타인이 부재한 상황이므로 책성 권역에서 병력 징발 및 부대 편성의 실무는 동책주도독부의 차관인 양현기가 맡았을 것이다. 따라서 이타인이 부여성 권역의 부흥운동을 진압할 때 양현기는 동책주도독부 휘하의 당군을 이끌고 부여성 권역으로 출정했을 가능성도 충분히 고려해봄 직하다.

다만 양현기가 이타인을 보좌하며 부여성 권역에서 대적했던 고구려부흥세력의 중심인물이 고정문이라고 하기에는 석연하지 않은 점이 있다.[185] 먼저 시기의 문제이다. 후술하듯이 고정문이 거병한 시기는 668년 12월~669년 4월 사이로 추정된다.[186] 그런데 이타인이 부여성 권역으로 파견된 것은 당 고

---

183) 김강훈, 앞의 논문, 2017b.

184) 이민수, 앞의 논문, 2018, 27~42쪽. 이 연구는 여러 논거를 들면서 김강훈, 앞의 논문, 2017a, 261~262쪽에서 고정문이 거병한 지역을 책성 권역으로 추정한 견해를 비판하고 있다.

185) 이하의 내용 중 부여성 권역에서 이타인의 행적과 관련한 부분은 제3장 1절 「부여성 권역의 부흥운동」, 221~223쪽에서 서술한 바와 중복된다. 여기서는 양현기의 행적 및 「양현기묘지명」과의 비교에 중점을 두어 설명하고자 한다.

186) 이민수, 앞의 논문, 2018, 32~34쪽에서는 668년 12월 동책주도독부 설치는 도상계획이었을 뿐이며 669년 안동도호부의 지배력은 고구려 고지에서 매우 한정되어 있었기에, 지리적으로 멀리 떨어져 있는 책성 일대에 당이 기미주를 설치하고 군사 활동을 펼치는 것은 불가능에 가깝다고 보았다. 즉 669년 책성 일대에서 고구려 유민의 부흥운동 전개와 당군의 진

종의 순행 시도가 좌절된 이후이므로 669년 후반~670년 초반으로 추정할 수 있다. 그러므로 양현기가 고정문 등을 주살한 시기와 이타인이 부여성 권역에서 활동한 시기가 일치하지 않는다.

둘째, 「양현기묘지명」과 「이타인묘지명」에서 고구려 부흥세력을 진압한 부분에 대한 기술이 같은 묘지명의 다른 공적과 비교하면 서술상에 차이가 드러난다. 「양현기묘지명」에는 '거란을 평정하였다', '압록(鴨淥)을 깨트렸다', '여러 번 토번을 깨트렸다' 등과 같이 공적을 개괄적으로 서술한 부분이 있는 것에 비해, 융주도독부장사(戎州都督府長史)로 요지룡(獠地龍) 등의 반란을 진압한 일과 좌응양위장군을 제수 받고 돌궐 원정에 나선 일은 묘주의 공적을 찬미하는 다양한 수사를 활용하여 상대적으로 상세히 기술하고 있다.[187] 양현기가 반수령 고정문 등을 진압할 때의 정황을 서술한 부분은 후자로 분류할 수 있다.

그런데 앞 절에서 서술하였듯이 「이타인묘지명」에서 당에서 이타인의 공적을 설명하는 부분 중 고구려 멸망에 기여한 일은 상세히 기술한 데 비해 부여성 권역에서 부흥운동을 진압한 일은 그렇지 않다. 이타인과 양현기가 함께 당군을 이끌고 고정문 등이 주도한 부여성 권역의 부흥운동을 진압했다

압이라는 현상이 일어나기 어려웠다고 보는 것이다. 그러나 안동도호부가 설치되자 흩어지고 도망가는 자가 상당히 있었다는 『구당서』 고려전의 기록, 이반자가 많아 사민을 실시한다는 『자치통감』 고종 총장 2년(669) 4월조 기사, 압록수 이북 현황 자료에 기록된 미항성·도성의 존재 등을 통해 669년 당의 지배를 이탈하려는 고구려 유민의 움직임이 존재했음은 분명하다. 그에 따라 검교안동도호 설인귀는 압록수 이북 지역에서 당의 지배에 포섭되지 않은 성에 대한 적극적인 군사 활동에 나섰다. 따라서 669년 책성 일대에서 부흥운동이 일어났을 가능성과 이에 대한 당군의 진압 활동이 적극적으로 전개되었을 가능성은 충분하다.

187) 「양현기묘지명」 "降三階 授太中大夫 行戎州都督府長史 于時獠地龍等反 君鶴膝鷹爪 顧盼而 掃南羌 鳳角龍牙 指麾而静西樊 以功授庄州都督 … 聖歷元年 授三品左鷹揚衛將軍 屬賊入 飛狐 兵連涿鹿 君先鋒直進 如傾海以注螢 臥鼓長驅 似崩山而壓卵 斬啜狼狽 疋馬逃歸 部落 蜂驚 輕身遁走 遂以君檢校左羽林軍".

면, 이와 같은 서술 양상의 차이는 쉽게 납득되지 않는다.

셋째, 부흥운동을 진압한 후 전과(戰果)에 따라 양현기와 이타인에게 내려진 포상에서 차이점이 감지된다. 양현기는 고정문 등을 주살한 후 그 공을 인정받아 정양군공(定陽郡公)·식읍(食邑) 2천 호에 봉해졌다. 후술하겠지만 양현기가 받은 봉작(封爵)은 검교안동도호에 임명되어 고구려 고지를 통할하는 책임을 지고 있던 설인귀와 견주어도 떨어지지 않는다. 「이타인묘지명」에는 이타인이 개선하자 황제가 가상히 여겨 우령군장군으로 제수하였다고 한다.[188] 그런데 앞 절에서 서술하였듯이 이타인이 당에 입조하여 받은 우융위장군과 부여에서 돌아온 뒤 받은 우령군장군은 명칭만 다를 뿐 실제로는 동일한 관직이며, '원외(員外)'우융위장군에서 '동정원(同正員)'우령군장군으로의 변화를 승전한 장수에 대한 포상으로 해석할 수 있는지 의문이 든다.

이상의 추론을 통해 이타인이 부여성 권역에서 부흥운동을 토벌한 것과 양현기가 고정문 등을 주살한 것은 별개의 사건일 가능성이 높다고 생각되며, 결국 고정문이 거병한 지역은 부여성 권역이 아니라 책성 권역임을 알 수 있다.

양현기가 668년 12월 장사에 임명되었으니 고정문이 거병한 시기의 상한은 668년 12월이 된다. 묘지명에서 해당 내용에 이어 선성(鄯城)을 진수하면서 토번의 침입을 수차례 격퇴했고 681년 좌금오중랑(左金吾中郞)에 제수되었다는 내용이 나온다. 선성은 당과 토번의 접경지역인 선주(鄯州)에 속한 세 현 중 하나로서, 의봉 3년(678) 설치되었다.[189] 그렇다면 양현기가 선성진수(鄯城鎭

---

188) 「이타인묘지명」 "公又奉詔進討扶餘 重翦渠魁 更承冠帶 凱還飮至 帝有嘉焉 遷授同正員右領軍將軍".

189) 『구당서』 권40, 지20, 지리3, 농우도 "鄯城 儀鳳三年置"; 『신당서』 권40, 지30, 지리4, 농우도 "鄯城 中 儀鳳三年置".

守)에 부임한 것은 678년 이후가 될 것이다. 그런데 선성진수는 이보다 앞서 기록에 등장한다. 안동도호 설인귀는 670년 4월 토번이 침입하자 나사도행군 대총관이 되어 아사나도진과 곽대봉을 거느리고 토번 공격에 나섰다. 곽대봉은 일찍이 선성진수였을 때 설인귀와 지위가 동등하였는데, 이제 설인귀 아래에 있게 되자 이를 수치로 여겨 설인귀의 지휘를 제대로 따르지 않았다고 한다.[190] 선성진수는 토번의 공격을 막기 위해 670년 4월 이전에 이미 설치되어 있었던 것이다. 670년 8월 설인귀는 대비천(大非川)에서 패배하고 그 책임으로 제명(除名)되어 서인(庶人)이 되었는데, 부장이었던 곽대봉 또한 동일한 조처를 받았을 것이다. 이때 당 조정은 공석이 된 선성진수로 고구려 고지 지배에 역량을 발휘하고 있던 양현기를 임명하였다고 추정할 수 있다. 그렇다면 고정문이 거병한 시기의 하한은 670년 8월로 추정할 수 있다.

여기에 고구려 멸망 이후 백산말갈의 동향을 통해 더 구체적인 거병 시기와 함께 백산말갈의 참여 여부를 확인해 보자. 이와 관련하여 다음 사료가 주목된다.

G. 그 가운데 백산부(白山部)는 본래 고구려에 부용 되었는데 평양이 함락된 후에 무리들이 중국으로 많이 들어왔다[191](『구당서』 권199, 열전149, 북적 말갈).

고구려 멸망 이후 고구려의 지배력이 미치지 않았던 흑수말갈(黑水靺鞨)은

---

190) 『신당서』 권111, 열전36, 설인귀 "咸亨元年 吐蕃入寇 命爲邏娑道行軍大總管 率將軍阿史那 道眞郭待封擊之 以援吐谷渾 侍封嘗爲鄯城鎭守 與仁貴等夷 及是 恥居其下 頗違節度".
191) "其白山部 素附於高麗 因收平壤之後 部衆多入中國".

그 세력을 유지할 수 있었던 데 비해, 골돌(汨咄), 안거골(安居骨), 호실(號室) 등의 말갈은 고구려라는 중심축이 붕괴되면서 주변 세력으로 와해되어 버렸다.[192] 이들과 달리 사료 G에서처럼 백산말갈은 상당수가 중국으로 들어갔다고 한다. 백산말갈이 거주하였던 백두산 인근 및 현재 연변지역은 직접적인 전쟁의 피해를 겪지 않았기 때문에 사회경제적 기반에 큰 변동이 있었다고 보기는 어렵다. 그렇기 때문에 이들이 스스로 중국으로 들어갔다고 볼 수 없다. 아마도 당 내지로 집단적으로 강제 이동되었을 가능성이 점쳐진다.[193] 그렇다면 669년 5월 시행되는 고구려 유민에 대한 대규모 사민과 연관하여 해석할 필요가 있다.

당이 유독 백산말갈에 대해서만 사민 조치를 취했다는 사실은 백산말갈이 당의 지배에 저항적인 면모를 지녔음을 의미한다. 당은 고구려 유민 중 이반자(離叛者)가 많아서 사민을 실시하였는데,[194] 백산말갈도 동일한 맥락에서 이해할 수 있다. 그런데 책성 권역에서 백산말갈만 당의 지배 시도에 저항했다고 보기는 어렵다. 고구려 후기 말갈에 대한 지배 양상을 살펴볼 때, 고구려 유민이 부흥운동을 주도하고 백산말갈이 여기에 동참했다고 보는 것이 자연스럽다. 그렇다면 668년 12월에서 669년 4월 사이에 책성 권역에서 고구려 유민이 거병했으며, 여기에 백산말갈이 참여했다고 해석하는 것이 합리적이다. 이는 고구려 멸망 직후부터 당의 지배에 저항하는 움직임이 두만강 유역 일대에서 거세게 일어났다는 의미로 해석될 수 있다.

다음으로 '반수령 고정문'이라는 표현에서 '수령(首領)'과 성이 고씨(高氏)라는

---

192) 김종복, 앞의 논문, 2005, 180쪽.
193) 김현숙, 앞의 책, 476쪽.
194) 『자치통감』 권201, 당기17, 고종 총장 2년 4월 "高麗之民多離叛者 救徙高麗戶三萬八千二百 於江淮之南及山南京西諸州空曠之地".

점을 통해 그의 고구려 멸망 이전 행적과 정치사회적 위상 그리고 거병하게 된 기반을 살펴보자. 수령은 본래 머리와 목, 목숨이라는 의미로 사용되었다. 위진남북조시대부터는 '우두머리'라는 뜻으로 사용되기 시작하였으며 점차 중원왕조 주변민족의 장(長)이나 재지세력가를 의미하게 되었다.[195] 더욱이 당대에서는 법제적 또는 공식적 용어로 자리 잡기에 이른다.[196] 수령의 의미가 이러하다면 고정문은 책성 권역에서 일정한 정치·사회적 영향력을 지닌 인물이었다는 추론이 가능하다.

7세기 고구려인을 대상으로 수령이라고 칭한 사례를 검토해 보자. 먼저 보장왕이 당에 항복하는 장면이다. 668년 보장왕은 연남산을 보내어 수령 98명을 이끌고 당군에게 항복하게 하였다.[197] 이때 한 달이 넘도록 당군이 평양성을 포위하고 있었기 때문에 수령은 모두 중앙관제에 속한 인물일 것이다. 그 수가 98명이므로 하위 관리들까지 범위를 확대하기는 어렵고, 최고 귀족회의체인 '오관회의(五官會議)'의 구성원과 중앙관서의 상위 관직자 또는 중앙군의 주요지휘관에 해당하는 인물들이 아닐까 한다.

고구려 유민인 고제석(高提昔)의 묘지명에는 묘주 고제석의 조부 복인(伏仁)이 수경성(水境城) 도사(道使), 요동성(遼東城) 대수령(大首領)이었다는 기록이 있

---

195) 김동우, 「渤海 首領의 槪念과 實相」, 『東垣學術論文集』7, 2005, 28~45쪽: 金東宇, 『渤海 地方統治 體制 硏究』, 고려대학교 박사학위논문, 2006, 19~36쪽.
196) 송기호, 「수령의 성격」, 『발해 사회문화사 연구』, 서울대학교출판문화원, 2011, 136쪽. 당에서 이민족 집단의 장을 가리키는 용어로 수령, 거수(渠帥), 추호(酋豪) 등이 사용되다가 8세기 수령으로 일원화되는데, 여기에는 이민족의 장을 대수령(大首領)과 소수령(小首領)로 나누는 번망규정(蕃望規定)이 영향을 미쳤다고 한다(古畑徹, 「唐代「首領」語義考-中國正史の用例を中心に-」, 『東北大學東洋史論集』11, 2007, 31~35쪽).
197) 『삼국사기』 권22, 고구려본기10, 보장왕 27년 9월 "王臧遣泉男産 帥首領九十八人 持白幡詣勸降".

다.[198] 고구려 후기 지방관으로 '대성(大城)'에는 욕살(褥薩)이, 그 하위인 '제성(諸城)'에는 처려근지(處閭近支) 또는 도사(道使)가 있었다. 즉 수경성 도사는 수경성에 주재하는 지방관을 의미하므로, 요동성 대수령 또한 요동성의 최고책임자라고 보아야 한다.[199] 요동성은 욕살이 주재하는 성이었으므로[200] 여기서 대수령은 최고위 지방관인 욕살을 지칭한다. 당에서 대수령과 수령의 구분은 부족장 세력의 대소에 의거하여 이루어졌기[201] 때문에, 대수령을 욕살로 대치할 수 있다면 수령은 처려근지에 상당하다고 추정할 수 있다.

7세기 고구려 관등제에서 욕살은 5위 위두대형 이상, 처려근지는 7위 대형 이상의 관등을 소지한 자가 임명될 수 있었다.[202] 그렇다면 수령은 대략 6위 대사자나 7위 대형 등 중급 관등을 소지한 관인에게 붙여질 수 있는 칭호라고 할 수 있다. 이러한 추정을 뒷받침해주는 존재가 염유(冉有)이다. 그는 연남생이 당에 투항하기 위해 파견했던 인물인데,「천헌성묘지명」에는 수령으로,「천남생묘지명」에는 대형이라 하고 있다.[203] 이를 종합해보면, 7세기 고구려인에게 붙여진 수령은 공적 관료 체제에 편입되어 있는 관인들에게 붙일 수 있는 칭호로서, 특히 6, 7위의 중급 관등을 소지한 자들이 주로 해당한다고 추정할 수 있다.

이러한 추정이 옳다면 고정문은 대사자 또는 대형의 관등을 소지하고 책

198)「고제석묘지명」"曾祖伏仁大相 水境城道使 遼東城大首領"(金榮官,「高句麗 遺民 高提昔 墓誌銘에 대한 연구」,『白山學報』97, 2013, 142쪽).
199) 金榮官, 위의 논문, 157쪽.
200) 노태돈, 앞의 책, 1999, 247쪽; 김현숙, 앞의 책, 367쪽.
201) 김동우, 앞의 논문, 2005, 39~42쪽.
202) 임기환,『高句麗 集權體制 成立過程의 硏究』, 경희대학교 박사학위논문, 1995, 151~154쪽.
203)「천헌성묘지명」"卽日遣首領冉有等入朝"(朴漢濟 역주,「泉獻誠 墓誌銘」, 앞의 책, 520쪽);
「천남생묘지명」"更遣大兄冉有重申誠効"(朴漢濟 역주,「泉男生 墓誌銘」, 앞의 책, 494쪽).

성 권역에서 '제성'에 해당하는 성을 주재하면서 해당 권역을 통치하는 지방 관이었다고 할 수 있다. 앞서 책주도독 이타인이 '12주 고려'를 관할했다고 하였는데, 고정문이 주재하는 성은 이 '12주'에 포함될 것이다. 결국 고정문은 책성 권역에서 지방관인 처려근지로 활동했던 인물이었고, 그가 민정관 및 군 사지휘관으로 활동했던 기반이 부흥운동을 일으키고 주도할 수 있는 기본적인 배경이 되었던 것이다.

여기에 덧붙여 고정문의 성씨가 눈길을 끈다. 주지하듯이 고구려의 왕성이 고씨이기 때문이다. 고구려 전기에 이미 고씨는 왕족, 방계왕족, 왕족이 아닌 계루부 귀족, 공훈에 의해 고씨를 사성 받은 인물로 분화되었기[204] 때문에 고정 문이 왕실 출신이라고 단정하기 어렵다. 오히려 그가 중급 관등을 소지한 지방관이라는 점에서 직계 왕족 출신은 아닐 것이다. 그러나 비록 왕족은 아닐 지라도 왕성을 칭하는 것이 고구려 사회에서 일정한 정치·사회적 위상을 인 정받는 한 지표가 될 수 있었다. 그리고 가문의 현실적 존재 기반으로 작용할 수 있다는 점에서도 결코 그 의미가 적지 않았다. 그렇기 때문에 고씨를 칭하는 가계는 왕실에 대한 일정한 유대감을 지녔을 것이다.[205] 이는 고씨들이 고구려 왕실의 재건을 적극적으로 도모하는 동기로 작용하였을 것이다. 이런 측면에서 고구려를 부흥시키기 위한 움직임에서 고씨가 구심점의 역할을 담당했을 가능성이 높았다.[206] 고정문이 부흥운동의 중심인물로 부상할 수 있었던 요인은 여기에서 찾을 수 있겠다.

---

204) 金賢淑, 「高句麗 初期 那部의 分化와 貴族의 姓氏」, 『慶北史學』16, 1993, 27~32쪽.
205) 노태돈, 「귀족연립정권과 연개소문의 정변」, 앞의 책, 1999, 452~453쪽.
206) 현재까지 고구려부흥운동을 전개하였다고 판명된 인물은 안승, 검모잠, 고연무, 고정문, 보장왕이다. 안승은 보장왕의 서자일 가능성이 높으므로(이 책 제2장 2절 「평양성·한성 권역 안승의 '부흥고구려국' 수립」, 139~144쪽), 5명 중 4명이 왕성인 고씨이다.

고정문이 거병한 이유에 대해서 「양현기묘지명」에는 별다른 기술이 없다. 그렇기 때문에 당이 고구려 고지에 적용하려고 했던 지배의 양상을 통해 그 일단을 살펴볼 수밖에 없다. 앞서 살펴보았듯이 표면적으로 당은 기미지배를 표방하면서 재지유력자가 지닌 기존의 권한을 인정하는 형태를 띠었다. 그렇지만 장사 양현기로 대표되는 당 관리가 실제로 동책주도독부 통치의 주도권을 쥐고 있었다. 이것이 고구려 유민들의 불만을 촉발했을 것으로 추정된다.[207]

고정문이 이끈 부흥세력의 내부 구성에 대한 실마리는 「양현기묘지명」에서 반수령 고정문 '등(等)'이라는 표현에서 찾을 수 있다. 여기서 '등(等)'에는 부흥운동의 주도 인물과 이에 동참했던 책성 권역의 부강자(富强者)들, 부흥군의 주요 지휘관이 포함되어 있을 것이다. 이는 고정문이 부흥운동의 최고 지도자 역할을 담당하였고, 이 아래에 일정 수준의 인적기반과 군사조직이 존재했다는 사실을 알려준다. 다만 구체적인 정보는 더이상 밝혀내기 쉽지 않다.

「양현기묘지명」의 기록을 보면 당군의 입장에서 고구려부흥군과의 전투가 그리 손쉽게 전개되지는 않았던 듯하다. 묘주 양현기를 반호(槃瓠)[208]의 담력과 쇠와 같은 마음을 지닌 인물로 묘사하면서 '반란'을 진압한 공을 찬양하고 있

---

207) 당에 항복하여 기미부주의 장관에 임명된 책성 권역의 재지유력자들은 기존의 각종 권한을 유지할 것으로 기대했을 것인데, 이것이 좌절되자 저항의 움직임을 드러냈을 가능성이 있다. 이와 관련하여 고정문이 처음에는 기미부주의 운영에 참여했으나, 양현기로 대표되는 당의 감시와 견제로 인해 당에 저항했을 가능성이 제기되었다(余昊奎 · 李明, 앞의 논문, 405쪽).

208) 반호(盤瓠)라고도 한다. 고신씨(高辛氏)는 견융(犬戎)이 침입해 왔으나 이기지 못하자 견융의 장군을 붙잡는 자에게 상을 주고 딸을 아내로 삼게 하겠다고 하였다. 당시 고신씨는 반호라는 이름을 가진 개를 기르고 있었는데, 이 반호가 사라졌다가 견융 장군의 머리를 가지고 나타났다(『후한서』 권86, 남만서남이열전). 결국 반호의 담력을 지녔다는 표현은 양현기가 이민족 즉 고구려 유민을 정벌했다는 사실을 드러내기 위해 사용된 것이다.

다. 그러면서 고구려부흥군을 호혈(虎穴)과 여연(驪淵)[209]으로 묘사하고 있다. 이는 책성 권역의 고구려부흥운동을 진압하는 임무가 매우 어렵고 위험했다는 사실을 드러내기 위해 사용된 것이다. 고정문이 이끄는 고구려부흥군의 세력이 상당했을 것이라는 추정을 가능하게 한다. 물론 묘주인 양현기의 공을 드높이기 위해 실제보다 고구려부흥군에 대해 과장했을 가능성도 있다. 그러나 당 조정에 '반(反)'하였으며 그에 따라 주살된 인물과 그 휘하 세력에 대해 실체와 동떨어지게 묘사했다고 보기는 힘들다. 오히려 양현기가 주도한 '반란 진압'이 순탄치 못했고 고구려부흥군이 상당한 기세를 떨쳤다는 것을 비유적으로 표현했다고 보는 편이 더 타당할 듯하다.

「양현기묘지명」을 통해 책성 권역 고구려부흥운동의 전개 과정, 범위, 존속 시기, 전투 양상, 타지역 부흥운동과의 관련성 등 구체적인 실체에 대해 더 이상 어떠한 정보도 얻기 어렵다. 다만 그 성패에 관해서는 몇 가지 단서를 얻을 수 있다.

먼저 양현기는 '반수령 고정문 등을 주살하였다[誅]'고 한다. 이는 책성 권역의 고구려부흥운동이 당에 의해 좌절되었을 가능성을 강하게 드러낸다. 주

---

209) 남조 양의 유협(劉勰)이 501년경 편찬한 인문서인 『문심조룡(文心雕龍)』(노용필, 「최치원의 『문심조룡』 수용과 전·비 중심의 역사 인식 및 서술」, 『한국고대인문학발달사연구』(1) 어문학·고문서학·역사학 권, 한국사학, 2017, 250~257쪽)에서 공자가 『역경(易經)』을 읽으면서 세 번 책끈이 끊어졌던 고사를 인용하면서 '철인(哲人)의 여연(驪淵)'이라고 하였다. 『문심조룡』 제3편 「종경(宗經)」 "夫易惟談天 入神致用 故繫稱 旨遠辭文 言中事隱 韋編三絶 固哲人之驪淵也". 여기서는 보고(寶庫)의 의미로 사용되었다. 그러나 이는 『장자(莊子)』에서 '깊은 연못 속에 사는 검은 용'을 가리킨다. 『장자』 잡편(雜篇), 열어구(列禦寇) "河上有家 貧恃緯蕭而食者 其子沒於淵 得千金之珠 其父謂其子曰 取石來鍛之 夫千金之珠 必在九重之淵而驪龍頷下 子能得珠者 必遭其睡也 使驪龍而寤 子尚奚微之有哉". 이는 임금에게 아부하여 이득을 취하는 것이 매우 위험한 일임을 설명하는 부정적인 의미로 사용되었다(김민나, 「≪文心雕龍≫第三〈宗經〉篇 譯註」, 『中國語文學誌』24, 2007, 375쪽).

(誅)는 황제의 권력에 의한 사형을 나타내는 표현인데, 주로 조칙을 통해 황제가 신하·인민을 주살하는 것을 가리킨다.[210] 당에서는 모반(謀反)이나 반(反)에 대한 형벌은 복주(伏誅) 또는 토평(討平)으로 표현되는데, 당률에 의하면 구체적인 사형의 형태는 참형(斬刑)이었다고 한다.[211] 이를 참고하면 당군이 부흥운동을 진압하고 사로잡은 고정문 등에 대한 처리 문제를 당 조정에 상주하였고, 이를 당 황제는 조칙을 통해 주살할 것을 명하였다는 추정이 가능하다.

그러나 이렇게 추정하기에는 주저되는 바가 있다. 앞서 살펴보았듯이 고구려부흥운동 진압에 나선 당군은 안동도호부에 배속된 병력으로 추정되기 때문이다. 즉 황제의 조칙에 의해 파견된 행군이 아니었다. 당 조정은 670년 4월 검모잠이 이끄는 부흥세력에 대응하기 위해 행군 파견을 결정하였는데,[212] 사료상 고구려 고지에 대한 행군 파견으로는 가장 이르다. 이 이전까지는 안동도호부 자체의 병력으로 고구려 유민의 저항에 대처하고자 했던 것이다. 도호의 임무 중 하나가 반란의 정토인데,[213] 이는 소극적 방지나 방어의 의미이고, 적극적인 토벌이나 정벌이 행해질 때는 행군이 조직되어 파견되었다.[214] 결국

---

210) 古勝隆一(손승회 옮김), 「魏晋時代의 皇帝權力과 死刑-西晋末의 誅殺을 예로 하여-」, 『동아시아의 사형』, 영남대학교출판사, 2014, 216~219쪽; 한영화, 「신라와 고려의 형률 운용과 계승성」, 『韓國古代史研究』80, 2015, 204쪽.

211) 당에서 反에 대한 형벌과 그 집행에 관해서는 한영화, 「7~8세기 신라의 형률과 그 운용」, 『韓國古代史研究』44, 2006, 236쪽 참조.

212) 김강훈, 앞의 논문, 2016, 11~12쪽.

213) 『당육전』 권30, 삼부독호주현관리(三府督護州縣官吏), 대도호부 "都護副都護之職 掌撫慰諸蕃 輯寧外寇 覘候姦謊 征討攜離".

214) 김정희, 「당 전기의 화이관과 변경정책」, 『中國古中世史研究』15, 2006, 261쪽. 도호부의 진수군(鎭守軍)은 경계나 척후 활동을 통해 기미부주의 반란을 방지하는 역할을 담당하였고, 실제 반란이 일어날 경우 일반적으로 도호부는 조정에 보고하거나 인근 절충부의 지원을 요청하여 반란을 진압했다고 한다(조재우, 「唐 前期 邊境 節度使 體制의 성립과정」, 『東洋史學研究』132, 2015, 12쪽).

일차적으로 책성 권역의 고구려부흥운동을 진압할 책임자는 안동도호 설인 귀였다. 그리고 양현기는 동책주도독부장사로서 동책주에 배치된 당군을 이 끌고 실제 전투를 지휘했다고 할 수 있다. 그렇다면 황제가 직접 조칙을 내려 사형이 집행되었다고 보기는 어렵다. 황제의 명을 받아 고구려 고지를 진무하 는 역할을 맡은 안동도호부의 당군이 '반란'을 주도한 고정문을 죽였다는 의미 로 사용했다고 보는 것이 더 타당하다고 생각된다. 그렇다면 고구려부흥군과 당군이 전투를 벌이는 과정에서 고정문이 죽임을 당했을 가능성이 높다.

양현기는 부흥운동을 진압한 공을 인정받아 정양군공·식읍 2천 호에 봉 해졌다. 당대 봉작(封爵)은 9등급이었는데, 그중 넷째가 군공(郡公)으로 정2 품·식읍 2천 호였다.[215] 이는 고구려를 멸망시킨 공으로 포상을 받은 자들과 비 교된다. 연남생은 변국공(卞國公)·식읍 3천 호에 봉해졌다.[216] 이는 고구려 멸망 에 가장 앞장섰던 연남생이 3번째 봉작인 국공(國公)에 봉해졌다는 사실을 알 려준다. 한편 설인귀는 새로이 평양군공(平陽郡公)에 봉해졌는데, 이는 양현기 가 정양군공에 봉해졌던 것과 동일한 4번째 등급의 봉작이었다.[217] 설인귀는 고 구려 멸망과 관련하여 여러 전투에서 무공을 세웠으며, 이를 인정받아 검교 안동도호에 임명되었던 인물이다. 더욱이 양현기가 책성 권역의 부흥운동을

---

215) 『구당서』권43, 지23, 직관2 "司封郎中 員外郎之職 掌國之封爵 凡有九等 一曰王 正一品 食 邑一萬戶 二曰郡王 從一品 食邑五千戶 三曰國公 從一品 食邑三千戶 四曰郡公 正二品 食邑 二千戶";『당육전』권2, 상서이부 "司封郎中 員外郎掌邦之封爵 凡有九等 一曰王 正一品 食 邑一萬戶 二曰郡王 從一品 食邑五千戶 三曰國公 從一品 食邑三千戶 四曰郡公 正二品 食邑 二千戶".

216) 「천남생 묘지명」"其年蒙授右衛 大將軍 進封卞國公 食邑三千戶 特進勳官如故 兼檢校右羽 林軍 仍令仗內供奉".

217) 『책부원구』권128, 제왕부128, 명상(明賞)2 "高宗總章元年十二月 破高麗 以僧信誠爲銀靑光 祿大夫 賞先降也 特進東代都督玄菟郡公泉男生爲右衛 大將軍 進卞國公 賞其鄕導有功也 … 右武衛將軍薛仁貴爲威衛 大將軍 封平陽郡公 … 賞平高麗之功也".

진압했을 당시에 설인귀는 여전히 당의 고구려 고지 운영의 최고책임자로 존재하고 있었다. 이를 고려한다면 당은 양현기의 공적이 안동도호에 버금간다고 인식했을 가능성이 높다.

결국 고정문이 주도했던 책성 권역의 고구려부흥운동은 동책주도독부에 배치되어 있던 당 관리 및 당군에 의해 좌절되었다. 이후 두만강 유역에서 당의 지배력은 더욱 높아졌을 것으로 추정된다. 당은 책성 권역에서 고구려 유민이 재차 저항하는 것을 방지하기 위해 부강자 및 백산말갈을 당 내지로 사민하는 조치를 단행했다. 이에 대해 고구려 유민이 어떤 방식으로 대응했는지는 불확실하다. 또한 670년 양현기가 선성진수에 임명되고 안동도호부가 평양성에서 요동으로 옮겨지면서 책성 권역에 대한 당의 지배 양상도 변화가 불가피했을 것이다. 그리고 검모잠이 안승을 왕으로 추대하면서 고구려가 재건되는 상황이 책성 권역에 알려지면서 고구려 유민에게 영향을 미쳤을 것임이 분명하다. 다만, 관련 자료가 매우 영성하여 이에 대해 상세히 살펴보기는 어려운 상황이다. 새로운 자료의 출현을 기대해 본다.

제4장 부흥운동 종말기 보장왕의 활동

1. 보장왕의 요동 귀환과 부흥운동의 추진

안동도호부는 668년 12월 평양성에 설치된 이래 여러 차례 도호의 이치(移治) 또는 치소 이전(移轉)이 시행되었다. 669년 초 압록수 이북에 존재하는 미항성(未降城)을 당의 지배 아래에 두기 위해 검교안동도호(檢校安東都護) 설인귀가 출정한 이후 신성(新城)에서 통치를 담당했고,[1] 고간이 안동도호부 치소를 요동주(遼東州)로 옮기고 안시성(安市城)에서 부흥운동을 펼치던 고구려 유민을 격파한[2] 것이 그 사례이다.

'부흥고구려국(復興高句麗國)'이 소멸되면서 안동도호부는 재차 평양으로 옮겨졌다고 추정된다.[3] 그런데 676년 2월 안동도호부가 요동성으로 옮겨지는 조치가 취해진다. 그 이유에 대해서 안동도호부의 연혁을 기록한 『당회요』 안동도호부조와 『구당서』 안동도호부조에서 침묵하고 있기 때문에[4] 그 배경에 대해 여러 견해가 제기되었다.

---

1) 김강훈, 「고구려 멸망 직후 당의 고구려 故地 지배 시도와 유민의 동향」, 『大丘史學』133, 2018, 49~62쪽.
2) 『신당서』 권220, 열전145, 동이 고려 "詔高偘東州道 李謹行燕山道 並爲行軍總管討之 … 偘徙都護府治遼東州 破叛兵於安市".
3) 김종복, 「백제와 고구려 고지에 대한 당의 지배 양상」, 『역사와 현실』78, 2010, 91쪽.
4) 『당회요』 권73, 안동도호부; 『구당서』 권39, 지19, 지리2, 하북도 안동도호부.

먼저 당이 한반도를 방기(放棄)하는 정책으로 전환하면서 안동도호부가 평양에서 요동성으로 이전했다는 것이다.[5] 그러나 678년 당 고종이 신라 원정을 추진하였기 때문에 당이 한반도 정책을 방기했다고 보기는 어려우며, 재침을 준비하기 위한 전략적 후퇴의 성격이 짙었다고 보는 입장이 있다.[6] 또는 당시의 국제 정세에 주목하여 토번을 강조한 견해도 있다. 토번의 강성으로 서북 변경이 위협받자 당군이 전략적으로 이동하여 대토번전에 나서게 되었고, 당은 한반도에 직접적으로 개입하는 정책을 바꾸어 안동도호부를 요동성으로 옮겼다는 것이다.[7]

하지만 다음의 사료는 고구려 유민의 부흥운동으로 안동도호부가 요동성으로 이동했음을 말하고 있다.

A. ①안동도호부를 요동고성(遼東故城)으로 옮겼다.[②『고이』(考異)』에 이르기를,『실록(實錄)』에 함형 원년(670) 양방(楊昉)과 고간(高侃)이 안순(安舜)을 토벌하고 비로소 안동도호부를 평양에서 요동주(遼東州)로 옮겼다. 의봉 원년(676) 2월 갑술 고구려의 남은 무리[고려여중(高麗餘衆)]가 반란을

---

5) 津田左右吉,「安東都護府考」,『滿鮮地理歷史研究報告』1, 東京帝國大學文學部, 1915, 63~64쪽:『津田左右吉全集』12, 岩波書店, 1964, 59쪽: 쓰다 소키치(정병준 옮김),「安東都護府考」,『高句麗渤海研究』42, 2012, 281쪽; 池內宏,「高句麗滅亡後の遺民の叛亂及び唐と新羅との關係」,『滿鮮地理歷史研究報告』12, 東京帝國大學文學部, 1930, 127~129쪽:『滿鮮史研究』上世二册, 吉川弘文館, 1960, 484~486쪽: 이케우치 히로시(정병준 역),「고구려 멸망 후 유민의 반란 및 당과 신라의 관계」,『高句麗渤海研究』48, 2014, 293~294쪽.
6) 古畑徹,「七世紀末から八世紀初にかけての新羅・唐關係 - 新羅外交史の一試論」,『朝鮮學報』107, 1983, 14~18쪽; 김종복,「高句麗 멸망 이후 唐의 지배 정책-安東都護府를 중심으로-」,『史林』19, 2003, 28~29쪽:『발해정치외교사』, 일지사, 2009, 39~40쪽.
7) 陳寅恪,「外族盛衰之連環性及外患與內政之關係」,『隋唐制度淵源略論稿 唐代政治史述論稿』, 三聯書店, 2004, 345~346쪽; 拜根興,「"羅唐戰爭"研究 中의 몇 가지 問題」,『中國學報』46, 2002, 254쪽.

일으키자 안동도호부를 요동성으로 옮겼다. ③대개 함형 원년 안동도호부를 옮겼다고 말하는 것은 결과를 말하는 것이다. 의봉 원년 고려반자(高麗反者)라고 말하는 것은 본래 그것을 옮긴 까닭이다. 『당회요』에는 함형 원년에 안동도호부를 옮겼다는 기사가 없고 이 해에 요동고성으로 옮겼다고 하니 지금 이를 따른다]⁸(『자치통감』 권202, 당기18, 고종 의봉 원년 2월).

위 사료는 『자치통감』 고종 의봉 원년(676) 2월조(A-①), 그 주에 있는 『자치통감고이(資治通鑑考異)』⁹에 인용된 『실록(實錄)』의 내용(A-②), 그리고 『실록』의 내용에 대한 사마광(司馬光)의 설명(A-③)의 세 부분으로 구성되어 있다. 『실록』에는 안동도호부가 670년 평양에서 요동주(遼東州)로, 676년 2월 요동성으로 이동했다는 기사가 있다. 그런데 사마광은 『자치통감』에 670년 안동도호부 이전 기사를 싣지 않았다. 그 이유는 『실록』보다 『당회요』 안동도호부조 기록을 더 신뢰했기 때문이다.

『당회요』 안동도호부조에는 총장 원년(668) 9월 14일 평양성에 안동도호부 설치, 함형 원년(670) 4월 검모잠의 반란, 상원 3년(676) 2월 28일 안동도호부의 요동고성(遼東故城) 이전, 의봉 2년(677) 2월 2일 안동도호부의 신성 이전의

---

8) "徙安東都護府於遼東故城[考異曰 實錄 咸亨元年 楊昉高侃討安舜 始拔安東都護府 自平壤城移於遼東州 儀鳳元年二月甲戌 以高麗餘衆反叛 移安東都護府於遼東城 蓋咸亨元年言移府者 終言之也 儀鳳元年言高麗反者 本其所以移也 會要無咸亨元年移府事 此年云移於遼東故城 今從之]".

9) 사마광은 동일한 사건에 대해 다르거나 상반된 기록이 있을 경우 비교적 믿을만한 자료를 선택하여 『자치통감』에 기록하고, 자료의 출처와 그것을 취하고 버린 이유는 『자치통감고이』 30권을 만들어 설명하였다(高國抗(오상훈 · 이개석 · 조병한 옮김), 『중국사학사』下, 풀빛, 1998, 48쪽). 이는 일반 전적의 교정본(校定本) 작성에 따르는 교감기(校勘記)와 흡사한 것으로, 역사학에서의 과학적 태도가 드러나는 것이다(閔斗基 編, 『中國의 歷史認識』上, 창작과 비평사, 1985, 323~325쪽).

순서로 기록되어 있다.[10] 『당회요』에는 『실록』과 달리 670년 안동도호부가 옮겨
졌다는 기록이 없는 것이다. 사마광은 안동도호부 관련 기록에 대해 『당회
요』를 신뢰하였고, 『당회요』 안동도호부조를 기준으로 『자치통감』에 안동도
호부 기사를 서술했던 것이다. 이것은 676년 안동도호부가 요동성으로 이전
하게 되는 배경을 서술하는 부분에도 반영되어 있다. 『실록』에는 고구려 유민
이 '반란'을 일으켜 안동도호부를 요동성으로 옮겼다고 하였다. 그런데 『당회
요』에는 고구려 유민의 동향이 드러나는 서술이 없다. 따라서 사마광은 676
년 2월 안동도호부가 요동성으로 이전하였다는 사실만 『자치통감』에 서술하
였을 뿐, 그 배경에 대해서는 아무런 기록을 남기지 않았던 것이다.

　사마광이 안동도호부 관련 기록에 대해 『실록』보다 『당회요』를 더 취신했
던 이유가 무엇인지 분명하지 않다. 그러나 『당회요』에 해당 기록이 없다고
하여 『실록』의 안동도호부 이전 기사를 부정할 필요는 없다. 오히려 『신당서』
고려전과 『책부원구』에서 고간과 양방이 안동도호부를 평양성에서 요동성으
로 옮긴 것을 확인할 수 있으므로[11] 『실록』의 기사는 사료적 가치가 충분히 있
다. 그러므로 고구려 유민의 '반란'으로 안동도호부가 이동했다는 『실록』의 기

---

10) 『당회요』 권73, 안동도호부 "總章元年九月十四日 遼東道行軍總管司空李勣平遼東 其高麗舊
　　有五部 一百七十六城 六十九萬七千戶 至十二月七日 分高麗地爲九都督府四十二州百縣 置
　　安東都護府於平壤城以統之 擢其酋渠爲都督及刺史縣令 與華人參理 以右武衛將軍薛仁貴 檢
　　校安東都護 總兵二萬以鎭之 至咸亨元年四月 高麗餘衆有酋長劒車㠀者 率衆叛 立高藏外孫
　　安舜爲主 詔左衛 大將軍高侃討平之 至上元三年二月二十八日 移安東都護府於遼東故城 先有
　　華人任官者 悉罷之 至儀鳳二年二月二日 移安東都護府於新城安置 仍令特進充使鎭府".
11) 『신당서』 권220, 열전145, 동이 고려 "詔高侃東州道 李謹行燕山道 並爲行軍總管討之 … 侃徙
　　都護府治遼東州 破叛兵於安市"; 『책부원구』 권429, 장수부90, 척토(拓土) "楊防爲司平太常伯
　　往安東 安撫高麗餘衆 時有高麗酋長鈕車㠀 率衆反叛 立高藏外孫安舜爲主 詔左監門大將軍
　　高侃爲東州道行軍總管 發兵以討之 安舜遽殺鈕車㠀 走投新羅 防侃始拔安東都護府 自平壤
　　城移於遼東州".

사에 대해 적극적으로 해석할 필요가 있다.

669년 설인귀의 신성 이치, 670년 고간에 의한 도호부의 요동주 이동 등의 사례를 볼 때, 안동도호부는 부흥운동 진압의 군사 거점 역할을 수행하였다. 그런 점에서 676년 안동도호부 이전의 원인이 된 고구려 유민의 저항이 요동 지역에서 발생했음을 알 수 있다. 그리고 황제의 명령에 의한 공식 조치라는 점에서[12] 당 조정에 보고되어 대응 방안이 논의될 정도의 대규모로 발생했음을 알 수 있다. 여러 조치들이 취해지는데 소요된 시간을 고려한다면, 발생 시기는 675년 말로 추정할 수 있다.

672년 이후 요동지역에서 부흥운동이 발생했던 흔적이 사서나 묘지명 등에서 발견되지 않는다. 물론 고구려 유민의 반발이나 이탈이 전혀 없었다고 보기는 어렵다. 하지만 672년 7월 이후 당군은 한반도에서 '부흥고구려국' 및 신라와 지속적으로 충돌을 이어갔다. 따라서 요동지역에서 부흥운동이 발생 했다 하더라도 당군이 한반도에서 전쟁을 수행하는데 방해가 되지 못할 정도의 소규모였을 것이다. 그런데 675년 말에 전개된 요동지역의 부흥운동은 안동도호부를 이전해야할 정도로 파급력을 지녔다고 할 수 있다.

또한 나당전쟁의 전황도 안동도호부 이전에 영향을 미쳤다. 675년 9월 이후 당군은 보급 문제로 곤란을 겪고 있었다. 9월 문훈이 이끄는 신라군은 천성(泉城)에서 설인귀가 지휘하는 당군과 싸워 승리하였다. 그 결과 1,400명을 죽이고 병선(兵船) 40척을 빼앗는 전과를 거두었다.[13] 병선의 임무 중에는 매

---

12) 『책부원구』권991, 외신부36, 비어(備禦)4 "上元三年二月 帝以高麗餘衆反叛 移安東都護府於 遼東故城".
13) 『삼국사기』권7, 신라본기7, 문무왕 15년 9월 "薛仁貴以宿衛學生風訓之父金眞珠 伏誅於本 國 引風訓爲鄕導 來攻泉城 我將軍文訓等 逆戰勝之 斬首一千四百級 取兵船四十艘 仁貴解圍 退走 得戰馬一千匹".

소성(買肖城) 일대에 주둔하고 있던 당군에게 군수 물자를 보급하는 것이 포함되어 있었을 것인데, 천성 전투에서 신라군에게 패배하면서 매소성 일대에 주둔하고 있던 당군에게 보급이 원활하게 이루어지지 못하였다.[14] 더욱이 9월 29일 매소성 전투에서 신라가 승리하며 말 30,380필과 그에 상응하는 보급물자를 빼앗으면서 당군은 심각한 보급 문제에 직면하게 되었다.[15]

이후 신라가 천성을 계속 장악하는 상황에서 당은 해상을 통한 보급에 곤란을 겪었을 것이고, 육로를 통해 보급을 추진할 수밖에 없는 상황이 전개되었다. 그런데 요동지역에서 부흥운동이 발생하여 육로를 통한 보급마저 중단될 위기에 처했던 것이다. 더구나 나당전쟁 초기 신라와 고구려 유민의 연합을 목격했던 당군이었다.

그래서 먼저 당 관리를 파면하는 조치를 통해[16] 부흥운동이 확산되는 것을 차단하고 곧이어 당군은 부흥운동을 진압하는 동시에 보급 문제와 신라군과 고구려 유민의 연합작전에 따른 위험 부담 등을 고려하여 한반도에서 물러나 요동지역으로 향했을 것이다. 안동도호부도 이를 따라 요동성으로 이동한 것으로 추측된다. 즉, 당군은 요동지역에서 발생한 부흥운동을 진압하고 수습하기 위한 전략의 일환으로 안동도호부를 요동성으로 옮겼을 가능성이 큰 것이다.

이후 당군은 전열을 재정비한 후 다시 한반도로 투입될 예정이었으나 676

---

14) 고경석, 「수군제의 정비와 해방체제(海防體制) 구축」, 『한국해양사』II (남북국시대), 한국해양재단, 2013, 111쪽.

15) 李相勳, 「唐의 軍事戰略을 통해 본 羅唐戰爭期의 買肖城 戰鬪」, 『新羅文化』29, 2007, 119~121쪽; 『나당전쟁 연구』, 주류성, 2012, 224~226쪽.

16) 『자치통감』권202, 당기18, 고종 의봉 원년 2월 "徙安東都護府於遼東故城 先是有華人任東官者 悉罷之.

년 윤3월 토번이 당을 침입함에 따라 이에 대한 대책으로 토번에 대한 대규모 행군을 편성하고자 했으며, 한반도 전선을 방기하고 토번 전선에 주력하는 군사전략으로 전환하였다.[17]

이같이 고구려 멸망 이후 지속적으로 발생한 요동지역의 부흥운동과 토번의 침략은 당에게 고구려 고지 지배정책의 수정을 요구하였다. 결국 당은 보장왕을 요동주도독(遼東州都督)으로 임명하여 요동으로 귀환하는 조치를 취하였다. 토착민의 자치에 의한 운영이라는 본래 의미의 기미지배체제로 전환하게 된 것이다.[18]

B. ①공부상서(工部尙書) 고장(高藏)을 요동주도독으로 삼고 조선왕(朝鮮王)으로 책봉하여 요동으로 돌아가게 하여 고구려의 남은 무리들을 안집(安輯)하게 하였다. ②고구려인으로 앞서 여러 주에 있던 사람들은 모두 보내어 고장과 함께 돌아가게 하였다. … ③이어서 안동도호부를 신성으로 옮겨서 통치하게 하였다[19](『자치통감』 권202, 당기18, 고종 의봉 2년 2월).

위 사료를 통해 677년 2월 보장왕이 요동주도독에 임명되면서 고구려 고지로 귀환하게 되었고 그의 임무가 유민을 안무하는 것이었음을 알 수 있다(B-①). 그리고 당으로 사민된 유민들이 보장왕과 함께 귀환하였다는 것도 확인할 수 있다(B-②). 유민이 집단적으로 이동하는데 상당한 시간이 소요되었을

---

17) 李相勳, 「羅唐戰爭期 唐의 軍事戰略 變化」, 『歷史敎育論集』37, 2006, 348~355쪽: 앞의 책, 198~205쪽.
18) 김종복, 앞의 책, 39쪽.
19) "以工部尙書高藏爲遼東州都督 封朝鮮王 遣歸遼東 安輯高麗餘衆 高麗先在諸州者 皆遣與藏俱歸 … 仍移安東都護府於新城以統之"

것이므로 보장왕이 먼저 요동으로 돌아오고, 유민들이 귀환한 시기는 677년 후반으로 보아야 할 것이다.[20]

이어서 당은 안동도호부를 요동성에서 신성으로 이동시키는데(B-③), 이는 신성이 요동지역 전체를 통제하며 유민과 말갈과의 교섭을 차단하는데 유리했기 때문이다.[21] 그리고 안동도호부에는 연남생을 파견하여 역시 요동지역을 안무하게 하였다. 연남생은 주현을 개편하고 구휼 실시, 조세 경감 등 실질적인 조치를 취하며 흩어진 유민들을 다시 불러들였다.[22] 그리하여 677년 2월 이후 요동지역은 보장왕을 정점으로 한 고구려인에 의한 자치와 연남생을 대표로 하는 당의 감독과 통제라는 두 축을 중심으로 운영되었다.[23] 둘 중에 실질적인 통치력을 발휘했던 인물은 연남생이었다.

연개소문 정변 이후 역전된 고구려 왕실과 연씨 가문의 권력 관계는 연개소문 사후와 고구려 멸망 후에도 이어지고 당의 고구려 고지 지배에도 반영되었다.[24] 이러한 점은 연씨 가문의 조선의식(祖先意識) 변화에서도 살펴볼 수

---

20) 노태돈은 보장왕과 유민이 함께 677년 말에 요동으로 돌아왔다고 파악하였다(노태돈, 『삼국통일전쟁사』, 서울대학교출판부, 2009, 275쪽 주4).

21) 盧泰敦, 「高句麗 遺民史 研究-遼東·唐內地 및 突厥方面의 集團을 중심으로-」, 『韓㳓劤博士停年紀念史學論叢』, 1981a, 82쪽: 『고구려 발해사 연구』, 지식산업사, 2020, 104~105쪽.

22) 「천남생묘지명」 "儀鳳二年 奉勅存撫遼東 改置州縣 求瘼卹隱 褔負如歸劃野 疎疆奠川知正"(朴漢濟 역주, 「泉男生 墓誌銘」, 『譯註 韓國古代金石文』I (고구려·백제·낙랑 편), 駕洛國史蹟開發研究院, 1992, 495쪽); 『신당서』 권110, 열전35, 제이번장 천남생 "儀鳳二年 詔安撫遼東 并置州縣 招流冗 平斂賦 罷力役 民悅其寬". 이때 안동도호는 고간으로 추정되는데, 연남생은 고간을 보좌하는 역할을 담당하며 실질적인 조치를 시행하였다(김종복, 앞의 논문, 2010, 92~93쪽).

23) 노태돈, 위의 책, 2020, 103~106쪽.

24) 이는 보장왕과 연남생이 당에서 받은 관직에서도 드러난다. 보장왕은 당으로부터 사평태상백(司平太常伯) 원외동정(員外同正)이라는 명예직을 제수받았다. 이는 정3품의 관직이지만 실제 직사(職事)가 없는 원외관(員外官)이다. 이에 비해 연남생은 특진우위대장군겸검교우우림군(特進右衛大將軍兼檢校右羽林軍)에 제수되어 정2품의 문산계(文散階)를 지녔으며

270   고구려부흥운동 연구

있다. 연씨 가문은 시조가 물 또는 우물에서 나왔다는 독자적인 출생 설화를 지니고 있었다. 그런데 「천남산묘지명」과 「천헌성묘지명」에는 이와 달리 동명(東明)과 주몽(朱蒙)의 후예임을 드러내고 있다.[25] 이는 보장왕과 그 후손이 지닌 고구려 유민의 대표자라는 정통성에 대한 도전이자 그것이 현실적으로 인정받는 상황 속에서 나타난 것이다.[26] 이렇게 현실세력과 정통성에서 보장왕이 연남생에게 밀리는 상황에서 부흥운동을 도모하기는 힘들었을 것이다.

그러므로 보장왕은 요동 귀환 직후 당의 정책에 순응한 것으로 여겨진다. 이는 678년 9월 당 고종이 다시 신라를 토벌하려 하자 장문관(張文瓘)이 이에 반대하면서 나눈 대화에서 알 수 있다.[27] 이들은 신라 정벌에 대해서만 언급하고 있고 요동지역에 대해서는 어떠한 고려도 하고 있지 않다. 이는 당 조정이 요동 지배가 안정되었다고 인식했기 때문이다.

그런데 679년이 되면서 상황이 점차 변화한다. 먼저 679년 1월 29일 연남생이 사망하였다.[28] 이는 보장왕에 대한 감시와 통제가 약화된다는 것을 의미하

당 황제를 장내공봉(仗內供奉) 하는 일을 담당하였다.

25) 「천남산묘지명」 "昔者東明感氣 踰㴟川而開國 朱蒙孕日 臨浿水而開都 威漸扶索之津 力制蟠桃之俗 雖星辰海嶽 莫繫於要荒 而俎豆詩書 有通於聲敎 承家命氏 君其後也"(朴漢濟 역주, 「泉男產 墓誌銘」, 앞의 책, 529쪽); 「천헌성묘지명」 "濱海之東兮 昔有朱蒙 濟河建國兮 世業崇崇 崇崇世業 扶木枝葉 枝葉伊何 諒曰泉氏"(朴漢濟 역주, 「泉獻誠 墓誌銘」, 앞의 책, 521쪽).

26) 연헌성은 691년 시작된 천구(天區) 조성 사업에서 고구려 유민의 대표 자격으로 검교천자자래사(檢校天區子來使)가 되어 참여하였다(李文基, 「高句麗 遺民 高足酉 墓誌의 檢討」, 『歷史敎育論集』26, 2001, 472쪽).

27) 『자치통감』 권202, 당기18, 고종 의봉 3년 9월 "上將發兵討新羅 侍中張文瓘臥疾在家 自輿入見 諫曰 今吐蕃爲寇 方發兵西討 新羅雖云不順 未嘗犯邊 若又東征 臣恐公私不勝其弊 上乃止". 노태돈은 당 조정의 신라 원정 계획은 보장왕의 속말말갈 내통과 거사 모의 이전에 세워진 것으로 보아야 한다고 언급하였다(노태돈, 앞의 책, 2009, 274~275쪽).

28) 「천남생묘지명」 "以儀鳳四年正月廿九日 遘疾薨於安東府之官舍"(朴漢濟 역주, 「泉男生 墓誌銘」, 앞의 책, 495쪽).

는 동시에 보장왕이 고구려 유민에게 영향력을 발휘할 수 있는 여건이 조성된다는 점에서 의미가 있다.

그리고 679년 10월 돌궐이 당의 지배에서 벗어나기 위해 부흥운동을 일으키면서 요서지역의 정세에 변화가 나타난다. 돌궐은 정주(定州)를 공격하고 해(奚)와 거란을 선동하여 영주(營州)를 공격하게 하였다.[29] 보장왕이 이러한 대외적인 상황을 이용하여 고구려 부흥을 도모했다고 보는 견해가 있는데,[30] 북방정세가 혼란해지면서 요동지역에 대한 당의 통제력이 약화된 틈을 타 보장왕이 부흥운동을 도모했을 가능성은 충분하다. 다만 돌궐의 정주 공격은 실패로 끝나고 영주를 공격한 해·거란은 영주도독이 보낸 당휴경(唐休璟)의 군대에게 격파된다는 점에서[31] 조금 다른 시각에서 검토할 필요가 있다.

C. 배행검(裵行儉)을 정양도대총관(定襄道大總管)으로 삼았다. 영주도독(營州都督) 주도무(周道務) 등의 병력 18만 명과 더불어 서군(西軍) 정무정(程務挺)과 동군(東軍) 이문간(李文暕) 등과 함께 총 30만 명으로 돌궐을 토벌하게 했다[32](『구당서』 권5, 본기5, 고종 조로 원년 11월).

---

29) 『자치통감』 권202, 당기18, 고종 조로 원년 10월 "單于大都護府突厥阿史德溫傅奉職二部俱反 立阿史那泥熟匐爲可汗 二十四州酋長皆叛應之 衆數十萬 … 突厥寇定州 … 突厥扇誘奚契丹 侵掠營州".

30) 김종복, 「渤海의 건국과정에 대한 재고찰」, 『韓國古代史研究』34, 2004, 304쪽: 앞의 책, 54~55쪽; 권은주, 「7세기 후반 북방민족의 反唐활동과 발해건국」, 『白山學報』86, 2010, 159~160쪽.

31) 『자치통감』 권202, 당기18, 고종 조로 원년 10월 "突厥寇定州 刺史霍王元軌命開門偃旗 虜疑 有伏 懼而宵遁 … 突厥扇誘奚契丹侵掠營州 都督周道務遣戶曹始平唐休璟將兵擊破之"; 『구 당서』 권93, 열전43, 당휴경 "調露中 單于突厥背叛 誘扇奚契丹侵掠州縣 後奚羯胡又與桑乾突 厥同反 都督周道務遣休璟將兵擊破之於獨護山 斬獲甚衆 超拜豐州司馬".

32) "裵行儉爲定襄道大總管 與營州都督周道務等兵十八萬 并西軍程務挺東軍李文暕等 總三十萬 以討突厥"

당은 돌궐의 반란을 토벌하기 위해 소사업(蕭嗣業) 등을 파견하였으나 대패하였고 이어 사료 C의 조치를 시행하였다. 679년 11월 배행검(裴行儉)을 정양도행군대총관(定襄道行軍大總管)으로 제수하고 돌궐을 토벌하게 했는데, 그 휘하에 영주도독(營州都督) 주도무(周道務) 등이 18만의 병사를 이끌고 참전하였다.

영주도독은 본래 거란·말갈·해·습·실위 등을 통어했고 유사시 이들을 동원하여 전투에 임했던 모습이 여러 사료에서 확인된다.[33] 따라서 679년 11월 영주도독 주도무가 이끈 18만 명의 병력 중에는 영주도독에게 소속되거나 제어를 받는 말갈·거란 등이 상당수 포함되었던 것으로 추정된다.[34] 그러므로 영주도독이 돌궐의 부흥운동을 진압하기 위해 출정한 것은 전쟁에 동원되지 않은 말갈에 대한 감시와 통제력을 약화시켰을 것이다. 이는 보장왕이 부흥운동을 준비하는 과정에서 말갈에 접근하는 하나의 계기가 되었다.

또한 영주도독은 당의 고구려 고지 운영과도 밀접히 관련되어 있었다. '검모잠의 변경 침입'에 대응하여 고구려 고지로 파견된 고간과 이근행은 영주도독을 역임했던 경험이 있었고[35] 훗날 고간은 안동도호에 임명되었다.[36] 그리고 굴돌전(屈突詮)은 두 차례 안동도호를 역임한 후 영주도독으로 임명되어

---

33) 영주도독은 거란·말갈·해·습·실위 등을 통어했고 이들을 이끌고 전투에 임하는 모습이 여러 사료에서 확인된다(윤용구, 「고대 중국의 동이관(東夷觀)과 고구려」, 『역사와 현실』55, 2005).

34) 서영교는 18만 전체가 영주도독에게 제어를 받는 말갈·거란 등의 변방군(邊方軍)으로 이해하였다(서영교, 「羅唐戰爭期 唐邊方軍의 來襲과 李勤行」, 『東國史學』42, 2006, 44~46쪽: 『羅唐戰爭史研究』, 아세아문화사, 2006, 284~286쪽).

35) 『신당서』 권3, 본기3, 고종 건봉 원년 6월 "高麗泉男生請內附 右驍衛 大將軍契苾何力爲遼東安撫大使 率兵援之 左金吾衛 將軍龐同善爲營州都督高侃爲遼東道行軍總管 左武衛 將軍薛仁貴 左監門衛 將軍李謹行爲後援"; 『신당서』 권110, 열전35, 제이번장 이근행 "謹行偉容貌 勇蓋軍中 累遷營州都督 家童至數千 以財自雄 夷人畏之".

36) 김종복, 앞의 논문, 2010, 92~93쪽.

활동하였다.[37] 당시 당은 동북변경지역 이민족에 대해 안동도호부와 영주도독부를 축으로 지배력을 행사하고 있었는데,[38] 안동도호와 영주도독은 상보적인 관계를 형성하면서 당의 동북지역 기미지배체제를 운영하는 역할을 수행했던 것이다.

물론 보장왕이 부흥운동을 꾀한다면 그것을 감시하고 통제하는 역할은 안동도호가 담당해야 하는 일이었다. 그런데 안동도호부 설치와 함께 두어진 2만 명의 병력 중 상당수는 나당전쟁 중 소진되었고 잔여의 병력도 676년 안동도호부의 관리로 임명되었던 당나라 사람들을 모두 파직하면서 함께 당으로 귀환한 것으로 여겨진다. 그렇다면 안동도호는 자신의 역할을 온전히 수행하기 힘들었을 것이고 영주도독이 안동도호의 역할을 보완하는 형태를 띠었을 것으로 생각된다. 이러한 상황에서 돌궐의 부흥운동을 진압하기 위해 영주도독이 출정한 것은 보장왕에게는 부흥운동을 준비할 수 있는 중요한 기회로 작용하였던 것이다.

이상에서 보장왕이 부흥운동을 도모한 시기를 추정하는 과정에서 연남생의 죽음과 돌궐의 부흥운동이 배경이 되었음을 알 수 있었다. 그러나 부흥운동이 성공을 거두고 안동도호부를 퇴출시키기 위해서는 일정한 지지 기반이 필요하였다. 여기서 먼저 주목해야 할 존재들이 요동지역의 고구려 유민들이다.

고구려 멸망 직후부터 시작된 요동지역의 부흥운동은 약 10년 동안 단속적(斷續的)으로 발생하였다. 이는 당시 국제정세와 맞물리면서 당의 고구려 고

---

37) 「굴돌전묘지명」 "北庭無事 旣聞三表之功 東隅未康 北佇八條之績 冊拜銀青光錄大夫守安東都護 臨五部之邊邑 輯九種之遺黎 … 朝庭嘉焉 復拜安東都護 … 未幾又除營州都督"(양은경 역주, 「屈突詮墓誌」『중국 소재 한국 고대 금석문』, 한국학중앙연구원출판부, 2015, 117쪽).

38) 李永哲, 「唐代 邊境地域의 蕃鎭과 對外關係-東北邊境地域에서 邊境政策의 變化와 관련하여-」, 『中國史研究』74, 2011, 86~91쪽.

지 지배정책의 전환을 가져왔다. 비록 이것이 국가 재건의 단계까지 이르지는 못했지만 이전에 비해 당의 지배력이 약화된 것은 틀림없는 사실이었다. 더구나 보장왕과 유민의 귀환은 부흥운동의 성공적 결과물로 인식되었을 것이다. 이는 요동지역 유민들이 장차 부흥운동을 일으킬 수 있는 동력으로 작용할 가능성이 있었다. 또한 보장왕의 귀환은 고구려 부흥을 시도할 수 있는 기회로 인식되었을 것이다. 고구려 부흥을 위해서는 왕실의 재건이 필요한데, 상당수의 왕족은 멸망과 함께 당으로 끌려갔다. 그에 따라 부흥운동의 구심점 역할을 할 수 있는 존재가 부재하였고 이는 요동지역에서 발생한 부흥운동의 한계로 작용했을 것이다. 그런데 보장왕의 존재는 이를 해결해주었다. 이러한 추정이 옳다면 보장왕과 요동지역의 유민은 서로를 부흥운동을 추진하기 위한 주요한 존재로 인식했다고 할 수 있다.

다음으로 당으로 끌려갔다가 다시 요동으로 돌아온 유민이 부흥운동을 일으킬 수 있는 기반으로 작용했다. 당으로 사민된 대부분의 유민들은 낯선 환경과 경제적 곤궁, 망국민과 이민족으로서 겪는 차별 등으로 당의 지배체제에 불만을 가졌을 것이다. 그런데 이들 중 상당수는 당의 군사조직에 편성되어 활동한 경험을 가지고 있었다.[39] 때로는 고구려 유민으로 구성된 부대가 조직되기도 하여 이국에 끌려와 있던 유민을 하나로 결집하는 계기로 작용하였다.[40] 물

---

39) 『책부원구』 권1000, 외신부45, 망멸(亡滅) "高麗王高藏 高宗儀鳳中 授開府儀同三司 遼東州都督 封朝鮮王 居安東 鎭本蕃爲主 高藏至安東 潛與靺鞨相通謀叛 事覺召還 配流邛州 幷分徙其人 散向河南隴右諸州 其貧弱者留在安東城傍 聖曆二年 又授高藏男德武 爲安東都督 以領本蕃 自是 高麗舊戶在安東者 漸寡少 分投突厥及靺鞨等 高氏君長遂絶[又云 高藏加授遼東州都督 封朝鮮郡王 遣歸遼東 以輯高麗餘衆 先有編附諸軍 高麗悉放還本蕃]". 당에서의 고구려인 군사집단의 분포와 병종에 대해서는 노태돈, 앞의 책, 2020, 125~126쪽과 정병준, 「唐朝의 高句麗人 軍事集團」, 『東北亞歷史論叢』24, 2009, 192~202쪽 참조.
40) 후대의 자료이기는 하지만 고구려 유민인 고족유(高足酉)가 690년 좌표도위대장군(左豹韜

론 고구려 유민들이 당의 군사조직에 편입된 만큼 집단적으로 결집할 수는 없었고 자체적인 군사력을 지니는 것도 불가능하였다. 그러나 군사적 역량을 유지하고 고구려인으로서의 정체성을 유지하는데 일조(一助)를 하였던 것은 분명하다. 그러므로 보장왕은 요동지역에 계속 거주했던 유민과 당에서 귀환한 유민을 기반으로 하여 부흥운동을 추진하였을 것이다.

그런데 부흥운동이 발생한 후 안동도호부를 요동지역에서 몰아내고 차후 당군의 공격을 막아내기 위해 일정한 군사력이 필요하였다. 이때 보장왕은 성방(城傍)[41]에 주목했을 가능성이 크다.

> D. 일이 발각되자 소환하여 공주(邛州)로 유배 보냈다. 아울러 그 사람들을 하남(河南)·농우(隴右)의 여러 주에 흩어서 옮겼고 빈약(貧弱)한 자는 안동성방(安東城傍)에 머무르게 하였다[42](『구당서』 권199, 열전149, 동이 고려).

보장왕의 계획이 당에게 발각되자, 당은 사민을 실시하였고 빈약(貧弱)한 자를 안동성방(安東城傍)에 머무르게 하였다고 한다. 사민 후 고구려 고지에 남은 사람들이 빈약했다는 것에서 부강(富强)한 사람들이 사민의 대상이었음을 알 수 있다. 이는 달리 말하면 부강자(富强者)가 보장왕의 부흥운동에 참여했거나 동조했을 가능성이 높음을 의미한다.

衛大將軍)이 되어 돌궐 등 이번(二蕃)의 토벌에 나섰을 때 역시 고구려 출신이 고현(高玄)이 중랑장(中郞將)이 되어 제주(諸州)의 고려병사(高麗兵士)를 간선(簡選)한 것을 통해 이를 추정할 수 있다(李文基, 앞의 논문, 2001, 467~469쪽).

41) 성방(城傍)은 당에 내부한 이민족을 군진(軍鎭)의 성 부근에 안치하여 세금을 가볍게 하고 부락조직을 필요할 때 동원하던 군사조직을 가리킨다(鄭炳俊, 「營州城傍高麗人' 王思禮」, 『高句麗硏究』19, 2005, 255~256쪽).

42) "事覺 召還 配流邛州 幷分徙其人 散向河南隴右諸州 其貧弱者留在安東城傍".

또한 위 사료는 안동성방이라는 군사조직이 안동도호부에 존재했음을 알려준다.[43] 안동성방은 안동도호부가 설치된 신성에 위치하였음이 분명하다. 이 외 지역에서 성방이 조직되었다는 직접적인 기록은 없다. 다만 677년 2월 건안성에 웅진도독부(熊津都督府)가 설치되는데 여기에 성방이 존재했던 것으로 추정된다.[44] 그렇다면 최소한 신성, 건안성과 같이 도독부가 설치되어 있던

---

43) 정병준, 앞의 논문, 2009, 188~189쪽. '안동성방(安東城傍)'을 당에 의해 편성된 군사집단으로 이해하는 연구를 비판하면서, 당대 성방(城傍)은 성(城)의 옆이라는 일반 명사에서 출발하여 당의 동북 지방에서 내부한 이민족을 대상으로 상급행정기관인 성(城) 인근에 부락(部落) 단위로 주(州)를 설치하여 부락 내부의 질서를 유지하면서 지배하였던 방식 또는 그렇게 지배된 이민족을 가리키게 되었다고 주장하는 최근 연구가 있다(李基天,『唐 前期 境內 異民族 支配 硏究』, 서울대학교 박사학위논문, 2019, 59~79쪽). 당대 성방(城傍) 관련 연구와 사료를 재검토하여 도출된 결론이라는 점에서 경청할 견해라고 생각된다. 다만 한 가지만 언급하자면, 이 연구에서 '안동성방(安東城傍)'을 '안동성(安東城)'의 옆(傍)'으로 해석하면서『구당서』고려전의 '其貧弱者留在安東城傍'(사료 D)과『자치통감』의 '貧者留安東城傍'이『삼국사기』고구려본기에 '貧者留在安東城傍舊城'으로 표기되어 있음을 주요한 근거로 제시하고 있다. 즉 '안동성방(安東城傍)'이 구체적으로 '안동성방구성(安東城傍舊城)'을 의미하므로 군사집단이 아닌 '안동성(安東城) 옆(傍)의 옛 성(舊城)'으로 해석해야 한다는 것이다. 그런데『삼국사기』고구려본기의 의봉 2년(677) 이후 기록은 보장왕이 공주로 소환된 시기를 개요 원년(681)이라 밝힌 부분을 제외하면 모두『자치통감』,『구당서』,『신당서』등 중국 기록을 가져와 편집한 것이다. 그 과정에서 '성방(城傍)'이 지닌 군사적 성격에 대한 이해가 부족한『삼국사기』고구려본기 찬자가 '안동성방(安東城傍)'을 부연 설명하면서 '구성(舊城)'을 덧붙였을 가능성도 배제할 수 없다. 따라서 '안동성방(安東城傍)'을 '안동성(安東城)의 옆(傍)'으로 해석하는 데 신중할 필요가 있다고 생각한다. 그러므로 이 책에서는 '안동성방(安東城傍)'을 당이 고구려인으로 구성하여 안동도호부를 지키게 했던 군사조직으로 이해하는 연구를 따라 논지를 전개하고자 한다.

44)『통전』권185, 변방(邊防)1, 동이 백제 "遣蘇定方討平之 … 其舊地沒於新羅 城傍餘衆後漸寡弱 散投突厥及靺鞨". 성방여중(城傍餘衆)이 돌궐과 말갈로 흩어졌다는 점에서 성방이 백제 고지에 위치하지 않았음을 알 수 있다. 당은 676년 2월 당에 거주하던 백제 유민들을 건안성으로 옮기고 677년 2월 부여융을 웅진도독으로 삼고 백제 유민들을 안무하게 하였다. 그러므로『통전』백제전에서 말하는 '성방(城傍)'의 '성'은 건안성으로 옮겨진 웅진도독부를 의미하는 것이다(정병준, 「당에서 활동한 백제유민」,『百濟 遺民들의 활동』, 충청남도역사문화연구원, 2007, 286쪽, 300쪽). 여기에서 건안성방 또는 웅진성방의 존재를 확인할 수 있는 것이다.

요동주도독부와 가물주도독부(哥勿州都督府)에도 성방이 조직되었다고 보아야 할 것이다.

물론 성방은 안동도호부를 유지하고 외부의 침략에 대비하고자 설치된 것이었다. 그러나 성방의 구성원은 요동지역에서 고구려 부흥을 추구했거나 당에 끌려가서도 군사적 역량과 고구려인의 정체성을 유지한 유민이었다. 그러므로 보장왕은 이를 이용하여 각 도독부에 설치된 성방을 동원해 부흥운동의 군사적 기반으로 삼으려 했을 것이다.

한편 보장왕이 부흥운동을 일으킬 수 있었던 세력 중 하나가 말갈(靺鞨)이었다.[45] 고구려는 7세기에 흑수부를 제외하고 대부분의 말갈에 대한 지배권을 확립하였다.[46] 이에 수·당과의 전쟁에서 이들을 주요 병력으로 동원하였다. 그 결과 말갈은 고구려 멸망 후 당으로 옮겨지거나 기존 질서가 와해되어[47] 보장왕에게 군사적 원조를 해줄 만큼의 세력이 되지 못했다. 그리고 당에 귀부한 말갈은 나당전쟁 시기 동안 신라를 공격하는데 동원되기도 하였다. 더구나 말갈은 하나의 통합적인 정치체를 구성하지 못했기 때문에[48] 말갈 전

---

45) 『자치통감』권202, 당기18, 고종 의봉 2년 2월 "藏至遼東 謀叛 潛與靺鞨通". 이때의 말갈에 대해서는 속말말갈(粟末靺鞨)로 보는 견해(盧泰敦, 「渤海 建國의 背景」, 『大丘史學』19, 1981b, 82쪽), 흑수말갈(黑水靺鞨)로 보는 견해(魏國忠·孫正甲, 「唐與黑水靺鞨之戰」, 『社會科學戰線』1984-3, 1984, 197쪽), 고구려 멸망 전후 영주지역으로 사민된 말갈 세력으로 보는 견해(임금표, 「보장왕의 고구려 부흥운동과 '營州靺鞨'」, 『高句麗渤海研究』72, 2022)가 있다.

46) 고구려와 말갈 제부의 관계는 金賢淑, 「6~7세기 高句麗史에서의 靺鞨」, 『강좌 한국고대사』10, 2003, 176~188쪽 : 「말갈에 대한 지배 방식」, 『고구려의 영역지배방식 연구』, 모시는 사람들, 2005, 469~479쪽 참조.

47) 『구당서』권199, 열전149, 북적 말갈 "其白山部 素附於高麗 因收平壤之後 部衆多入中國 汨咄安居骨號室等部 亦因高麗破後奔散微弱 後無聞焉".

48) 『신당서』말갈전의 "其國凡爲數十部 各有酋帥"라는 표현에서 알 수 있듯이 말갈은 하나의 통합적인 정치체를 구성하지 못하였다.

체가 보장왕의 부흥운동에 동조했다고 보기 힘들다.

    E-①. 신성주도독부(新城州都督府), 요성주도독부(遼城州都督府), 가물주
도독부(哥勿州都督府), 건안주도독부(建安州都督府), 남소주(南蘇州), 목저주
(木底州), 개모주(蓋牟州), 대나주(代那州), 창암주(倉巖州), 마미주(磨米州), 적
리주(積利州), 여산주(黎山州), 연진주(延津州), 안시주(安市州)(『구당서』권39,
지19, 지리2, 하북도 안동도호부).

    E-②. 남소주(南蘇州), 개모주(蓋牟州), 대나주(代那州), 창암주(倉巖州), 마
미주(磨米州), 적리주(積利州), 여산주(黎山州), 연진주(延津州), 목저주(木底
州), 안시주(安市州), 제북주(諸北州), 식리주(識利州), 불열주(拂涅州), 배한주
(拜漢州), 신성주도독부(新城州都督府), 요성주도독부(遼城州都督府), 가물주
도독부(哥勿州都督府), 위락주도독부(衛樂州都督府), 사리주도독부(舍利州都
督府), 거소주도독부(居素州都督府), 월희주도독부(越喜州都督府), 거단주도
독부(去旦州都督府), 건안주도독부(建安州都督府)(『신당서』권43하, 지43하, 지
리7하, 하북도).

    위 사료는 안동도호부 예하의 도독부와 주를 기재한 것이다. 사료 E-①에
는 4도독부·10주가 기재되어 있는데 705년 이후 복치(復置)된 안동도호부의
상황을 반영하고 있다는 견해가 있다.[49] 그러나 기미부주의 위치가 요동지역
이고[50] 신성주도독부가 제일 앞에 기록된 것을 통해 안동도호부가 신성에 있

49) 노태돈, 앞의 책, 2020, 113쪽.
50) 4도독부 10주의 위치 고증은 津田左右吉, 앞의 책, 64~65쪽과 日野開三郎, 「唐の高句麗討滅
と安東都護府」, 『小高句麗國の研究』, 三一書房, 1984, 42~43쪽 참조.

었던 677~698년의 상황을 기록한 것으로 추정할 수 있다.[51]

사료 E-②에는 말갈 종족명을 한 5도독부·4주가 추가로 기록되어 있다. 이에 대한 견해를 살펴보면 증치(增置) 시기에는 약간의 차이가 있지만, 그 이유를 발해의 성장과 말갈 지역으로의 진출로 본다는 점에서는 공통점이 있다.[52] 그런데 E-②에도 신성주도독부가 여러 도독부 중 가장 먼저 기록되어 있다. 그리고 이진충의 난으로 698년 폐지된 안동도호부는 705년 다시 설치되었는데, 이후 요서지역에 존재하면서 유주·영주도독 및 평로절도사가 안동도호를 겸임하였다.[53] 이러한 상황에서 안동도호부 예하 기미주가 요동지역에 존재했다고 보기는 힘들다. 또한 발해 건국 이후 요동지역은 발해의 영역 또는 당과 발해의 완충지대로서 존재했다.[54] 그러므로 E-②는 안동도호부가 신성에 있을 당시인 677년부터 698년까지의 상황을 기록한 것을 보아야 한다.[55]

당은 보장왕의 계획을 인지한 후 여러 조치를 시행하였다. 앞서 살펴보았듯이 보장왕을 당 내지(內地)로 유배 보내고 고구려 유민을 재차 강제 이주하는 조치를 취한 것이다. 그리고 당은 고구려 고지에 대한 지배정책도 수정하

---

51) 津田左右吉, 앞의 책, 65~66쪽. 안동도호부가 신성으로 옮겨간 직후의 상황을 기록한 것으로 보는 연구(李仁哲, 「6·7世紀의 鞅鞨」, 『國史館論叢』95, 2001, 57~59쪽; 程尼娜, 「唐代安東都護府研究」, 『社會科學輯刊』2005-6, 2005, 130쪽)와 698년 安東都督府로 강등될 때 안동도호부의 관할 영역으로 보는 연구(김종복, 「완충지대로서의 요동을 통해 본 신라·발해·당의 관계」, 『韓國古代史研究』88, 2017, 267~269쪽)도 있다.

52) 津田左右吉, 앞의 책, 67쪽; 日野開三郎, 앞의 책, 192~210쪽; 김진광, 「8世紀 渤海의 遼東進出」, 『三國時代研究』2, 2002, 163~166쪽. 다만 日野開三郎은 증치된 5도독부·4주는 안동도호부가 아니라 소고구려국의 영토로 편입되었다고 주장한다.

53) 日野開三郎, 앞의 책, 32~36쪽; 김육불(동북아역사재단 옮김), 『김육불의 東北通史』下, 동북아역사재단, 2007, 543~560쪽.

54) 발해 건국 이후 요동지역의 향방에 대한 여러 견해는 김종복, 「발해시대 遼東 지역의 귀속문제」, 『史林』31, 2008 참조.

55) 이인철, 위의 논문, 57~58쪽.

여 요동지역의 기미부주를 대표하는 조선군왕부(朝鮮郡王府)를 폐지하고 안동도호부에 당의 관리를 다시 파견하였다.[56] 당이 고구려를 멸망시킨 직후 고구려 고지에 도입하려 했던 지배체제로 다시 회귀를 시도했다고 해석할 수 있다. 즉 고구려 유민에 대한 통제를 강화하는 방향으로 선회한 것이었다.

이러한 상황에서 반란의 공모자로 지목된 말갈을 방기했다고 보기 어렵다. 당은 보장왕과 연계된 말갈에 대한 통제력을 강화하는 조치를 단행했을 것이다. 그에 따라 말갈 제부가 안동도호부의 직접적인 관할 하에 들어오게 되었다고 추정된다. 이를 반영하는 것이『신당서』안동도호부조의 기미주 증치인 것이다. 즉 E-②에서 말갈 종족명을 한 5도독부·4주는 당이 부흥운동을 좌절시킨 후 말갈에 대한 통제력을 강화하는 과정에서 새롭게 안동도호부로 편입된 말갈 세력을 가리킨다고 할 수 있다.

그렇다면 보장왕이 포섭한 말갈의 정체는 철리(鐵利),[57] 불열(拂涅), 배한(拜漢), 위락(衛樂), 사리(舍利), 거소(居素), 월희(越喜), 거단(去旦) 등의 부였다고 할 수 있다. 이 중에서 불열부는 말갈 7부 중 하나로서 고구려 멸망 후 동향에 관해서 사료에서 구체적으로 언급하지 않는 것으로 보아 그 세력이 비교적 온전하게 남아 있었던 것으로 생각된다. 그리고 철리와 월희는 불열과 함께 8세기 전반 당에 조공사절을 파견하는 모습을 보이는 등 친근성이 확인되는 바, 함께 고구려의 지배 아래에서 공통의 역사과정을 거친 것으로 추정된다.[58] 이러한 역사적 경험이 보장왕이 계획한 부흥운동에 참여하게 된 계기로 작용하였을 것이다.

---

56) 여호규·拜根興,「遺民墓誌銘을 통해본 唐의 東方政策과 高句麗 遺民의 동향」,『東洋學』69, 2017, 87쪽.
57) 식리(識利)는 철리(鐵利)의 오기이다(津田左右吉, 앞의 책, 67쪽).
58) 權恩姝,「渤海의 靺鞨服屬과 支配」, 경북대학교 석사학위논문, 2001, 12~14쪽.

이상에서 보장왕은 크게 세 개의 세력을 중심으로 부흥운동을 추진했음을 알 수 있었다. 먼저 요동지역에서 꾸준히 부흥운동을 펼쳤거나 당으로 사민되었다가 다시 돌아온 고구려 유민이다. 그리고 이들로 구성된 성방이라는 군사조직이 실질적인 군사적 기능을 수행했던 것으로 파악된다. 아울러 친고구려적 성향을 지닌 일부 말갈 세력과의 연대를 통해 세력 범위를 보다 확대하려 하였다.

2. 신라의 동향으로 본 부흥운동의 실패

보장왕 세력은 679년 1월 연남생의 죽음과 679년 말 당의 돌궐 토벌을 계기로 부흥운동을 추진하였다. 이것이 주변 세력, 특히 신라에 어떠한 영향을 끼쳤는지 살펴보도록 하겠다.

670년 8월 고구려왕에 책봉된 안승은 674년 9월 보덕왕(報德王)으로 책봉되고[59] 680년 3월 신라 왕실 여성과 혼인을 하였으며,[60] 683년 10월 소판의 관등과 김씨 성을 사여 받고 경주로 이거하게 된다.[61] 이러한 일련의 과정은 보덕국(報德國)이 신라 체제 내로 편입되는 과정 또는 보덕국의 독립성과 자주성이

---

59) 『삼국사기』 권7, 신라본기7, 문무왕 14년 9월 "封安勝爲報德王".
60) 『삼국사기』 권7, 신라본기7, 문무왕 20년 3월 "以金銀器及雜綵百段賜報德王安勝 遂以王妹妻之". 혼인 대상을 왕매(王妹)로 표현하고 있어 '문무왕의 누이[王妹]'로 이해할 수 있다. 그러나 문무왕의 교서에서 '매녀(妹女)', 안승이 올린 표문에서 '외생공(外生公)'이라는 표현을 사용한 것으로 볼 때, '왕매(王妹)'는 '왕매녀(王妹女)'의 오류로 추정된다(李康來, 『三國史記 典據論』, 民族社, 1996, 49쪽).
61) 『삼국사기』 권8, 신라본기8, 신문왕 3년 10월 "徵報德王安勝爲蘇判 賜姓金氏 留京都 賜甲第良田".

소멸되는 과정으로 파악할 수 있다.[62]

그런데 680년 5월 안승은 문무왕에게 보낸 표문에서 고구려왕이라 칭하고 있으며 고연무는 태대형과 대장군이라는 고유의 관등과 관직을 사용하는 등 독자적인 면모를 드러내고 있다.[63] 그리고 혼인 정책은 양 세력 간 혈연관계를 맺음으로써 우호관계를 수립·유지하는 기능도 지니고 있었다.[64] 따라서 신라 왕실과 보덕국 왕실 간의 혼인을 신라 측에서 주도한 것에는 통합의 측면 외에 또 다른 의도가 존재했음을 추정할 수 있다.

신라는 나당전쟁기에 상당한 수준의 첩보활동과 정보수집능력을 발휘하며 전쟁에 임하였다.[65] 나당전쟁이 끝난 후에는 요동지역의 정세에 대해 지속적으로 관심을 가지고 정보를 수집하였다. 검모잠이 주도한 부흥운동에 대처하기 위해 당이 대규모의 행군을 파견하였고 이들이 나당전쟁 초기 당의 주력부대로 활동하였기 때문이다. 특히 신라는 보장왕의 부흥운동에 관한 정보를 사전에 수집했을 가능성이 높다. 부흥운동을 추진한 것이 적발되면서 보장왕은 당으로 소환되어 공주(邛州)로 유배되는데,[66] 중국 측 기록에서는 그

---

62) 신라의 보덕국 통합 과정은 신라 건국 이래 주변 소국 통합의 정치적 경험이 축적·집약된 것이라 평가할 수 있다(村上四男,「新羅と小高句麗國」,『朝鮮學報』37·38, 1966, 70쪽:「新羅國と報德王安勝の小高句麗國」,『朝鮮古代史研究』, 開明書院, 1978, 263쪽; 하일식,『신라 집권 관료제 연구』, 혜안, 2006, 270쪽).

63) 盧泰敦,「對渤海 日本國書에 云謂한 '高麗舊記'에 대하여」,『邊太燮博士華甲紀念史學論叢』, 1985, 621쪽: 앞의 책, 2020, 260쪽.

64) 韓㳓劤,「古代國家成長過程에 있어서의 對服屬民施策(上)」,『歷史學報』12, 1960, 106쪽. 혼인정책은 납질(納質)의 한 형태로 이용될 수도 있다(梁起錫,「三國時代 人質의 性格에 對하여」,『史學志』15, 1981, 45~46쪽). 따라서 신라가 혼인정책을 추진한 배경에는 복합적인 요소가 있음을 알 수 있다.

65) 나당전쟁기 신라의 대당 정보 수집과 그에 따른 방어전략 수립에 관해서는 이상훈,「羅唐戰爭期 文豆婁 秘法과 海戰」,『新羅文化』37, 2011, 40~44쪽: 앞의 책, 171~176쪽 참조.

66)『신당서』권220, 열전145, 동이 고려 "藏與靺鞨謀反 未及發 召還放邛州".

시기가 명확히 드러나지 않는다. 그에 비해『삼국사기』는 개요 원년(681)으로 분명히 밝히고 있다(사료 F-①). 이것은 신라가 독자적으로 수집한 정보에 근거한 것으로 여겨진다.

보장왕의 계획을 사전에 인지한 신라는 이것이 보덕국에 전해졌을 때 발생할 수 있는 여러 상황을 고려했을 것이다. 고구려 유민에게 보덕국 존립의 궁극적인 목적은 고구려 부흥이었다. 그러므로 보장왕에 관한 소식이 보덕국에 전해질 경우 보덕국 세력 중 일부가 익산지역을 이탈하여 고구려 고지로 향할 가능성을 배제하기 힘들었을 것이다.[67] 또한 이는 백제 유민들을 자극하여 백제부흥운동이 재차 발생하는 상황에까지 다다를 수도 있었다. 이러한 여러 변수를 고려한 신라는 보덕국을 신라지배체제 내로 흡수하는 동시에 우호관계를 맺을 수 있는 방안으로 혼인정책을 추진하였던 것이다.

고구려 유민은 나당전쟁의 진행과정에서 군사적 효용성이 점차 상실되어 갔고 금마저(金馬渚)로 옮겨진 뒤 백제 유민을 견제하는 역할도 점차 약화되어 갔다. 따라서 보덕국과 안승에 대한 신라의 정책은 종속성을 강화하는 쪽으로 추진될 것이 자명한 일이었다. 그런데 보장왕의 부흥운동 추진으로 신라는 고구려 유민 정책을 수정하게 되었다. 혼인정책으로 비록 보덕국은 신라지배체제에 더욱 흡수되었지만 일시적이나마 독자성을 유지할 수 있었던 것이다.

신라의 대고구려 유민 정책에 변화를 가져온 보장왕의 부흥운동이 실패로 끝나는 시점을 알려주는 직접적인 자료는 없다. 다만, 다음의 사료를 통해 그

---

67) 이와 관련하여 684년 보덕성민(報德城民)의 반란시 실복이 이끄는 세력이 현재 경기도 안성으로 추정되는 가잠성으로 이동한 점이 주목된다. 이들은 옛 근거지인 황해도 지역으로 이동하고자 한 것으로 추측된다(李馨懋,「신문왕대 報德城民의 반란과 신라의 대응」, 경북대학교 석사학위논문, 2011, 11~15쪽).

시기를 추정할 수 있다.

F-①. [보장]왕이 요동에 이르러 모반을 도모하여 몰래 말갈과 통하였다. 개요(開耀) 원년 공주(邛州)로 소환되었다가 영순(永淳) 초에 죽었다[68] (『삼국사기』 권22, 고구려본기10, 보장왕).

F-②. 사찬 무선이 정병(精兵) 3천 명을 이끌고 비열홀(比列忽)을 지켰다[69] (『삼국사기』 권7, 신라본기7, 문무왕 21년 정월).

F-③. 정천군(井泉郡)은 본래 고구려 천정군(泉井郡)이다. 문무왕 21년 취하였다[70](『삼국사기』 권35, 잡지4, 지리2, 삭주).

사료 F-①은 보장왕이 부흥운동을 준비하던 중 개요 원년(681) 공주(邛州)[71]로 소환되었으며 영순(682~683년) 초에 사망하였음을 전하고 있다. 보장왕이 부흥운동을 준비하고 있음을 당 조정이 인지한 후 계속해서 요동에 거주토록 하지는 않았을 것이다. 그렇다면 681년에 부흥운동이 실패로 돌아가고 공주로 유배되었다고 보는 것이 타당하고,[72] 공주로의 이동 거리 및 시간 등을 고려한다면 당이 보장왕의 부흥운동을 인지했던 시기는 680년 후반~681년 전반일 가능성이 크다. 사료 F-②와 ③을 통해 구체적인 시기를 추정해 보자.

---

68) "王至遼東 謀叛 潛與靺鞨通 開耀元年 召還邛州 以永淳初死 贈衛尉卿 詔送至京師".

69) "沙湌武仙率精兵三千 以成比列忽".

70) "井泉郡 本高句麗泉井郡 文武王二十一年取之".

71) 공주는 장안에서 서남으로 2,515리 떨어진 변경으로 죄를 범한 관리들이 유배되는 주요한 지역이었다(바이건싱, 「고구려 마지막 군주 고장의 분묘 위치 추적 및 당에서의 삶에 관하여」, 『고구려왕릉연구』, 동북아역사재단, 2009, 364쪽: 拜根興, 「高麗末代王高藏在唐生活及其塚探討」, 『唐代高麗百濟移民研究』, 中國社會科學出版社, 2012, 189쪽).

72) 김종복, 앞의 책, 54쪽.

신라는 681년 1월 사찬 무선으로 하여금 정병(精兵) 3천을 이끌고 비열홀(比列忽)을 지키게 하였다. 이와 함께 비열홀보다 북쪽에 정천군(井泉郡)을 설치하였다. 신라의 동북경(東北境)은 556년(진흥왕 17) 비열홀주 설치 이후 여러 차례 변동이 있었다. 진흥왕대 주치(州治)가 설치될 정도로 신라의 확실한 영역이었으나, 637년(선덕왕 6) 고구려에게 상실하였고, 668년(문무왕 8) 다시 비열홀주를 설치하였다. 이후 당의 압력으로 안동도호부의 영역에 들어갔으나 이는 도상(圖上) 계획에 그쳤고, 신라는 진휼 실시와 축성 사업을 통해 동북변경에 대한 지배를 강화하였다.[73]

이러한 과정에서 주목되는 것이 비열홀을 둘러싼 신라와 당의 갈등이다.[74] 당은 비열홀을 안동도호부의 영역에 편입시키려 하고, 신라는 본래 신라 땅임을 내세우며 이를 거부하려 하였다. 이처럼 신라가 당과의 갈등을 감수하면서 비열홀을 고수하려 한 것은 이 지역이 평양 일대와 한강 하류를 견제할 수 있는 군사요충지였기 때문이다.[75]

따라서 비열홀에 대한 군사적 방어태세를 강화한다는 것은 다시 신라·당 간에 군사적 긴장이 발생했거나 발생할 가능성이 농후해졌음을 의미한다. 신

---

73) 비열홀을 중심으로 한 신라 동북경 지역의 변동과 나당 간의 대립에 관해서는 李文基, 「統一新羅期의 「北鎭」과 軍事的 位相」, 『九谷黃鐘東敎授停年紀念史學論叢』, 1994, 305~312쪽; 李文基, 『新羅兵制史硏究』, 一潮閣, 1997, 110~112쪽; 전덕재, 「新羅의 東北地方 國境과 그 變遷에 관한 고찰」, 『軍史』91, 2014, 174~177쪽 참조.

74) 『삼국사기』 권7, 신라본기7, 문무왕 11년 7월 「답설인귀서」 "又卑列之城 本是新羅 高麗打得 三十餘年 新羅還得此城 移配百姓 置官守捉 又取此城 還與高麗 且新羅自平百濟 迄定高麗 盡忠効力 不負國家 未知何罪 一朝遺弃 雖有如此寃枉 終無反叛之心". 한편 趙二玉은 비열홀을 두고 신라와 대치했던 세력을 말갈로 파악하였다(趙二玉, 『統一新羅의 北方進出 硏究』, 서경문화사, 2001, 89~104쪽).

75) 비열홀이 위치한 안변은 신라가 평양의 안동도호부를 견제하고 한강 하류 지역을 방어하는 데 필요한 군사전략상 핵심지역이었다(李相動, 「羅唐戰爭의 軍事的 原因과 新羅의 戰爭準備」, 『역사와 경계』79, 2011, 14~20쪽: 앞의 책, 73~79쪽).

라는 보장왕의 행보에 관한 정보를 수집한 상황에서, 그것이 발각되어 당이 행군을 요동지역에 파견될 가능성이 있다고 판단하고 비열홀에 대한 방어를 강화한 것이다. 그러므로 보장왕의 부흥운동이 당에 발각된 시점의 하한은 681년 1월이라 할 수 있고, 병력 선발과 부대 조직 및 비열홀로의 부대 이동 시간 등을 고려한다면 680년 후반으로 보아야 할 것이다.

679년부터 보장왕은 부흥운동을 모색하였고 이는 680년 후반까지 지속되었다. 이에 대한 당의 대응을 살펴보면, 행군 파견과 같은 군사 행동은 실시하지 않았다. 보장왕도 군사적으로 대응하는 모습을 보이지 않는다. 이는 부흥운동이 군사 활동 단계까지 이르지 못했음을 보여준다. 그러나 오랜 준비 기간과 성방과의 연계 등을 고려한다면 군사 활동 직전 단계까지 이르렀다고 보는 것이 옳다. 그렇다면 거병 직전에 정보가 누설되어 당 조정에 알려졌다고 보아야 한다.

이는 보장왕의 부흥운동을 저지하고 당에 알린 세력이 존재했다는 것을 의미한다. 이들은 누구일까.[76] 첫째, 말갈을 주목할 필요가 있다. 상당수의 말갈족들이 대당전쟁에 동원되어 손실을 입었다. 그에 따라 일부는 고구려에 반감을 지니게 되어 보장왕의 제안을 거부하고 이를 당에 알렸을 가능성이 있다. 그리고 연남생이 당에 항복할 때 거느린 속말말갈은[77] 이후 당의 기미지

---

76) 기존의 연구에서는 연남생(紀宗安 · 薑淸波, 「論武則天與原高麗王室及泉氏家族」, 『陝西師範大學學報』33-6, 2004, 71쪽), 부여융 혹은 연남생(黃約瑟, 「武則天與朝鮮半島政局」, 『黃約瑟隋唐史論集』, 中華書局, 1997, 63쪽: 黃約瑟(정병준 · 차오링 역), 「武則天과 한반도 정세」, 『新羅史學報』35, 2015, 226쪽), 고구수(高仇須)의 부친(바이건싱, 앞의 논문, 188~189쪽), 연헌성(김종복, 앞의 책, 55쪽)이 보장왕의 시도를 당 조정에 알리거나 무력화 하는데 공을 세운 것으로 추정하였다.

77) 김종복, 앞의 책 49~50쪽. 물론 속말말갈 전체가 당의 지배하에 들어갔다고 할 수는 없다. 속말말갈은 물길계가 중심으로 이루면서 부여계 부락도 일부 존재하는 등 통일체를 이루지

배에 들어가는데 그 위치는 길림을 중심으로 한 송화강 유역이다. 보장왕과 연계하였던 말갈 중 그 위치를 알 수 있는 것은 불열·월희·철리인데 대체로 속말말갈의 북동쪽에 거주하였다.[78] 그러므로 보장왕이 이들과 연결되기 위해서 송화강 유역을 통과해야 하고 이 과정에서 속말말갈 중 일부가 정보를 입수하여 당에 알렸을 가능성이 있다.

둘째, '유공자(有功者)'의 존재가 주목된다. 고구려 멸망 후 당은 '유공자'를 도독·자사·현령에 임명하였는데 여기서 '공'은 당의 고구려 공격 협조 또는 당에 대한 항복을 의미한다. 이들은 당의 지배에 협조하는 대가로 기득권을 보장 받았다. 그런데 677년 요동주도독에 임명된 보장왕과 신성으로 귀환한 연남생, 이들과 함께 고구려 고지로 돌아온 다수의 유민들의 존재는 '유공자'를 중심으로 한 기존의 지배 질서를 흔들었을 가능성이 높다.

이는 건안주(建安州)의 사례를 통해 살펴볼 수 있다. 「고흠덕묘지명」와 「고원망묘지명」에서 따르면 고원(高瑗)-고회(高懷)-고천(高千)-고흠덕(高欽德)으로 이어지는 가계에서 이들은 모두 건안주도독(建安州都督)을 역임하였다. 이 가문은 고구려 멸망을 전후하여 고구려 지방관인 건안성욕살(建安城褥薩)과 기미부주장관인 건안주도독(建安州都督)을 승습(承襲)했다고 여겨진다.[79] 고흠덕은 677

못하고 있었기 때문이다(송기호, 「粟末靺鞨의 원류와 扶餘系 집단 문제」, 『한반도와 만주의 역사 문화』, 서울대학교출판부, 2003: 『발해 사회문화사 연구』, 서울대학교출판문화원, 2011, 65~102쪽). 그러므로 속말말갈 내부에는 당의 지배에 순응한 집단과 이에 대항한 집단으로 구분되어 있었을 것이다.

78) 『수서』 말갈전에 따르면 불열부는 속말부의 북동쪽에 위치하고 있으며 대체로 흥개호(興凱湖) 일대 또는 목단강(牧丹江) 유역의 영안시(寧安市) 일대로 보고 있다. 월희부는 송화강 하류와 우수리강 동쪽 지역, 철리부는 흑룡강성 의란(依蘭) 일대로 파악된다(王承禮(宋基豪 譯), 『발해의 역사』, 翰林大學 아시아文化研究所, 1988, 69쪽). 월희·철리부의 위치에 관한 여러 견해는 李美子, 「渤海の遼東地域の領有問題をめぐって」, 『史淵』140, 2003, 137쪽 참조.

79) 여호규·拜根興, 「遺民墓誌銘을 통해본 唐의 東方政策과 高句麗 遺民의 동향」, 『東洋學』69,

년 태어나는데, 이때는 고회 내지 고천이 건안주도독으로 재임하고 있었을 것이다. 그런데 676년 당은 백제 고지에 두어졌던 웅진도독부를 건안성으로 옮기고 당 내지로 사민되었던 백제 유민도 건안성으로 옮겼다.[80] 677년에는 부여융을 웅진도독으로 삼고 대방왕(帶方王)에 봉하면서 백제 유민을 안무하게 하였다.[81] 이러한 조치에 고흠덕 가문은 건안주를 기반으로 그동안 누려온 기득권을 위협받는다는 위기감을 느꼈을 법하다. 이는 비단 건안주에만 해당하지 않았을 것이다. 고구려 멸망 이후 약 10년 동안 유지되어 오던 '유공자' 중심의 지배 구조는 당으로 강제 이주되었던 고구려 유민이 귀환하면서 동요되었을 것이다. 이에 '유공자'들은 보장왕의 계획을 당 조정에 알려서 자신들의 권한을 유지하고자 했을 것이다.

셋째, 요동주도독 휘하의 장사(長史)와 사마(司馬)이다. 장사나 사마로 임명된 당 관리는 고구려 유력자들을 감시, 통제하는 역할을 수행하였다.[82] 이는 「양현기묘지명」에서 확인이 된다. 양현기(陽玄基)는 총장 원년(668) 검교동책주도독부장사(檢校東柵州都督府長史)에 임명된 인물로서 반수령(反首領) 고정문(高定問) 등이 일으킨 부흥운동을 진압하였는데,[83] 이는 장사의 임무를 짐작케 해준다. 비록 676년 당 관리들이 철수하였지만 그 기능은 유지되었을 것이다. 다만 그것이 친당적 고구려 유민으로 옮겨졌을 뿐이었다. 그러므로 요동주도

2017, 78쪽.

80) 『자치통감』 권202, 당기18, 고종 의봉 원년 2월 "徙熊津都督府於建安故城 其百濟戶口先徙於徐袞等州者 皆置於建安".

81) 『자치통감』 권202, 당기18, 고종 의봉 2년 2월 "又以司農卿扶餘隆爲熊津都督 封帶方王 亦遣歸安輯百濟餘衆".

82) 김종복, 앞의 책, 31~32쪽.

83) 「양현기묘지명」 "總章元年 授鹿陵府長上折衝 仍檢校東柵州都督府長史 誅反首領高定問等 封定陽郡公 食邑二千戶"(吳鋼 主編, 『全唐文補遺』8, 三秦出版社, 2005, 330쪽).

독 휘하의 장사와 사마가 보장왕의 부흥운동을 당 조정에 보고했을 가능성이 매우 크다고 할 수 있다.

이상에서 말갈 일부 세력, 유공자 세력, 기미부주의 속료로 활동하던 친당적 고구려 유민이 보장왕의 부흥운동을 저지하였음을 확인하였다. 이들을 반(反)보장왕 세력이라 부를 수 있다. 이들에 의해 부흥운동이 실패로 돌아간 후 당은 두 가지 조치를 실시한다.

> G. 고장(高藏)이 말갈과 더불어 반란을 꾀하다가 사전에 발각되어 소환하여 공주로 추방하였다. 나머지 사람들은 하남과 농우로 옮겼고 약하고 가난한 자는 안동(安東)에 남겨두었다. 고장이 영순 초에 죽으니 위위경(衛尉卿)을 추증하고 힐리(頡利)의 묘 왼쪽에 장사하고 그 무덤에 비를 세웠다. 옛 성들은 왕왕 신라에 편입되었다. 유민들은 흩어져 돌궐과 말갈로 달아났다. 이로 말미암아 고씨의 군장이 모두 끊어졌다[84](『신당서』 권220, 열전145, 동이 고려).

680년 후반 부흥운동이 당에 알려지면서 681년 초 보장왕을 소환하여 공주로 유배를 보냈다. 요동지역의 안정적인 지배를 위해 보장왕을 파견했던 당의 입장에서 오히려 부흥운동을 추진하는 보장왕을 계속 요동에 둘 수는 없었다. 더구나 보장왕은 유민들을 결집하는 구심점의 역할을 하였기 때문에, 이들과 격리할 필요가 있었을 것이다. 그리고 부흥운동에 참여하였거나 또는 동조할 가능성이 높은 유민을 재차 당으로 사민하는 조치를 취한다. 이것

---

84) "藏與靺鞨謀反 未及發 召遷放邛州 廝其人于河南隴右 弱窶者留安東 藏以永淳初死 贈衛尉卿 葬頡利墓左 樹碑其阡 舊城往往入新羅 遣人散奔突厥靺鞨 由是高氏君長皆絶".

이 실시된 후 빈약자들만 남게 되고 이들마저도 돌궐, 말갈 등으로 흩어지면서 요동지역에는 부흥운동을 시도할만한 세력이 남아 있지 않게 된다. 결국 보장왕의 부흥운동이 실패로 돌아가는 것을 계기로 요동지역에서 부흥운동은 7세기 말 발해의 건국이 이루어지기 전까지 소강상태를 맞게 된다.

맺음말 :
고구려부흥운동의 역사적 성격과 의미

지금까지 고구려 멸망 이후 전개된 부흥운동을 살펴보았다. 기존 연구는 문헌자료를 바탕으로 한반도 서북부지역에서 펼쳐진 부흥운동에 관심이 집중되었다. 이 책에서는 관심을 받지 못했던 문헌자료를 다른 자료와 비교 검토를 통해 부흥운동의 관점에서 새롭게 해석하고 근래 알려진 당대 석각자료를 활용하는 방식으로 연구를 진행하여, 고구려 고지 각 지역에서 발생한 부흥운동의 실상에 접근하고자 하였다.

　고구려 멸망 직후 당의 지배에 편입되기를 거부했던 지역이 존재하였다. 여기에 당의 기미지배가 도입되면서 고구려 유민의 저항은 거세졌다. 요동지역의 주요 성이 당의 지배에서 이탈했으며 부여성 권역, 책성 권역에서 부흥운동이 전개되었다. 당은 이에 대처하기 위해 669년 5월 대규모 사민을 단행했지만, 오히려 부흥운동은 더욱 촉발되었다. 검모잠이 대표적인데, 그는 요서 일대로 사민된 고구려 유민과 연대하는 등 개별적·분산적으로 이루어지고 있던 부흥운동의 한계를 극복하고자 하였다. 더 나아가 실질적인 고구려 부흥을 도모하기 위해 평양으로 남하하여 670년 6월 보장왕의 서자 안승을 국왕으로 옹립하였다. 고구려 부흥이 달성된 것이다.

　고구려 유민은 안동도호부 예하 당군 및 고간·이근행이 이끄는 당 행군과 치열하게 전쟁을 치르면서 부흥운동을 전개해 나갔다. 요동지역, 부여성 권역, 책성 권역, 한반도 서북부지역 등 고구려 고지 전역에서 고구려부흥군이 활동하였다. 특히 '부흥고구려국'은 673년까지 신라와 연합하여 대당전쟁을 수행하였다. 요동지역은 672년, 부여성 권역은 673년 초까지 부흥운동이 전개되었음이 확인된다.

안승이 금마저로 옮겨지면서 한반도 서북부지역에서 부흥운동은 더이상 확인되지 않는다. 하지만 요동지역의 사정은 달랐다. 675년 요동지역에서 발생한 부흥운동은 평양성에 두어졌던 안동도호부가 요동성으로 이동하게 만들었다. 고구려 유민의 저항은 국제정세의 변동과 맞물리면서 당의 지배정책을 전환하게 만들었고 보장왕이 요동으로 귀환하게 되었다. 고구려 멸망 직후부터 전개된 부흥운동의 움직임은 679~681년 보장왕의 부흥운동 시도로 결집되었다. 그러나 부흥운동은 실행 단계까지 이르지는 못하고 실패로 돌아갔고, 발해 건국이 이루어지기까지 부흥운동은 소강상태에 접어들게 되었다.

지금까지 논의한 내용 가운데 주요 논지를 정리하고 이를 바탕으로 고구려 부흥운동의 역사적 성격과 의미를 살펴보면서 결론으로 삼고자 한다.

제1장에서는 먼저 멸망 직후 당의 고구려 고지 지배 시도와 유민의 동향을 살펴보았다. 당은 고구려 고지에 당의 지방제도를 적용하는 동시에 재지유력자에 의한 자치라는 기미지배 방식을 도입하고자 하였다. 「고흠덕묘지명」, 「남단덕묘지명」에서 기미부주의 장관에 임명된 고구려 유민의 사례를 확인할 수 있었다. 이렇게 당의 지배정책은 기존 지배질서를 인정하는 듯한 모양새를 취하였지만 실상은 그렇지 않았다. 당은 고구려 유민을 '백성'으로 인식하였는데, 당대 백성은 율령제적 인민편성의 주된 구성원이자 황제의 직접적인 지배를 받는 신분이었다. 즉 당은 고구려 유민을 율령체제 내로 편입시켜 황제의 지배를 받아야 하는 존재로 인식했던 것이다.

당은 기미부주에 파견된 당 관리, 안동도호부, 요동도안무대사를 통해 고구려 고지에 당의 지배질서가 정착되도록 추진하였다. 기미부주에서 당 관리는 차관에 해당하는 장사·사마에 임명되어 실질적으로 지방을 통치해 나갔으며 안동도호부는 기미부주현을 총괄하며 고구려 고지 전체를 통할하였다. 검교안동도호 설인귀는 2만 명의 병력으로 진수하였는데, 이는 당이 타 도호부에 두었던 병력에 비해 많은 것이었다. 이와 더불어 당은 유인궤를 요동도안무대사에 임명하여 군사력을 바탕으로 고구려 유민의 이탈을 방지하고자 하였다. 이는 당의 시각에서 고구려 멸망 직후 고지의 정세가 불안정했음을 보여준다.

이를 확연히 보여주는 것이 『삼국사기』 지리지에서 압록수 이북 지역의 성을 미항성·이항성·도성·타득성을 분류하고 성명을 나열한 기록이다. 이것이 고구려 멸망 전의 상황을 반영한다고 보는 입장이 있으나, 고구려-당 전쟁의 전황을 살펴볼 때 그렇게 보기는 힘들다는 결론에 다다른다. 오히려 고구려 멸망 이후 주요 지역이 당의 지배를 이탈하는 사례가 문헌자료와 묘지명에서 확인되는 바이다. 따라서 압록수 이북 현황 자료는 고구려 멸망 이후 당이 안동도호부 관할 지역을 확보하는 과정에서 작성된 문서에서 채록된 것으로 이해할 수 있다. 작성 주체는 검교안동도호 설인귀이며, 미항성은 당군의 공략 목표를, 이항성은 제1목표였던 신성을 공략하기 위한 진군로와 관련된 성을 기재한 것이었다.

압록수 이북 현황 자료는 멸망 직후 당의 지배에 들어가지 않은 지역이 존재했음을 보여준다. 미항성·타득성은 당의 지배에서 벗어나 있었던 성이 다수 존재했음을 의미하며 도성은 소극적이기는 하지만 당의 지배를 거부하고 스스로 성을 떠났다는 점에서 저항의 한 형태로 이해된다. 또한 미항성은 당군의 직접 공격 목표가 되는 성을 기재한 것이므로 실제 당의 지배를 벗어난

성은 더 많았을 것이다.

또한 압록수 이북 현황 자료는 부흥운동이 성 단위로 발생했음을 전하고 있다. 이는 성을 중심으로 한 국가지배 방식이 고스란히 드러난 것으로, 중앙정부의 존재와 별개로 부흥운동이 광범위하게 발생할 수 있는 조건으로 작용했다. 하지만 이것은 개별적·분산적이라는 한계를 지니고 있었다.

신라는 고구려를 평정한 주체가 신라와 당이었다고 인식하였다. 그에 따라 고구려 고지 일부 지역에 대한 영유권을 인정받기를 기대하고 있었다. 그리고 고구려를 원흉이라 지칭하며 평양성 전투에서 붙잡은 고구려인을 포로로 끌고 왔다. 그런데 669년 2월 대규모 사면을 단행하면서 포로로 끌려온 고구려인들을 군사적으로 활용하려고 시도하였고, 5월에는 고구려 고지 일부 지역에서 진휼을 시행하였다. 일련의 정책은 신라가 고구려 고지에서 당과 다른 노선을 걷게 될 것임을 고구려 유민에게 드러내는 효과를 가졌고, 이것은 일부 고구려 유민과 신라가 '반당'을 매개로 결합하는 계기로 작용하였다.

제2장에서는 요동지역 및 평양성·한성 권역의 부흥운동을 살펴보았다. 먼저 요동지역에서 발생한 고구려부흥운동이라는 관점에서 검모잠의 거병 배경과 기반, 거병지역, 요서지역 유민과의 관계를 고찰하였다. 검모잠의 행적을 중국 측 사서와 『삼국사기』 신라본기와 함께 살펴본 결과, 670년 4월 당 행군 파견이 결정되고 670년 6월 검모잠이 안승을 국왕으로 옹립했음을 확인하였다. 따라서 지금까지 당이 행군을 파견한 이유를 안승의 국왕 즉위에 대한 대응으로 이해했던 것과 달리 '검모잠이 변경을 침입'했기 때문으로 기록한 『신당서』 본기가 정확하다는 결론에 도달하였다.

당은 669년 5월 대규모의 사민을 실시하는데, 이것은 고구려 유민의 저항을 촉발하였고 그 대표적인 존재가 검모잠이었다. 그는 여러 대에 걸쳐 요동

지방의 특정 지역을 다스리는 지방관 혹은 무관으로 활동한 중급 지방 귀족 가문 출신으로 추정되며, 구체적으로 고구려 멸망 전 궁모성의 지방관으로 지방군을 이끌었다. 검모잠과 궁모성 주민은 군사지휘체계를 매개로 결합했던 경험이 존재하였던 것이다. 이것은 검모잠이 고구려부흥군을 조직할 수 있었던 기반으로 작용했다.

검모잠이 당의 변경을 침입하였다는 것은 거병지역이 요동지역이었음을 강력히 시사한다. 또한 요동지역에서 거병한 검모잠 세력과 요서지역으로 사민된 고구려 유민들이 결합했다는 사실을 의미한다. 이들은 요동지역 출신이라는 친연성을 바탕으로 요동과 요서지역을 연결하는 교통로를 통해 부흥운동을 계획하였다.

고구려 유민의 부흥운동을 진압하기 위해 고간은 요동지역으로, 이근행은 요서지역으로 파견되었다. 「이수신도비」와 「곽행절묘지명」을 통해 볼 때 672년까지 요동·요서지역에서 부흥운동이 지속되고 있었음을 확인하였다. 비록 검모잠이 평양 일대로 남하하였지만 요동지역에는 여러 부흥세력이 존재하였기 때문에 요동지역에서 부흥운동이 지속적으로 전개될 수 있었으며, 이들과 연계된 요서지역 고구려 유민들의 군사활동도 672년까지 이어질 수 있었다.

이어서 검모잠의 남하 배경과 안승 옹립 과정을 살펴보면서 '부흥고구려국'의 수립과 안승이 주도권을 장악한 후 전개된 대당전쟁의 과정을 구체적으로 검토하였다. 이를 위해 먼저 안승과 관련된 몇 가지 문제를 재검토하였다. 안승과 검모잠이 만난 장소인 사야도는 지금까지 경기만에 위치한 소야도로 비정하였는데, 고구려에서 서해가 가리키는 지역적 범위, 고구려어에서 '고사야(古斯也)'가 '장항(獐項)'에 대응된다는 점 등을 고려하여 대동강 하구에 위치한 초도로 새롭게 비정하였다. 669년 2월 안승이 신라에 투항하였다는 『삼국사기』고구려본기의 기록은 『고려고기』로 상정되는 국내 고유 자료에서 채록된 것인데, 안승은 한성 권역에 거주하는 주민 집단을 거느리고 신라에 투항 의사를 밝혔지만, 나당 갈등이 증폭되기를 원치 않았던 신라의 입장에 의해 실현되지 못했던 것으로 파악된다. 한편 안승의 출자에 대한 상이한 기록은 작성자의 의도나 사료의 전사 오류에서 기인한 것인데, 고구려 왕위계승 사례와 멸망 전후 정치적 상황 등을 고려할 때 안승은 보장왕의 서자로 파악하는 것이 합리적이라는 결론에 다다랐다. 또한 안승의 나이는 10대 중반으로 추정된다. 고구려에서 정치 활동을 전개하는 연령과 실제 정치 활동 사례를 참고한다면, 이는 충분히 정치적 역량을 발휘할 수 있는 연령으로 이해된다.

요동지역에서 거병한 검모잠은 고구려의 부흥을 실현하기 위한 필수 요소인 국왕의 존재와 국가제사의 재현을 위해 평양성 탈환을 시도하며 남하하였다. 또한 당군의 군사적 압박을 피하려는 이유도 포함되어 있었다. 그런데 평양성이 도성으로서 기능이 상당 부분 상실된 상황에서 한성 권역과 관련을 맺고 있었던 안승의 의지가 영향을 미치면서, 대안으로 한성이 부흥운동의 거점으로 선택되었다. 이 과정에서 한성에 기반을 두고 활동하던 고연무가 참여하게 되었다. 결국 안승을 중심으로 검모잠과 고연무가 결합하면서 '부흥고구려국'이 등장하였다.

하지만 '부흥고구려국'의 중심 인물들은 지역적 기반과 정치적 위상이 현저히 달랐고 이것은 주도권을 둘러싼 정치 세력 간의 갈등으로 발전하였다. 여기에 신라가 이전부터 친신라적인 행보를 보여 왔던 안승을 적극적으로 지원하면서 갈등이 표면화되고 결국 안승은 신라의 지지와 고연무의 협력을 바탕으로 검모잠을 죽이고 주도권을 장악하게 되었다. 그리고 안승은 대왜 교섭을 개시하면서 정국 운영의 주도권이 자신에게 있음을 대내외적으로 드러내었다.

'부흥고구려국'은 국가체제를 정비하면서 당군의 공격을 방어하기 위해 관방체계를 정비하였는데, 청천강과 임진강을 경계로 현재 평안남도, 황해도 일대를 영역화하였다고 추정된다. 이 과정에서 평양성의 군사적 기능이 상당히 회복되었으며, 국왕의 위상을 제고하려는 안승의 의도에 의해 한성에서 평양성으로 천도했을 가능성도 제기된다. 671년부터 본격적으로 당군과 충돌하면서 '부흥고구려국'은 신라군과 연합하여 전투를 전개하였다. 이것은 당군의 해상보급을 차단하기 위한 방어체계에서 잘 드러난다. 육로로 접근하여 평양성을 차지한 당군은 군수품 보급을 위해 해로와 대동강 수로를 이용하려고 하였다. 671년 신라 수군은 대동강 하구에서 당 운송선을 격파하는 승리를 거두는데, 이때 '부흥고구려국'은 관련 정보를 수집·전달하는 역할을 담당했던 것으로 추정된다. 그리고 대동강 하구에서 평양성으로 이르는 길목에 마읍성을 축조하였다. 즉 신라가 해상에서 1차 방어선을 운용하였고, '부흥고구려국'은 이를 지원하는 동시에 마읍성에 병력을 배치하여 2차 방어선을 구축하였던 것이다.

672년 8월 이후 황해도 지역이 주요 전장이 되었다. '부흥고구려국'군·신라 장창당과 고간이 이끄는 당군은 백수성에서, 신라군 주력 부대와 이근행이 이끄는 당군은 석문에서 동시에 충돌하였다. 백수성에서 연합군이 승리를 거두었지만, 석문에서 대패하면서 전세는 기울기 시작하였다. 결국 673년 윤5월 호로하 서쪽에서 '부흥고구려국'군이 크게 패배하면서 안승은 신라로 넘어가게 되고, 674년 9월 안승이 보덕왕에 책봉되고 금마저로 옮겨가게 되면서 최종적으로 '부흥고구려국'은 소멸되었다.

제3장에서는 고구려 멸망 이후 부여성 권역과 책성 권역에서 발생한 부흥운동에 대해 살펴보았다. 부여성 권역의 동향을 살펴보기 위해 먼저 당 고종

의 순행 관련 기록을 검토하였다. 고종은 669년 8월 양주로 순행을 추진하는 조서를 내렸는데, 이를 반대하는 관료들의 의견이 제출되었다. 이때 반대 논리 중 첫 번째가 고구려 고지의 정세였는데, 기존에는 『자치통감』에서 '고려신평 여구상다(高麗新平 餘寇尙多)'로 기록되어 있는 것을 바탕으로 669년 고구려 고지에서 부흥운동이 존재했음을 지적하였다. 하지만 동일한 고사가 전해지는 『당회요』·『책부원구』·『당어림』의 관련 기록이 원전 자료를 충실히 옮겼다고 파악된다. 즉 '고려수평 부여상경(高麗雖平 扶餘尙梗)'이 순행 반대의 실제 이유였던 것이다.

여기서 669년 8월경 부여성 권역에서 상당한 규모로 고구려 유민들이 당의 지배체제에 저항하고 있었음을 확인할 수 있다. 이는 압록수 이북 현황 자료에서 북부여성주가 미항성에 기재된 것과 일치한다. 부여성 권역은 요동지역의 배후 기지 역할을 수행할 수 있을 뿐 아니라 말갈, 거란, 돌궐 등 북방세력과 연결될 수 있는 지역이라는 점에서 고구려부흥운동에서 중요한 위치를 점하고 있었다. 당 역시 이를 인지하고 있었기 때문에 요동지역에 주둔하고 있는 안동도호부 병력 일부와 두만강 유역에서 고구려인과 백산말갈로 구성된 군대를 동원하여 진압을 시도하였다. 후자를 위해 고구려 유민으로 당 관직을 수여받은 이타인이 파견되었다.

「이타인묘지명」에서 부여성 권역 유민의 동향을 촉한의 강유에 비유하고 있는데, 다음 두 가지 사항을 알려준다. 먼저 강유가 촉한을 부흥시키려 시도한 것과 마찬가지로 부여성 권역에서 부흥운동이 전개되었음을 알 수 있다. 또 강유가 조위에 투항하였다가 촉한의 재건을 도모한 것처럼 부여성 권역에서 부흥운동을 주도했던 세력은 당의 기미지배에 참여했던 지방관 또는 재지 유력자로 추정할 수 있다. 부흥운동에는 고구려 유민뿐만 아니라 송화강 일대에 거주하고 있던 속말말갈도 동참하였다고 짐작된다.

당의 의도와 달리 부여성 권역에서 부흥운동의 움직임은 완전히 소멸되지 않았다. 일부 명맥을 유지한 채 670년대 중반까지 단속적으로 이어졌다. 673년 윤5월 이전 발생한 벌노성 전투가 이를 말해준다. 벌노성의 위치는 요하 중상류 동안(東岸)지역으로 추정되는데, 벌노성을 공격한 '고구려와 말갈'은 부여성 권역에서 활동하던 세력이었다. 부여성 권역의 부흥운동은 황해도 일대에서 '부흥고구려국'을 압박하던 당군의 전력을 분산시키는 효과를 지녔던 것이다.

책성 권역의 고구려부흥운동은 「이타인묘지명」, 「양현기묘지명」을 중심으로 검토하였다. 책성 권역은 고구려의 영역으로 편제된 이후 외부 세력의 강력한 침입이나 영유 주체의 변동 등이 발생하지 않고 비교적 안정적으로 고구려 영역으로 지속되었다. 그렇지만 668년 2월 책주도독[책성욕살] 이타인이 당군에 투항하고, 고구려 멸망 이후 평양성에 안동도호부가 설치되면서 책성 권역에도 일정부분 정치·사회적 변동이 발생할 수밖에 없었다.

당은 책성에 동책주도독부를 설치하면서 기미지배를 책성 권역에 도입하려고 시도하였다. 기미지배가 표면적으로 재지유력자의 기존 권한을 인정하는 모습을 취하였기 때문에 이타인이 동책주도독에 임명되었고 추정된다. 그러나 이타인이 당에 입조하여 계속 장안에 머무르는 상황에서 도독부의 상위 속관에 임명된 당 관리들이 실제로 책성 권역에 대한 지배권을 행사하였다. 이를 대표하는 인물이 동책주도독부장사 양현기였다. 이로 인해 책성 권역 고구려 유민들에게 고구려 멸망의 충격은 더 크게 다가왔을 것이다. 이것이 책성 권역에서 부흥운동이 발생하는 원인으로 작용하였다.

책성 권역에서 부흥운동을 주도했던 인물은 고정문이었다. 그는 「양현기묘지명」에 반수령(反首領)으로 기록되어 있다. 당에서 '반(反)'이 법률적으로 의미하는 바를 검토해 보면, 고정문은 당 황제의 지배에 거세게 저항했음을 알 수 있다. 그는 668년 12월에서 669년 4월 사이에 거병하였고 추정되는데, 고구려 멸망 이전 책성 권역 내 위치한 성에서 처려근지 급의 지방관을 역임하면서 지니고 있던 민정 및 군사에 관한 권한이 거병의 기반으로 작용하였다. 또한 고씨라는 점도 부흥운동에서 구심점의 역할을 담당하는데 일정 부분 영향을 미쳤을 것이다. 책성 권역의 관할에 있던 백산말갈도 함께 부흥운동에 동참하였다.

고정문이 이끈 고구려부흥군을 「양현기묘지명」에서 호혈(虎穴)과 여연(麗淵)에 비유한 것에서 알 수 있듯이, 책성 권역의 부흥운동은 상당히 기세를 올렸다. 하지만 동책주도독부에 배치되어 있던 당 관리 및 당군에 의해 고정문 등 주도 인물들이 주살되면서 부흥운동의 동력은 급속히 소멸되어 갔다.

제4장에서는 보장왕이 계획한 부흥운동의 실체에 대해 살펴보았다. 고구려 멸망 이후 요동지역에서 광범위하게 발생한 부흥운동은 당군의 군사 활동으로 소강상태로 접어들었지만 당군의 한반도 진격을 방해하는 등 지속적으로 존재하였다. 『자치통감고이』에 인용된 『실록』 기사의 사료적 가치를 검토한 결과, 676년 안동도호부가 요동성으로 옮겨지는 배경에는 요동지역 고구려 유민의 부흥운동이 있었음을 확인하였다. 즉 675년 말 발생한 부흥운동에 대처하기 위해 당군은 한반도에서 물러나 요동지역으로 향했고 이 과정에서 안동도호부는 요동성으로 이동했던 것이다. 이후 당은 토번 중심의 군사전략으로 전환하면서 677년 보장왕을 고구려 고지로 파견하여 고구려 유민을 안무하도록 하는 조치를 내렸다.

보장왕과 함께 연남생도 요동지역으로 되돌아왔다. 둘 중에 현실 세력과 정통성이라는 두 측면에서 연남생이 우위에 있었다. 그렇기 때문에 보장왕은 귀환 후 당의 지배 정책에 순응하면서 사태를 관망하였다. 그런데 연남생이

679년 1월 사망하자 보장왕이 유민에게 영향력을 발휘할 수 있는 여건이 조성되면서 부흥운동이 추진되었다. 이 과정에서 유민으로 조직된 군사조직인 성방이 적극 가담한 것으로 추정된다. 그리고 679년 11월 돌궐의 부흥운동을 진압하기 위해 영주도독이 거란·말갈병 등을 동원하면서 보장왕과 말갈에 대한 통제가 약화되었다. 이 틈을 타 보장왕은 친고구려적 성향을 지닌 일부 말갈 세력과 연합을 시도하면서 부흥운동을 확장시켜 나갔다.

이러한 요동지역의 정세에 대한 정보를 입수한 신라는 보덕국의 이탈과 백제부흥운동의 발생이라는 상황을 미연에 방지하기 위해 보덕국을 신라 체제 내로 흡수하는 동시에 우호관계를 수립하고자 했다. 이는 신라 왕실과 보덕국 왕실 간의 혼인을 통해 실현되었다. 나당전쟁 종결 후 신라지배체제 내로 흡수될 운명에 처했던 보덕국은 신라의 대고구려 유민 정책의 전환으로 일시적이나마 그 지위를 유지할 수 있었던 것이다.

부흥운동은 군사 활동 직전 상황까지 진전이 되나 680년 후반 당 조정에 알려진다. 이때 말갈의 일부 세력, 기득권을 상실할 위험에 처한 유공자 세력, 요동주도독 휘하의 친당적 관리 즉, 반보장왕 세력이 보장왕의 시도를 당 조정에 알리거나 무력화했을 것이다. 결국 보장왕은 681년 초 당의 공주로 유배되고 부흥운동에 참여했던 고구려 유민들은 재차 당으로 사민되면서 부흥운동은 실패로 끝나게 되었다.

보장왕의 귀환은 끊임없이 발생한 부흥운동의 결과물이었음을 확인하였다. 그리고 그 연속선상에서 보장왕이 고구려 부흥을 꾀할 수 있었다. 이런 점에서 요동지역 부흥운동이 정점에 이른 사건이 바로 보장왕이 시도한 고구려부흥운동인 것이다.

이상의 논의를 통해 고구려부흥운동의 몇 가지 특성을 살펴볼 수 있다. 첫째, 고구려 고지 거의 전역에서 부흥운동이 전개되었던 사실을 확인하였다. 7세기 고구려 영역은 크게 한반도 서북부지역, 요동지역, 압록강 중류지역, 두만강 하류 일대, 북류 송화강 유역 일대로 구분된다.[1] 이 중 구도(舊都)였던 국내성을 중심으로 한 압록강 중류 지역을 제외한 나머지 지역에서 당의 지배에 맞선 고구려 유민의 대규모 저항이 존재했던 것이다.

한반도 서북부지역은 정치적 중심지였으며 요동지역은 오랜 기간 중원 왕조와 전쟁을 치러왔다는 점에서 부흥운동이 발생할 가능성이 높은 지역이었다. 그에 비해 북류 송화강 유역과 두만강 하류 유역은 전쟁의 주요 무대에서 벗어나 있었고 도성에서 원거리에 위치하여 주요 지배세력과 연관성도 떨어졌다. 그럼에도 불구하고 부여성 권역의 부흥운동은 당 조정에서 공식적으로 언급될 정도로 파급력이 컸으며 책성 권역의 부흥운동도 이를 진압한 양현기가 네 번째 봉작인 군공을 수여 받은 데서 그 영향력이 적지 않았음을 알 수 있다.

또한 요서 일대로 사민된 고구려 유민이 요동지역 유민과 협력하여 부흥운동을 전개했던 사실도 확인되었다. 이것은 고구려부흥운동이 고구려 고지로 한정되지 않았음을 시사한다. 당의 지배를 벗어나 돌궐·말갈·신라·일본 등으로 이주하였던 고구려 유민들의 삶의 궤적을 부흥운동의 관점에서 검토해볼 필요성이 제기되는 것이다.

둘째, 성(城) 단위로 부흥운동이 전개되었으며 지방관 내지 재지유력자가 부흥운동을 주도했음을 다시 확인하였다. 고구려에서 성은 평시 대민지배의 치소성 역할을 하였고 유사시에는 군사방어거점의 기능을 맡고 있었다. 지방

---

1) 盧泰敦, 「渤海 建國의 背景」, 『大丘史學』19, 1981, 2~11쪽.

관은 민정과 군정에 관한 권한을 아우르면서 관할 지역을 책임졌다. 이러한 고구려의 지방통치체제와 군사제도는 부흥운동의 기반으로 작용하였다. 도성에 거주하고 있던 지배층 중 상당수가 당으로 끌려가면서 중앙정부가 소멸되었음에도 불구하고 각 지역에서 부흥운동이 전개될 수 있었던 원동력을 여기에서 찾을 수 있다.

압록수 이북 현황 자료에 기록된 각각의 미항성·도성·타득성은 부흥운동의 근거지로서 성의 존재를 극명히 보여준다. 대형 관등을 소지한 검모잠과 수령으로 일컬어졌던 고정문이 성을 중심으로 한 지방통치단위를 이끌던 처려근지 급의 지방관을 역임한 것으로 추정된다는 점에서, 이들은 토착민이 중심이 된 지방군을 고구려부흥군으로 재편하고 이를 지휘하면서 부흥운동의 지도자 역할을 담당하게 되었을 것이다. 지방통치조직과 지방군사조직이 일체화되어 전 영역이 군사조직으로 짜여 있던 병영국가적인 면모[2]가 멸망 직후부터 부흥운동이 광범위하게 전개되는 바탕이 된 것이었다.

셋째, 말갈이 부흥운동에 적극 참여하였다. 고구려 멸망에 즈음하여 말갈 중에는 당의 지배에 편입된 부류와 반당항쟁에 참여한 부류가 나타났다.[3] 전자는 당의 고구려부흥운동 진압 내지 나당전쟁에 동원되어 고구려 유민을 공격하는 당군의 일원으로 활동하였다. 후자의 구체적인 사례는 벌노성 전투에 참여한 속말말갈, 책성 권역 부흥운동에 동참한 백산말갈, 보장왕의 부흥운동과 연계된 말갈 세력 등이 있었다. 고구려 후기 말갈 지배 양상과 말갈의 고구려민화 정도를 떠올린다면 속말말갈과 백산말갈이 고구려부흥운동에 참

---

2) 이문기, 「7세기 高句麗의 軍事編制와 運用」, 『高句麗硏究』27, 2007, 175~178쪽.
3) 김종복, 「高句麗 멸망 전후의 靺鞨 동향」, 『北方史論叢』5, 2005, 181~184쪽; 『발해정치외교사』, 일지사, 2009, 49~52쪽.

여한 바가 어렵지 않게 이해될 수 있다. 하지만 말갈 단독으로 부흥운동을 전개하거나 말갈이 주체가 되지는 않았다. '고구려가 말갈을 이끌고[高麗引靺鞨]' 벌노성을 공격하고 보장왕이 주체가 되어 말갈을 부흥운동에 끌어들이는 모습에서 확인되는 바이다.

넷째, 발해 건국에 일정 부분 기여했다는 점이다. 이는 고구려부흥운동과 발해 건국 주도 세력 및 발해 건국 직후 참여 세력의 관련성이라는 측면에서 살펴볼 수 있다. 발해 건국의 핵심인 대조영 집단과 걸사비우 집단은 고구려 멸망 이후 강제 이주되는 과정에서 영주에 거주하게 되었는데, 그 구체적인 계기로 보장왕의 부흥운동이 실패한 후 시행된 사민이 지목되고 있다.[4] 그렇다면 보장왕이 계획한 부흥운동에 이들이 적극적으로 가담했을 가능성이 높다. 발해 건국 주도 세력은 고구려부흥운동에 참여했던 역사적 경험을 가지고 있었던 것이다. 이진충의 난을 계기로 요서 일대가 혼란에 빠지자 이들 집단이 동쪽으로 집단 이동하여 고구려 고지로 되돌아와 발해를 건국했던 배경에는 고구려 부흥을 도모했던 경험이 자리 잡고 있었다고 할 수 있다.

발해 건국 직후 참여한 세력들도 고구려부흥운동과 관련을 맺고 있었다.

A. 고구려가 멸망하자 무리를 이끌고 읍루(挹婁)의 동모산(東牟山)을 차지하였다. … 성곽을 쌓고 사니 고려포잔(高麗逋殘)이 점점 모여들었다. … 대조영은 곧 걸사비우의 무리를 합하고 먼 변경임을 믿고 이에 나라를 세워 스스로 진국왕(震國王)이라 불렀다. 사신을 보내어 돌궐과 통교하였다. … 부여(扶餘), 옥저(沃沮), 변한(弁韓), 조선(朝鮮) 등 해북(海北)의 여러 나라

---

4) 김종복, 「渤海의 건국과정에 대한 재고찰」, 『韓國古代史研究』34, 2004, 308~309쪽: 앞의 책, 57~59쪽.

를 모두 차지하였다[5](『신당서』 권219, 열전144, 발해).

　B. 그 수령 걸사비우 및 대조영 등이 무후(武后)가 임조(臨朝)할 때에 이
르러 영주로부터 죄를 짓고 달아나 문득 황폐한 언덕에 근거하여 비로소
진국(振國)이라 일컬었습니다. 그때 구려유신(句驪遺燼)과 물길잡류(勿吉雜
流)가 있었는데 올빼미가 우니 백산(白山)으로 모이고 솔개가 거칠고 사납
게 굴자 흑수(黑水)가 떠들썩하였습니다[6](『동문선(東文選)』 권33, 표전(表箋),
사불허북국거상표(謝不許北國居上表)).

　사료 A는 발해 건국 과정을 설명하고 있는데, 대조영이 동모산을 근거로
하여 나라를 세우자 고려포잔(高麗逋殘)[7]으로 지칭되는 고구려 유민 세력이
모여들었음을 알려주고 있다. 이들 세력이 거주하고 있던 지역을 검토할 때
사료에서 '부여, 옥저, 변한, 조선을 차지했다'는 부분이 주목된다. 이 중 '부여'
와 '옥저'는 그 위치가 송화강 및 두만강 유역을 가리키며 이 책에서 살펴본
부여성 권역, 책성 권역과 동일한 지역을 가리킨다고 이해된다. '변한', '조선'은
위치가 불분명한데 고구려와 유관한 용어라는 점에서 구체적인 지역을 의미
하기보다는 고구려 유민 세력을 지칭한다고 이해하고자 한다.[8]

---

5) "高麗滅 率衆保挹婁之東牟山 … 築城郭以居 高麗逋殘稍歸之 … 祚榮卽幷比羽之衆 恃荒遠 乃
建國 自號震國王 遣使交突厥 … 盡得扶餘沃沮弁韓朝鮮海北諸國".

6) "其首領乞四羽及大祚榮等 至武后臨朝之際 自營州作孽而逃輒據荒丘 始稱振國 時有句驪遺燼
勿吉雜流 梟音則嘯聚白山 鴟義則喧張黑水".

7) 『구당서』 발해말갈전에는 '고려여신(高麗餘燼)'으로 표현되어 있다.

8) 김종복, 「발해사의 전개와 영역 변천」, 『발해 5경과 영역 변천』, 동북아역사재단, 2007, 81쪽;
앞의 책, 80쪽에서 부여, 옥저, 조선만 고구려와 유관한 지명으로 보았는데, 「이타인묘지명」에
서 고구려를 변한(卞韓)으로 지칭("祖福鄒 本朝大兄 父孟眞 本朝大相 並以鯤鼇景靈 卞韓英伐
國楨人轑 疊祉連華")한 사례가 있으므로 변한(弁韓)도 고구려 관련 지명으로 볼 수 있다. 김
진광, 『발해 문왕대의 지배체제 연구』, 박문사, 2012, 64~68쪽에서 변한은 한반도 북부지역,

그런데 발해가 군사 정벌을 통해 무력으로 이 지역을 영토로 편입시켰다고 보기는 어렵다. 고구려 유민들이 스스로 모여들었다고 명기하고 있기 때문이다. 그렇다면 '부여, 옥저, 변한, 조선'은 발해 건국 직후 자발적으로 편입된 고구려 유민 세력을 지칭한다고 추정할 수 있다. 지명은 편입된 순서대로 기재되었다고 생각되는데 부여와 옥저가 앞부분에 기록되어 있다. 이는 발해가 동모산과 가까운 옛 고구려 고지부터 확보한 사실을 알려주는 동시에,[9] 고구려 고지 중에서 부여성 권역과 책성 권역이 가장 먼저 발해의 영역으로 편입되었던 사실이 반영되어 있는 것이다.

특히 부여성 권역이 가장 일찍 발해 영역으로 편입된 것은 대조영이 진국왕을 칭하고 곧바로 돌궐에 사신을 보내 통교했다는 사실을 통해서도 방증된다. 발해 사신이 동모산을 출발하여 돌궐로 향하기 위해서는 거란도를 이용해야 한다. 이때 부여성 권역은 주요 경유지인데, 이는 발해 건국과 거의 동시기에 부여성 권역이 발해의 영역에 포함되었을 가능성이 높음을 의미한다.

사료 B는 최치원이 작성한 「사불허북국거상표(謝不許北國居上表)」 중 발해 건국을 언급한 부분이다. 최치원은 발해 건국 직후 참여한 세력을 구려유신(句麗遺燼)과 물길잡류(勿吉雜流)로 구분하였으며, 이들의 거주 지역을 백산(白山)과 흑수(黑水)로 표현하고 있다. 백산은 지금의 백두산, 흑수는 송화강을 가리킨다고 이해된다.[10] 이를 바탕으로 백두산 지역의 고구려 유민과 송화강 유역

조선은 요동지역을 의미한다고 보았는데, 발해 건국 직후 한반도 북부와 요동지역까지 영역으로 편입되었다고 보기에는 무리가 있다.

9) 김종복, 앞의 책, 80~81쪽.

10) 林相先, 「渤海 建國 參與集團의 硏究」, 『國史館論叢』42, 1993, 145~146쪽; 『발해의 지배세력 연구』, 신서원, 1999, 60~61쪽.

의 속말말갈이 발해 건국 직후 참여했다고 해석하기도 한다.[11] 하지만 두 지역은 고구려인뿐만 아니라 말갈족의 주요 거주지였다는 점에서 '백두산 인근과 송화강 유역'에 거주하고 있던 '고구려 유민과 말갈'을 가리킨다고 이해하는 편이 자연스럽다. 따라서 사료 A에서 '부여'와 '옥저'로, 사료 B에서 '흑수'와 '백산'으로 표현된 부여성 권역과 책성 권역에서 거주하고 있던 고구려 유민과 말갈이 함께 발해 주민으로 편입되었다고 보아야 한다.

부여성 권역과 책성 권역에서 고구려 멸망 직후 부흥운동이 전개되었고 여기에는 고구려 유민이 주축이 되고 말갈이 동참하는 형식을 띠었다. 비록 당군의 군사활동에 직면하여 부흥운동이 좌절되고 말았지만, 677년 당의 고구려 고지 지배 정책에 전환이 이루어지고 안동도호부 영역이 조정되면서, 부여성 권역과 책성 권역 일대는 당의 영향력에서 일차적으로 벗어나게 되었다. 이후 자치적인 상태를 유지하고 있던 두 지역은 고구려 유민과 말갈이 주축이 되어 새로운 국가가 세워졌다는 소식을 접하고, 곧바로 동참했던 것이다. 고구려부흥운동을 전개했던 경험이 발해 건국에 일정부분 기여하는 것으로 이어졌고, 부여성 권역과 책성 권역은 발해의 영역을 구성하는 주요 지역으로 다시 발돋움하게 되었다고 이해할 수 있다.

발해를 건국한 대조영의 종족 계통, 발해의 주민구성, 발해의 역사계승의식, 발해 문화 등에 대한 연구가 축적되면서 고구려와 발해의 연관성은 상당부분 해명되었다고 할 수 있다. 이에 덧붙여 발해 건국 주도 세력 및 발해 건국 직후 참여 세력이 고구려부흥운동과 밀접히 관련되었다고 이해되는 바, 고구려와 발해의 관련성이 재삼 확인되는 것이다.

---

11) 임상선, 앞의 책, 61~62쪽.

고구려부흥운동은 멸망 직후부터 전개되기 시작하여 보장왕의 부흥운동 시도를 마지막으로 좌절되었다. 그 과정에서 '부흥고구려국'이 수립되어 고구려 부흥은 일시적으로 성공을 거두었다. 하지만 당군의 공격으로 '부흥고구려국'이 소멸되고 말았기 때문에, 결과적으로 고구려부흥운동은 실패로 종결되었다고 인식할 수도 있다. 하지만 고구려부흥운동에 참여한 경험은 발해 건국의 자산이 되었다는 점에서 단순히 실패로 이해하기 어렵다. 즉 고구려부흥운동이 발해 건국의 주요 기반으로 작용하였다는 점에서 역사적 의미를 찾을 수 있는 것이다.

〈별표〉 고구려부흥운동 관련 주요 사건 연표

서력	연도 당	연도 신라	월	사건 내용
666년	고종 건봉 원년	문무왕 6년		연남생이 국내성 등 6성과 10만 호를 이끌고 당에 투항, 남소성·목저성·창암성이 당군에게 항복
				고구려가 남소성·목저성·창암성을 탈환
667년	고종 건봉 2년	문무왕 7년	1월/2월	당군이 요하를 건너 신성을 포위
			9월	신성이 당군에게 점령됨, 글필하력과 설인귀가 남소성·목저성·창암성 등을 재차 점령
668년	고종 총장 원년	문무왕 8년	2월	부여성이 당군에게 함락되고 주변 40여 성이 항복
				책성욕살 이타인이 부여성 구원전에 나섰다가 당군에 항복
			6월	대곡성·한성 등 2군 12성이 당에 투항
			9월	고구려 멸망
			10월 11월	신라가 유공자에 대한 포상을 시행
			11월 5일	문무왕이 고구려인 포로 7천 명을 데리고 왕경으로 귀환
			11월 6일	문무왕이 선조묘에서 백제·고구려 평정을 고함
			12월	당은 보장왕을 비롯한 고구려 지배층에 대한 상벌 시행 평양에 안동도호부가 설치됨. 설인귀는 검교안동도호, 유인궤는 요동도 안무대사에 임명되어 평양에서 진수함. 이후 도망가고 흩어지는 유민이 대규모로 발생
				압록수 이북 지역에서 다수의 미항성·도성이 발생
669년	총장 2년	문무왕 9년		책성 권역에서 수령 고정문이 부흥운동을 일으킴, 검교동책주도독부장 사 양현기가 이를 진압
			2월 이전	설인귀가 압록수 이북의 미항성을 공략하기 위해 신성을 목표로 출전
			2월	당 고종이 안동도호부 관할 기미부주 설치안을 승인, 비열홀을 둘러싸고 당과 신라가 갈등
			2월	안승이 한성 권역 고구려 유민 4천여 호를 이끌고 신라로 투항 추진
			2월 21일	신라가 대규모 사면 실시
			4월	고구려 유민 중 이반자가 다수 발생하자 당 내지로 사민을 계획
			5월	고구려 유민 28,200호에 대한 사민 시행, 안승은 사민을 피해 사야도[현 재 초도]로 피신
			5월	신라가 천정·비열홀·각련에서 진휼 실시
				검모잠이 사민에 반대하면서 요동지역에 위치한 궁모성을 거점으로 거병
			8월	당 고종이 양주로 순행한다는 조서를 발표, 부여성 권역의 부흥운동 등을 이유로 순행 포기
				당은 부여성 권역 부흥운동에 대응하기 위해 이타인 파견
				유인궤가 회군하여 당으로 돌아감

연도			월	사건 내용
서력	당	신라		
670년	고종 함형 원년	문무왕 10년	1월	안동도호부 공식 출범
				요서 지역으로 사민된 고구려 유민이 검모잠과 연계하여 부흥운동 전개. 당은 검모잠이 변경을 침입하였다고 인식
			3월·4월	신라 사찬 설오유와 고구려 태대형 고연무가 각각 정병 1만을 거느리고 압록강을 건너 오골성에 도착. 개돈양에서 말갈과 싸워 승리함. 이후 당병이 계속 이르자 백성으로 물러나 지킴
			4월	설인귀가 나사도행군대총관으로 임명되어 토번 전선에 투입
			4월	검모잠의 변경 침입에 대응하기 위해 당은 고간을 동주도행군총관, 이근행을 연산도행군총관으로 임명
			6월	검모잠이 안동도호부가 설치되어 있던 평양성을 함락, 안동도호부가 요동성으로 이동 검모잠이 한성에서 안승을 국왕으로 옹립, 부흥고구려국 수립, 이를 신라에 알리고 원조를 요청
			8월 1일	신라가 안승을 고구려왕으로 책봉
			8월	안승이 검모잠을 죽임
			8월 말	'부흥고구려국'이 대상 가루를 왜에 외교사절을 파견
671년	고종 함형 2년	문무왕 11년	1월	'부흥고구려국' 사절이 왜에서 외교활동을 펼침
			7월 1일	부흥운동의 거점이었던 안시성이 고간이 이끄는 당군에게 격파됨
			7월	계림도총관 설인귀와 문무왕이 서신을 주고받음
			9월	고간이 지휘하는 당군이 평양성을 공격해 함락시킨 후 대방을 침입
			10월 6일	신라 수군이 대동강 하구에서 당 운송선을 공격하여 승리
				고간이 이끄는 당군은 요동지역으로 후퇴
				계림도행군 소속 곽행절이 해상으로 군수물자를 수송하던 중 요천에서 익사
672년	고종 함형 3년	문무왕 12년		이근행의 아들 이수가 요수를 건너 요동지역으로 진입, 요동지역 고구려 부흥세력과 당군 간 전투 발생
			5월	'부흥고구려국'의 부가변이 왜에서 외교활동을 펼침
			7월	고간과 이근행이 각각 1만과 3만의 군사를 거느리고 평양성을 공격해 함락시킴
			8월	한시성과 마읍성이 당군에게 함락됨
			8월	백수성과 석문에서 '부흥고구려국'군·신라군이 당군과 격돌, 백수성에서 승리하였으나 석문에서 크게 패함
			12월	백수성이 당군에게 함락됨
673년	고종 함형 4년	문무왕 13년	윤5월 이전	부여주 권역의 고구려 유민과 말갈이 벌노성을 공격
			윤5월	호로하 전투에서 '부흥고구려국'이 패배하고 안승이 신라로 내투
			겨울	우잠성이 당군에게 항복
				안동도호부가 요동성에서 평양으로 옮겨짐

연도			월	사건 내용
서력	당	신라		
674년	고종 상원 원년	문무왕 14년	9월	신라가 안승을 보덕왕으로 책봉, 신라 내로 들어와 있던 고구려 유민이 금마저로 옮겨짐
675년	고종 상원 2년	문무왕 15년	9월	매소성에서 신라군이 이근행이 이끄는 당군에게 승리
			말	요동지역에서 부흥운동 발생
676년	고종 의봉 원년	문무왕 16년	2월	당이 안동도호부를 요동성으로 옮기고 웅진도독부를 건안성으로 옮김
			11월	신라 수군이 기벌포에서 설인귀가 이끄는 당군과 싸워 승리
677년	고종 의봉 2년	문무왕 17년	2월	보장왕이 요동도독에 임명됨 안동도호부가 신성으로 이동, 안동도호부 영역 재편 연남생이 안동도호부로 파견됨
			후반	당으로 사민 되었던 고구려 유민 귀환
678년	고종 의봉 3년	문무왕 18년	9월	당 고종이 신라를 공격하려 했으나 장문관의 반대로 중지
679년	고종 조로 원년	문무왕 19년	1월	연남생 사망
			10월	돌궐의 1차 부흥운동 발생
			11월	배행검이 돌궐을 토벌, 영주도독 주도무가 말갈, 거란 등을 이끌고 출정
				보장왕이 말갈과 연계하는 등 부흥운동을 본격적으로 시도하기 시작
680년	고종 영륭 원년	문무왕 20년	3월	안승이 신라 왕실 여인과 혼인
			후반	보장왕의 부흥운동 계획이 발각
681년	고종 개요 원년	문무왕 21년	1월	보장왕이 공주로 유배되고 고구려 유민이 당 내지로 사민 됨 신라 사찬 무선이 정병 3천 명을 거느리고 비열홀을 지킴
682년	고종 영순 원년	신문왕 2년		보장왕 사망
696년	측천 만세 통천 원년	효소왕 5년	5월	이진충이 영주를 점거
698년	측천 성력 원년	효소왕 7년		대조영이 동모산을 근거로 진국왕을 자칭
				부여성 권역 및 책성 권역이 발해의 영역으로 편입

* 사료에서 사건 발생 시기가 기록되어 있지 않거나 시기를 구체적으로 추정하기 어려운 경우 월을 공백으로 두었다.
* 구체적인 시기는 불명이지만 다른 사건과 비교해 선후 관계가 드러날 경우, 사건 사이에 배치하였다.

참고문헌

1. 사료

『三國史記』,『三國遺事』,『高麗史』,『東文選』,『東國通鑑』,『三國史節要』,『新增東國輿地
勝覽』,『星湖僿說』,『燃藜室記述』,『東史綱目』,『英祖實錄』,『大東水經』

『史記』,『後漢書』,『三國志』,『晉書』,『魏書』,『舊唐書』,『新唐書』,『資治通鑑』,『宋史』,『六
韜』,『禮記』,『論語』,『莊子』,『文心雕龍』,『括地志』,『唐律疏議』,『翰苑』,『弘贊法華傳』,
『唐六典』,『大唐新語』,『通典』,『元和姓纂』,『唐會要』,『册府元龜』,『唐語林』,『玉海』,『高
麗圖經』,『古今姓氏書辯證』,『讀史方輿紀要』,『遼史索隱』

『日本書紀』

韓國古代社會研究所 編,『譯註 韓國古代金石文』I (고구려·백제·낙랑 편), 駕洛國史蹟
　　　開發研究院, 1992.

고구려연구재단 편,『중국 소재 고구려 관련 금석문 자료집』, 고구려연구재단, 2005.

곽승훈·권덕영·권은주·박찬흥·변인석·신종원·양은경·이석현 역주,『중국 소재 한
　　　국 고대 금석문』, 한국학중앙연구원출판부, 2015.

國史編纂委員會 編,『韓國古代史料集成-中國篇-』, 學研文化社, 2006.

김택민 주편,『譯註 唐六典』, 신서원, 2008.

사마광(권중달 역),『자치통감』21-당시대II, 삼화, 2009.

이병도 역주,『삼국사기』, 을유문화사, 1983.

任大熙·金鐸民 主編,『譯註 唐律疏議(I)-名例編』, 한국법제연구원, 1994.

정구복·노중국·신동하·김태식·권덕영 주석,『역주 삼국사기』, 한국학중앙연구원출
　　　판부, 2012.

滋賀秀三 譯註, 『譯註日本律令』5(唐律疏議譯註篇1), 東京堂出版, 1979.

吳鋼 主編, 『全唐文補遺』8, 三秦出版社, 2005.

趙君平·趙文成 編, 『河洛墓刻拾零』, 北京圖書館出版社, 2007.

王讜 撰·周勛初 校證, 『唐語林校證』, 中華書局, 1987.

周紹良·趙超 編, 『唐代墓誌彙編』, 上海古籍出版社, 1992.

周紹良·趙超 編, 『唐代墓誌彙編續集』, 上海古籍出版社, 2001.

2. 단행본 및 박사학위논문

1) 한국어

강경구, 『신라의 북방 영토와 김유신』, 학연문화사, 2007.

강종훈, 『한국고대사 사료비판론』, 교육과학사, 2017.

강진원, 『고구려 국가제사 연구』, 서경문화사, 2021.

高國抗(오상훈·이개석·조병한 옮김), 『중국사학사』下, 풀빛, 1998.

권덕영, 『재당 신라인사회 연구』, 일조각, 2005.

권덕영, 『신라의 바다 황해』, 일조각, 2012.

金東宇, 『渤海 地方 統治 體制 研究』, 고려대학교 박사학위논문, 2006.

김두진, 『삼국유사의 사학사적 연구』, 일조각, 2014.

김락기, 『고구려의 東北方 境域과 勿吉 靺鞨』, 景仁文化社, 2013.

金秀美, 『熊津都督府 研究』, 전남대학교 박사학위논문, 2007.

金秀鎭, 『唐京 高句麗 遺民 研究』, 서울대학교 박사학위논문, 2017.

金榮官, 『百濟復興運動研究』, 서경, 2005.

金瑛河, 『韓國古代社會의 軍事와 政治』, 高麗大學校 民族文化研究院, 2002.

金長煥,『魏晉南北朝 志人小說 硏究』, 연세대학교 중어중문학과 박사학위논문, 1992.

김종복,『발해정치외교사』, 일지사, 2009.

김진광,『발해 문왕대의 지배체제 연구』, 박문사, 2012.

김진한,『고구려 후기 대외관계사 연구』, 한국학중앙연구원출판부, 2020.

김육불(동북아역사재단 옮김),『김육불의 東北通史』下, 동북아역사재단, 2007.

김택민,『중국고대 형법-당제국의 형법 총칙-』, 아카넷, 2002.

김현숙,『고구려의 영역지배방식 연구』, 모시는사람들, 2005.

남정호,『백제 사비시대 후기의 정국 변화』, 학연문화사, 2016.

魯迅(趙寬熙 譯注),『中國小說史略』, 살림, 1998.

노용필,『한국고대인문학발달사연구』(1) 어문학·고문서학·역사학 권, 한국사학, 2017.

노중국,『백제부흥운동사』, 일조각, 2003.

노태돈,『고구려사 연구』, 사계절, 1999.

노태돈,『한국고대사의 이론과 쟁점』, 집문당, 2009.

노태돈,『삼국통일전쟁사』, 서울대학교출판부, 2009.

노태돈,『고구려 발해사 연구』, 지식산업사, 2020.

동북아역사재단 편,『황해도 지역 고구려 산성』, 동북아역사재단, 2015.

閔斗基 編,『中國의 歷史認識』上, 창작과 비평사, 1985.

박한제,『대당제국과 그 유산』, 세창출판사, 2015.

사회과학원 고고학연구소,『고구려의 성곽』, 진인진, 2009.

서영교,『羅唐戰爭史 硏究』, 아세아문화사, 2006.

徐仁漢,『高句麗 對隋·唐戰爭史』, 國防部戰史編纂委員會, 1991.

徐仁漢,『羅唐戰爭史』, 國防軍史硏究所, 1999.

徐日範, 『北韓地域 高句麗山城 研究』, 단국대학교 박사학위논문, 2000.

손영종, 『고구려사』1, 백산자료원, 1997.

손영종, 『고구려사』2, 백산자료원, 1998.

宋基豪, 『渤海政治史研究』, 一潮閣, 1995.

송기호, 『발해 사회문화사 연구』, 서울대학교출판문화원, 2011.

송호정, 『처음 읽는 부여사』, 사계절, 2015.

신승하, 『중국사학사』, 고려대학교출판부, 2002.

양시은, 『高句麗 城 研究』, 진인진, 2016.

余昊奎, 『高句麗 城Ⅱ[遼河 流域篇]』, 國防軍史研究所, 1999.

여호규, 『고구려 초기 정치사 연구』, 신서원, 2014.

廉景伊, 『唐 前半期 使臣 外交 研究』, 전북대학교 박사학위논문, 2011.

王健群(林東錫 譯), 『廣開土王碑研究』, 역민사, 1985.

王承禮(宋基豪 譯), 『발해의 역사』, 翰林大學 아시아文化研究所, 1988.

劉葉秋(金長煥 옮김), 『中國歷代筆記』, 신서원, 2007.

劉節(辛太甲 譯), 『中國史學史講義』, 새론서원, 2000.

윤명철, 『高句麗 海洋史 研究』, 사계절, 2003.

윤재운, 『교류의 바다 동해』, 景仁文化社, 2015.

李康來, 『三國史記 典據論』, 民族社, 1996.

이강래, 『三國史記 形成論』, 신서원, 2007.

李基東, 『新羅骨品制社會와 花郎徒』, 一潮閣, 1984.

李基白, 『韓國古代政治社會史研究』, 一潮閣, 1996.

李基白, 『韓國古典研究-『三國遺事』와 『高麗史』兵志-』, 一潮閣, 2004.

李基白·李基東, 『韓國史講座』I[古代篇], 一潮閣, 1982.

李基天, 『唐 前期 境內 異民族 支配 硏究』, 서울대학교 박사학위논문, 2019.

李文基, 『新羅兵制史硏究』, 一潮閣, 1997.

이문기, 『신라 하대 정치와 사회 연구』, 학연문화사, 2015.

李丙燾, 『韓國古代史硏究』, 博英社, 1976.

李丙燾·金載元, 『韓國史』古代篇, 乙酉文化社, 1959.

이상훈, 『나당전쟁 연구』, 주류성, 2012.

이상훈, 『신라의 통일전쟁-백제 멸망에서 고구려 멸망까지-』, 민속원, 2021.

이영호, 『신라 중대의 정치와 권력구조』, 지식산업사, 2014.

이정빈, 『고구려-수 전쟁』, 주류성, 2018.

李昊榮, 『新羅三國統合과 麗·濟敗亡原因硏究』, 書景文化社, 1997.

李弘稙, 『韓國古代史의 硏究』, 新丘文化社, 1971.

이효형, 『발해 유민사 연구』, 혜안, 2007.

임기환, 『高句麗 集權體制 成立過程의 硏究』, 경희대학교 박사학위논문, 1995.

임기환, 『고구려 정치사 연구』, 한나래, 2004.

임상선, 『발해의 지배세력연구』, 신서원, 1999.

장창은, 『고구려 남방 진출사』, 景仁文化社, 2014.

전덕재, 『三國史記 본기의 원전과 편찬』, 주류성, 2018.

全永燮, 『中國中世 身分制 硏究』, 신서원, 2001.

鄭善如, 『고구려 불교사 연구』, 서경문화사, 2007.

정재훈, 『돌궐유목제국사』, 사계절, 2016.

정진술, 『한국의 고대 해상교통로』, 韓國海洋戰略硏究所, 2009.

趙炳魯, 『韓國驛制史』, 한국마사회 마사박물관, 2002.

趙二玉, 『統一新羅의 北方進出 硏究』, 서경문화사, 2001.

崔夢龍·申叔靜·金庚澤·金仙宇·金範哲,『德積群島의 考古學的 調查研究』, 서울大學校博物館, 1999.

최진열,『북위황제 순행과 호한사회』, 서울대학교출판문화원, 2011.

최진열,『발해 국호 연구』, 서강대학교출판부, 2015.

卓用國,『中國史學史大要』, 探求堂, 1986.

허중권,『新羅 統一戰爭史의 軍事學的 研究』, 한국교원대학교 박사학위논문, 1995.

호리 도시카즈(정병준·이원석·채지혜 옮김),『중국과 고대 동아시아 세계』, 동국대학교출판부, 2012.

2) 일본어

菅沼愛語,『7世紀後半から8世紀の東部ユーラシアの國際情勢とその推移』, 溪水社, 2013.

金子修一,『隋唐の國際秩序と東アジア』, 名著刊行會, 2001.

山口瑞鳳,『吐蕃王國成立史研究』, 岩波書店, 1983.

日野開三郎,『小高句麗國の研究』, 三一書房, 1984.

赤羽目匡由,『渤海王國の政治と社會』, 吉川弘文館, 2011.

中村裕一,『隋唐王言の研究』, 汲古書院, 2003.

池內宏,『滿鮮史研究』上世二册, 吉川弘文館, 1960.

津田左右吉,『津田左右吉全集』12, 岩波書店, 1964.

村上四男,『朝鮮古代史研究』, 開明書院, 1978.

3) 중국어

董興艷,『≪唐會要≫ 研究』, 厦門大學 博士學位論文, 2008.

馬維斌, 『≪册府元龜≫ 研究』, 陝西師範大學 博士學位論文, 2012.

馬馳, 『唐代蕃將』, 三秦出版社, 2011.

拜根興, 『唐代高麗百濟移民研究』, 中國社會科學出版社, 2012.

孫繼民, 『唐代行軍制度研究』, 文津出版社, 1995.

辛時代, 『唐代安東都護府研究』, 東北師範大學 博士學位論文, 2013.

姚薇元, 『北朝胡姓考』, 中華書局, 1962.

吳松第, 『兩唐書地理志彙釋』, 安徽敎育出版社, 2002.

劉統, 『唐代羈縻府州研究』, 西北大學出版社, 1998.

岑仲勉, 『金石論叢』, 中華書局, 2004.

長國剛, 『唐代官制』, 三秦出版社, 1987.

張博泉·蘇金源·董玉瑛, 『東北歷代疆域史』, 吉林人民出版社, 1983.

周偉洲, 『吐谷渾史』, 廣西師範大學出版社, 2006.

陳寅恪, 『隋唐制度淵源略論稿 唐代政治史述論稿』, 三聯書店, 2004.

黃約瑟, 『黃約瑟隋唐史論集』, 中華書局, 1997.

3. 논문

1) 한국어

강경구, 「高句麗 復興運動의 新考察」, 『韓國上古史學報』47, 2005.

葛繼勇(이유표 외 번역), 「신출토 入唐 고구려인 <高乙德墓誌>와 고구려 말기의 내정 및 외교」, 『韓國古代史研究』79, 2015.

강봉룡, 「나당전쟁과 해전, 그리고 신라의 삼국통일」, 『한국해양사』I(선사·고대), 한국해양재단, 2013.

강종훈, 「『晉書』 慕容皝載記와 『資治通鑑』 晉穆帝紀 所載 '百濟' 관련 기사의 사료적 가치」, 『大丘史學』121, 2015.

고경석, 「수군제의 정비와 해방체제(海防體制) 구축」, 『한국해양사』Ⅱ(남북국시대), 한국해양재단, 2013.

古勝隆一(손승회 옮김), 「魏晋時代의 皇帝權力과 死刑-西晋末의 誅殺을 예로 하여-」, 『동아시아의 사형』, 영남대학교출판사, 2014.

孔錫龜, 「≪광개토왕릉비≫ 守墓人 烟戶 記事의 考察」, 『高句麗渤海研究』47, 2013.

구난희, 「渤海 東京 地域의 歷史的 淵源과 地域性」, 『高句麗渤海研究』58, 2017.

菊池英夫(김선민 옮김), 「부병제도의 전개」, 『세미나 수당오대사』, 서경, 2005.

권덕영, 「新羅 관련 唐 金石文의 기초적 검토」, 『韓國史研究』142, 2008.

권덕영, 「唐 墓誌의 고대 한반도 삼국 명칭에 대한 검토」, 『韓國古代史研究』75, 2014.

권덕영, 「중국 금석문을 활용한 신라사의 몇 가지 보완」, 『역사와 경계』105, 2017.

權恩姝, 「渤海의 靺鞨服屬과 支配」, 경북대학교 석사학위논문, 2001.

권은주, 「鴻臚井石刻에 보이는 崔忻의 職名 재검토」, 『韓國古代史研究』46, 2007.

권은주, 「7세기 후반 북방민족의 反唐활동과 발해건국」, 『白山學報』86, 2010.

권은주, 「고구려유민 高欽德, 高遠望 부자 묘지명 검토」, 『大丘史學』116, 2014.

권중달, 「『자치통감』의 사학사적 의미」, 『韓國史學史學報』31, 2010.

권창혁, 「670~673년 신라의 고구려 부흥운동 지원 전략에 대한 검토」, 『新羅史學報』51, 2021.

金甲周, 「高句麗의 滅亡과 復興運動」, 『統一期의 新羅社會研究』, 東國大學校 新羅文化研究所, 1987.

金康勳, 「679~681년 寶藏王의 高句麗 復興運動」, 『歷史教育論集』50, 2013.

김강훈, 「요동지역의 고구려부흥운동과 劍牟岑」, 『軍史』99, 2016.

김강훈, 「고구려 멸망 이후 扶餘城 圈域의 부흥운동」, 『大丘史學』127, 2017.

김강훈, 「책성 권역의 고구려부흥운동과 高定問」, 『歷史敎育論集』65, 2017.

김강훈, 「고구려 멸망 직후 당의 고구려 故地 지배 시도와 유민의 동향」, 『大丘史學』
133, 2018.

김경찬, 「황해남도 해안방어성에 대하여」, 『조선고고연구』1992-4, 1992.

金光洙, 「高句麗 初期의 王位繼承 問題」, 『韓國史研究』55, 1986.

김동우, 「渤海 首領의 槪念과 實相」, 『東垣學術論文集』7, 2005.

김두진, 「『三國遺事』의 인용문과 그 성격」, 『史學研究』76, 2004.

김민나, 「≪文心雕龍≫ 第三 〈宗經〉篇 譯註」, 『中國語文學誌』24, 2007.

김병곤, 「『삼국사기』 내 책봉 기사로 본 삼국의 태자제 운영 양상 및 정치적 위상」,
『史學研究』100, 2010.

김병남, 「부흥백제국의 성립과 정치적 변동」, 『軍史』89, 2013.

金福順, 「『三國遺事』「興法」篇과 中古期의 설정」, 『慶州史學』19, 2000.

金福順, 「『삼국유사』 속의 『삼국사기』-국내외서적 인용사례를 중심으로-」, 『東國史學』
62, 2017.

金 善, 「『大唐新語』 校釋」, 연세대학교 중어중문과 석사학위논문, 2002.

김선민, 「제국 경략에 미친 고대 순행의 유산」, 『동아시아 역사 속의 여행』2, 산처럼,
2008.

김성한, 「唐 후기 각 州에서 東都를 거쳐 京師로 가는 교통노선」, 『中國古中世史研究』
21, 2009.

김수미, 「웅진도독부의 요동 移置와 廢置」, 『歷史學研究』45, 2012.

김수진, 「670년 평양 일대 고구려 유민의 남하와 부흥운동의 전개」, 『역사와 실학』72,
2020.

金壽泰, 「統一期 新羅의 高句麗遺民支配」, 『李基白先生古稀紀念 韓國史學論叢』上, 一潮閣, 1994.

김승호, 「당승(唐僧) 혜상(惠祥)의 채록으로 본 신라 불교설화」, 『우리문학연구』52, 2016.

김영심, 「遺民資料로 본 고구려, 백제의 官制」, 『韓國古代史研究』75, 2014.

金榮官, 「高句麗 遺民 高提昔 墓誌銘에 대한 연구」, 『白山學報』97, 2013.

김영관, 「高句麗 遺民 南單德 墓誌銘에 대한 연구」, 『百濟文化』57, 2017.

金瑛河, 「新羅時代 巡守의 性格」, 『民族文化研究』14, 1979.

金瑛河, 「古代 遷都의 역사적 의미」, 『韓國古代史研究』36, 2004.

김은숙, 「백제부흥운동이후 天智朝의 국제관계」, 『일본학』15, 1995.

金長煥, 「魏晉南北朝 志人小說의 創作背景」, 『中國小說論叢』1, 1992.

김정희, 「당 전기의 화이관과 변경정책」, 『中國古中世史研究』15, 2006.

김종복, 「高句麗 멸망 이후 唐의 지배 정책-安東都護府를 중심으로-」, 『史林』19, 2003.

김종복, 「渤海의 건국과정에 대한 재고찰」, 『韓國古代史研究』34, 2004.

김종복, 「高句麗 멸망 전후의 靺鞨 동향」, 『北方史論叢』5, 2005.

김종복, 「발해사의 전개와 영역 변천」, 『발해 5경과 영역 변천』, 동북아역사재단, 2007.

김종복, 「8~9세기 渤海와 日本의 외교적 갈등과 해소」, 『韓國史學報』33, 2008.

김종복, 「발해시대 遼東 지역의 귀속문제」, 『史林』31, 2008.

김종복, 「백제와 고구려 고지에 대한 당의 지배 양상」, 『역사와 현실』78, 2010.

김종복, 「남북국의 경계와 상호 교섭에 대한 재검토」, 『역사와 현실』82, 2011.

김종복, 「완충지대로서의 요동을 통해 본 신라·발해·당의 관계」, 『韓國古代史研究』88, 2017.

김주성, 「7세기 삼국 고대 전투모습의 재현」, 『軍史』81, 2011.

김지영, 「7세기 중반 거란의 동향 변화와 고구려」, 『만주연구』12, 2011.

김진광, 「8世紀 渤海의 遼東進出」, 『三國時代硏究』2, 2002.

김진한, 「보장왕대 고구려의 대당관계 변화와 그 배경」, 『高句麗渤海硏究』39, 2011.

김진한, 「「답설인귀서」에 보이는 신라·당 밀약 기사의 사료적 검토」, 『인문논총』71-1,
2014.

김진한, 「高句麗 滅亡과 淵蓋蘇文의 아들들」, 『韓國古代史探究』22, 2016.

김창석, 「8세기 渤海의 對日 항로와 蝦夷」, 『아시아문화』26, 2010.

金翰奎, 「漢代의 天下思想과 〈羈縻之義〉」, 『中國의 天下思想』, 民音社, 1988.

金賢淑, 「高句麗 初期 那部의 分化와 貴族의 姓氏」, 『慶北史學』16, 1993.

金賢淑, 「高句麗 中·後期 中央集權的 地方統治體制의 發展過程」, 『韓國古代史硏究』
11, 1997.

김현숙, 「延邊地域의 長城을 통해 본 高句麗의 東扶餘支配」, 『國史館論叢』88, 2000.

金賢淑, 「中國 所在 高句麗 遺民의 동향」, 『韓國古代史硏究』23, 2001.

金賢淑, 「6~7세기 高句麗史에서의 靺鞨」, 『강좌 한국고대사』10, 2003.

김현숙, 「고구려 붕괴 후 그 유민의 거취 문제」, 『韓國古代史硏究』33, 2004.

金 澔, 「唐 前期 皇帝의 行幸의 威儀」, 『中國古中世史硏究』20, 2008.

金浩東, 「唐의 羈縻支配와 北方遊牧民族의 對應」, 『歷史學報』137, 1993.

나동욱, 「6~7세기 고구려 지방군사운용체계-지방통치체제 검토를 바탕으로-」, 『史學
硏究』95, 2009.

南權熙, 「13세기 天台宗 관련 高麗佛經 3종의 書誌的 考察-圓覺類解, 弘贊法華傳, 法
華文句幷記節要-」, 『季刊書誌學報』19, 1997.

남성욱, 「북한 철광석 개발 현황과 효율적인 남북한 협력방안」, 『통일문제연구』26-2,

2014.

남정호, 「義慈王 後期 支配層의 分裂과 百濟의 滅亡」, 『百濟學報』4, 2010.

南廷昊, 「『日本書紀』에 보이는 豊章과 翹岐 關聯 記事의 再檢討」, 『百濟研究』60, 2014.

盧鏞弼, 「新羅 移住 高句麗人의 歷史 編纂」, 『韓國史學史學報』25, 2011.

노용필, 「高句麗의 孫盛『晉春秋』受容과 그 歷史的 意義」, 『韓國史學史學報』27, 2013.

노중국, 「신라 통일기 九誓幢의 성립과 그 성격」, 『韓國史論』41・42, 1999.

盧泰敦, 「渤海 建國의 背景」, 『大丘史學』19, 1981.

盧泰敦, 「高句麗 遺民史 研究 - 遼東・唐內地 및 突厥方面의 集團을 중심으로 -」, 『韓沽
劤博士停年紀念史學論叢』, 1981.

盧泰敦, 「對渤海 日本國書에 云謂한 '高麗舊記'에 대하여」, 『邊太燮博士華甲紀念史學論
叢』, 1985.

盧泰敦, 「5~7세기 고구려의 지방제도」, 『韓國古代史論叢』8, 1996.

盧泰敦, 「對唐戰爭期(669-676) 新羅의 對外關係와 軍事活動」, 『軍史』34, 1997.

盧泰敦, 「『삼국사기』 신라본기의 고구려관계 기사 검토」, 『慶州史學』16, 1997.

노태돈, 「삼국사기에 등장하는 말갈의 실체」, 『한반도와 만주의 역사와 문화』, 서울대
학교출판부, 2003.

樓正豪, 「高句麗遺民 李隱之 家族의 出自 의식에 대한 考察-새로 발견된 「李隱之 墓誌
銘」을 중심으로-」, 『韓國古代史探究』21, 2015.

동북아역사재단, 한국고대사학회, 「충주 고구려비 공동 판독안」, 『韓國古代史研究』
98, 2020.

馬馳(차오링 번역), 「『新唐書』 李謹行傳 보충 및 고증」, 『韓國古代史探究』7, 2014.

리다룽(조재우 옮김), 「唐代 都護府 중심 邊疆藩屬 관리체제의 형성」, 『高句麗渤海研
究』53, 2015.

문안식, 「백제의 동아시아 해상교통로와 기항지」, 『史學研究』119, 2015.

바이건싱, 「고구려·발해 유민 관련 유적·유물」, 『중국학계의 북방민족·국가 연구』, 2009, 동북아역사재단.

바이건싱, 「고구려 마지막 군주 고장의 분묘 위치 추적 및 당에서의 삶에 관하여」, 『고구려왕릉연구』, 2009, 동북아역사재단.

朴京哲, 「高句麗 軍事戰略考察을 위한 一試論」, 『史學研究』40, 1989.

박경철, 「麗唐戰爭의 再認識」, 『東北亞歷史論叢』15, 2007.

朴京哲, 「鴨綠江 上流 臨江-長白地域 積石塚築造集團의 存在樣態」, 『역사문화연구』38, 2011.

박경철, 「延邊地域으로의 高句麗 勢力 浸透 및 支配의 實相」, 『東北亞歷史論叢』38, 2012.

박성현, 「북한강 유역 신라 郡縣의 형성과 구조」, 『한문고전연구』22, 2011.

朴淳發, 「중국 고대 도성 廟壇의 기원과 전개」, 『韓國古代史研究』71, 2013.

박순발, 「백제의 해상교통과 기항지」, 『百濟學報』16, 2016.

박인호, 「溫達을 통해 본 6世紀 高句麗 貴族社會」, 『韓國古代史研究』36, 2004.

박초롱, 「문무왕대 고구려·가야의 조상제사 재개 조치와 그 의미-중국 二王後 제도와의 비교를 중심으로-」, 『韓國古代史研究』86, 2017.

박현숙, 「「답설인귀서」, 나당전쟁기 신라 외교의 표상」, 『내일을 여는 역사』10, 2002.

방용철, 「7세기 고구려 불교정책의 한계와 國祖神」, 『韓國古代史研究』72, 2013.

방용철, 「淵男生 형제의 內紛과 지방세력의 동향」, 『新羅史學報』39, 2017.

방용철, 「고구려 부흥전쟁의 발발과 그 성격」, 『大丘史學』133, 2018.

방용철, 「文武王의 安勝 책봉과 그 배경」, 『이화사학연구』63, 2021.

방향숙, 「扶餘隆의 정치적 입지와 劉仁軌」, 『韓國古代史探究』25, 2017.

拜根興, 「"羅唐戰爭"硏究 中의 몇 가지 問題」, 『中國學報』46, 2002.

拜根興, 「唐 李他仁 墓誌에 대한 몇 가지 고찰」, 『忠北史學』24, 2010.

拜根興, 「石刻墓誌銘 사료에 반영되어 있는 7세기 중엽의 唐과 百濟-신발견 唐 군인 [軍將] 묘지명을 중심으로-」, 『百濟學報』19, 2017.

서영교, 「羅唐戰爭과 吐蕃」, 『東洋史學硏究』79, 2002.

徐榮敎, 「羅唐戰爭의 開始와 그 背景-國際情勢 변화와 관련하여-」, 『歷史學報』173, 2002.

서영교, 「나당전쟁기 石門전투」, 『東國史學』38, 2002.

서영교, 「羅唐戰爭期 唐邊方軍의 來襲과 李勤行」, 『東國史學』42, 2006.

서영교, 「고구려 평원왕대 남진과 견왜사」, 『역사와 세계』41, 2012.

徐永大, 「高句麗의 國家祭祀-東盟을 중심으로-」, 『韓國史硏究』120, 2003.

서영대, 「문헌에 나타난 덕적도의 역사지리」, 『덕적도』, 민속원, 2016.

서영일, 「고구려의 백제 공격로 고찰」, 『史學志』38, 2006.

小嶋芳孝, 「考古學에서 본 渤海와 日本의 교류사」, 『동아시아속의 渤海와 日本』, 景仁文化社, 2008.

송기호, 「粟末靺鞨의 원류와 扶餘系 집단 문제」, 『한반도와 만주의 역사 문화』, 서울대학교출판부, 2003.

송호정, 「부여」, 『한국사』4(고조선·부여·삼한), 국사편찬위원회, 1997.

신광철, 「고구려 남부전선의 지휘관과 군사편제」, 『韓國上古史學報』74, 2011.

신광철, 「황해도 일대의 고구려 관방체계와 남부전선의 변화」, 『先史와 古代』35, 2011.

申東河, 「高句麗의 寺院 造成과 그 意味」, 『韓國史論』19, 1988.

심재연, 「6~7세기 신라의 북한강 중상류지역 진출 양상」, 『新羅文化』31, 2008.

쓰다 소키치(정병준 옮김), 「安東都護府考」, 『高句麗渤海硏究』42, 2012.

아카바메 마사요시(김선숙 譯), 「8세기 중엽에 있어서 신라와 발해의 통교관계-『三國史記』인용, 賈耽『古今郡國縣道四夷述』逸文의 분석-」, 『高句麗渤海研究』32, 2008.

아카바메 마사요시, 「교섭의 여정-일본 왕경까지의 여정」, 『고대환동해교류사』2부(발해와 일본), 동북아역사재단, 2010.

안정준, 「「李他仁墓誌銘」에 나타난 李他仁의 生涯와 族原」, 『목간과 문자』11, 2013.

梁起錫, 「三國時代 人質의 性格에 對하여」, 『史學志』15, 1981.

梁炳龍, 「羅唐戰爭 進行過程에 보이는 高句麗遺民의 對唐戰爭」, 『史叢』46, 1997.

양시은, 「평양도읍기 고구려의 성곽방어체계」, 『고고학』12-3, 2013.

余昊奎, 「高句麗 後期의 軍事防禦體系와 軍事戰略」, 『韓國軍事史研究』3, 1999.

余昊奎, 「高句麗 千里長城의 經路와 築城背景」, 『國史館論叢』91, 2000.

余昊奎, 「百濟의 遼西進出說 再檢討」, 『震檀學報』91, 2001.

余昊奎, 「遼河 中上流 東岸地域의 高句麗 城과 地方支配」, 『역사문화연구』17, 2002.

余昊奎, 「高句麗 國內 遷都의 시기와 배경」, 『韓國古代史研究』38, 2005.

余昊奎, 「鴨綠江 중상류 연안의 고구려 성곽과 東海路」, 『역사문화연구』29, 2008.

余昊奎, 「高句麗 初期의 王位繼承原理와 古鄒加」, 『東方學志』150, 2010.

여호규, 「고구려 성곽과 방어체계의 변천」, 『한국군사사』14(성곽), 경인문화사, 2012.

여호규, 「고구려 도성의 의례공간과 왕권의 위상」, 『韓國古代史研究』71, 2013.

余昊奎, 「두만강 유역 고구려 성곽의 분포현황과 지방통치의 양상」, 『역사문화연구』61, 2017.

余昊奎·李明, 「高句麗 遺民 〈李他仁墓誌銘〉의 재판독 및 주요 쟁점 검토」, 『韓國古代史研究』85, 2017.

여호규·拜根興, 「遺民墓誌銘을 통해본 唐의 東方政策과 高句麗 遺民의 동향」, 『東洋

學』69, 2017.

오진석, 「연남생 투항 이후 고구려 서북부 성곽방어체계의 붕괴과정과 그 영향」, 『역
    사와 현실』122, 2021.

오택현, 「백제 복성(復姓)의 출현과 그 정치적 배경」, 『역사와 현실』88, 2013.

劉統(정병준·채지혜 역), 「당대 기미부주 연구(2)」, 『新羅史學報』24, 2012.

劉統(정병준·채지혜 역), 「당대 기미부주 연구(3)」, 『新羅史學報』25, 2012.

윤명철, 「황해도의 해양방어체제」, 『고구려산성과 해양방어체제연구』, 백산자료원,
    2000.

尹武炳, 「高麗北界地理考(下)」, 『歷史學報』5, 1953.

윤상렬, 「고구려 世界觀念의 확립과정 탐구」, 『高句麗渤海研究』41, 2011.

尹善泰, 「新羅 中代의 律令-中國律令 受容의 新羅的 特質과 관련하여-」, 『강좌 한국고
    대사』3, 2003.

윤성환, 「650년대 중반 고구려의 대외전략과 대신라공세의 배경」, 『국학연구』17,
    2010.

윤용구, 「중국출토의 韓國古代 遺民資料 몇 가지」, 『韓國古代史研究』32, 2003.

윤용구, 「고대 중국의 동이관(東夷觀)과 고구려」, 『역사와 현실』55, 2005.

윤재운, 「동해교류를 통해 본 고구려와 발해의 해양문화」, 『高句麗渤海研究』32,
    2008.

윤재운, 「8-10세기 동아시아 무역네트워크」, 『韓國古代史探究』12, 2012.

윤재운, 「발해 도성의 의례공간과 왕권의 위상」, 『韓國古代史研究』71, 2013.

윤재운, 「남북국시대의 對中항로와 거점」, 『韓國史研究』179, 2017.

윤진석, 「백제멸망기 '태자' 문제의 재검토」, 『지역과 역사』29, 2011.

이강래, 「『삼국사기』 고구려본기의 분주 재론」, 『白山學報』67, 2003.

이강래, 「한·중 사서에 보이는 고구려와 중국의 전쟁 기록 비교 검토」, 『東北亞歷史論叢』15, 2007.

이재석, 「7세기 후반 報德國의 존재 의의와 왜국」, 『日本歷史研究』31, 2010.

이계명, 「『資治通鑑』研究」, 『全南史學』12, 1998.

이규호, 「당의 고구려 유민 정책과 유민들의 동향」, 『역사와 현실』101, 2016.

李基東, 「新羅 下代의 浿江鎭-高麗王朝의 成立과 關聯하여-」, 『韓國學報』4, 1976.

李基白, 「高句麗王妃族考」, 『震檀學報』20, 1959.

이기백, 「『三國遺事』興法篇의 趣旨」, 『震檀學報』89, 2000.

李基天, 「唐代 高句麗·百濟系 蕃將의 존재양태」, 『韓國古代史研究』75, 2014.

李道學, 「'百濟復興運動'에 관한 몇 가지 檢討」, 『東國史學』38, 2002.

李文基, 「統一新羅期의 「北鎭」과 軍事的 位相」, 『九谷黃鐘東敎授停年紀念史學論叢』, 1994.

李文基, 「高句麗 遺民 高足酉 墓誌의 檢討」, 『歷史敎育論集』26, 2001.

李文基, 「高句麗 中裏制의 構造와 그 變化」, 『大丘史學』71, 2003.

李文基, 「新羅 文武王代의 軍事政策에 대하여」, 『歷史敎育論集』32, 2004.

李文基, 「泗沘時代 百濟 前內部體制의 運營과 變化」, 『百濟研究』42, 2005.

李文基, 「『三國史記』雜志의 構成과 典據資料의 性格」, 『韓國古代史研究』43, 2006.

이문기, 「7세기 高句麗의 軍事編制와 運用」, 『高句麗研究』27, 2007.

李文基, 「高句麗 滅亡期 政治運營의 變化와 滅亡의 內因」, 『韓國古代史研究』50, 2008.

李文基, 「新羅의 大加耶 故地 支配에 대하여」, 『歷史敎育論集』45, 2010.

李文基, 「墓誌로 본 在唐 高句麗 遺民의 祖先意識의 變化」, 『大丘史學』100, 2010.

이미경, 「新羅의 報德國 지배정책」, 『大丘史學』120, 2015.

李玟洙, 「高句麗 遺民 李他仁의 族源과 柵城 褥薩 授與 배경에 대한 고찰」, 『大丘史學』

128, 2017.

이민수, 「李他仁의 唐 投降과 扶餘城의 高句麗 復國運動 鎭壓에 대한 分析」, 『역사와 경계』106, 2018.

李丙燾, 「高句麗의 一部遺民에 대한 唐의 抽戶政策」, 『震檀學報』25·26·27, 1964.

이상훈, 「羅唐戰爭期 唐의 軍事戰略 變化」, 『歷史敎育論集』37, 2006.

李相勳, 「唐의 軍事戰略을 통해 본 羅唐戰爭期의 買肖城 戰鬪」, 『新羅文化』29, 2007.

이상훈, 「羅唐戰爭의 開戰과 薛烏儒 部隊」, 『歷史敎育論集』45, 2010.

이상훈, 「羅唐戰爭의 軍事的 原因과 新羅의 戰爭準備」, 『역사와 경계』79, 2011.

이상훈, 「羅唐戰爭期 文豆婁 秘法과 海戰」, 『新羅文化』37, 2011.

이상훈, 「662년 김유신의 군량 수송작전」, 『국방연구』55, 2012.

이상훈, 「검모잠의 최초 거병지 검토」, 『한국 고대사 연구의 자료와 해석(노태돈 교수 정년기념논총2)』, 사계절, 2014.

이상훈, 「나당전쟁기 신라의 대규모 축성과 그 의미」, 『韓國古代史探究』23, 2016.

이상훈, 「삼국통일기 고구려 마읍산의 위치와 군사적 위상」, 『軍史』104, 2017.

이성제, 「高句麗와 契丹의 관계-對隋·唐戰爭期의 動向과 그 意味-」, 『北方史論叢』5, 2005.

李成制, 「570年代 高句麗의 對倭交涉과 그 意味」, 『韓國古代史探究』2, 2009.

李成制, 「高句麗와 渤海의 城郭 운용방식에 대한 기초적 검토」, 『高句麗渤海硏究』34, 2009.

李成制, 「龍岡 黃龍山城과 黃海~大同江沿岸路-고구려 후기 王都방어체제의 一例-」, 『高句麗渤海硏究』41, 2011.

李成制, 「高句麗의 西部 國境線과 武厲邏」, 『大丘史學』113, 2013.

李成制, 「어느 고구려 무장의 가계와 일대기-새로 발견된 〈高乙德墓誌〉에 대한 譯註

와 분석-」,『中國古中世史硏究』38, 2015.

李成制, 「遺民 墓誌를 통해 본 高句麗의 中裏小兄-중리소형의 역임자와 직임을 중심
　　　으로-」,『中國古中世史硏究』42, 2016.

李成制, 「高句麗와 遼西橫斷路-遼河 沿邊 交通路와 관리기구-」,『韓國史硏究』178,
　　　2017.

李泳鎬, 「新羅의 王權과 貴族社會-중대 국왕의 혼인 문제를 중심으로-」,『新羅文化』
　　　22, 2003.

李泳鎬, 「통일신라시대의 王과 王妃」,『新羅史學報』22, 2011.

李永哲, 「唐代 邊境地域의 蕃鎭과 對外關係-東北邊境地域에서 邊境政策의 變化와 관
　　　련하여-」,『中國史硏究』74, 2011.

李龍範, 「高句麗의 成長과 鐵」,『白山學報』1, 1966.

李仁哲, 「6~7世紀의 靺鞨」,『國史館論叢』95, 2001.

李在成, 「麗唐戰爭과 契丹·奚」,『中國古中世史硏究』26, 2011.

이재환, 「신라사 연구에 있어서 '귀족' 개념의 도입 과정」,『한국 고대사 연구의 시각과
　　　방법(노태돈교수정년기념논총 1)』, 사계절, 2014.

이재환, 「新羅 眞骨의 '家系 分枝化'에 대한 재검토-사위의 왕위계승권을 중심으로-」,
　　　『大丘史學』127, 2017.

이정빈, 「고연무의 고구려 부흥군과 부흥운동의 전개」,『역사와 현실』72, 2009.

이정빈, 「6세기 후반~7세기 초반 고구려의 서방변경지대와 그 변화」,『역사와 현실』
　　　82, 2011.

李眞善, 「唐 前期 安西四鎭의 設置와 變化樣相」,『東洋史學硏究』141, 2017.

이진한·이바른·박수찬, 「『『高麗圖經』譯註」(4)-권3 「城邑」편의 「封境」~「民居」 분석을
　　　중심으로-」,『韓國史學報』68, 2017.

이천우, 『고흠덕 묘지명』을 통해 본 고구려 유민의 唐 내 관직 제수와 特進 배경」,
　　　『이화사학연구』57, 2018.

이케우치 히로시(정병준 역), 「고구려 멸망 후 유민의 반란 및 당과 신라의 관계」, 『高
　　　句麗渤海硏究』48, 2014.

이현혜, 「沃沮의 기원과 문화 성격에 대한 고찰」, 『韓國上古史學報』70, 2010.

李昊榮, 「삼국통일」, 『한국사』9(통일신라), 국사편찬위원회, 1998.

이현숙, 「7세기 신라 통일전쟁과 전염병」, 『역사와 현실』47, 2003.

李馨愨, 「신문왕대 報德城民의 반란과 신라의 대응」, 경북대학교 석사학위논문, 2011.

李弘稙, 「高句麗遺民에 關한 一·二의 史料」, 『史叢』10, 1965.

임금표, 「보장왕의 고구려 부흥운동과 '營州靺鞨'」, 『高句麗渤海硏究』72, 2022.

임대희, 「唐高宗 統治前期의 政治와 人物」, 『金文經敎授停年退任紀念 동아시아사 연
　　　구논총』, 혜안, 1997.

林起煥, 「고구려 초기의 지방통치체제」, 『朴性鳳敎授回甲紀念論叢』, 1987.

임기환, 「지방·군사제도」, 『한국사』5(고구려), 국사편찬위원회, 1996.

임기환, 「報德國考」, 『강좌 한국고대사』10, 2003.

임기환, 「고구려의 副都 漢城과 지방통치」, 『韓國古代中世 地方制度의 諸問題』, 집문
　　　당, 2004.

임기환, 「고구려의 연변지역 경영-柵城과 新城을 중심으로-」, 『東北亞歷史論叢』38,
　　　2012.

임기환, 「요동반도 고구려성 현황과 지방지배의 구성」, 『韓國古代史硏究』77, 2015.

林相先, 「渤海 建國 參與集團의 硏究」, 『國史館論叢』42, 1993.

임용한, 「대당전쟁 시기 주요 격전지 연구」, 『대전리산성, 매초성인가』, 연천 대전리산
　　　성 학술회의자료집, 2013.

임홍빈, 「고구려 지명 '혈구군(穴口郡)'의 '구(口)'에 대하여」, 『東亞文化』50, 2012.

장병진, 「새로 소개된 고구려 유민 '南單德' 묘지에 대한 검토」, 『高句麗渤海硏究』52, 2015.

장병진, 「당의 고구려 고지(故地) 지배 방식과 유민(遺民)의 대응」, 『역사와 현실』101, 2016.

張日圭, 「신라의 '一統' 인식과 그 영향」, 『新羅史學報』32, 2014.

張彰恩, 「眞興王代 新羅의 北方進出과 對高句麗 領域向方」, 『新羅史學報』24, 2012.

장창은, 「아차산성을 둘러싼 삼국의 영역 변천」, 『史叢』81, 2014.

장창은, 「660~662년 고구려와 신라·당의 전쟁」, 『新羅史學報』38, 2016.

전덕재, 「新羅의 東北地方 國境과 그 變遷에 관한 고찰」, 『軍史』91, 2014.

전덕재, 「『三國史記』高句麗本紀의 原典과 撰述-長壽王代 이후 기록을 중심으로-」, 『白山學報』105, 2016.

전덕재, 「신라의 北進과 서북 경계의 변화」, 『韓國史硏究』173, 2016.

전덕재, 「7세기 백제·신라 지배체제와 수취제도의 변동」, 『新羅史學報』42, 2018.

全永燮, 「唐代 良人의 身分秩序 構造와 기능-律令에 보이는 用例를 중심으로-」, 『法史學研究』17, 1996.

全永燮, 「唐代 庶人·百姓의 用例와 身分的 性格」, 『釜大史學』27, 2003.

전영섭, 「唐宋元·高麗의 律典에 具現된 謀反罪의 構成要件과 刑罰體系」, 『역사와 세계』51, 2017.

전준현, 「670년에 재건된 '高句麗國'에 대한 연구」, 『력사과학』82-2, 1982.

정동준, 「高乙德 墓誌銘」, 『목간과 문자』17, 2016.

鄭炳俊, 「'營州城傍高麗人' 王思禮」, 『高句麗研究』19, 2005.

정병준, 「당에서 활동한 백제유민」, 『百濟 遺民들의 활동』, 충청남도역사문화연구원,

2007.

정병준, 「唐朝의 高句麗人 軍事集團」, 『東北亞歷史論叢』24, 2009.

정병준, 「『신당서』 권43하, ‘羈縻州’ 역주」, 『역사와 교육』14, 2012.

정병준, 「吐蕃의 土谷渾 倂合과 大非川 戰鬪-唐朝의 韓半島 政策과 관련하여-」, 『歷史學報』281, 2013.

鄭炳俊, 「『구당서』·『신당서』 등에 보이는 ‘反’ 용례 비교 검토-신라사의 반란 용례와도 관련하여-」, 『中國古中世史研究』46, 2017.

鄭炳俊, 「唐代 異民族 管理方式의 다양성 및 그 변용-羈縻府州 제도를 중심으로-」, 『東洋史學研究』143, 2018.

정요근, 「통일신라시기의 간선교통로-王京과 州治·小京 간 연결을 중심으로-」, 『韓國古代史研究』63, 2011.

정원주, 「7세기 고구려의 서계(西界) 변화」, 『영토해양연구』8, 2014.

정원주, 「男生의 失脚 배경과 그의 行步」, 『韓國古代史研究』75, 2014.

정원주, 「唐의 고구려 지배정책과 安勝의 行步」, 『한국고대사탐구』29, 2018.

정원주, 「안승(安勝)의 향방(向方)과 고구려 부흥운동」, 『軍史』110, 2019.

정호섭, 「高句麗史에 있어서의 이주(migration)와 디아스포라(diaspora)」, 『先史와 古代』53, 2017.

조강봉, 「‘nVrV’계 지명에 대한 插疑」, 『地名學』4, 2000.

趙法鐘, 「新羅 文武王代 社會政策의 性格檢討」, 『新羅文化』16, 1999.

趙法種, 「신라왕권과 노비제」, 『新羅文化』22, 2003.

조법종, 「高句麗의 郵驛制와 交通路-國內城시기를 중심으로-」, 『韓國古代史研究』63, 2011.

조법종, 「『삼국유사』 ‘보장봉노 보덕이암’에 나타난 보덕관련 공간 검토」, 『新羅文化祭

　　　　學術發表會論文集』35, 2014.

조영광, 「고구려 王都, 王畿의 형성 과정과 성격」, 『韓國古代史硏究』81, 2016.

조인성, 「고구려의 멸망과 부흥운동의 전개」, 『고구려의 정치와 사회』, 동북아역사재
　　　　단, 2007.

조재우, 「唐 前期 邊境 節度使 體制의 성립과정」, 『東洋史學硏究』132, 2015.

존·씨·재미슨, 「羅唐同盟의 瓦解 -韓中記事 取捨의 比較 -」, 『歷史學報』44, 1969.

朱甫暾, 「羅唐同盟의 始末」, 『大丘史學』126, 2017.

차광호, 「『三國遺事』에서의 『國史』 인용 형태와 그 의미」, 『嶺南學』30, 2016.

千素英, 「地名에 쓰인 「느르」系 어사에 대하여」, 『口訣硏究』1, 1996.

최승택, 「고구려 남부 부수도의 위성 방어체계」, 『조선고고연구』2000-4, 2000.

최의광, 「古代 三國의 王位繼承-"兄弟相續에서 父子相續으로의 轉換說"檢討-」, 『歷史敎
　　　　育論集』63, 2017.

최재도, 「漢城의 高句麗國 再檢討」, 『東北亞歷史論叢』47, 2015.

최진열, 「唐人들이 인정한 고구려인의 正體性」, 『東北亞歷史論叢』24, 2009.

崔珍烈, 「唐代 皇帝 巡幸의 성격」, 『大東文化硏究』72, 2010.

최진열, 「唐代 高句麗 표기 기피현상-隋唐 墓誌銘의 國名 표기 분석을 중심으로-」,
　　　　『東北亞歷史論叢』38, 2012.

최진열, 「北魏時代 漢人官僚들의 巡幸論」, 『역사와 교육』10, 2010.

최호원, 「고구려 검모잠·안승 세력과 대신라관계 인식」, 『新羅史學報』49, 2020.

최희수, 「고구려 후기 지방통치의 구조와 의미」, 『高句麗渤海硏究』32, 2008.

한영화, 「7~8세기 신라의 형률과 그 운용」, 『韓國古代史硏究』44, 2006.

한영화, 「신라와 고려의 형률 운용과 계승성」, 『韓國古代史硏究』80, 2015.

韓沽劤, 「古代國家成長過程에 있어서의 對服屬民施策(上)」, 『歷史學報』12, 1960.

허인욱, 「고려·거란의 境界帶 변화와 그 운용에 관한 연구」, 『歷史學硏究』52, 2013.

황병선, 「고구려 무관직의 등급과 임무」, 『력사과학』1983-3, 1983.

황보경, 「삼국시대 木柵에 대한 고찰-백제를 중심으로-」, 『白山學報』106, 2016.

黃約瑟(정병준·차오링 역), 「武則天과 한반도 정세」, 『新羅史學報』35, 2015.

2) 일본어

榎一雄, 「賈耽の地理書と道里記の稱とに就いて」, 『歷史學硏究』6-7, 1936.

古畑徹, 「七世紀末から八世紀初にかけての新羅·唐關係 - 新羅外交史の一試論」, 『朝鮮學報』107, 1983.

古畑徹, 「唐代「首領」語義考-中國正史の用例を中心に-」, 『東北大學東洋史論集』11, 2007.

菊池英夫, 「節度使制確立以前における「軍」制度の展開(續編)」, 『東洋學報』45-1, 1962.

吉田光男, 「『翰苑』註所引『高麗記』について」, 『朝鮮學報』85, 1997.

東潮, 「朝鮮三國時代における橫穴式石室墳の出現と展開」, 『國立歷史民俗博物館硏究報告』47, 1993.

武田幸男, 「牟頭婁一族と高句麗王權」, 『朝鮮學報』99·100, 1981.

山根淸之, 「唐の「百姓」身分について」, 『社會經濟史學』47-6, 1982.

小嶋芳孝, 「日本海對岸世界との交通-七世紀の越と日本海對岸世界-」, 『日本海域史大系』1, 淸文堂, 2005.

植田喜兵成智, 「唐人郭行節墓誌からみえる羅唐戰争-671年の新羅征討軍派遣問題を中心に-」, 『東洋學報』96-2, 2014.

李美子, 「渤海の遼東地域の領有問題をめぐつて」, 『史淵』140, 2003.

李成市, 「6-8世紀の東アジアと東アジア世界論」, 『日本歷史』2, 岩波書店, 2014.

日野開三郎, 「唐の高句麗討滅と安東都護府」, 『史淵』63, 1954.

粟原益男, 「七·八世紀の東アジア世界」, 『隋唐帝國と東アジア世界』, 汲古書院, 1979.

田中俊明, 「城郭施設からみた高句麗の防禦體系-王都および對中國防禦を中心に-」, 『高句麗研究』8, 1999.

田村圓澄, 「新羅送使考」, 『朝鮮學報』90, 1979.

井上直樹, 「高句麗遺民と新羅-七世紀後半の東アジア情勢-」, 『東洋史研究』75-1, 2016.

池內宏, 「高句麗滅亡後の遺民の叛亂及び唐と新羅との關係」, 『滿鮮地理歷史研究報告』12, 東京帝國大學文學部, 1930.

池內宏, 「高句麗討滅の役に於ける唐軍の行動」, 『滿鮮地理歷史研究報告』16, 東京帝國大學文學部, 1941.

津田左右吉, 「安東都護府考」, 『滿鮮地理歷史研究報告』1, 東京帝國大學文學部, 1915.

村上四男, 「新羅と小高句麗國」, 『朝鮮學報』37·38, 1966.

荒川正晴, 「唐帝國とソグド人の交易活動」, 『東洋史研究』56-3, 1997.

3) 중국어

葛繼勇, 「從高句麗·百濟人墓誌看高句麗末期的對外關係」, 『東洋學』58, 2015.

姜維公, 「≪三國史記≫ 李勣奏報的眞僞問題」, 『長春師範學院學報』21-1, 2002.

姜維公, 「"李勣奏報"的史料價値」, 『長春師範學院學報』21-2, 2002.

郭弘, 「試評唐蕃戰爭中的河隴形勢」, 『甘肅社會科學』2000-5, 2000.

紀宗安·薑清波, 「論武則天與原高麗王室及泉氏家族」, 『陝西師範大學學報』33-6, 2004.

孫鐵山, 「唐李他仁墓誌考釋」, 『遠望集』下, 陝西人民美術出版社, 1998.

呂九卿, 「試探武周陽玄基墓誌中的若干問題」, 『武則天與神都洛陽』, 中國文史出版社, 2008.

王綿厚,「唐"營州至安東"陸路交通地理考實」,『遼海文物學刊』1986-1, 1986.

王盛婷,「北朝碑刻胡姓改化姓氏詞初探」,『西華師範大學學報』2008-4, 2008.

王連龍,「戰爭與命運: 總章元年(668年)後高麗人生存狀態的個案考察-以唐代高麗人南
　　　單德墓誌爲線索」,『奎章閣』49, 2016.

王菁·王其禕,「平壤城南氏:入唐高句麗移民新史料-西安碑林新藏唐大曆十一年≪南單德
　　　墓志≫-」,『北方文物』2015-1, 2015.

魏國忠·孫正甲,「唐與黑水靺鞨之戰」,『社會科學戰線』1984-3, 1984.

劉安志,「從吐魯番出土文書看唐高宗咸亨年間的西域政局」,『魏晋南北朝隋唐史資料』18,
　　　2001.

李南暉,「≪大唐新語≫ 校札」,『古籍整理研究學刊』2000-5, 2000.

程尼娜,「唐代安東都護府研究」,『社會科學輯刊』2005-6, 2005.

陳國燦,「唐安西四鎭中"鎭"的變化」,『西域研究』2008-4, 2008.

<부기>

이 책은 저자의 학술 논문과 박사학위논문을 바탕으로 하면서 이후 발표된 최신 연구 성과를 반영해 수정·보완한 결과이다. 일일이 바뀐 부분을 밝히지 못한 점에 대해 양해를 구한다. 참고로 각 장·절에 해당하는 논문의 제목, 게재 학술지, 발표 시기는 다음과 같다.

제1장 1절·2절: 「고구려 멸망 직후 당의 고구려 故地 지배 시도와 유민의 동향」, 『大丘史學』133, 2018.

제2장 1절: 「요동지역의 고구려부흥운동과 劍牟岑」, 『軍史』99, 2016.

제3장 1절: 「고구려 멸망 이후 扶餘城 圈域의 부흥운동」, 『大丘史學』127, 2017.

제3장 2절: 「책성 권역의 고구려부흥운동과 高定問」, 『歷史敎育論集』65, 2017.

제4장: 「679~681년 寶藏王의 高句麗 復興運動」, 『歷史敎育論集』50, 2013.

● 찾아보기